农村经济法制概论

孙永军　尹雪英◎主编

中国农业科学技术出版社

图书在版编目（CIP）数据

农村经济法制概论／孙永军，尹雪英主编.—北京：中国农业科学技术出版社，2020.11（2021.12重印）
ISBN 978-7-5116-5043-6

Ⅰ.①农… Ⅱ.①孙…②尹… Ⅲ.①农业法-中国-高等学校-教材 Ⅳ.①D922.4

中国版本图书馆 CIP 数据核字（2020）第 185098 号

责任编辑 朱 绯
责任校对 贾海霞

出 版 者 中国农业科学技术出版社
北京市中关村南大街 12 号 邮编：100081
电 话 (010)82106626(编辑室) (010)82109702(发行部)
(010)82109709(读者服务部)
传 真 (010)82106626
网 址 http://www.castp.cn
经 销 者 各地新华书店
印 刷 者 北京建宏印刷有限公司
开 本 787 mm×1 092 mm 1/16
印 张 16.25
字 数 385 千字
版 次 2020 年 11 月第 1 版 2021 年 12 月第 2 次印刷
定 价 56.00 元

《农村经济法制概论》
编委会

主　编：孙永军　尹雪英

编　者（以撰写章节先后为序）：

周中建　王露霖　陆　红　付坚强　梁立宽

郭中娜　曾玉珊　张玉洁　孙永军　罗　良

尹雪英　杨　钦　张　敏

编写说明

《农村经济法制概论》主要为高等学校法学专业而编写。主要介绍农村经济法制的基本概念、原理和基本制度。本书对农村土地、农业生产经营主体、农业生产资料、农业知识产权、农业安全、农村社会保障、农村环境与资源保护等相关知识进行基础性介绍与讲授。

本书内容主要依据现行农村经济法律法规编写。《中华人民共和国民法典》（简称《民法典》，全书同）已由第十三届全国人民代表大会第三次会议于 2020 年 5 月 28 日通过，自 2021 年 1 月 1 日起施行，因此，本书内容中关涉《民法典》部分，依据的是即将施行的《民法典》内容。

本书内容难易适中，理论联系实际，深入浅出，也适合非法学专业学生及希望对农村经济法制进行一般性了解的读者阅读。

尽管作者在编写过程中付出了很大努力，但仍不可避免存在尚未发现的疏漏和缺陷，欢迎读者批评指正。

本书由孙永军、尹雪英任共同主编，第一、第六、第七、第九、第十、第十一章由孙永军统稿，第二、第三、第四、第五、第八章由尹雪英统稿，各章撰稿人（以撰写章节先后为序）分工为：第一章由周中建、王露霖撰写，第二章由陆红撰写，第三章由付坚强、梁立宽撰写，第四章由周中建、郭中娜撰写，第五章由曾玉珊、张玉洁撰写，第六章由孙永军撰写，第七章由罗良撰写，第八章由尹雪英撰写，第九章由罗良撰写，第十章由杨钦撰写，第十一章由张敏撰写。

2020 年 7 月

目　　录

第一章 农业法概论

第一节 农业概述

一、农业的概念及特征

（一）农业的概念

什么是农业?《现代汉语词典》（第7版）中规定，农业是栽培农作物和饲养牲畜的生产事业，在国民经济中的农业，还包括林业、畜牧业、渔业和农村副业等项生产在内。《辞海》中规定，农业是利用植物和动物的生活机能，通过人工培养，以取得农产品的生产部门，通常分为种植业、养殖业两大类。

在国外和其他地区，对于农业的定义也不尽相同。如韩国《农业、农村基本法》第3条规定，农业是指农作物生产业、畜牧业、林业及与此有关的产业，是指大统领令规定的产业。再如我国台湾地区《农业发展条例》第3条规定，农业是利用自然资源及农用资材，从事农作、森林、水产、畜牧等动植物产销之事业。

在我国，狭义的农业仅指种植业，又称"小农业"；广义的农业还包括林业、畜牧业、副业和渔业，又称为"大农业"。《中华人民共和国农业法》（简称《农业法》，全书同）第2条第1款规定："本法所称的农业，是指种植业、林业、畜牧业和渔业等产业，包括与其直接相关的产前、产中、产后服务。"可见，《农业法》中所使用的是"大农业"的概念。

（二）农业的特征

1. 根本特征

农业生产是自然再生产同经济再生产密切结合的物质生产过程。所谓农业的自然再生产过程，就是在一定自然条件下，各种农作物和畜禽等不断更新的自然生殖过程。而农业的经济再生产过程，就是人以动植物为对象，有目的有组织的反复进行的社会生产过程。

按照马克思主义的基本原理，在农业再生产的矛盾统一体中，人是生产中的主体，是能动的因素；农业生物和自然环境是客体，是被动的因素。各种自然资源只有通过人的生产活动才能组合起来。一切自然资源，都是一种潜在的生产要素，它们必须以人的劳动为前提，才能变成现实的生产力，才能充分发挥自然资源的效能。反过来，人们在认识动植物生长规律以及自然条件变化规律的基础之上进行分析与实践，从而更好地了解、利用它们，自然规律把握得越准确，设备越先进，农业生产技术越纯熟，就越能增强农业的自然再生产能力，从而使农业生产活动朝着更加经济的方向运行。

2. 其他特征

主要是：①以土地为最基本的生产资料。绿色植物是农业生产的主要基础。它必须在广袤的土地上展开，才能获得满足其生长发育所需要的阳光、空气、水分、热量和多种营养物质。因此，土地便成为农业中不可代替的生产资料。它既是农业的劳动对象，又起着劳动手段的作用。②显著的季节性和周期性。农业生产受热量、水分、光照等自然因素影响较大，而且这些自然因素随季节的变化而变化，并具有一定的周期性。根据这个特点，发展农业时应不违农时，合理安排生产，使农业生产活动有序而高效。③地域性。发展农业时要对不同区域采取因地制宜、分类运作的对策。形成地域性差异的原因主要有两个方面：一方面由于自然条件的地带性与非地带性的差异决定了农业生物的适应范围和适应程度；另一方面是社会经济条件的差异决定了农业资源的利用方向，农林牧布局、结构、经营方向和生产发展水平。

二、农业的发展阶段

原始农业，形成于距今约 1 万年前的新石器时期。该时期人类对自然界的干预能力极其微弱，主要凭借石刀、石铲、石锄和棍棒等简单落后的工具进行生产。耕作方法原始粗放，采用刀耕火种，不仅生产效率低，而且依赖自然环境、无抗灾能力。单个劳动者的力量不足，就靠许多人集合劳动。从而获取有限的生活资料，维持低水平的共同生活需要，农畜等产品多在氏族公社内部分配和消费，很少有剩余可用于商品交换。

传统农业，形成于距今约五千年的奴隶制社会初期。这时期人类对自然条件如季节变化、土壤肥瘠等与农业生产的关系有了进一步认识，农产品由于因时因地种植而获得增加，但农业部门结构较单一，生产规模较小，经营管理和生产技术仍较落后，商品经济较薄弱，基本处于自给自足的自然经济阶段。相比于原始农业，传统农业以金属农具和木制农具代替了原始的石器农具，铁犁、铁锄、铁耙、耧车、风车、水车、石磨等得到广泛使用，且畜力成为生产的主要动力。此外，生产经验的长期积累，又使人们摒弃了刀耕火种而采用新的耕作方法，在中国较早地形成了以耕、锄、选种、施肥、浇水、轮作、复种等措施紧密配合的精耕细作的农业技术体系。与此同时，在一些地区出现了以放牧或游牧为主的畜牧业生产方式。

现代农业，逐步形成于 20 世纪 40 年代。现代机器体系的形成和农业机器的广泛应用，使得人畜力农具被动力机械所代替，多种化学肥料和农药、燃料的广泛使用，农业中投入的物质能量大大增加，农业生产单位面积产量提高。尤其重要的是，各门自然科学纷纷被引入农业领域，这不仅使农业生产对自然的依赖程度相对变低，而且使农业生产技术由经验转向科学。再加上电子计算机、原子能、遥感等先进技术手段在农业中的应用，人们对农业自然再生产过程的干预能力达到了空前的广度和深度。同时，农村经济向现代商品经济转化，农业的专业化、社会化程度更加提高，农业逐步由产品数量型向高产优质高效型农业转化；农业生产同农产品的加工、销售以及同农业生产资料的制造、供应之间的联系日趋紧密，促进了农、工、商一体化经济的发展。

三、农业的地位

农业是人类的衣食之源、生存之本。在人类的一切生活资料中，居于首要地位的是食物。按照营养学的基本知识，人类只有从食物中摄取碳水化合物、蛋白质、脂肪和维生素等营养物质，不断地进行新陈代谢，才能维持生命、从事劳动和繁衍后代。而历史上的饥荒和当今世界部分地区的缺粮危机，则从反面说明了生产食物的重要性。它的不足势必导致社会动乱，产生严重的政治经济后果。

农业是其他部门得以独立和发展的基础。食品工业、纺织工业等的原料直接来自农业，而且工业、商业赖以发展的市场和部分资金来源也离不开农业。此外，各种“精神产品”的生产也要直接或间接依靠农业的发展。从历史上寻根溯源，只是由于农业生产力的发展和农业劳动生产率的提高，由于农业劳动者所生产的食物除了满足自身需要之外逐渐地有了剩余，才有可能使一部分人从农业中脱离出来，专门从事其他生产活动。这是手工业、工业、交通运输业、商业、服务业、科学文化、教育、卫生等事业，以及其他一切社会上层建筑得以产生和发展的根本前提。正是在这个意义上，马克思曾经指出：“超过劳动者个人需要的农业劳动生产率是一切社会的基础。”

在中国这样一个人口多耕地少，用占世界7%的耕地养活占世界22%的人口的大国里，农业的极端重要性更加显而易见，中国人民的吃饭穿衣问题，不能靠任何外国来解决，粮食始终是一种具有战略意义的特殊产品，直接关系着国家的安危。没有农业的现代化，就不可能有整个国民经济的现代化。新时期的农业在中国经济和社会发展中的基础地位是：

第一，农业仍然是国民经济最重要的基础产业。随着工业化水平的提高，国民经济的主体逐渐转向工业，农业已不再是国民经济的唯一基础，原料工业、能源、交通及通信等也属于基础产业，但不同的基础产业地位不同，农业仍处于基础的地位。

第二，农业仍然是不可替代的产业。社会文明的发展要求越来越多的人脱离农业生产甚至脱离物质生产，但农业的特殊地位始终是无法替代的。没有发达的农业，人们就没有生存保障，整个社会就没有发展根基。

第三，农产品的基本供给仍然要立足国内。随着我国人口增长和人民生活水平提高，全社会对农产品的需求不断增加，对农产品质量和品种要求越来越高，虽然可以利用国际农产品市场调剂余缺，但只能立足于主要依靠国内生产满足农产品需求，这涉及粮食安全问题。

第四，农村仍然是扩大内需的瓶颈制约。我国对外贸易依存度较高，这与国内工业品需求不足有密切关系，而国内需求不足的一个重要原因就是农民收入增长缓慢、购买力低。

第五，农业对物价稳定仍然具有举足轻重的影响。我国消费品物价指数（CPI）中食品构成权重一直较高，食品价格上涨对CPI的高低有很大影响，农产品价格几乎是整个物价的“晴雨表”（表1-1）。

表 1-1 2010—2014 年农业总产值情况

年份	农业总产值（亿元）	国民总收入（亿元）	农业总产值占国民生产总值比例（%）
2010	36 933	393 983	9. 28
2011	47 486	472 881	10. 04
2012	52 374	519 470	10. 08
2013	56 957	568 845	10. 01
2014	58 332	636 463	9. 17

四、农业的作用

农业是人类活动的起点，也是人类社会从农业文明走向工业文明、走向现代科技文明的基石。进入工业化时期以后，农业在国民经济中的份额不断下降。但是，农业在国民经济及其发展过程中仍然具有十分重要的作用。

（一）促进社会发展

农业不仅是原始社会最重要的物质生产部门，而且是原始社会一切活动的中心。原始社会的一切发展都围绕着农业，也离不开农业。

农业是历史上的决定性的生产部门，传统农业创造了比原始农业更高的生产力，提供了更多的剩余产品，从而导致商品经济的进一步发展和国家的出现，为工业革命准备了必要的条件。工业革命反过来以现代科学技术装备农业，促进了农业现代化的进程。

现代化的农业又为人类提供了更丰富的农产品和更符合人类需要的生态环境，进一步促进了整个社会的发展。

（二）促进经济发展

农业的发展状况直接影响着国民经济全局的发展，是工业等其他物质生产部门与一切非物质生产部门存在与发展的必要条件。农业对国民经济的作用可以归结为产品贡献、市场贡献、要素贡献和外汇贡献。

第一，产品贡献。农业部门向各非农部门提供足够的粮食以支持其发展，并且提供一些农产品作为非农部门发展的原料。

第二，市场贡献。在多数发展中国家，农业是国内工业品的主要市场。农业对于工业品的需求既包括消费品，也包括生产资料。在较发达国家或发达国家，尽管农业相对比重有所下降，但由于其绝对规模仍非常庞大，所以仍能为工业生产提供广阔市场。

第三，要素贡献。农业总产值在国民总收入中占有相当重要的地位，因此，农业对储蓄和投资有重大影响；另外，农业部门的剩余劳动力是增加城市工业人口的主要来源。

第四，外汇贡献。农产品的出口可以为国家换回大量外汇，特别是在发展中国家，由于工业相对较落后，农产品和其他初级产品的出口是获得外汇的重要来源。

（三）促进生态保护

在生态保护方面，农业在这方面的作用不仅仅限于减轻人为的生态环境问题，植树造林、改造沙漠等工作在相当大程度上也是与地质、气候变化所造成的生态环境问题做斗争。对人类社会来说，这些努力的目标不仅是增加农产品的产量，更是改善自然生态环境。

在治理污染方面，粪便和一些生产、生活废弃物在种植业、畜牧业和渔业生产中可以用作有机肥料、饲料、饵料，或者可以通过其他方式加以利用。这样不仅可以增加农业生产，还可以减少对环境的污染。农作物和林木都是绿色植物，它们都是以二氧化碳为光合作用的原料，因而在减少温室效应方面也具有积极作用。

第二节 农业法概述

一、农业法的概念

不同国家对农业法的概念有着不同的认识。在美国，农业法就是调整食物和纤维生产与销售影响的法律规范的总称。20 世纪 80 年代以来，美国的农业法调整对象包括：有关农产品价格支持和生产调控的联邦农产品计划；农牧场的税收、贸易和地产计划；农用土地的出售和出租；农场土地所有权和有关经营活动的限制；农业合作组织的经营管理；农业信贷和农场土地的取得；农产品国际贸易；与农业有关的环境问题等。农业法还是反映农业特性的法律和机制。这些农业特性包括：土地在农业生产投入中的极端重要性，政府因而对农业采取鼓励联合和合作的政策，而不是提倡竞争；重视小型家庭农场的历史传统。

在日本，根据《新法律学词典》的规定，农业法是有关农业法律、法规的总称。它包括农业基本法、农地法、粮食管理法、农业灾害补偿法、农业协同组合法等涉及农产品生产、流通以及农业团体等法律规范。农业法是经济法的一部分，兼有公法和私法的性质。

在我国，农业法有狭义与广义之分，狭义上是指国家立法机关通过立法程序制定和颁布的，对农业经济和农村社会的目标、原则和基本制度等进行规定的规范性文件，即《中华人民共和国农业法》。广义上是指调整国家干预农业经济运行及其相关活动的社会关系的法律规范的总称。有学者在研究农业法时提出来农业经济法的概念。他们倾向于将农业法作为经济法的分支，认为农业经济法就是国家领导、组织和管理农业经济的重要手段，实现国家农业经济政策的有力工具，农业经济活动的行为准则。关于农业法是否属于经济法的分支，学界是有争议的。

二、农业法的调整对象与方式

（一）农业法调整对象

将调整同一类性质社会关系的法律规范结合成一组是划分法律部门的最基本方式，

由此可见，法的调整对象对理解和把握一门法的重要性不容忽视。在此，自然有必要对农业法的调整对象进行有关研究，从而有利于更好地区分农业法与其他部门法的区别，认识到农业法自身的地位。对于农业法的调整对象，在我国理论界从不同的角度进行了界定。

1. 农业经济法的调整对象为农业经济管理和农业经济活动关系

具体包括：①国家对农业和农村经济在领导、组织和管理方面的关系。②在国家计划指导下，社会经济组织和农业经济组织之间，社会经济组织、农业经济组织与农户、公民之间在农业经济领域中发生的关系。

2. 国家对农业经济干预过程中产生的经济关系，即农业经济宏观调控关系和农业经济管理关系

前者包括农业产业宏观调控关系、农业投入宏观调控关系、农业生产资料与农产品的比价宏观调控关系、农产品流通宏观调控关系等；后者则包括农业生产经营体制管理关系、农业生产管理关系、农产品流通管理关系、农业投入管理关系、农业科技与农业教育管理关系、农业资源管理与农业环境保护关系等。也有学者认为还包含国家在保护农业经济过程中所发生的经济关系，具体而言，即：①国家因干预农业生产的各种行为而在特定主体间发生的社会经济关系。②国家因干预农产品流通的各种行为而在特定主体间发生的社会经济关系。③国家支持、保护农业的关系。

3. 农业经济关系和与其紧密联系的农业社会关系

包含：农业经济的宏观调控和管制关系、民事关系、经济行政关系、农村劳动关系、农村社会关系、农业环境保护关系等。

（二）农业法调整方式

法的调整方式是划分部门法的另一个重要基准。农业法的调整方式是指国家农业法律规定确认的调整农业与农业有关法律关系的过程中所使用的具体方式。理解法的调整方式时，我们须认识到，首先它的发生必须要有农业法律规范的原则性的规定；其次它始终是以国家为一方主体的调整方式；最后它是作用于农业生产、农产品流通、农业扶持和保护的环节和领域的调整方式。

我国农业法的具体调整方式主要包含以下几类。

1. 强制型的调整方法

强制型的调整方法是一种刚性调整方式，指国家机关采取某种形式指令调整对象应当为或不为，受调整对象必须服从，若不服从将产生相应公法责任的一种调整方法。在农业法中，该调整方式主要作用在以下 3 个领域。

（1）在农业生产中，国家建立健全农产品质量标准体系和质量检验检测监督体系；按照有关技术规范、操作规程和质量卫生安全标准，组织农产品的生产经营；对可能危害人畜安全的农业生产资料的生产经营，实行登记和许可证制度。

（2）在农产品流通和加工领域中，制定农产品批发市场发展规划，依法管理监督农产品批发市场，规范交易秩序；建立健全农产品加工质量标准和安全标准的制订和执行，加强加工流通过程中对农产品的质量管理与监督。

（3）在农业投入和支持保护中，加强农村金融、农业保险制度监管；加强对农业

财政资金和信贷资金的审计监督；保证主要农业生产资料和农产品之间保持合理的比价。

2. 指导型的调整方法

指导型的调整方法是一种柔性调整方式，指为引导受调整对象的经济活动符合某种既定的经济干预目标，而由国家机关实施的非强制性的调整方法，该调整方法有法律依据但并不必须服从。具体表现为：①建议、劝告和协商，主要是用于农业生产结构调整、农地合并及相应权利置换等领域。②示范，主要适用于农业技术科技推广领域。③信息提供，主要适用于农产品流通和农业技术科技推广领域。

3. 规划型的调整方法

规划型调整方法是指特定权力机关在一定时期内根据国民经济发展的需要，充分考虑现有生产基础以及自然、经济、技术条件和进一步利用改造的潜力与可能性，编制、发布和执行规划从而对农业及相关关系进行调整的方法。在我国现行《农业法》中具体表现为以下几个方面。

（1）制定农业发展规划。《农业法》第 15 条第 1 款规定：“县级以上人民政府根据国民经济和社会发展的中长期规划、农业和农村经济发展的基本目标和农业资源区划，制定农业发展规划。”

（2）制定农产品批发市场规划。《农业法》第 27 条第 1 款规定：“国家逐步建立统一、开放、竞争、有序的农产品市场体系，制定农产品批发市场发展规划。对农村集体经济组织和农民专业合作经济组织建立农产品批发市场和农产品集贸市场，国家给予扶持。”

（3）制定农产品加工业和食品工业发展规划。《农业法》第 29 条第 1 款规定：“国家支持发展农产品加工业和食品工业，增加农产品的附加值。县级以上人民政府应当制定农产品加工业和食品工业发展规划，引导农产品加工企业形成合理的区域布局和规模结构，扶持农民专业合作经济组织和乡镇企业从事农产品加工和综合开发利用。”

（4）制定农业科技、农业教育发展规划。《农业法》第 48 条第 1 款规定：“国务院和省级人民政府应当制定农业科技、农业教育发展规划，发展农业科技、教育事业。”

4. 财政援助型调整方法

由于农业本身存在的高风险性、低营利性决定了其弱质性，而且农业又处于基础地位，决定了它的存在和发展离不开财政的支持。具体而言包括：

（1）财政投资。指以政府将财政资金用于农业生产产前、产中、产后阶段一种集中性、政策性投资。农业财政投资有其必要性，主要有以下几个方面原因：首先，农业部门的社会经济效益大而直接经济效益小；其次，农业对自然条件和基础设施的依赖性较强；再次，农业是风险产业，自然风险与市场风险同在，生产难免有周期波动；最后，农产品需求弹性小，市场扩张处于不利地位。这种投资范围具有明确界定，主要投资于以水利为核心的农业基础设施建设、农业科技推广、农村教育和培训等方面。

（2）财政补贴。一国政府对本国农业支持与保护政策体系中最主要、最常用的政策工具，是政府对农业生产、流通和贸易进行的转移支付。在微观上可以调动生产者的积极性，扩大出口；宏观上促进本国产业结构升级，提高农产品国际竞争力，在某些领域赢得竞争优势。农业补贴又可分为直接补贴和间接补贴。前者指政府将财政补贴资金直接发放给农民或直接让农民受益的一种补贴方式，包括综合补贴和专项补贴；后者指政府对农业生产经营者法定或约定义务的免除或减轻，主要包括租税减免和政策性贷款贴息两种。

三、农业法的基本原则

农业法的基本原则，是贯穿于整个农业法之中总的指导思想，也是农业法立法、执法、司法和守法的准则。农业法的基本原则包含以下两层含义：第一，农业法基本原则对整个农业和农村法制建设具有指导作用；第二，农业法基本原则本身具有规范作用，任何个人和组织及国家经济机关从事相关的法律行为都必须以农业法基本原则为依据，否则须承担相关的法律责任。

（一）保障农业基础地位，促进农业发展原则

例如，《农业法》第 1 条规定："为了巩固和加强农业在国民经济中的基础地位，深化农村改革，发展农业生产力，推进农业现代化，维护农民和农业生产经营组织的合法权益，增加农民收入，提高农民科学文化素质，促进农业和农村经济的持续、稳定、健康发展，实现全面建设小康社会的目标，制定本法。"第 3 条第 1 款规定："国家把农业放在发展国民经济的首位。"这些法律条文规定体现了我国《农业法》将保障农业的基础地位，促进农业发展作为农业法的基本原则。

农业是人类社会生存和发展的基础，农业生产的发展、农业劳动生产率的提高和剩余农产品的不断增加，是社会其他一切部门存在和发展的共同基础。重视农业的基础地位，是加快经济发展、保持社会稳定的必然要求。

同时，农业生产又属于弱质产业，即表现为生产周期长、环境影响大、回报见效慢等特点。农业可以立国但不能强国。无论怎么发展农业，农业都要受制于其他产业，至多也只能提高其发展水平，农业不可能成为强势产业。鉴于农业的弱质性，国家有必要通过立法扶持和保护农业发展。

在《农业法》中很多基本方针和制度都体现了该原则。比如《农业法》第六章专章规定农业投入与支持保护制度，就是为了保障农业基础地位，从而促进农业发展。《农业法》第 37 条第 1 款规定："国家建立和完善农业支持保护体系，采取财政投入、税收优惠、金融支持等措施，从资金投入、科研与技术推广、教育培训、农业生产资料供应、市场信息、质量标准、检验检疫、社会化服务以及灾害救助等方面扶持农民和农业生产经营组织发展农业生产，提高农民的收入水平。"第 38 条第 1 款规定："国家逐步提高农业投入的总体水平。中央和县级以上地方财政每年对农业总投入的增长幅度应当高于其财政经常性收入的增长幅度。"

（二）稳定农业基本生产经营体制原则

《农业法》第 5 条规定："国家长期稳定农村以家庭承包经营为基础、统分结合的双层经营体制，发展社会化服务体系，壮大集体经济实力，引导农民走共同富裕的道路。"该原则是指国家在农业立法、执法和司法等活动中都要体现以家庭承包经营为基

础、统分结合的双层经营体制，确认和保护双层经营体制中各个权利主体的原则。所谓家庭承包经营为基础、统分结合的双层经营体制是指农户以家庭为单位向集体组织承包土地等生产资料和生产任务的农业生产责任制形式。其基本特点是在保留集体经济必要的统一经营的同时，集体将土地和其他生产资料承包给农户，承包户根据承包合同规定的权限，独立做出经营决策，并在完成国家和集体任务的前提下分享经营成果、一般做法是将土地等按人口或劳动力比例根据责、权、利相结合的原则分给农户经营。承包户和集体经济组织签订承包合同。家庭联产承包责任制是中国农民的伟大创造，是农村经济体制改革的产物。

该体制涉及农业生产经营者的最基本利益，是开展农业经济活动的法律前提，因此我国在《农业法》第二章专章规定农业生产经营体制制度，对农户承包经营和集体统一经营，以及发展各种形式的农业生产产前、产中、产后服务做了详细的规定，就是为了稳定以家庭承包经营为基础、统分结合的双层经营体制。

（三）保护农民和农业生产经营组织的合法权益原则

《农业法》第7条规定："国家保护农民和农业生产经营组织的财产及其他合法权益不受侵犯。各级人民政府及其有关部门应当采取措施增加农民收入，切实减轻农民负担。"我国是一个农业大国，广大农民通过自己的辛勤劳动为社会提供了大量的生产原料和资金积累，为国家经济的发展提供了可靠的基础，因此农民对经济建设的贡献不容忽视。但是，城乡二元结构带来的种种原因导致农民收入增长缓慢，而且明显低于其他行业从业者，导致越来越多的农民不愿意继续从事农业。农民问题不解决好，不利于农业的发展，又因为农业是国民经济的基础，农民合法权益得不到保障，势必会制约着整个国民经济的发展。

为此，我国在《农业法》第九章专章规定了农民权益保护制度，就是为了更好地解决农民和农业生产经营组织在农业生产经营过程中产生的问题，从而更好地保护他们的合法权益。例如第67条规定："任何机关或者单位向农民或者农业生产经营组织收取行政、事业性费用必须依据法律、法规的规定。收费的项目、范围和标准应当公布。没有法律、法规依据的收费，农民和农业生产经营组织有权拒绝。任何机关或者单位对农民或者农业生产经营组织进行罚款处罚必须依据法律、法规、规章的规定。没有法律、法规、规章依据的罚款，农民和农业生产经营组织有权拒绝。任何机关或者单位不得以任何方式向农民或者农业生产经营组织进行摊派。除法律、法规另有规定外，任何机关或者单位以任何方式要求农民或者农业生产经营组织提供人力、财力、物力的，属于摊派。农民和农业生产经营组织有权拒绝任何方式的摊派。"该条款就是针对农村常出现的"乱收费""乱罚款""乱摊派"现象而做出的规定，是保护农民和农业生产经营组织的财产权的体现。

（四）科教兴农和可持续发展原则

科技是第一生产力，解决农业问题要依靠科学技术。科教兴农就是全面落实科学技术是第一生产力的思想，坚持教育为本，把科技和教育摆在农业和农村经济发展的重要位置，增强农村的科技实力及向生产力转化的能力，提高农民的科学文化素质，把农业和农村经济建设转到依靠科技进步和提高农民素质上来，加速实现农业现代化和城乡一体化。加入世贸组织后，国外农产品的冲击，我国农业面临更加严重的挑战。要实现农产品高产、优质、高效、生态、安全的目标，在调整产业结构的同时，还必须将农业生产转移到依靠科技进步和提高劳动者素质的轨道上来，运用现代科学技术进行农业生产和管理。我国《农业法》第6条规定第1款明确规定："国家坚持科教兴农和农业可持续发展的方针。"

坚持科教兴农原则具有重要的意义。实施科教兴农战略，可以通过农业技术创新、农业生产设备创新、农民技术素质创新，来实现企业产品的升级换代，改变只注重数量不注重质量和效益的做法，以质取胜，从而促使农业增长方式转变，可增强农业的综合生产能力和竞争力。实施科教兴农战略，可以提高农业生产力要素的质量，提高农民的科技素质，促进农村经济管理水平的提高，这促使农业的综合生产能力大大增强。实施科教兴农战略，还可以不断开发新的农产品，降低农产品成本，提高农产品的品质，从而大大提高农业的竞争力；有利于保护生态环境。实施科教兴农战略，随着科技的进步，对"三废"的处理能力会不断增强，新的环保产品会不断问世，防污治污成本会不断降低，人们的生态意识、环保意识、资源意识会不断提高。《农业法》第七章专门规定了农业科技与农业教育。包括：农业科技、农业教育发展规划；农业科技开发与农业知识产权保护；农业技术推广及农业职业教育等内容。

四、农业法的地位与临近法律部门的区别

（一）农业法的地位

农业法的地位是指农业法在国家整个法律体系中的地位，即农业法是否能作为一个独立的法律部门存在的问题。

我国法学界一般认为，法律部门主要有宪法及宪法性法律、民法商法、刑法、行政法、经济法、社会法、诉讼与非诉讼程序法七大法律部门。经济法是一个独立的法律部门，经济法是国家对社会经济进行各种干预、调节和组织活动的法律，即国家干预经济之法。国家干预经济关系的领域不同，使经济部门内部分成若干部门。而农业法是国家干预农业经济关系的法律法规，所以农业法是经济部门法的一个分支，农业法不是一个独立的法律部门。

也有学者认为，农业是人类赖以生存的最基本的物质生活环境，农业生产经营涉及大量的经济活动。没有任何其他经济部门像农业这样广泛利用土、水和能量等自然资源，没有任何经济部门像农业这样具有保障人类生活最基本的功能。农业的这些特征决定了以其为研究对象的农业法的独特性。农业法以农业经济活动为出发点，涉及诸多法律问题，例如财产法、合同法、侵权责任法、行政程序法和税法，典型的农业经济关系经有关法律调整，可能产生上述各种法律问题，很难在某一法律领域内把它研究清楚。

由此可见，农业法涵盖了包括财产法、合同法、侵权责任法、行政程序法和税法等学科，很难把它归入现行某一法律部门，所以农业法应是一个独立的法律部门。

（二）与经济法的关系

农业法是调整国家干预农业经济过程中形成的经济关系的法律规范的总称。而经济

法是调整国家干预经济过程中形成的社会关系的法律规范的总称。大部分人认为农业法是经济部门法的一个分支，都具有国家的宏观调控的性质，属于公法范畴，强调社会本位。

从我国现阶段法律部门的分类来看，经济法是一个独立的法律部门，而农业法只是经济法的一部分，农业法和其他调整经济关系的法律比如税法、农业法、银行法等一起组成一个独立的法律部门——经济部门法。

（三）与民法的关系

民法调整的是平等主体间的财产关系和人身关系，属于私法领域。二者的联系在农业法中，也有涉及平等主体之间的权利义务关系，因此农业法与民法存在一定的交叉。例如，农村土地的所有权、使用权关系可以适用物权法的有关规定；农村土地承包关系，农业生产资料、农产品的购销流转关系涉及合同法；农产品的商标和专利，尤其是驰名农产品商标的法律保护涉及大量知识产权法的有关规定。

（四）与行政法的关系

行政法是调整国家在组织国家行政机构以及国家行政机构在执行国家行政事务中所发生的社会关系的法律规范的总称，是国家调整行政管理关系的法律部门。它的主要目的在于监督、制约国家机关权力的行使，以确保行政权力依法、公正、合理、高效运行。由于行政法关系的不平等性，故而具有明显的公法性质。

农业法是国家干预农业经济关系的法律，它赋予了国家行政机关对农业经济干预管理的权力和职责，如在涉农的行政行为中农业机构的设置、职权范围的划分、国家农业行政人员的任免、提拔、培养、考核、奖惩和监督等也要受到行政法的调整。行政法要监督有关行政机关在农业法赋予的权限范围内忠实履行这些权力和职责，不得滥用职权、过度干预。可见，农业法是行政机关对农业实施干预的职权依据，而行政法则是行政机关实现其干预职责的法律保障。

五、农业法的渊源

农业法的渊源是指农业法的具体表现形式，即由不同国家机关制定、认可和变动的，具有不同法的效力或地位的各种法的形式。

（一）宪法中有关农业的规定

《中华人民共和国宪法》（简称《宪法》，全书同）第8条第1款规定：“农村集体经济组织实行家庭承包经营为基础、统分结合的双层经营体制。农村中的生产、供销、信用、消费等各种形式的合作经济，是社会主义劳动群众集体所有制经济。参加农村集体经济组织的劳动者，有权在法律规定的范围内经营自留地、自留山、家庭副业和饲养自留畜。”

《宪法》第9条规定：“矿藏、水流、森林、山岭、草原、荒地、滩涂等自然资源，都属于国家所有，即全民所有；由法律规定属于集体所有的森林和山岭、草原、荒地、滩涂除外。国家保障自然资源的合理利用，保护珍贵的动物和植物。禁止任何组织或者个人用任何手段侵占或者破坏自然资源。”

《宪法》第10条规定："城市的土地属于国家所有。农村和城市郊区的土地，除由法律规定属于国家所有的以外，属于集体所有；宅基地和自留地、自留山，也属于集体所有。国家为了公共利益的需要，可以依照法律规定对土地实行征收或者征用并给予补偿。任何组织或者个人不得侵占、买卖或者以其他形式非法转让土地。土地的使用权可以依照法律的规定转让。一切使用土地的组织和个人必须合理地利用土地。"

《宪法》第17条规定："集体经济组织在遵守有关法律的前提下，有独立进行经济活动的自主权。集体经济组织实行民主管理，依照法律规定选举和罢免管理人员，决定经营管理的重大问题。"

（二）农业基本法

农业基本法是由全国人民代表大会及其常务委员会制定的调整农业经济关系的基本方面，对农业的各项基本制度进行原则规定的农业法律，即《农业法》。

（三）农业专门法律

农业专门法律是由全国人民代表大会及其常务委员会制定的就农业的特定关系或某个领域的问题进行规定的与《农业法》相配套的专门法律。如《中华人民共和国农业技术推广法》（简称《农业技术推广法》）、《中华人民共和国动物防疫法》（简称《动物防疫法》）、《中华人民共和国乡镇企业法》（简称《乡镇企业法》）、《中华人民共和国农村土地承包法》（简称《农村土地承包法》）、《中华人民共和国进出境动植物检疫法》《中华人民共和国野生动物保护法》《中华人民共和国渔业法》《中华人民共和国草原法》《中华人民共和国种子法》（简称《种子法》）等。

（四）农业行政法规

国务院为贯彻实施农业基本法或专门农业法律，对法律缺乏具体规定或没有明确具体规定，而对法律内容进行具体化的一种主要形式。如《中华人民共和国渔业法实施细则》《中华人民共和国陆生野生动物保护实施条例》《农药管理条例》《基本农田保护条例》《兽药管理条例》《种畜禽管理条例》《饲料和饲料添加剂管理条例》《草原防火条例》《中华人民共和国渔港水域交通安全管理条例》《中华人民共和国水生野生动物保护实施条例》《水产资源繁殖保护条例》《植物检疫条例》《中华人民共和国进出境动植物检疫法实施条例》《中华人民共和国植物新品种保护条例》《中华人民共和国野生植物保护条例》《农民承担费用和劳务管理条例》等。

（五）地方性农业法规

由拥有地方立法权的省、直辖市、自治区的人民代表大会及其常务委员会，以及省会所在市、经济特区所在地的市、国务院批准的较大的市的人民代表大会及其常务委员会制定的地方性农业法规。例如，1987年12月29日浙江省人民代表大会常务委员会通过的《浙江省农业技术推广暂行条例》，2011年湖南省人民代表大会常务委员会通过的《湖南省外来物种管理条例》，1999年重庆市人民代表大会常务委员会通过的《重庆市植物检疫条例》等。

（六）农业规章

规章主要指国务院组成部门及直属机构，省、自治区、直辖市人民政府及省、自治区政府所在地的市和设区市的人民政府，在它们的职权范围内，为执行法律、法规，需要制定的事项或属于本行政区域的具体行政管理事项而制定的规范性文件，规章又可分为国务院部门规章和地方政府规章。农业规章主要指农业农村部根据法律和国务院的行政法规、决定、命令，在本部门权限内按照规定程序制定和发布的调整本部门范围内的行政管理关系的、并不得与宪法、法律和行政法规相抵触的规范性文件。如《兽用麻醉药品的供应、使用、管理办法》《渔船作业避让暂行条例》《农业专职植物检疫工作人员制服供应办法》《水产品批发市场管理办法》《动物疫情报告管理办法》《肥料登记管理办法》《中华人民共和国渔业行政执法船舶管理办法》等。后者则由省（自治区、直辖市）、省和自治区人民政府所在市、经济特区所在的市和经国务院批准的较大的市的人民政府制定，与前者的区别在于前者在全国普遍使用，而后者则只适用于本区域范围。地方政府规章如《重庆市无规定动物疫病区管理办法》《江苏省林业有害生物防控办法》。

第三节　农业法律关系与责任

一、农业法律关系的概念和特征

（一）农业法律关系

法律关系是法律在调整人们行为的过程中形成的特殊的权利和义务关系。农业法律关系是法律关系的一种，它是指在国家依法干预农业生产、农产品加工和流通以及国家支持和保护农业经济发展过程中，相关当事人之间所形成的权利义务关系或者职责职权关系。

由此可见，农业法律关系是以农业法律规范为前提的，只有法律对这种法律关系做出规定，并进行了相关调整，才属于农业法律关系。与其他法律关系一样，它也是调整权利（职权）和义务（职责）关系，只不过这种法律关系发生在国家干预和保护农业经济发展过程中。

（二）农业法律关系的特征

农业法律关系作为法律关系的一种，除了具备一般法律关系所应该具有的特征外，还有其本身的特征。

1. 主体之间地位的不平等性

国家机关在干预和扶持农业经济活动中，处于管理者地位，而其他个人和组织处于被管理者地位，对于国家机关依法行使权利履行职责时，其他个人和组织应当服从管理、予以配合，在自己的权力范围内行使权利和履行义务，否则将承担对应的责任。因此这是一种隶属或从属的关系，可见其主体地位之间存在不平等性。

2. 内容的不对价性

在农业法律关系中，虽然可见国家机关既行使职权也履行职责，其他法律主体享有权利也需承担义务，但是这并不表现为各主体之间权利义务的对应，这只是权利、职权、义务、职责的综合体现而已。法律关系双方行使权利（职权）和履行义务（职责）的时候，由于其性质不同，在数量上不会一一对应。所以通常可见一方行使职权，另一方在服从安排，履行自身义务的时候并不以对方给予一定对价为前提。

3. 主要为普遍性法律关系

作为侧重调整双方当事人具体的法律关系的民法，其调整的法律关系发生于具体的双方当事人之间，但是与之恰恰相反，农业法侧重于农业经济的社会整体利益，即从宏观的角度出发进行干预，所以农业法律关系通常发生在具有普遍性的多数主体之间。例如，《农业法》中第 7 条第 2 款规定："各级人民政府及其有关部门应当采取措施增加农民收入，切实减轻农民负担。"在该款中，政府并不是指某一个具体的政府，而是指各级政府；农民也不是指某一个具体的农民，而是指众多的农民。

4. 产生方式的强制性

私法一般强调意思自治，其产生主要依靠双方自愿，具有意思自治性。但是农业法与私法的性质不同，从而导致其法律关系的产生具有强制性，并非是人自主自愿发生，不允许当事人意思自治。农业法律关系主要产生于国家机关行使干预农业法律经济活动权力时，在此时，义务主体必须遵守和执行，不得违背。由此可见农业法律关系的产生具有明显的强制性。

5. 普遍性法律关系和具体法律关系相结合的法律关系

农业法律规范在运作中，会因为某种法律事实的出现从而变得具体化，产生出一种具体的农业法律关系，由此权利（职权）被具体的法律主体享有，义务（职责）也被具体的法律主体所承担。

（三）农业法律关系的分类

农业法律关系根据不同的标准，可以做出以下分类。

1. 依据调整和规制领域的不同分类

可以分为国家干预农业生产法律关系、国家干预农产品流通法律关系和国家扶持、促进农业生产经营法律关系这三类。

国家干预农业生产法律关系是指国家特定机关在规划、引导和扶持农业生产过程中与其他法律主体之间所形成的权利（职权）义务（职责）关系。相关法律规范如《农村土地承包法》《农村集体经济组织财务公开规定》《兽药管理条例》《农药管理条例实施办法》《种子法》等。国家干预农产品流通法律关系是指国家特定机关在管理和支持农业流通过程中与其他法律主体之间所形成的权利（职权）义务（职责）关系。相关法律规范如《水产品批发市场管理办法》《粮食流通管理条例》等。国家扶持、促进农业生产经营法律关系是指国家特定机关在通过采取财政投入、税收优惠、金融支持等措施扶持、促进农业生产经营的过程中与其他法律主体之间所形成的权利（职权）义务（职责）关系。

2. 依据调整方式的不同分类

可以分为农业管理法律关系、农业规划法律关系和农业促进法律关系。

农业管理法律关系是指国家特定机关通过价格、财税和信贷等经济手段以及法律、行政等手段对农业生产、加工和流通等领域进行管理的过程中，与相对人之间形成的权利（职权）义务（职责）关系。相关法律如《农药管理条例》《农业转基因生物安全管理条例》《水产品批发市场管理办法》《粮食流通管理条例》等。农业规划法律关系是指国家机关之间在规划的制定、执行和实施过程中的职权关系。相关法律规范如《中华人民共和国城乡规划法》等。农业促进法律关系是指国家通过引导、补贴和投入等调整方式支持保护农业，在农业经济发展稳步前进的过程中与其他主体之间的权利（职权）义务（职责）关系。相关法律规范如《中华人民共和国中小企业促进法》《中华人民共和国循环经济促进法》等。

二、农业法律关系的构成要素

法律关系由三种要素构成，即主体、客体和内容。这三要素相互联系，缺一不可。主体是指法律关系的参加者，即在法律关系中依法享有权利和承担义务的人。客体是法律关系主体之权利义务所指向的对象，法律关系客体主要包括三类：物、行为和人身相联系的非物质财富。内容是法律关系主体间的权利和义务。农业法律关系是法律关系的一种，自然也具备这三种构成要素。

（一）农业法律关系的主体

1. 农业法律关系主体的概念

农业法律关系的主体是指农业法律关系的参加者，具体指依法通过自己的行为，加入农业法律关系中，享有权利（职权）并承担义务（职责）的国家机关、农业事业单位、农业社会团体、乡镇企业、村民委员会、农业劳动者、农业生产经营组织、其他农村法主体。由此可见，农业法律关系主体并不是所有人或组织，其资格必须有法律的明确规定。

2. 农业法律关系主体的种类

在我国，农业法律关系主体主要包括三类：国家机关、农业生产经营主体和其他主体。

（1）国家机关。主要指参加农业法律关系，并通过行使公共权力从而干涉和保护农业发展的各级各类国家机关。具体有以下几类。

①国务院。《农业法》中对国务院在参与农业法律关系中的主体地位做了有关规定，如第48条第1款规定："国务院和省级人民政府应当制定农业科技、农业教育发展规划、发展农业科技、教育。"第49条第2款规定："国务院有关部门应当组织农业重大关键技术的科技攻关。"由此可见国务院在对全局性的农业生产经营进行干涉和保护、制定农业规划和行政法规、组织农业重大关键技术的科技攻关等方面发挥着重要的作用，等等。

②各级人民政府。地方各级人民政府参加的是地方性农业生产经营，制定的是地方性有关农业规划和地方性规范性法律文件，对农业经济活动的干预和管理也是在自己的行政管理范围内的。我国《农业法》中的许多条文都明确规定了各级人民政府在农业法律关系中的干预和保护职责，如《农业法》第7条第2款规定："各级人民政府及其有关部门应当采取措施增加农民收入，切实减轻农民负担。"第9条第1款规定："各级人民政府对农业和农村经济发展工作统一负责，组织各有关部门和全社会做好发展农业和为发展农业服务的各项工作。"等等。

③行政部门。包括农业主管部门、其他与农业有关的部门。前者主要指各级农业及林业主管机关，即在国务院主要指 2018 年 3 月，农业部改为农业农村部、林业部改为自然资源部等部门，负责全国有关农业管理工作；在县级以上人民政府则指农业农村厅、林业厅、局、站、所等，负责自己管理辖区的有关管理工作。后者指农业主管部门以外的，参与到农业经济法律关系之中，享有职权并能承担相应责任的其他行政机关。包括：各级财政机关、工商管理部门、粮食行政主管部门、税务部门、价格行政主管部门、科技主管部门、教育行政主管部门等。它们各自在法律规定的权限范围内负责与农业有关的工作。相关职权规定如《农业法》第 9 条第 2 款规定："国务院农业行政主管部门主管全国农业和农村经济发展工作，国务院林业行政主管部门和其他有关部门在各自的职责范围内，负责有关的农业和农村经济发展工作。"《农业法》第 9 条第 3 款规定："县级以上地方人民政府各农业行政主管部门负责本行政区域内的种植业、畜牧业、渔业等农业和农村经济发展工作，林业行政主管部门负责本行政区域内的林业工作。县级以上地方人民政府其他有关部门在各自的职责范围内，负责本行政区域内有关的为农业生产经营服务的工作。"

（2）农业生产经营主体。农业生产经营主体是指依法通过从事农业及农村生产经营活动从而参与到农业法律关系中，享有权利并履行义务的主体。包括以下几类。

一是农业集体经济组织。是指由农民自愿联合，将其各自所有的生产资料（土地、较大型农具、耕畜）投入集体所有，由集体组织农业生产经营，农民进行集体劳动，各尽所能，按劳分配的农业社会主义经济组织。其类型包括：乡镇（街）集体经济经营实体（如公司、联合社等）村经济合作社、村股份经济合作社、自然村组经济实体、农民专业合作社、专业农场（庄）和其他合伙农村企业等。

二是国有农业企业。是指农业范围内属国家全民所有制的农、林、牧、副、渔各行业，包括农垦系统的国营农场、农牧渔业系统实行企业管理的国有农牧渔业良种场、畜牧场、水产养殖场和林业系统的国有林场等。

三是其他农业企业。即除了农业集体经济组织和国有农业企业以外的农业企业。如农业股份合作社、私营农业经济组织、合伙组织、中外合资或外商独资的农业企业等。

四是农业生产经营者个人。主要指在法律允许的范围内，按照承包合同规定从事商品经营的农村集体经济组织的成员，即农村承包经营户。

（3）其他主体。是指除上述农业经济法律关系主体之外，从事与农业经济有关的活动的单位或个人。包括：乡镇企业；农业生产资料生产销售企业；供销合作社、农民专业合作社；农业科研、教育单位和农业技术推广机构等。

（二）农业法律关系的客体

农业法律关系的客体是指农业法律关系主体之间权利和义务所指向的对象。农业法律关系的客体主要为物、行为及智力成果。

1. 行为

行为包括农业行政行为和农业民事行为。前者指农业法律关系主体在进行干预农业经济运行中而依法进行的管理活动，如国家管理农业生产经营行为，国家投入和扶持农业行为；后者指农业生产经营这具体的行为和服务。

具体而言，包括以下几类行为：农业生产经营行为、农业管理行为、农产品流通行为、农业投入行为、农业科技开发、推广、应用、农业教育行为、农业宏观调控行为、与农业有关的公务行为。

2. 物

物是指能被法律关系主体支配的、满足农业生产经营某种需要的客观实体。作为农业法律关系的物主要包括以下几类。

（1）自然资源。土地是人类赖以生存和发展的物质基础，是农业生产的基本生产资料，故是农业法律关系的重要客体。此外，森林、草原、河流、滩涂、山岭、水面等自然资源中能被主体所支配，并能满足其需要的也属于法律关系的客体。有关法律规范如《农业法》第 57 条第 1 款规定："发展农业和农村经济必须合理利用和保护土地、水、森林、草原、野生动植物等自然资源，合理开发和利用水能、沼气、太阳能、风能等可再生能源和清洁能源，发展生态农业，保护和改善生态环境。"

（2）农业生产资料。是人们从事农业生产所必需的一切物质条件，是农业生产力中物的要素，即人们在农业生产过程中所使用的劳动资料和劳动对象的总和。主要包括：农业机械、农具、化肥、农药、种子、水利设施、其他农业基础设施、工程等。有关法律规范如《农业法》第 17 条规定："各级人民政府应当采取措施，加强农业综合开发和农田水利、农业生态环境保护、乡村道路、农村能源和电网、农产品仓储和流通、渔港、草原围栏、动植物原种良种基地等农业和农村基础设施建设，改善农业生产条件，保护和提高农业综合生产能力。"

（3）农作物、动物、植物。如农业产业结构调整法律关系中就涉及各种农作物的生产布局、农作物品种培植，动物、植物检疫等法律关系都涉及农作物、动物、植物等客体。有关法律规范如《农业法》第 24 条规定："国家实行动植物防疫、检疫制度，健全动植物防疫、检疫体系，加强对动物疫病和植物病、虫、杂草、鼠害的监测、预警、防治，建立重大动物疫情和植物病虫害的快速扑灭机制，建设动物无规定疫病区，实施植物保护工程。"

（4）农产品。即农业动植物产品，如粮食、棉花等。有关法律规范如《农业法》第 22 条规定："国家采取措施提高农产品的质量，建立健全农产品质量标准体系和质量检验检测监督体系，按照有关技术规范、操作规程和质量卫生安全标准，组织农产品的生产经营，保障农产品质量安全。"第 23 条规定："国家支持依法建立健全优质农产品认证和标志制度。国家鼓励和扶持发展优质农产品生产。县级以上地方人民政府应当结合本地情况，按照国家有关规定采取措施，发展优质农产品生产。符合国家规定标准的优质农产品可以依照法律或者行政法规的规定申请使用有关的标志。符合规定产地及生产规范要求的农产品可以依照有关法律或者行政法规的规定申请使用农产品地理标志。"

（5）其他。如财政支农资金、救灾救济款物、农民承担的费用等。有关法律规范如《农业法》第 37 条第 1 款规定："国家建立和完善农业支持保护体系，采取财政投入、税收优惠、金融支持等措施，从资金投入、科研与技术推广、教育培训、农业生产资料供应、市场信息、质量标准、检验检疫、社会化服务以及灾害救助等方面扶持农民和农业生产经营组织发展农业生产，提高农民的收入水平。”

（三）农业法律关系的内容

农业法律关系的内容是指法农业法律关系主体所享有的权利（职权）和承担的义务（职责），具体包括国家机关干预农业的职权、职责，农业生产经营组织个人以及其他有关组织的权利和义务。

1. 国家机关的职权（责）

国家机关的职权（责）指国家机关在行使领导和组织农业经济建设时所享受的权力，该种权力不得放弃且必须正确履行，否则即为失职，后果将是承担相应的法律责任，即这类权力的特点表现为权利和义务的相统一。国家机关的权力包括以下几种。

（1）农业规则的制定及解释权。规则的制定权和解释权是农业行政主管部门依法所享有的依特定程序制定和解释用以规制农业法律关系的农业管理法规、规章及其他规范性法律文件的权力。

（2）规划权。县级以上人民政府有权根据国民经济和社会发展的中长期规划、农业和农村经济发展的基本目标和农业资源区划，制定农业发展规划。

（3）许可权。是农业行政主管部门根据行政相对方的申请，经依法审查，通过颁发许可证、执照等形式，赋予或确认行政相对方从事农业活动的法律资格或法律权利的权力。例如《种子法》第31条规定：“从事种子进出口业务的种子生产经营许可证，由省、自治区、直辖市人民政府农业、林业主管部门审核，国务院农业、林业主管部门核发。从事主要农作物杂交种子及其亲本种子、林木良种种子的生产经营以及实行选育生产经营相结合，符合国务院农业、林业主管部门规定条件的种子企业的种子生产经营许可证，由生产经营者所在地县级人民政府农业、林业主管部门审核，省、自治区、直辖市人民政府农业、林业主管部门核发。前两款规定以外的其他种子的生产经营许可证，由生产经营者所在地县级以上地方人民政府农业、林业主管部门核发。”

（4）指导权。是指行政机关享有的依法在其职能、职责或管辖事务范围内，为适应复杂多样化的经济和社会管理需要，基于国家的法律精神、原则、规则或政策，适时灵活地采取指导、劝告、建议等非强制性方法，谋求相对人同意或协力，以有效地实现一定行政目的职权。这种职权多发生在农业生产结构调整和农业技术推广法律关系中。如《农业法》第16条第1款规定：“国家引导和支持农民和农业生产经营组织结合本地实际按照市场需求，调整和优化农业生产结构，协调发展种植业、林业、畜牧业和渔业，发展优质、高产、高效益的农业，提高农产品国际竞争力。”

（5）监督检查权。监督检查权是农业主管机关依法对从事农业经济活动的组织和个人的活动实施检查和监督的权力，受监督的组织和个人有义务改正和执行。例如《种子法》第47条规定：“农业、林业主管部门应当加强对种子质量的监督检查。种子质量管理办法、行业标准和检验方法，由国务院农业、林业主管部门制定。”又如《中华人民共和国农产品质量安全法》（简称《农产品质量安全法》，全书同）第39条规定：“县级以上人民政府农业行政主管部门在农产品质量安全监督检查中，可以对生产、销售的农产品进行现场检查，调查了解农产品质量安全的有关情况，查阅、复制与农产品质量安全有关的记录和其他资料；对经检测不符合农产品质量安全标准的农产品，有权查封、扣押。”

（6）行政处理权。是指农业主管机关为了实现相应法律、法规和规章所确定的管理目标和任务，对违反农业法规的当事人给予相应处理的权力，如查封、罚款、扣押、吊销许可证、没收财产等。

2. 农业生产经营者的权利和义务

农业生产经营者在从事农业经济法律行为时，依法享有从事农业经济活动所应享有的权利，同时也必须接受国家机关对其从事的农业经济活动的干预管理。

（1）农业生产经营者的权利。

一是财产权。我国《农业法》第 7 条第 1 款规定：“国家保护农民和农业生产经营组织的财产及其他合法权益不受侵犯。”《农业法》规定了农业生产经营组织广泛的财产权，包括：农产品所有权、生产资料所有权、植物新品种权，等等。

二是生产经营自主权。农业生产经营组织和农民个人的生产经营自主权是其在农业生产经营过程中自主决策和安排生产活动的权利，即生产经营过程中生产经营什么产品，采取何种经营方式应由其自主决定。

三是其他权利。主要包括检举权、申诉权、复议权、诉讼权等，当实体权利受到侵害时，寻求就既得的程序性权利。

（2）农业生产经营组织和农业劳动者的义务。

一是遵守农业法律法规。农业法律法规是国家为了保护农业法律关系的主体利益以及国家经济发展整体利益而制定的，所以为了长远发展利益，农业生产经营者在农业生产、农产品流通、农业生产结构调整等法律关系中，从事任何法律行为都必须遵守农业法律法规，依法行使权利和履行义务，否则须承担相应的法律责任。

二是依法行使农业权利。法律赋予农业生产经营者广泛权利的同时，农业生产者必须依法行使该权利，不得超越法律所规定的界限滥用权利，否则法律所赋予的权利便成为一纸空文，失去其本应具有的意义。如根据《农业法》第 10 条第 1 款的规定：“国家实行农村土地承包经营制度，依法保障农村土地承包关系的长期稳定，保护农民对承包土地的使用权。”农民享有使用承包土地的权利，但这并不意味着农民可以擅自将土地抛荒。

三是依法缴纳农业税。《农业法》第 69 条规定：“农民和农业生产经营组织依照法律、行政法规的规定承担纳税义务。税务机关及代扣、代收税款的单位应当依法征税，不得违法摊派税款及以其他违法方法征税。”依法纳税是每个纳税人应承担的义务，农业税也是税的一种，农业税的纳税人也应该依法足额缴纳农业税。

四是依法承担农业责任。法律责任既是法律义务履行的保障机制，也是法律义务违反的矫正机制，在整个法律体系中占有十分重要的地位。是国家强制违法者做出一定行为或禁止其做出一定行为，从而补救受到侵害的合法权益，恢复被破坏的法律关系和法律秩序的手段。农业生产经营者的行为在违背法律法规或合同约定后就应当承担相应的农业法律责任，这样才能使责任机制充分发挥其效力，从而保护农业法律关系存在的正当合法性。

三、农业法律事实

法律事实，是指法律规范规定的能够引起法律关系的产生、变更和消灭的情况或现象，包括事件和行为两大类。事件是指能够引起法律关系产生、变更、消灭的，与人的意志无关的客观情况。行为是指能够引起法律关系产生、变更、消灭的人的活动。

农业法律事实，是指符合农业法律规定并能够引起农业法律关系产生、变更、消灭的情况或现象。农业法律事实是法律事实的一种，自然也分为农业法律事件和农业法律行为。

（一）农业法律事件

农业法律事件，是在农业生产经济生活中，不以当事人的意志为转移能够引起农业法律关系的产生、变更、消灭的客观情况。农业法律事件主要包括以下几类。

1. 农业规范性法律文件的颁布、修改和废止

农业法律法规等规范性法律文件的颁布、修改和废止可引起某些农业经济法律关系的产生、变更或消灭。例如，依据农业法规定，任何机关为办理公务向农民或者农业生产经营组织收费必须依据法律、法规、国务院授权部门的决定或者省级人民政府制定、报国务院备案的规章的规定。这里作为收费依据的法律、法规、决定、规章的施行、修改、废止就会相应引起有关收费法律关系的产生、变更和消灭。

2. 一定时间的经过

为了避免使义务人的法律地位长期处于不确定状态而导致当事人之间社会关系的事实状态和法律状态长期不一致，故法律会规定一定时间经过后，权利义务的享有和承担情况，从而使得在当事人之间建立新的、确定化的社会关系。

3. 不可抗力

不可抗力是指当事人不可预见、不能避免并不能克服的自然灾害、战争等客观情况。例如《农业法》第47条规定："各级人民政府应当采取措施，提高农业防御自然灾害的能力，做好防灾、抗灾和救灾工作，帮助灾民恢复生产，组织生产自救，开展社会互助互济；对没有基本生活保障的灾民给予救济和扶持。"自然灾害的发生就会在人民政府与灾民之间引起救灾扶贫法律关系的发生。

（二）农业法律行为

农业法律行为，是指农业法律关系主体以发生一定法律效果的意思表示所实施的设立、变更、终止农业权利（职权）和农业义务（职责）的合法行为。

1. 国家对农业的干预行为

国家对农业的干预行为，是指国家依法运用管制和宏观调控等手段规范其他农业法律关系主体的行为，使得农业经济活动有效运行的职权行为。表现为人民政府、农业主管机关、有关行政机关对具体农业活动的授权、批准、许可、检查、监督、征收等，这些行为都会相应地引起农业法律关系的产生、变更或消灭。

2. 农业法律关系当事人的行为

农业法律关系当事人的行为，是指从事农业经济活动的农业生产经营单位、个人以

及其他有关部门或个人所实施的行为，包括合法行为、非法行为，都能引起相应农业法律关系的产生、变更或消灭。

（三）事实构成

事实构成，指的是引起民事法律关系发生、变更或消灭的两个或两个以上的民事法律事实的总和。在实际生活中，许多农业法律关系的产生、变更和消灭，需要两个或两个以上的民事法律事实作为其依据。

如《种子法》第53条规定：“由于不可抗力原因，为生产需要必须使用低于国家或者地方规定标准的农作物种子的，应当经用种地县级以上人民政府批准。”这一种子供应法律关系的产生就必须有不可抗力原因和县级以上人民政府的批准行为结合在一起才能发生。

四、农业法律责任

（一）农业法律责任含义与特征

1. 农业法律责任的含义

法律责任是指因违反法定义务或契约义务，或不当行使权利、权力所产生的由行为人承担的对所引起的损害予以补偿、强制履行或接受惩罚的特殊义务，亦即违反第一性义务而引起的第二性义务。

农业法律责任作为法律责任的一种，是指农业法律关系主体在从农业法律行为是违背了农业法律法规等规范性法律文件的规定，或者违反了农业合同约定，从而必须承担的法律后果。

2. 农业法律责任的特征

（1）责任的主体是实施违反农业法律规范的行为人。可以是实施农业经济违法行为的当事人，也是违反农业法法定职责义务的农业法律关系主体。包括公民、法人、国家机关及工作人员和其他经济组织。

（2）产生前提是违反农业法律关系。在农业法律关系中，主体依据农业法律法规的规定享有一定的权利（力），承担一定的职责和义务，不得违反农业法律法规，实施法律所禁止的行为，若实施了违反农业法律规范的行为，侵害农民和农业生产经营组织的合法权益，就会承担相应的法律责任。此外，某些农业法律行为并没有违背法律的直接规定，但是却违背了当事人之间的约定，其违约行为仍然承担相应的法律责任。例如违背了承包经营合同的一方需对另一方承担相应的法律责任。

（3）责任性质具有综合性。不是单一性质的民事责任、行政责任和刑事责任，而是有关法律责任的综合。例如《农业法》第92条规定：“有下列行为之一的，由上级主管机关责令限期归还被截留、挪用的资金，没收非法所得的，并由上级主管机关或者所在单位给予直接负责的主管人员和其他责任人员行政处分；构成犯罪的，依法追究刑事责任。”

（二）农业法律责任的分类

违反农业法的法律责任依其性质不同，可以分为违反农业法的民事责任、行政责任和刑事责任。

1. 民事责任

违反农业法的民事责任，是指违反农业法律法规，侵犯农业生产经营组织或劳动者的土地承包权经营权等财产权利或其他合法权益，造成损害而应承担的民事法律后果。从责任主体上的性质，又可以分为两类。

（1）农业生产经营组织、农业劳动者之间的农业民事法律责任关系。例如：农民与农业生产经营组织之间、农民之间、农业生产经营组织之间因买卖、租赁、转让等民事法律关系而产生民事责任关系。

（2）行政机关作为平等民事主体与农业生产经营组织、农业劳动者之间的农业民事法律责任关系。例如：地方政府与农民签订的土地承包经营合同而形成的平等的民事法律关系中产生的农业民事法律责任关系。承担民事责任的种类主要有：停止侵害、恢复原状、赔偿和补偿等。

2. 行政责任

违反农业法的行政责任，是指因违反农业法律法规而应受到行政处罚或行政处分的责任。行政处罚对于违反农业法所应承担行政责任的经营主体来说，责任承担方式主要有：责令停止生产、销售，责令退赔、归还资金，没收违法所得，罚款，吊销营业执照等。行政处分对于违反农业法所应承担行政责任的行政机关来说，责任承担方式主要有：警告、记过、记大过、降级、撤职、开除等。

3. 刑事责任

违反农业法的刑事责任，是指违反农业法律法规，严重侵犯农业生产经营组织或农业劳动者的合法权益，依照刑法规定所必须承担的刑罚惩罚性法律后果。我国对于涉及农业的犯罪和罪名的规定，大都体现在《中华人民共和国刑法》（简称《刑法》，全书同）中。在《刑法》中既有对专门针对农业犯罪的罪名，如非法捕捞水产品罪，非法占用农用地罪，生产销售位列农药、兽药、化肥、种子罪等；也有间接适用于农业的罪名如非法转让、倒卖土地使用权罪，盗伐林木罪，盗窃罪等。

（三）农业法律责任内容

我国《农业法》中的法律责任主要包括以下几种。

1. 侵害农民和农业生产经营组织的土地承包经营权等财产权或其他合法权益的法律责任

《农业法》从多个方面对保护农民权益做了规定。如第 10 条第 1 款规定：“国家实行农村土地承包经营制度，依法保障农村土地承包关系的长期稳定，保护农民对承包土地的使用权。”第 11 条第 3 款规定：“农民专业合作组织可以有多种形式，依法成立、依法登记。任何组织和个人不得侵犯农民专业合作经营组织的财产和经营自主权。”第 79 条规定：“国家坚持城乡协调发展的方针，扶持农村第二、第三产业发展，调整和优化农村经济结构，增加农民收入，促进农村经济全面发展，逐步缩小城乡差别。”第 73 条第三款规定：“农村集体经济组织和村民委员会对涉及农民利益的重要事项，应当向农民公开，并定期公布财务账目，接受农民的监督。”诸如此类对农民权益保护的条款还有很多，在此不做赘述。

根据《农业法》第 90 条规定，对违法侵害农民和农业生产经营组织的土地承包经营权等财产权或者其他合法权益的，应当依法承担以下法律责任。

（1）侵害主体首先应当停止侵害，以避免被侵害的农民及农业生产经营组织损失进一步扩大；

（2）恢复原状；不能恢复原状的，应当对因自己的侵害行为导致的他人人身财产损失依法承担相应的法律赔偿责任，这里的赔偿责任因主体的不同包括两类即民事赔偿责任和国家赔偿责任，前者发生在一般侵权主体之间，后者主要指国家工作人员的侵权行为导致的损害。

2. 非法截留、挪用特定资金的法律责任

截留、挪用特定资金行为的法律责任是指有关单位或者个人违反本法规定非法截留、挪用特定资金如粮食收购资金、用于农业的财政资金和信贷资金、扶贫资金，用于非农开支和用途所应承担相应的法律后果。《农业法》第33条第3款规定："县级以上人民政府应当组织财政、金融等部门以及国家委托的收购单位及时筹足粮食收购资金，任何部门、单位或者个人不得截留或者挪用。"第39条第2款规定："任何单位和个人不得截留、挪用用于农业的财政资金和信贷资金。审计机关应当依法加强对用于农业的财政和信贷等资金的审计监督。"第86条第3款规定："禁止任何单位和个人截留、挪用扶贫资金。审计机关应当加强扶贫资金的审计监督。"

根据《农业法》第92条的规定，对非法截留、挪用特定资金的应当依法承担以下法律责任。

（1）由上级主管机关责令限期归还被截留、挪用的资金。

（2）没收非法所得，并由上级主管机关或者所在单位给予直接负责的主管人员和其他直接责任人员行政处分。其中没收非法所得是指将当事人通过非法截留、挪用特定资金，如粮食收购资金、用于农业的财政资金和信贷资金、扶贫资金用于非农开支和用途获得的收入无偿收归国有。

（3）构成犯罪的，依法追究刑事责任。主要涉及《刑法》规定的挪用公款罪和挪用特定款物罪。

3. 非法向农民或者农业生产经营组织收费、罚款、摊派的法律责任

《农业法》第67条规定："任何组织或者单位向农民或者农业生产经营组织收取行政、事业性费用必须依据法律、法规的规定。"收费的项目、范围和标准应当公布。没有法律、法规依据的收费，农民和农业生产经营组织有权拒绝。任何机关或者单位对农民或者农业生产经营组织进行罚款处罚必须依据法律、法规、规章的规定。没有法律、法规、规章依据的罚款，农民和农业生产经营组织有权拒绝。任何机关或者单位不得以任何方式向农民或者农业生产经营组织进行摊派。除法律、法规另有规定外，任何机关或者单位以任何方式要求农民或者农业生产经营组织提供人力、财力、物力的，属于摊派。农民和农业生产经营组织有权拒绝任何方式的摊派。

根据《农业法》第93条规定，对非法向农民或者农业生产经营组织收费、罚款、摊派的应当依法承担以下法律责任。

（1）由其上级主管机关予以制止，停止违法行为，同时上级主管机关还应当通过适当的方式或途径，对其违法行为予以公告批评。任何单位和个人向农民或者农业生产

经营组织违法收费、罚款、摊派的，首先应当由上级机关予以制止，停止违法行为，同时还应当通过合法合理的方式进行公告。

（2）对于已经违法收取的钱款，违法的机关或者单位应当限期归还，对于违法使用的人力、物力，违法的机关或者单位应当按照合理的价格给予折价偿还。

（3）由上级主管机关或者所在单位给予直接负责的主管人员和其他直接责任人员行政处分。行政处分的形式包括警告、记过、记大过、降级、撤职、开除等。具体形式，由违法者的上级主管机关或者所在单位根据实际情况决定。

（4）情节严重，构成犯罪的，依法追究刑事责任。主要涉及《刑法》规定的滥用职权罪或者玩忽职守罪。

4. 非法在农村进行集资、征税、通过农村中小学校向农民超额收费的法律责任

非法在农村进行集资、征税、通过农村中小学校向农民超额收费的法律责任的规定，主要是针对这些行为的出现直接损害广大农民的切身利益，严重干扰了正常的农业经济活动。所以，《农业法》第 68 条对此做了有关规定，各级人民政府及其有关部门和所属单位不得以任何方式向农民或者农业生产经营组织集资。没有法律、法规依据或者未经国务院批准，任何机关或者单位不得在农村进行任何形式的达标、升级、验收活动。第 69 条规定，农民和农业生产经营组织依照法律、行政法规的规定承担纳税义务。税务机关及代扣、代收税款的单位应当依法征税，不得违法摊派税款及以其他违法方法征税。第 70 条规定，农村义务教育除按国务院规定收取的费用外，不得向农民和学生收取其他费用。禁止任何机关或者单位通过农村中小学校向农民收费。

根据《农业法》第 94 条规定，非法在农村进行集资、征税、通过农村中小学校向农民超额收费的应当依法承担以下法律责任。

（1）由上级主管机关责令停止违法行为，并给予直接负责的主管人员和其他直接责任人员行政处分；

（2）责令退还违法收取的集资款、税款或者费用。

5. 强迫农民以资代劳的法律责任

《农业法》第 73 条规定，农村集体经济组织或者村民委员会为发展生产或者兴办公益事业，需要向其成员（村民）筹资筹劳的，应当经成员（村民）会议或者成员（村民）代表会议过半数通过后，方可进行。农村集体经济组织或者村民委员会依照前款规定筹资筹劳的，不得超过省级以上人民政府规定的上限控制标准，禁止强行以资代劳。

根据《农业法》第 95 条规定，强迫农民以资代劳的应当依法承担以下法律责任。

（1）违法行为发生地的乡镇人民政府应当责令有关当事人停止违法行为并予以改正。

（2）对于已经收取的农民以资代劳的资金，有关方面应当及时退还给农民。

6. 强迫农民和农业生产经营组织接受有偿服务的违法行为应承担的法律责任

《农业法》第 74 条规定，任何单位和个人向农民或者农业生产经营组织提供生产、技术、信息、文化、保险等有偿服务，必须坚持自愿原则，不得强迫农民和农业生产经营组织接受服务。

根据《农业法》第96条规定，强迫农民和农业生产经营组织接受有偿服务的应当依法承担以下法律责任。

（1）由有关人民政府责令改正，并返还其违法收取的费用；

（2）情节严重的，给予直接负责的主管人员和其他直接责任人员行政处分；

（3）造成农民和农业生产经营组织损失的，依法承担赔偿责任。

7. 相关人员违法参与和从事农业生产经营活动应承担的法律责任

《农业法》第89条明确规定，农业行政主管部门及其工作人员不得参与和从事农业生产经营活动。根据《农业法》第97条规定，县级以上人民政府农业行政主管部门的工作人员违法参与和从事农业生产经营活动的，依法给予行政处分；构成犯罪的，依法追究刑事责任。

参考文献

韩松，1998. 农业经济法教程［M］. 北京：法律出版社.
黄河，2011. 农业法教程［M］. 北京：中国政法出版社.
李昌麟，吴越，2007. 农业经济法教程［M］. 北京：法律出版社.
石英，1985. 农业经济法教程［M］. 北京：法律出版社.
杨红朝，2013. 农村法治教程［M］. 郑州：郑州大学出版社.

第二章 农业经营主体法律制度

第一节 农业经营主体概述

一、农业经营主体的概念和特征

（一）概 念

农业经营主体，是指从事种植、林、牧、副、渔业经营的农户（农村承包经营户、专业大户、家庭农场）、农民合作经营组织、农民集体经济组织、农业企业和其他从事农业经营主体。在现有法律制度和农业政策指引下，出现新型农业经营主体，即在家庭承包经营制度下，经营规模大、集约化程度高、市场竞争力强的农业经营组织和有文化、懂技术、会经营的职业农民。实践表明，新型农业经营主体是农业先进生产力的代表，是推进农业转型升级和粮食增产、农业增效、农民增收的重要力量。新型农业经营主体目前主要有新型职业农民、种养大户、家庭农场、农民合作社和农业企业等。

（二）特 征

当前我国农业经营模式的政策指向和法律规范中，倾向于以规模化、市场化、专业化、组织化等为代表的农业经营模式。

1. 农业经营主体组织形式的多元化

现阶段普通农户家庭仍是农业生产经营的重要主体，但专业大户、家庭农场、农业合作社、农业企业以及农业社会化服务组织等新型农业经营主体发展势头越来越强劲，已经成为推进农业走向现代化的主要力量。普通农户经营兼业化趋势明显，农业专业大户蓬勃发展，家庭农场呈多样化发展趋势，农业龙头企业逐渐成为农业发展的重要力量。农民合作方式有新变化除专业合作外，股份合作社成为农业经营的新型合作方式，部分农户以土地入股成立合作社，既促进了土地流转，又能从联合生产经营中获得分红收入。

2. 农业经营主体生产经营方式的多样化

从生产方式来看，普通农户开始从传统小农经济的生产阶段向农机作业等现代化生产阶段发展，具有很大的成长空间；专业大户、家庭农场更积极运用资金、技术等现代生产要素。从经营方式来看，普通农户多是自给自足的经营，专业大户、家庭农场更关心市场需求和产品营销。从投资方式来看，普通农户农业经营投资基本是自有资金，主要用于雇用农机和购买农药、化肥、种苗等必备农资；专业大户、家庭农场除自身积累外，还从小额贷款公司等农村非金融机构、农商银行等其他金融机构获得部分资金，投资主要用于大型农机设备、土地平整等基础设施建设以及雇工支出。

二、农业经营主体的历史变迁

（一）单一经营主体阶段

1978 年改革开放到 20 世纪 80 年代末是单一经营主体阶段。家庭联产承包责任制改革，将土地产权分为所有权和经营权。所有权仍归集体所有，经营权则由集体经济组织按户均分包给农户自主经营，集体经济组织负责承包合同履行的监督，公共设施的统一安排、使用和调度，土地调整和分配，从而形成了一套有统有分、统分结合的双层经营体制。农户每人平均分包土地，每家每户都在分包的分散土地上实行自主经营，成为农业经营的唯一主体。这个根本性改革，解放和发展了农村生产力，调动了农民的生产积极性，带来农村经济和社会发展的历史性巨变。这个阶段的农业经营主体单一，农户基本处于分散经营状态，农户之间很少有农业生产经营合作。

（二）多种经营主体并存阶段

20 世纪 80 年代至今是多种经营主体的并存阶段。随着改革开放的不断深化，农村工业化、城镇化进程的迅猛发展，大量的农民“洗脚上田”转移到第二、第三产业，农用地撂荒现象越来越突出。这一阶段，新型农业经营主体产生，主要有农户、农业企业、家庭农场、专业合作社等。这一阶段的农户与上一阶段相比，既有相似又有差别。两者虽都以家庭承包经营为基础，但第一阶段的农户承包土地零碎、分散、无偿、单一经营组织方式，而这一阶段的农户承包土地连片集中、有偿、复合经营组织方式。

三、农业经营主体的分类

（一）直接经营主体和间接经营主体

按是否直接参与农业生产，可分为直接经营主体和间接经营主体。直接经营主体在农业生产活动中处于底层，直接从事农业生产，我国目前直接经营主体包括农户、专业大户以及家庭农场。间接经营主体是指在农业生产活动中位于较高层次，即最底层之上的各经营主体。间接经营主体主要包括农业专业合作社和龙头企业。

（二）个体经营主体和规模经营主体

按照农业经营规模的大小，可分为个体经营主体和规模经营主体。个体经营主体仅包括个体农户，个体经营主体仅以家庭成员为主要劳动力，规模小，生产化程度低。规模经营主体生产规模大，农作物市场化程度高，主要包括家庭农场、农民专业合作社以及龙头企业。

（三）订单经营主体和自营经营主体

按照是否依据合同安排生产经营，可分为订单经营主体和自营经营主体。订单经营主体又称为合同经营主体，是指由农户与龙头企业或中介组织事先签订产销合同，农户依照合同安排生产经营，企业或中介组织按照合同收购农户产品的一种农业经营形式，通常可分为“公司+农户”的初始形式以及“公司+合作社/大户/中介组织+农户”的演化形式。

其他从事农业经营主体，包括国有农场、林场、牧场、原种场、良种场等。按隶属关系可分为归农垦系统管理的国有农场，归侨务部门管理的华侨农场，归军队管理的部队农场以及归农业部门管理的良种场、园艺场、种畜场等。国有农场采用比较先进的经营技术和装备，在“一业为主，多种经营”的方针指导下，因地制宜地实行农、林、牧、副、渔全面发展，农工商综合经营。农垦系统的大规模家庭农场与全国种粮大户（经营1 000亩以上）一样，在农业科技、农业机械、劳动力效率等方面几乎都达到世界先进水平。

第二节　农村承包经营户

一、农村承包经营户的概念和特征

（一）概　念

将于2021年1月1日实施的《民法典》第330条规定：“农村集体经济组织实行家庭承包经营为基础、统分结合的双层经营体制。农民集体所有和国家所有由农民集体使用的耕地、林地、草地以及其他用于农业的土地，依法实行土地承包经营制度”。在我国历史上，最基本的农业经营单位一直都是农户家庭。在我国开展土地承包经营后，农户即指农村承包经营户。农村承包经营户是指在法律允许的范围内，按照承包合同的规定从事商品经营的农村经济组织的成员。农村劳动群众集体经济组织的成员，是指在法律允许的范围内，依照承包合同，承包经营集体所有或者国家所有的土地或其他财产的家庭或个人。

（二）特　征

1. 农村承包经营户是农村集体经济组织的成员

《民法典》第55条规定：“农村集体经济组织的成员，依法取得农村土地承包经营权，从事家庭承包经营的，为农村承包经营户。”农村承包经营户是农村集体经济的一个经营层次，所以，农村承包经营户一般为农村集体经济组织的成员。农村承包经营户是由作为农村集体经济组织的成员的一人或多人所组成的农户，但它和以往的农户不同，农村承包经营户是在推行联产承包责任制中，通过承包合同的形式，把农民家庭由生活单位变成了生产和生活相结合的单位所产生的。在承包合同中，一方总是集体经济组织，另一方是承包经营户，他们或者是本组织的内部成员，或者是非本组织的内部成员，但他们都是农村集体经济组织的成员。农村承包经营户的“户”，可以是一个人经营，也可以是家庭经营，但以户的名义进行经营活动。

2. 农村承包经营户的经营活动以承包经营合同为依据

《民法典》第333条规定：“土地承包经营权自土地承包经营权合同生效时设立。

登记机构应当向土地承包经营权人发放土地承包经营权证、林权证等证书，并登记造册，确认土地承包经营权。”农村承包经营户的权利义务以承包经营合同为依据，无须工商行政管理机关登记。农村承包合同是农村集体经济组织与农村承包经营户之间，为完成某项农业生产任务所签订的协议，包括书面合同、口头合同、任务下达书以及其他能够证明承包关系的事实和文件。

农村承包经营户是通过承包合同产生的，其所利用的是集体的资源。根据承包合同，集体经济组织的大部或全部生产资料要转归承包经营户占有、使用和收益，承包经营户享有合法的经营权。在合同规定的范围内，承包经营户自主地安排生产计划、作物布局、增产措施，并统一支配户内劳动力，组织生产协作，独立或相对独立地完成生产任务。承包经营户也要承担经营风险，若违反了承包合同，要承担财产责任。《民法典》第 56 条规定：“农村承包经营户的债务，以从事农村土地承包经营的农户财产承担；事实上由农户部分成员经营的，以该部分成员的财产承担。”承包经营户依据合同享有权利，也应依据合同承担义务。

3. 农村承包经营户在法律允许的范围内从事农业经营活动

农村承包经营户承包集体所有的生产资料，从事生产和经营活动时，必须符合国家法律和政策的规定。从事承包经营的家庭或个人，对于承包的生产资料不享有所有权，只享有经营权。任何人不得买卖土地，不得在承包地上建房、起土、造坟、建坟，更不得哄抢、私分属于集体或国家的财产。对少数承包经营户因经营不善造成土地荒芜或地力严重下降的，所有权人有权进行干涉或给予惩罚，以至收回土地。承包经营户在从事经营活动中，不能搞歪门邪道、损人利己，甚至以种种非法手段，挖国家集体的墙脚，牟取暴利，否则，将依法承担相应法律后果。第一，未经依法批准，不得将承包地用于非农建设。《民法典》第 334 条规定：“土地承包经营权人依照法律规定，有权将土地承包经营权互换、转让。未经依法批准，不得将承包地用于非农建设。”第二，土地承包经营权互换或转让的，当事人可以向登记机构申请登记。《民法典》第 335 条规定：“土地承包经营权互换、转让的，当事人可以向登记机构申请登记；未经登记，不得对抗善意第三人。”第三，稳定农村土地承包经营关系，承包期内发包人不得调整承包地。《民法典》第 336 条规定：“承包期内发包人不得调整承包地。因自然灾害严重毁损承包地等特殊情形，需要适当调整承包的耕地和草地的，应当依照农村土地承包的法律规定办理。”

二、农村承包经营户的法律地位

农村承包经营户的法律地位，是指农村承包经营户由法律规定的对内、对外的权利、义务关系。农村承包经营户不是一个单纯的家庭消费单位，而是一个相对独立的农业经营主体，属于经营性非法人组织。

（一）农村承包经营户具有经济组织所享有的全部权利、独立承担其全部义务

包括享有财产所有权、所承包土地及其他生产资料的占有使用权、生产经营计划权、产品收益分配权、雇工权、土地转包权、银行开户权和借款权等广泛的民事权利。

《民法典》第113条明确规定："民事主体的财产权利受法律平等保护"。《民法典》第331条规定："土地承包经营权人依法对其承包经营的耕地、林地、草地等享有占有、使用和收益的权利，有权从事种植业、林业、畜牧业等农业生产"。《民法典》还规定农村承包地被征收时土地承包经营权人的获得补偿权。该法第338条规定，承包地被征收的，土地承包经营权人有权依法获得相应补偿。为了公共利益的需要征收农村承包地，应当依法及时足额支付土地补偿费、安置补助费、地上附着物以及青苗等的补偿费用；《民法典》以法典的形式，在立法上明确规定承包地被征收的，应当安排被征地农民的社会保障费用，保障被征地农民的生活，维护被征地农民的合法权益。

（二）农村承包经营户在其合同财产范围内，享有对土地、山林、水面、滩涂等生产资料的生产经营权等各项权利

《农村土地承包法》第8至第11条等对农村承包经营户的各项生产经营权利有相应规定："国家保护集体土地所有者的合法权益，保护承包方的土地承包经营权，任何组织和个人不得侵犯。""承包方承包土地后，享有土地承包经营权，可以自己经营，也可以保留土地承包权，流转其承包地的土地经营权，由他人经营。""国家保护承包方依法、自愿、有偿流转土地经营权，保护土地经营权人的合法权益，任何组织和个人不得侵犯。""农村土地承包经营应当遵守法律、法规，保护土地资源的合理开发和可持续利用。未经依法批准不得将承包地用于非农建设。""国家鼓励增加对土地的投入，培肥地力，提高农业生产能力。"第8条规定，国家保护农村承包经营户的合法财产不受侵犯。由此可以看出，农村经营户是享有广泛民事权利和利益的民事主体。

（三）农村承包经营户民事主体法律地位，是自签订农业承包合同时产生的，农村承包经营户是与发包方（集体经济组织、村民委员会）具有平等权利义务关系的民事主体

双方在农业承包合同的基础上平等地享有合同约定的及法律规定的各项民事权利，平等地履行合同约定的及法律规定的各项民事义务；这里强调其一般合同的性质，即约定性、平等性、强制性，这样有利于稳定农村土地承包经营关系。

（四）农村承包经营户可以把承包地发包给本集体以外的组织或者个人承包

《民法典》第261条规定："农民集体所有的不动产和动产，属于本集体成员集体所有。下列事项应当依照法定程序经本集体成员决定：（一）土地承包方案以及将土地发包给本集体以外的组织或者个人承包。（二）个别土地承包经营权人之间承包地的调整；（三）土地补偿费等费用的使用、分配办法；（四）集体出资的企业的所有权变动等事项；（五）法律规定的其他事项。"

综上所述，农村承包经营户的法律地位，是不同于自然人、合伙组织、企业法人的独立特殊民事主体。

三、农村承包经营户的财产责任

财产责任是民事责任的重要方式，使之民事主体违反合同义务所应承担的民事责

任；农村承包经营户的财产责任是指它在违反农业承包合同义务时，除合同责任外，还应包括对其本人、家庭成员应负的责任，即对内责任。《民法典》第 56 条规定：“农村承包经营户的债务，以从事农村土地承包经营的农户财产承担；事实上由农户部分成员经营的，以该部分成员的财产承担。”

（一）农村承包经营户的财产责任

以个人经营的，以个人财产承担；以家庭经营的，以家庭财产承担。对农村承包经营户的债务，如以其家庭共有财产承担责任时，应当保留家庭成员的生活必需品和必要的生产工具。

（二）农村承包经营户财产责任的性质

首先，它是一种合同责任，应遵循合同责任、民事责任的一般规定，即“谁主张，谁举证；谁违约，谁担责”。其次，它是一种有限责任，农村承包经营户的债务，如以其家庭共有财产承担责任时，应当保留家庭成员的生活必需品和必要的生产工具，据此可以认定为有限责任。从现行立法分析看，农村承包经营户的财产责任是既不同于自然人、合伙组织的无限责任，也不同于企业法人的有限责任的一种独立的特殊财产责任。它应以实际投入在生产经营中的全部资产承担有限责任，这样一种财产责任具有现实的客观性和可能性。否则，按无限责任显示公平，也缺乏客观性。

（三）农村承包经营户财产责任的有限性

无论是承包方主体的自然人、农民，还是农村基本生产、生活单位的农户家庭，让其承担个人家庭生活及农业生产承包经营的双重风险不符合公平原则，也不符合农业生产经营发展趋势，阻碍农业资本的集聚和农业资金的投入。应鼓励这种特殊的有限责任的承包合同的实施，坚持农村承包经营户财产责任的有限性，不仅有其法律依据，而且符合公平原则和发展趋势。

第三节　农民专业合作社

一、农民专业合作社的概念

《中华人民共和国农民专业合作社法》（简称《农民专业合作社法》，全书同）第 2 条对“农民专业合作社”做了规范界定：农民专业合作社是指在农村家庭承包经营基础上，同类农产品的生产经营者或者同类农业生产经营服务的提供者、利用者，自愿联合、民主管理的互助性经济组织。《民法典》第 100 条规定：“城镇农村的合作经济组织依法取得法人资格。法律、行政法规对城镇农村的合作经济组织有规定的，依照其规定。”从一般法和特别法的关系来看，《民法典》为一般法，特别法主要指《农民专业合作社法》的相关规定。

农民专业合作社以其成员为主要服务对象，提供农业生产资料的购买，农产品的销售、加工、运输、贮藏以及与农业生产经营有关的技术、信息等服务。

二、农民专业合作社的特征

在组织构成上，合作社以农民作为经济主体，主要由进行同类农产品生产、销售等环节的公民、企业、事业单位联合而成，农民至少占成员总人数的80%，从而构建了新的组织形式。

在所有制结构上，合作社在不改变家庭承包经营的基础上，实现了劳动和资本的联合，从而形成了新的所有制结构。

在收益分配上，合作社对内部成员不以营利为目的，将利润返还给成员，从而形成了新的收益分配制度。

在经营管理机制上，合作社实行入社自愿、退社自由、民主选举、民主决策等原则，建构了新的经营管理体制。

三、农民专业合作社的作用

（一）降低农户市场风险

收购和销售农产品是专业合作社的中心环节，也是农户参加合作社的最初动力。合作社通过保护价收购机制，以降低农户的市场风险，吸引农户。保护价收购机制就是当市场价格高于保护价时按市价收购，低于市场价时按保护价收购。

（二）减少农户生产经营的成本

农民专业合作社为其成员统一提供农业投入品，以低于市场价格或者赊购方式为农户成员提供生产资料供应，大大减少了农户在农业生产经营过程中的成本。纯粹提供生产资料服务的合作组织较少，大部分合作社将生产资料提供与生产、加工、运销、技术服务相结合，为农户提供综合性服务。

（三）促进农业科学化发展

专业合作社对内部成员实行统一的技术标准、提供统一的技术服务，促进了农业的标准化生产，提高了农产品的质量安全水平。据调查统计显示，有80%的合作组织为成员提供有机农业生产技术等培训，有近60%的合作组织对成员的生产过程强制实行无公害生产标准。

（四）缓解农户资金紧缺问题

部分合作组织为成员提供信贷服务，改善了农户的资金紧缺问题。具体方式主要有两种：一种是直接提供成员贷款，由成员支付利息或以牲畜、农作物和固定资产作抵押；另一种是为成员担保贷款。

四、农民专业合作社的类型

根据农民专业合作社的创办者或控制者的身份和所起的作用，可以将我国农民专业合作社分为三大类：农民主导型的专业合作社、相关组织主导型的专业合作社、企业主导型的专业合作社。

（一）农民主导型的专业合作社

农民主导型的专业合作社就是指农民在产权结构中占据主导地位的合作社，这类农民专业合作社的社员往往是所有者，同时也是惠顾者，一般按惠顾额进行“二次分配”。在坚持按惠顾额分配为主的同时，也有些专业合作社还采用了按股份分红的形式。农民主导型的专业合作社还可细分为农民社员民主控制的传统合作社、大户社员控制的股份合作社和类似于北美的“新一代合作社”。这些专业合作社在决策机制上，有的实行“一人一票”，有的实行“一股一票”，也有的合作社在“一人一票”的基础上，附加一定的表决权。

（二）相关组织主导型的专业合作社

相关组织主导型的合作社主要指由一些涉农的政府组织或准政府组织及其下属机构为主导的合作社。这些机构通常为供销社、“七站八所”、村委会等。合作社大多也是由这些机构一股独大，实际控制。在这类专业合作社中，有相当部分合作社主要对农户开展技术培训、信息交流、种禽种苗、生产资料采购等服务，有些也帮助农户运销农产品。这类专业合作社一般自身经济实力较弱，也没有什么经济实体，每年向社员收取一定数量的会费，或主要依靠当地政府或职能部门，或某个涉农企业的有限资助。而入社农户只要缴纳会费和遵守章程，就可享受合作社提供的服务。这类专业合作社对农户既无太多要求，也无太多责任，一般不存在什么分红或返利的问题。目前，我国农民专业合作社中这类组织数量较多。

（三）企业主导型的专业合作社

这类专业合作社一般由农业企业或供销社牵头创办，主要出于稳定货源或销路的目的，通过签订合同，以相对稳定的价格或者保护价格，在合作社与社员之间建立起稳定的购销关系。它们通常由企业实际控制合作社，由企业直接管理，社员不出资或象征性出一点；在利润分配上，与一般社员采取购销契约结算，在社员之间以股份分红为主，这类合作社在一定程度上做到了互惠互利，比较稳定。这类专业合作社主要特点是：资本、技术、专业市场、专业户及其企业间多方面的联合，实行集群式生产、产业化经营，有着较强的营销能力和销售网络。表现形式通常为“企业+合作社+农户”。

五、农民专业合作社的治理结构

（一）权力机构——成员大会

成员大会（或代表大会）是合作社的最高权力机构，是成员发表意见、直接行使权力的一个重要场所。农民专业合作社成员大会由全体成员组成。成员人数多的合作社可以设置成员代表大会，《农民专业合作社法》第 32 条第 1 款规定：“农民专业合作社成员超过 150 人的，可以按照章程规定设立成员代表大会，成员代表大会按照章程规定可以行使成员大会的部分或全部职权。”成员（代表）大会制度是农民专业合作社实现民主管理的重要途径。

成员大会的形式有年度大会和临时大会两种。年度大会，即每年定期召开一次的成员大会，一般是在每年结算后的一定时期内召开。年会的主要工作有：选举理事，修改本社章程和各项规章制度，决定成员增加或者减少出资及标准，审议本社的发展规划和年度业务经营计划，审议批准本社年度财务预、决算方案和盈余分配、亏损弥补方案，审议批准本社理事会、监事会的年度业务报告和业务经营上的重要事项。临时大会，即在一定情形下，非定期的，由百分之三十以上的成员提议、执行监事或者监事会提议等召开的临时成员大会。成员（代表）大会闭会期间，成员（代表）应经常征集和反映成员对合作社经营管理方面的意见，协助合作社管理机构做好工作。

关于成员（代表）大会的职权，我国《农民专业合作社法》第 29 条规定，农民专业合作社成员大会行使下列职权："（一）修改章程；（二）选举和罢免理事长、理事、执行监事或者监事会社员；（三）决定重大财产处置、对外投资、对外担保和生产经营活动中的其他重大事项；（四）批准年度业务报告、盈余分配方案、亏损处理方案；（五）对合并、分立、解散、清算做出决议；（六）决定聘用经营管理人员和专业技术人员的数量、资格和任期；（七）听取理事长或者理事会关于成员变动情况的报告，对成员的入社、除名等作出决议；（八）公积金的提取及使用；（九）章程规定的其他职权。"

关于社员大会的决议，根据事项的不同，规定了不同的多数标准。社员大会重要的控制方式是投票权，我国《农民专业合作社法》第 30 条规定："农民专业合作社召开成员大会，出席人数应当达到成员总数三分之二以上。成员大会选举或者作出决议，应当由本社成员表决权总数过半数通过；作出修改章程或者合并、分立、解散，以及设立、加入联合社的决议应当由本社成员表决权总数的三分之二以上通过。章程对表决权数有较高规定的，从其规定。"

（二）决策机构——理事长与理事会

1. 理事长

根据《农民专业合作社法》第 33 条规定，农民专业合作社应当设理事长一名。作为本社的法定代表人，理事长在国家法律、法规以及章程规定的职权范围内行使职权、履行义务，代表专业合作社参加民事活动，对专业合作社的经营和管理全面负责，并接受全体成员和有关机关的监督。我国的法律规定，执行与农民专业合作社业务有关公务的人员不得担任理事长。理事长的具体职权主要包括：主持成员（代表）大会，召集并主持理事会会议；签署本组织成员股金证明；签署聘任或者解聘本组织经营管理负责人和财务会计负责人聘书；组织实施成员（代表）大会和理事会决议，检查决议实施情况；代表本组织签订协议、合同和契约；代表本社参加诉讼和仲裁等。

2. 理事会

根据《农民专业合作社法》的规定，理事会并不是必设机构。农民专业合作社可以根据自身的情况，决定是否设立理事会。

3. 理事

理事是由社员大会选举产生的理事会的组成人员，他们以合作社代理人和合作社财产受托人的身份代表合作社对合作社事务进行管理。理事长、理事由成员大会从本社成员中选举产生。其产生办法、职权、任期、议事规则由章程规定。

（三）监督机构——执行监事或者监事会

为了保证专业合作社正常有序有规则地进行经营，保证专业合作社决策正确和领导层执行合作事务，防止滥用职权，危及合作社、成员及第三人的利益，农民专业合作社可以根据需要设立执行监事或者监事会。我国《农民专业合作社法》第33条规定，农民专业合作社可以设执行监事或者监事会。

执行监事或监事会是合作社的监察机构。执行监事或监事会是由成员（代表）大会选举产生的，监事一般是本社成员。如果成员大会认为必要则设立，由合作社在章程中规定。一般来讲，合作社设执行监事的，不再设监事会。

执行监事和监事会成员由成员大会从成员中选举产生。执行监事或监事会的职责是监督合作社的运行，执行监事或监事会对成员大会负责，与理事会处于相对立的地位。执行监事或监事会的职权通常包括：监督、检查合作社的财务状况和业务执行情况，包括对本社的财务进行内部审计；对理事长、经理等管理人员的职务行为进行监督；提议召开临时成员大会等。同时，农民专业合作社业务是否合法，有没有违反合作社的基本原则，符不符合农民专业合作社的目的，也应在监事会（执行监事）的监督范围内。监事会会议由监事会主席召集，须有半数以上监事出席，决议须有参加会议半数以上的监事通过方为有效。监事会会议的表决实行一人一票制。

（四）执行机构——经理层

《农民专业合作社法》第35条规定，农民专业合作社的理事长或者理事会可以按照成员大会的决定聘任经理，负责农民专业合作社的具体生产经营活动。经理可以由本社成员担任（理事长或者理事可以兼任经理），也可以从外面聘请。理事会（理事长）与经理之间是委托代理关系，同时也是领导与被领导的关系，经理在理事会（理事长）的领导下工作，对理事会（理事长）负责，由理事会（理事长）决定聘任和解聘。

第四节　家庭农场

一、家庭农场的概念

家庭农场这个名词是一个起源于欧美的舶来品，为农民家庭通过租赁、承包或者经营自有土地的农业经营形式。在美国，农场主对其所经营的土地，拥有全部或者部分所有权。根据我国农业农村部对家庭农场的界定，家庭农场是指以家庭成员为主要劳动力，从事农业规模化、集约化、商品化生产经营，并以农业收入为家庭主要收入来源的新型农业经营主体，在所有制方面是集体所有制。目前没有关于家庭农场的正式法律规定，相关地方政府出台家庭农场的政策性规定，例如山东省工商厅《山东省家庭农场登记试行办法》第1条规定：“以家庭或家庭成员为主要投资、经营者，通过经营自有或租赁他人承包的土地、林地、山地、水域等，从事适度规模化、集约化、商品化农、林、牧、渔业生产经营的，可以依法登记为家庭农场。”

二、家庭农场的法律属性

（一）以家庭为单位成立，家庭成员为主要劳动力

家庭农场是由具有农村户籍的长期从事农业生产活动的人员建立的。对家庭农场的经营者提出户籍限制和农业生产经验的要求，主要是为了保护农民作为社会公民最基本的生存权和劳动就业权，防止城镇企业或其他人员利用资金优势恶意圈占耕地，从事非农业生产活动。同时，从事家庭农场劳动的人员应以本家庭人员为主。家庭是由婚姻、血缘或收养关系所组成的社会组织的基本单位。按照规模的不同，家庭又可以分为核心家庭和扩展家庭。家庭农场的“家庭”应该是指核心家庭，即父母子女之间组成的家庭，不包括其他亲属或者好友。

（二）以工商部门注册登记为成立的形式要件

结合《中华人民共和国公司法》《中华人民共和国合伙企业法》《中华人民共和国农民专业合作社法》《个体工商户登记管理办法》中的相关规定，工商部门对家庭农场登记的主要事项有：家庭农场的名称和住所、家庭农场的经营范围、农场主的基本信息、家庭农场的注册资本等事项。家庭农场经由工商部门登记有两个作用：一是对抗力，登记之后的家庭农场能够以法律主体的身份来保护登记人的合法权益；二是公信力，通过登记以达到保护善意第三人，从而维护交易安全的目的。登记后的家庭农场拥有自身独立的名称和品牌，这样更能激励农业经营者，尤其是一些经济作物经营者和畜禽、水产养殖经营者致力于打造自身的品牌和信誉。

家庭农场的发展方向是市场化、集约化、规模化。家庭农场的注册登记确立了一个独一无二的法律主体，该主体可以享有自身的权利，同时也是为了规范家庭农场的市场行为。

（三）以农业管理部门认定为成立的实质要件

家庭农场的注册登记是其成为法律主体的必要条件，但是目前工商部门登记的作用更多地体现在市场监管方面。登记只是一个形式上的确权，工商管理部门不可能是家庭农场的管理服务部门，家庭农场的发展更需要的是政府的农业部门、林业部门以及渔业部门等相关部门的扶持和引导，并制定相应的认定标准，从而使扶持对象更加确切。

（四）是独立的经济组织，不同于企业法人

目前家庭农场的注册登记形式多种多样，有个体工商户、普通合伙企业、个人独资企业或者公司。但若登记为公司企业形式，这与家庭农场的本质内涵是相违背的：第一，家庭农场应该以家庭成员为主要劳动力。首先，合伙企业和公司对设立人之间没有“家庭关系”要求。其次，公司企业与劳动者形成的是劳动关系，受《中华人民共和国劳动合同法》（以下简称《劳动合同法》）调整与规范，而目前家庭农场的雇工由于面临着劳动力短缺和劳动力老龄化的问题，已经不在《劳动合同法》调整的范围之内，形成的是雇佣关系。第二，家庭农场的管理相对于企业法人更加“自主化”。另外，把家庭农场归类到个体工商户的范畴也不合适，二者的经营范围不同。个体工商户是从事工商业经营的自然人或家庭，而且以商铺门店为经营方式，通过零售商品和提供民生服

务为手段获得收入；而家庭农场主要是从事农业生产活动，以农业收入为主。因此，家庭农场不宜为公司企业法人，也不适合纳入个体工商户的范畴，而应该作为一种新的独立的经济组织存在。

三、家庭农场与其他农业经营主体的区别

（一）家庭农场与传统农户的区别

1. 对土地的权利属性不同

传统农户的土地是依照《民法典》《农村土地承包法》取得了土地承包经营权，具有物权性质；而家庭农场的发展需要的土地规模较大，按照家庭联产承包责任制分配到农户的土地面积根本无法达到家庭农场所规定的经营规模，而且要实现农业收入作为家庭收入的主要来源也需要达到一定的经营规模才能实现。因此，大多数土地是从传统农户（转出方）流转取得，拥有的是土地承包使用权，具有债权的性质。

2. 农业生产的方式和目的不同

传统农户的农业生产是“自给自足”，而且种植类型多以粮食作物为主，且几乎不需要雇用其他劳动力；家庭农场的生产规模大，种植类型不仅是粮食作物，更多的是经济作物，雇用一定数量的劳动力也是必要的，最重要的区别就是生产的农作物主要是进入市场流通，作为商品进行销售。

（二）家庭农场与农民专业合作社的区别

1. 产生的原因不同

合作社产生的原因是一家一户的农业生产者（成员）在传统的购买、生产、销售、贷款、保险等经营环节上处于弱势地位，通过组成农民专业合作社组织，来提高在市场中的地位，成立合作社的目的就是为社员服务。而成立家庭农场则是为了适应农业生产的规模化、集约化、专业化、标准化发展的需要。

2. 农业生产中的功能不同

家庭农场是连接农户与市场的纽带，合作社的宗旨是满足成员的经济、社会需要，是成员利用其服务实现自身经济利益的组织形式。合作社从事的是生产、流通和服务等经济性的活动，在广义上讲也属于企业。而家庭农场则是单纯的以农产品生产为主，不存在对任何成员或者组织服务的义务，就是一个自我经营、自负盈亏的普通经济组织。

3. 财产权益分配方式不同

合作社是归成员（利用者）所有，而且成员必须是多人，财产分配是按照社员的交易额比例或者出资比例分配的，体现了更多的“合作性”。然而家庭农场就是单纯的归家庭所有，家庭成员以外的人员不参与管理，也就不存在财产分配的问题。若需要雇工时，支付的也只是工资，并不属于财产分配的范畴。

（三）家庭农场与专业大户的区别

家庭农场与专业大户比较难区分，一些家庭农场就是由专业大户演变而来，家庭农场经营范围中的种植业实际上也涵盖了专业大户。目前成立家庭农场都需要经过工商部门登记，并且由相关管理部门认定。而专业大户则没有经过工商部门的注册登记，仅仅

是享有专业大户的名称，且有专门关于专业大户的补贴政策。虽然家庭农场的成立需要注册登记为前提，但是目前对家庭农场的补贴政策还没有完善。

第五节　农业龙头企业

一、农业龙头企业的概念

农业龙头企业是指以农产品加工或流通为主，通过各种利益联合机制与农户相联系，带动农户进入市场，使农产品生产、加工、销售有机结合、相互促进，在规模和经营指标上达到规定标准并经政府有关部门认定的企业。我国《农业法》规定，按照民主管理、按劳分配和按股分红相结合的原则，农业和农业经营组织可以自愿以资金、技术、实物等入股，依法兴办各类企业。国家采取措施鼓励发展多种形式的农业产业化经营。

二、农业龙头企业的类型

龙头企业的类型，从产权结构和发展途径划分，是多种多样的。从根本上看，它的基本类型有以下 5 种。

（一）加工企业做龙头

对农业利益共同体生产基地生产的农副产品，由加工企业按照合同收购之后，进行加工和销售，与基地和农户形成产加销一体化。

（二）流通企业做龙头

由对内对外的商贸公司代购或收购生产基地的农副产品，经过分捡、储藏、包装之后销售。

（三）批发市场做龙头

以农副产品的专业批发市场或综合市场为龙头，带动基地千家万户的生产经营活动。

（四）中介组织做龙头

由专业协会、专业合作社等，通过组织、管理、服务，将农户与市场联结起来，成为农业利益共同体的龙头。

（五）科技实体做龙头

由科委、科协主办的科技服务实体牵头，依托高新技术推广服务体系，把基地和农户联结起来，生产高科技含量产品，并进行加工、销售，成为产业化型经济。

三、农业龙头企业的作用

（一）促进技术进步

技术变迁是农业增长所依赖的最重要的因素之一。它改变农业的生产方法，为农业产业化发展提供效率激励。龙头企业利用天时、地利及自身的有利条件，不断地进行技术创新，或从其他地区引进技术和人才以强化自身的发展。另外，龙头企业为农产品生产基地和农户提高技术服务，既提高了农产品的技术含量，又促进了农业生产和农业技术的有机结合。

（二）资本的集中和输出作用

龙头企业凭借自身生产能力较强、技术水平较高、规模经营及拥有较强资本运营能力等有利条件，从产业化组织内部及社会上集中大量资本，扩大投资规模。例如，进入股票市场筹集资金，发行企业债券，抵押贷款等。同时，在条件成熟的情况下，可以根据需要向农业产业化经营系统其他环节进行投资、输出资本，支持其他环节的发展。

（三）产生规模效益

龙头企业各部门的技术劳动力等资源具有互补性，同时具有基础设施、产业服务、资源供应和市场信息等方面的集聚优势，并且成为扩散源，从而降低生产成本，产生外部经济效益。它主要体现在可以节约采购成本、销售成本和融资成本，获得技术开发和管理的规模效果，使单位产品分摊的技术成本和平均管理成本降低。

（四）促进农村剩余劳动力转移

龙头企业直接参与农业产业化经营，将产业链延伸到储藏、精深加工、运销服务等领域，还带动了农村的第二、第三产业的发展，促进了新兴产业的形成，增加了新的就业岗位，促进了农村剩余劳动力的转移。在政府的统一规划与指导下，龙头企业为了集约化利用公共基础设施，将尽可能与小城镇建设结合，促进剩余劳动力向农村工业、城镇化服务业转移，促进企业间、城乡间生产要素的有序合理流动，从而加速了城乡一体化进程。

四、政府在组建龙头企业中承担推动作用

在实施“乡村振兴”战略过程中，政府在发展农产品区域经济中，除了出台产业政策、协调税收信贷支持外，还推动成立市场农村经营主体，把农村龙头企业做强。

对于基础良好的国有制或集体所有制龙头企业，政府主导进行适当改造，如东阿阿胶、伊利乳业、乌江榨菜。对于有实力的民营龙头企业，政府集中优势资源，扛起产业大旗，如“好想你”枣业、“百瑞源”枸杞等。例如，吉林省“查干湖大米”品牌，其经营主体松原粮食集团是吉林省松原市政府投资控股组建的大型国有粮食企业，以松粮集团为龙头，联合吉林省西部22家米业企业，成立“查干湖大米产业联盟”，实现了大米价值的提升，成为农产品品牌建设典范。

第三章　农村土地法律制度

第一节　土地承包经营权制度

一、土地承包经营权概述

（一）土地承包经营权的发展过程

1978年，安徽省凤阳县小岗村农民为解决温饱问题，率先实行土地承包经营，实现包产到户的生产经营形式，打开了我国农村土地承包经营之幕。自中共十一届三中全会以来，我国农村建立起家庭承包方式为主的联产承包责任制，农地的集体所有权与农户的土地承包经营权开始“两权”分离。“两权”分离的农地产权制度安排能够满足农民经营自主的需要，农民的生产热情被调动起来，农业生产效率得以提高，农业生产快速发展。

自农村土地承包经营制度实施以来，土地承包经营权的权利内容就不是一成不变的，不是一开始就如现在状态的，而是呈现出不断发展、不断扩充的状态。在1983年年底全国农村基本完成包干到户之前，农户的土地承包经营权自主权表现在对劳动时间的支配权上和对“上交国家、留足集体”后剩余的生产经营收益的自由支配上；大宗农产品的种植和派购计划等生产经营计划权还是由集体执行，机耕、水利、植保、防疫、制种、配种等经营权也是由集体统一行使。从1984年开始，农地的占有、使用、收益权能就开始不断地由集体经济组织向承包农户让渡。在农地的占有权能方面，从1984年确立承包期在15年以上，到2003年规定耕地承包期30年，再到2008年提出承包关系保持稳定并长久不变。在农地的使用权能方面，从1985年农产品统派购制度改革，到2003年法律明确承包农户的经营自主权。在农地的收益权权能方面，从2001年取消乡统筹改革村提留，到2003年法律明确农户可以流转土地获取收益，再到2013年允许抵押担保和入股农业产业化经营，集体经济组织与农民之间对农地收益的分配被不断调整。2013年中国共产党第十八届三中全会《关于全面深化改革若干重大问题的决定》强调，“赋予农民对承包地占有、使用、收益、流转及承包经营权抵押、担保权能，允许农民以承包经营权入股发展农业产业化经营”。2014年中央一号文件正式提出农地产权“三权”分置，顺应城镇化进程中承包权和经营权分离的需求，指出“在落实农村土地集体所有权的基础上，稳定农户承包权、放活土地经营权，允许承包土地的经营权向金融机构抵押融资”。2018年《农村土地承包法》将所有权、承包权、经营权

“三权”分置的政策法制化，更有效地保护农民的土地承包经营权，也更有利于现代农业的发展。

（二）土地承包经营权的概念和特征

《民法典》第331条规定：“土地承包经营权人依法对其承包经营的耕地、林地、草地等享有占有、使用和收益的权利，有权从事种植业、林业、畜牧业等农业生产。”《农村土地承包法》第9条规定：“承包方承包土地后，享有土地承包经营权，可以自己经营，也可以保留土地承包权，流转其承包地的土地经营权，由他人经营。”现行法律虽然没有明确土地承包经营权的概念，但由上述规定可知，土地承包经营权是从事种植业、林业、畜牧业等农业生产的土地承包经营权人依法对其承包经营的耕地、林地、草地等享有的占有、使用和收益的权利，土地承包经营权人可以自己经营土地，也可以保留土地承包权，流转土地经营权给他人经营。

土地承包经营权作为一项受法律保护的权利，具有以下特征：

（1）土地承包经营权具有相对独立的用益物权。它是土地承包经营权人对集体所有或国家所有土地享有的占有、使用、收益的权利，它是从集体土地所有权和国家土地所有权之中分离出来的一项相对独立的权利。土地承包经营权人依法行使权利的，所有权人均不得干涉；当享有承包经营权的土地被征收、征用的，土地承包经营权人还有权获得相应补偿。

（2）土地承包经营权是为种植业、林业、畜牧业等生产经营项目而占有、使用、收益集体所有或国家所有的土地等生产资料的权利。我国人均农地数量少、后备资源严重不足，因此，我国法律规定土地承包经营权只能用于农业用途。

（3）土地承包经营权的权利体现农地产权“三权”分置，更好地保护了土地承包经营权人的权益。国家保护承包方依法、自愿、有偿流转土地经营权，保护土地经营权人的合法权益，任何组织和个人不得侵犯。土地经营权人有权在合同约定的期限内占有农村土地，自主开展农业生产经营并取得收益。

二、家庭承包中发包方和承包方权利、义务

（一）家庭承包中发包方主体

农民集体所有的土地依法属于村农民集体所有的，由村集体经济组织或者村民委员会发包；已经分别属于村内两个以上农村集体经济组织的农民集体所有的，由村内各该农村集体经济组织或者村民小组发包。

国家所有依法由农民集体使用的农村土地，由使用该土地的农村集体经济组织、村民委员会或者村民小组发包。

（二）发包方的权利义务

根据《农村土地承包法》第14条的规定，家庭承包中的发包方享有以下权利：

（1）发包权，即有权发包本集体所有或者国家所有依法由本集体使用的土地。发包权是发包方享有其他权利的前提。发包方有权发包的土地有两类：一类是基于所有者身份对本集体所有的农村土地的发包；另一类是基于法律授权对国家所有依法由本集体

使用的农村土地的发包。

（2）监督权，即发包方有权监督承包方依照承包合同约定的用途合理利用土地、保护土地。

（3）制止权，即发包方有权制止承包方和土地经营权人损害承包地和农业资源的行为。承包方给承包地造成永久性损害的，发包方有权制止；承包经营永久基本农田的单位或者个人连续 2 年弃耕抛荒的，有权终止承包合同。

（4）法律、行政法规规定的其他权利，这是一项兜底条款。有关农村集体经济组织、村民委员会以及村民小组不限于享有《农村土地承包法》明确规定的权利，还包括法律、行政法规赋予发包人的其他权利，如索赔权。承包方给承包地造成永久性损害的，发包方除了有制止权外，还有权要求侵权人赔偿损失；土地经营权人对土地和土地生态环境造成损害的，发包人也有权要求侵权人赔偿损失。

根据《农村土地承包法》第 15 条规定，家庭承包中的发包方承担以下义务：

（1）维护土地承包经营权的义务，即发包方有义务维护承包方的土地承包经营权，除了法律另有规定的情况外，发包方不得非法变更、解除承包合同，不得随意收回承包地。

（2）尊重生产经营自主的义务，即发包方作为土地所有权人代表有义务尊重作为用益物权人的承包方的生产经营自主权，发包方不得干涉承包方行使权利，不得干涉承包方依法进行正常的生产经营活动。

（3）按约提供服务的义务，即发包方有义务按照承包合同的约定为承包方提供农业生产经营信息服务、技术指导等服务。

（4）执行县、乡（镇）土地利用总体规划，组织本集体经济组织内的农业基础设施建设的义务。

（5）法律、行政法规规定的其他义务。

（三）家庭承包中承包方主体

《农村土地承包法》16 条第 1 款规定："家庭承包的承包方是本集体经济组织的农户。"根据此规定，家庭承包中的土地承包经营权属于农户，这也反映了家庭承包责任制的本质特征是以本集体经济组织内部的农户家庭为单位实行土地承包经营。对于"农户"的概念，《民法典》第 55 条将其界定为：依法取得农村土地承包经营权，从事家庭承包经营的农村集体经济组织的成员。

（四）承包方的权利义务

根据《农村土地承包法》第 17 条规定，家庭承包中的承包方享有以下的权利：

（1）自主经营权，即承包方依法享有自主组织生产经营和处置产品的权利。作为用益物权人，承包方对土地行使权利组织生产经营不受土地所有权人即发包人的干涉。此外，除了法律法规另有规定外，任何机关或单位都不能以任何方式要求承包方提供人力、物力、财力等干扰承包方自主经营权的行为。

（2）互换、转让土地承包经营权，即承包方依法享有与本集体经济组织其他成员互换土地承包经营权的权利，依法享有将全部或者部分的土地承包经营权转让给本集体经济组织其他成员的权利。

（3）流转土地经营权，即承包方有权将土地经营权以出租（转包）、入股或者其他方式向他人流转。

（4）获得征地补偿权，即承包地被依法征收、征用、占用的，承包方有依法获得补偿的权利。对违法征收、征用、占用承包地，擅自扩大征地、占地范围的，或者未及时足额支付补偿费的，承包方有权拒绝交地。

（5）法律、行政法规规定的其他权利。这是一项兜底条款。承包方享有的权利还包括法律、行政法规赋予承包方的其他权利，比如，根据《农业法》的规定，承包方有拒绝集资的权利、有拒绝没有法律法规依据的达标、验收、收费、罚款的权利。

根据《农村土地承包法》第 18 条规定，家庭承包中的承包方承担以下义务：

（1）农地农用的义务。我国土地用途实行用途管制制度，严格限制农用地转为建设用地，对耕地实行特殊保护。承包方有义务维持承包地的农业用途，承包地未经批准不得作非农建设之用。

（2）保护土地的义务。承包方有依法保护和合理利用土地、不得给土地造成永久性损害的义务。承包方应该保养耕地，合理使用化肥、农药，保护和提高地力，防止农用地污染、破坏或地力衰退；承包方弃耕抛荒的，发包方有权收回土地。

（3）法律、行政法规规定的其他义务。

三、家庭承包中土地承包程序

集体经济组织按照规定统一组织承包时，应由村民会议选举产生承包工作小组；承包工作小组依照法律、法规的规定拟订并公布承包方案；承包方案经村民会议讨论通过后公开组织实施；发包方与承包方应当签订书面的承包合同。

承包合同主要条款包括：发包方、承包方的名称，发包方负责人和承包方代表的姓名、住所，承包土地的名称、坐落、面积、质量等级，承包期限和起止日期，承包土地的用途，发包方和承包方的权利和义务，违约责任。其中，耕地的承包期限为 30 年，草地的承包期限为 30~50 年，林地的承包期限为 30~70 年，期限届满后再相应延长。

土地承包经营权自土地承包经营权合同生效时设立，承包方自承包合同生效时取得土地承包经营权。登记机构应当向土地承包经营权人发放土地承包经营权证、林权证等证书，并登记造册，确认土地承包经营权。

四、家庭承包中土地承包经营权的互换、转让

（一）土地承包经营权的互换

土地承包经营权的互换，是指土地承包后，同一集体经济组织的承包方为了耕种便利或其他需要，可以将土地承包经营权互相交换。土地承包经营权互换不必经发包方同意，只需向其备案就可。互换后，当事人可以选择向登记机构申请登记；当事人未登记的，互换的法律效果不得对抗善意第三人。

（二）土地承包经营权的转让

土地承包经营权的转让，是指承包方将其全部或者部分的土地承包经营权转让给同

一集体经济组织的其他农户。由于土地承包经营权转让在发包方和土地承包经营权受让人之间产生新的承包关系，因此，转让必须征得发包方同意。转让后，当事人可以选择向登记机构申请登记；当事人未登记的，转让的法律效果不得对抗善意第三人。

五、家庭承包中土地经营权的流转

农地产权“三权”分置的核心要义就是明晰土地经营权的法律地位，放活土地经营权，更有效地保障承包农户的合法权益，更有利于现代农业的发展。因此，土地经营权流转是农地产权“三权”分置制度重要组成部分。

（一）土地经营权流转的原则

根据《农村土地承包法》第 38 条的规定，土地经营权流转应当遵循的原则包括：依法、自愿、有偿，任何组织和个人不得强迫或者阻碍土地经营权流转；不得改变土地所有权的性质和土地的农业用途，不得破坏农业综合生产能力和农业生态环境；流转期限不得超过承包期的剩余期限；受让方须有农业经营能力或者资质；在同等条件下，本集体经济组织成员享有优先权。

（二）土地经营权流转的方式

土地经营权流转的方式包括出租（转包）、入股以及法律规定的其他方式。

土地经营权的出租（转包）是指承包方或者土地经营权人将全部或部分土地经营权以一定期限出租（转包）给他人。

土地经营权的入股是指承包方或土地经营权人将全部或部分土地经营权投资入股公司、农民专业合作社等农业经营机构，以获取投资收益。

土地经营权其他流转方式是指法律法规允许的其他流转方式，如土地经营权的融资担保。土地经营权的融资担保是指承包方或者土地经营权人可以将全部或部分的土地经营权向金融机构申请融资担保，以担保债务的履行。当担保权实现时，债权人可以就土地经营权优先受偿。

（三）土地经营权流转合同

土地经营权流转合同主要条款包括：双方当事人的姓名、住所，流转土地的名称、坐落、面积、质量等级，流转期限和起止日期，流转土地的用途，双方当事人的权利和义务，流转价款及支付方式，土地被依法征收、征用、占用时有关补偿费的归属，违约责任。

承包方可以与他人签订土地经营权流转合同，流转合同受让方获得土地经营权后，经承包方同意，也可以与他人签订土地经营权流转合同。

六、其他方式承包的特殊规则

家庭承包是土地承包经营的主要方式，但我国法律规定，对于不宜采取家庭承包方式的荒山、荒沟、荒丘、荒滩等农村土地，可以采取招标、拍卖、公开协商等其他方式承包。这里主要介绍其他方式承包土地的特殊规则。

（一）承包合同的签订

以招标、拍卖或公开协商等其他方式承包土地的，应当签订承包合同。当事人的权利和义务、承包期限等，由双方协商确定；承包费通过公开竞标、竞价、协商的方式确定。而家庭承包方式承包土地的，当事人权利义务和承包期限基本条款是法律规定，且是无偿取得。

（二）优先承包权

以其他方式承包农村土地，在同等条件下，本集体经济组织成员有权优先承包。

（三）承包程序

本集体经济组织成员通过招标、拍卖或公开协商等其他方式承包土地的，与集体经济组织签订合同，取得土地承包经营权；本集体经济组织以外的单位或者个人通过招标、拍卖或公开协商等其他方式承包土地的，应当事先经村民会议三分之二以上成员或者三分之二以上村民代表的同意，报乡（镇）人民政府批准；且应对其资信情况和经营能力进行审查，以确保其农业经营的能力。

（四）土地承包经营权流转

通过其他方式承包取得土地承包经营权，经登记取得权属证书后，可以采取出租、入股、抵押或者其他方式流转土地经营权。通过其他方式承包取得土地承包经营权，如遇承包人死亡，其应得的承包收益，继承人有权继承；在承包期内，继承人可以继续承包。

第二节　农村宅基地使用权制度

一、宅基地使用权概述

（一）宅基地使用权制度发展过程

中华人民共和国成立后，党和人民政府对旧中国的土地制度进行了彻底的改革。1950 年随着《中华人民共和国土地改革法》的正式颁布，土地改革运动在全国范围内广泛开展，至 1953 年年初，全国绝大部分地区土地改革基本完成。伴随着我国农村土地制度的变革，我国宅基地使用权制度的发展主要经历了以下两个阶段。

1. 农村宅基地使用权制度的确立阶段

人民公社运动结束后，中国农村土地的农民所有变为土地的农民集体所有。在集体土地所有制下，就产生了农民建造住宅的用地问题。

1962 年中共八届十中全会通过的《农村人民公社工作条例修正草案》规定：“生产队范围内的土地，都归生产队所有。生产队的土地包括社员的自留地、自留山、宅基地，等等，一律不准出租或买卖。社员新建房屋的地点要由生产队统一规划，尽可能不占耕地。”从该规定中可以看出，在我国农村土地所有权形式发生质的变化的情况下，农民对宅基地享有的权利也发生了巨大变化。首先，农民由原来的对宅基地享有所有权转化为只对宅基地享有使用权，宅基地使用权的概念与范围被首次提出。其次，在政策上开始全面禁止宅基地使用权的买卖、出租、抵押。再次，确立了房屋所有权与宅基地使用权自然状态不可分割的原则。最后，宅基地使用权的物权性质在法律上开始变得模糊不清。尽管农村土地所有权的变化导致了宅基地利用权利的一系列变化，但是，基于农村宅基地利用法律制度涉及的居住权保障功能，不仅未发生改变，而且还进一步给予了强化。我国现行的农村宅基地使用权法律制度雏形，由此而形成。

1963 年 3 月 2 日中共中央下达的《关于对社员宅基地问题作一些补充规定的通知》里，对宅基地做了更为详细的规定，进一步明确了农民对宅基地只有使用权而没有所有权，确立了宅基地使用权制度。

2. 农村宅基使用权制度的调整阶段

改革开放以后，国家为了加强对土地的管理，出台了一系列法规政策，对宅基地使用权制度做了些调整。为了扭转农村居民侵占耕地建房的混乱局面，1981 年，国务院发布《关于制止农村建房侵占耕地的紧急通知》，指出农村社队的土地都归集体所有，分配给社员的宅基地，自留地（自留山）和承包的耕地，社员只有使用权，即不准出租、买卖和擅自转让，也不准在承包地和自留地上建房，并指出建房要动用耕地时，要经过批准。1986 年《中华人民共和国土地管理法》（以下简称《土地管理法》）的颁布实施，对农村宅基地的审批权限做了规定，相关配套法律法规也对宅基地使用权做了规范。1998 年《土地管理法》修正案也对宅基地做出了相应的规定："农村村民一户只能拥有一处宅基地，其宅基地的面积不得超过省、自治区、直辖市规定的标准。村民建住宅，应当符合乡（镇）土地利用总体规划，并尽量使用原有的宅基地和村内空闲地。村民住宅用地，经乡（镇）人民政府审核，由县级人民政府批准；其中，涉及占用农用地的，依照本法第四十四条的规定办理审批手续。农村村民出卖、出租住房后，再申请宅基地的，不予批准。"2007 年 3 月 16 日通过的《中华人民共和国物权法》第一次以法律的形式明确规定农村宅基地使用权为用益物权。2019 年《土地管理法》修正案完善了农村宅基地制度，在原来"一户一宅"的基础上，增加宅基地户有所居的规定，允许进城落户的农村村民自愿有偿退出宅基地，下放宅基地审批权限，明确农村村民住宅建设由乡镇人民政府审批。

（二）宅基地使用权的概念及特征

根据《民法典》362 条规定，宅基地使用权是指宅基地使用权人依法对集体所有的土地享有占有和使用的权利，依法利用该土地建造住宅及其附属设施的权利。

农村宅基地使用权具有以下特征。

（1）权利主体的身份性。农村宅基地使用权的福利性质，决定了宅基地的主体范围和资格。我国的宅基地使用权主体具有身份的限制，只有农村集体经济组织成员才可以取得宅基地使用权，本集体经济组织之外的其他单位和个人不可能取得宅基地使用权。不仅法人和非法人团体不享有宅基地使用权，非本集体组织成员的农村村民也不可能享有，也即"外乡、外村的农村村民也不具备该项权利的主体资格，除非其依法将户口迁入本乡或本村"。

（2）权利客体的特定性。1998 年《土地管理法》修订之前，宅基地使用权曾经出现过城镇宅基地这一提法，不过随着国有土地使用权的改革，1998 年《土地管理法》修正案将宅基地明确界定为农民集体所有，而对城镇的建设用地又设定了建设用地使用权加以调整，因此，宅基地目前只存在于农村集体所有的土地之上。

（3）权利取得的无偿性。与城市居民相比较，虽然农村村民享有较低的生活保障，但农村宅基地具有社会保障性质，农民可以无偿取得，获得基本的生活条件。目前全国普遍实行的还是无偿使用宅基地制度，即使是少数有偿使用试点的地方，收取的费用也比较低。

（4）行使权利的目的限定性。从宅基地使用权的定义来看，其权利的使用唯一目的为建筑集体经济组织成员自用的住宅和诸如厕所、庭院等与生活相关的附属设施。这与农村土地承包经营权的使用目的从事农业生产而不能用于非农建设有根本的不同。宅基地使用权如果脱离了构筑建筑的目的，则难以形成农村宅基地使用权。

（5）权利行使的无期限性。我国《土地管理法》中并未规定宅基地使用期限。之所以具有无期限性，主要是因为其以户为单位设立，虽然户主代表家庭享有，但是户主或者个别家庭成员的死亡并不影响宅基地使用权的存续。

二、宅基地使用权的取得和户有所居

（一）“一户一宅”和“户有所居”

《民法典》第 363 条规定：“宅基地使用权的取得、行使和转让，适用土地管理的法律和国家有关规定。”我国现行《土地管理法》第 62 条规定：“农村村民一户只能拥有一处宅基地，其宅基地的面积不得超过省、自治区、直辖市规定的标准。人均土地少、不能保障一户拥有一处宅基地的地区，县级人民政府在充分尊重农村村民意愿的基础上，可以采取措施，按照省、自治区、直辖市规定的标准保障农村村民实现户有所居。”

“一户一宅”是指农村村民一户只能申请一处符合规定面积标准的宅基地。现行《土地管理法》授权各地结合本地资源状况，按照节约集约用地的原则，确定宅基地面积标准；农民新申请的宅基地面积，必须控制在规定的标准内；各地正在逐步清理历史遗留的一户多宅问题，防止产生超面积占用宅基地和新的一户多宅现象。

“户有所居”是 2019 年《土地管理法》修正案对“一户一宅”制度的补充和完善。“一户一宅”指的是一户人家最多只能有一处宅基地，然而随着新增人口的产生，有些地区无新增宅基地可供申请，或者随着新农村建设，有些农民住进了楼房，不存在宅基地的概念了。因此，针对人均土地少、不能保障一户拥有一处宅基地的地区，《土地管理法》规定在充分尊重农民意愿的基础上可以采取措施保障农村村民，保证每一户居民拥有自己的固定住所。

（二）宅基地使用权的审批

符合宅基地申请条件的农户，以户为单位向所在村民小组提出宅基地和建房（规划许可）书面申请。村民小组收到申请后，应提交村民小组会议讨论，并将申请理由、拟用地位置和面积、拟建房层高和面积等情况在本小组范围内公示。公示无异议或异议不成立的，村民小组将农户申请、村民小组会议记录等材料交村集体经济组织或村民委员会审查。如果没有分设村民小组或宅基地和建房申请等事项已统一由村级组织办理的，农户直接向村集体经济组织或村民委员会提出申请。村集体经济组织或村民委员会审查通过的，由村集体经济组织或村民委员会签署意见，报送乡镇人民政府审批。村集体经济组织、村民委员会、乡镇政府重点审查提交的材料是否真实有效、拟用地建房是否符合乡（镇）土地利用总体规划或村庄规划、拟用地没有占用永久基本农田、是否征求了用地建房相邻权利人意见等。此外，如果宅基地申请涉及占用农用地的，依照《土地管理法》规定办理农用地转用审批手续。

三、宅基地使用权、农民住房的流转

宅基地使用权流转是指拥有宅基地使用权的农户将宅基地使用权出租、转让、抵押或以其他方式流转给其他个人或经济组织。

我国实行宅基地“一户一宅”制度，农村村民一户只能申请一处宅基地，农民宅基地使用权由于是村民基于其身份而无偿取得的，与集体经济组织成员的资格是联系在一起的。在一定程度上，宅基地具有社会福利和社会保障的功能。所以，在司法实践中，宅基地使用权的流转必须同时具备以下条件：转让人拥有二处以上的农村住房（含宅基地）；同一集体经济组织内部成员转让；受让人没有住房和宅基地，符合宅基地使用权分配条件；转让行为征得集体组织同意。而且《土地管理法》还规定：农村村民出卖、出租、赠与住宅后，再申请宅基地的，不予批准。

然而，随着新型城镇化的进展，以增加农民财产性收益和盘活农村闲置建设用地为途径的农村建设用地制度改革不断深入，2019 年《土地管理法》修正案对此做出了回应，规定：国家允许进城落户的农村村民依法自愿有偿退出宅基地，鼓励农村集体经济组织及其成员盘活利用闲置宅基地和闲置住宅。至于如何盘活闲置宅基地、闲置住宅，自愿有偿退出宅基地的条件、程序等内容，2019 年《土地管理法》修正案没有进一步明确。

结合最高人民法院发布的《全国法院民事商事审判工作会议纪要》内容看，在国家确定的宅基地制度改革试点地区，可以按照国家政策及相关指导意见处理宅基地使用权因抵押担保、转让而产生的纠纷；在非试点地区，农民将其宅基地上的房屋出售给本集体经济组织以外的个人，该房屋买卖合同认定为无效。合同无效后，买受人请求返还购房款及其利息，以及请求赔偿翻建或者改建成本的，应当综合考虑当事人过错等因素予以确定。

第三节　农村集体经营性建设用地使用权制度

一、农村集体经营性建设用地使用权的概念

农村集体经营性建设用地，是指具有生产经营性质的农村集体建设用地，包括农村集体经济组织使用乡（镇）土地利用总体规划确定的建设用地兴办企业或者与其

他单位、个人以土地使用权入股、联营等形式共同举办企业、商业所使用的农村集体建设用地，如过去的乡镇企业和招商引资用地。根据现行《土地管理法》的规定，集体经营性建设用地使用权是指权利人对农村集体经营性建设用地的占有、使用、收益的权利。

二、集体经营性建设用地入市的背景

集体经营性建设用地入市，是指作为农村集体经营性建设用地所有者的农民集体可以像城镇国有土地所有者一样直接向市场中的用地者以出让、出租或作价出资入股等方式让渡一定年限的集体经营性建设用地使用权并获取对价收益。

《土地管理法》（1998 年修正版）第 63 条规定，“农民集体所有的土地的使用权不得出让、转让或者出租用于非农业建设；但是，符合土地利用总体规划并依法取得建设用地的企业，因破产、兼并等情形致使土地使用权依法发生转移的除外”。由此可见，在《土地管理法》2019 年修正之前，除了因取得集体经营性建设用地的企业破产兼并依法发生土地使用权流转外，集体经营性建设用地入市流转是被限制的；集体经营性建设用地只有通过征收转为国有建设用地土地之后才能入市流转。集体经营性建设用地入市流转的限制，日益不能满足农村经济发展对农村土地资源需求增加的需求、不能满足农民收入增加的需求。

2013 年 11 月 15 日，《中共中央关于全面深化改革若干重大问题的决定》提出要建立城乡统一的建设用地市场，在符合规划和用途管制前提下，允许农村集体经营性建设用地出让、租赁、入股，实行与国有土地同等入市、同权同价，明确了集体经营性建设用地入市改革的方向。2015 年 1 月，中共中央办公厅和国务院办公厅联合印发了《关于农村土地征收、集体经营性建设用地入市、宅基地制度改革试点工作的意见》，集体经营性建设用地入市改革进入试点阶段。2015 年 6 月，国土资源部会同中央农办、发展改革委、财政部、农业部等相关部门决定在全国范围内 15 个县（市、区）开展集体经营性建设用地入市试点。2016 年 9 月，中央全面深化改革领导小组决定将集体经营性建设用地入市扩大到全部 33 个试点县（市、区）。2019 年《土地管理法》修正案确认了集体经营性建设用地土地入市交易的试点成果，首次从法律上确认了集体经营性建设用地使用权入市。

三、集体经营性建设用地入市的条件

集体经营性建设用地不是无条件入市，不是随便哪块地都能入市的。集体经营性建设用地必须满足 5 个条件才能入市：

1. 符合空间规划

入市的集体经营性建设用地必须符合土地利用总体规划和城乡规划等国土空间规划。违反国土空间规划的集体经营性建设用地，不得入市。

2. 符合规定的用途

入市的集体经营性建设用地应该符合国家土地用途管制的要求。入市的集体经营性建设用地用途仅限于工业和商业等经营性用途。如果不属于这种经营性用途以及国家有关规定的，不得入市。

3. 权属清楚

入市流转的集体经营性建设用地必须是经依法登记的、权属清楚、没有争议的集体经营性建设用地；否则，有可能在入市流转过程中产生纠纷，影响当事人权利的实现。

4. 集体决策

集体经营性建设用地入市必须经过土地所有权人的集体决策程序，应当经本集体经济组织成员的村民会议三分之二以上成员或者三分之二以上村民代表的同意。

5. 签订流转合同

集体经营性建设性用地入市应当由土地所有权人与集体经营性建设用地使用权主体签订合同。合同主要载明土地界址、面积、动工期限、使用期限、土地用途、规划条件和双方其他权利义务。

四、集体经营性建设用地使用权的权利内容

根据《土地管理法》第63条规定，土地所有权人可以通过出让、出租等方式将集体经营性建设用地使用权交由使用者使用。以下就这两种流转方式分别介绍集体经营性建设用地使用权主体的权利内容。

1. 通过出让方式取得集体经营性建设用地使用权

通过出让方式取得的集体经营性建设用地使用权，除了法律法规另有规定或者土地所有权和使用权人之间的出让合同另有约定以外，权利人有权将集体经营性建设用地使用权转让、互换、出资、赠与或者抵押给其他单位或个人。

通过出让方式取得的集体经营性建设用地使用权，其转让、互换、出资、赠与的，地上建筑物、其他附着物所有权一并转移。涉及房地产转让的，按照房地产转让相关法律法规规定，办理房地产转让相关手续。通过出让方式取得的集体经营性建设用地使用权可以设定抵押权。

集体建设用地使用权的出让及其最高年限、转让、互换、出资、赠与、抵押等，参照同类用途的国有建设用地执行，这也是落实农村集体经营性建设用地与国有建设用地同等入市、同权同价的要求。另外，原出让合同对转让、互换、出资、赠与或抵押条件有约定的，集体经营性建设用地使用权再次流转时，应遵从出让合同的条件约定。

2. 通过出租方式取得集体经营性建设用地使用权

通过出租方式取得集体经营性建设用地使用权，权利人享有占有、使用该建设用地的权利，再次出租或者转租，不得违反法律法规和有偿使用合同的相关规定。

通过出租方式取得的集体经营性建设用地使用权，承租人在按规定支付土地租金并完成开发建设后，根据租赁合同约定，其地上建筑物、其他附着物连同土地可以依法一并抵押。

集体经营性建设用地使用权出租，参照同类用途的国有建设用地执行，具体办法由国务院制定。

第四节　农村集体土地征收制度

一、农村集体土地征收的概念和特点

农村集体土地征收是国家为了社会公共利益的需要，将集体所有的土地转变为国家所有，并依法给予公平、合理补偿的行为。在2004年《宪法》修正以前，我国法律规定对“征收”和“征用”两词未进行区分。2004年《宪法》修正案对这两词作了区分，规定“国家为了公共利益的需要，可以依照法律规定对土地实行征收或者征用并给予补偿”，此后，《土地管理法》《农村土地承包法》等法律也做了相应修改。

农村集体土地征收是国家为了经济、文化、国防建设、举办社会公共事业等目的，有偿地将集体所有土地变成国家所有土地，具有以下特征。

（一）公共利益的需要

公共利益的需要是土地征收的前提条件。根据《土地管理法》的规定，国家征收农村集体土地，必须为了公共利益的需要、确需征收农民集体所有的土地的情况，否则会构成违法。《土地管理法》对“公共利益的需要”范围做了明确界定：①军事和外交需要用地的；②由政府组织实施的能源、交通、水利、通信、邮政等基础设施建设需要用地的；③由政府组织实施的科技、教育、文化、卫生、体育、生态环境和资源保护、防灾减灾、文物保护、社区综合服务、社会福利、市政公用、优抚安置、英烈保护等公共事业需要用地的；④由政府组织实施的扶贫搬迁、保障性安居工程建设需要用地的；⑤在土地利用总体规划确定的城镇建设用地范围内，经省级以上人民政府批准由县级以上地方人民政府组织实施的成片开发建设需要用地的；⑥法律规定为公共利益需要可以征收农民集体所有的土地的其他情形。所有这些情况下的建设活动，应当符合国民经济和社会发展规划、土地利用总体规划、城乡规划和专项规划；第④项、第⑤项规定的建设活动，还应当纳入国民经济和社会发展年度计划；第⑤项规定的成片开发并应当符合国务院自然资源主管部门规定的标准。

（二）主体、客体特定性

土地征收法律关系的主体双方都是特定的。征收土地的主体只能是国家，被征收土地的主体只能是农民集体组织。征收实质上是国家取得土地所有权的一种特殊方式，其他任何组织和个人均不能享有。各级政府并非征收的主体，而是征地行为的实施者，其权力的来源是国家对其的授权。农村集体土地征收的法律后果由国家承担。

土地征收法律关系的客体也是特定的，只能是农民集体所有的土地。我国实行的是土地公有制，除了国家和农村农民集体组织以外，私人或者其他任何主体都不能成为土地所有权人。根据我国法律规定，土地所有权不能像其他财产一样，通过交易来实现交换价值，土地所有权的转变受严格限制。除了国家为了公共利益需要对集体所有的土地进行征收外，土地所有权的权属状态不能改变。因此，土地征收的客体只能是农民集体所有的土地。

（三）行为的补偿性

《民法典》规定“征收、征用不动产或者动产的，应当给予公平、合理的补偿”。《土地管理法》规定“征收土地应当给予公平、合理的补偿”。农村土地是农民基本生产和生产资料，也是农民集体重要的财产权益。土地被征收后，农民集体或农户的生产或生活会受一定影响。因此，为了维护被征地单位的合法权益，补偿其受到的损失，帮助其克服生产、生活上的困难，《民法典》和《土地管理法》均规定“给予公平、合理的补偿”。

二、农村集体土地征收的审批权限

根据《土地管理法》的规定，土地征收审批权分别由国务院和省级人民政府两级行使。

（一）由国务院批准方可征收的土地

1. 永久基本农田

永久基本农田即对基本农田实行永久性保护。2019 年《土地管理法》修正案将“基本农田”改为“永久基本农田”，强化了对基本农田的保护。根据《土地管理法》规定，永久基本农田经依法划定后，任何单位和个人都不能擅自占用或者改变其用途，国家能源、交通、水利、军事设施等重点建设项目选址确实难以避让永久基本农田，需要征收的，必须经国务院批准。《土地管理法》还规定，各地不能通过擅自调整县级土地利用总体规划、乡（镇）土地利用总体规划等方式规避永久基本农田征收的审批。

2. 永久基本农田以外超过 35 公顷的耕地

耕地是最基本的农业生产资料，人口多、耕地少是我国的基本国情，我国土地管理法律一直坚持最严格的耕地保护制度，层层落实责任，坚决守住 18 亿亩耕地红线。因此，对于超过 35 公顷的耕地征收由国务院批准。

3. 超过 70 公顷的其他土地

土地征收涉及土地所有权主体的变更，法律规定，为了公共利益确有需要方可征收；此外，我国土地管理一直坚持最严格的节约用地制度，因此，法律规定超过 70 公顷的其他土地征收，也必须由国务院批准。

（二）由省级人民政府批准方可征收的土地

根据《土地管理法》规定，除由国务院批准方可征收的土地外，其他土地的征收审批权在省、直辖市、自治区人民政府，即永久基本农田以外的耕地 35 公顷以下的，其他土地 70 公顷以下的，包括永久基本农田以外的耕地和其他土地之和不足 70 公顷的，由省级人民政府批准。

三、农村集体土地征收的程序

土地征收程序是征收农村集体土地的法定程式和步骤。规范土地征收程序，有利于维护被征收土地的农村集体经济组织、农民和其他权利人的合法权益，保障经济社会协调发展。2019 年《土地管理法》修正案完善了土地征收程序，把原来的批后公告改为了批前公告，拟申请征地的地方人民政府应当将征地的有关事项公告至少 30 日，听取被征地的农村集体经济组织及其成员等方面的意见。必要时还要就征地补偿安置方案召开听证会，使被征地农民在整个过程中有更多参与权、监督权和话语权。具体而言，《土地管理法》规定了农村集体土地征收按以下程序进行。

（一）审批公告

国家征收土地的，依照前述审批权限分工经国务院或省级人民政府审批后，由县级以上地方人民政府予以公告并组织实施。

（二）调查、评估、听证

县级以上地方人民政府应当开展拟征收土地的现状调查，调查核实拟征收土地的权属、地类、面积以及地上附着物权属、种类和数量等，由被征收土地的所有权人、使用权人对调查结果予以确认。拟征收土地现状的调查结果可以作为签订补偿安置协议的依据。

县级以上地方人民政府应当组织开展社会稳定风险评估，明确风险等级，提出化解风险的具体措施，形成评估报告。

县级以上地方人民政府还应当组织自然资源、财政、农业农村、人力资源和社会保障等有关部门拟订征地补偿安置方案。征地补偿安置方案包括征收范围、土地现状、征收目的、补偿标准、安置方式、社会保障等内容。征地补偿安置方案在拟征收土地所在的乡（镇）和村、村民小组范围内进行公告，听取被征地的农村集体经济组织及其成员、村民委员会和其他利害关系人的意见，明确意见提交方式，公告时间至少 30 日。如果多数被征地的农村集体经济组织成员认为征地补偿安置方案不符合法律、法规规定的，县级以上地方人民政府应当组织召开听证会，并根据法律、法规的规定和听证会情况修改方案。

（三）登记、测算、协议

拟征收土地的所有权人、使用权人应当在公告规定期限内，持不动产权属证明材料办理补偿登记。县级以上地方人民政府应当组织有关部门测算并落实有关费用，保证足额到位，与拟征收土地的所有权人、使用权人就补偿、安置等签订征收补偿协议，涉及房屋的，还应与房屋所有权人签订房屋征收补偿协议；个别确实难以达成协议的，应当在申请征收土地时如实说明。

（四）报批与执行

完成拟征收公告、征收土地调查与风险评估、征地补偿安置方案公告与听证、征地补偿登记与协议签订等工作后，县级以上地方人民政府方可提出征收土地申请。征收土地申请经依法批准后，申请报批的人民政府应当发布征收土地公告并组织实施。

四、农村集体土地征收的补偿

我国《民法典》第 117 条规定：“依照法律规定的权限和程序征收、征用不动产或者动产的，应当给予公平、合理的补偿。”第 243 条规定：“征收集体所有的土地，应当依法及时足额支付土地补偿费、安置补助费以及农村村民住宅、其他地上附着物和青苗等的补偿费用，并安排被征地农民的社会保障费用，保障被征地农民的生活，维护被征地农民的合法权益。”《土地管理法》第 48 条也规定：“征收土地应当给予公平、合理的补偿，保障被征地农民原有生活水平不降低、长远生计有保障。征收土地应当依法及时足额支付土地补偿费、安置补助费以及农村村民住宅、其他地上附着物和青苗等的补偿费用，并安排被征地农民的社会保障费用。”《民法典》和《土地管理法》都明确了土地征收补偿的基本原则是保障被征地农民原有生活水平不降低，长远生计有保障。此外，《土地管理法》还对各项补偿费用标准做了具体规定。

（一）土地补偿费和安置补助费

2019 年《土地管理法》修正案改变了以年产值倍数法来确定土地补偿费和安置补助费的做法，以区片综合地价取代原来的按原用途土地年产值倍数法，另外还删除了土地补偿费和安置补助费总和不得超过土地被征收前三年平均年产值的 30 倍这个规定。

根据《土地管理法》规定，征收农用地的土地补偿费、安置补助费标准由省、自治区、直辖市通过制定公布区片综合地价确定。制定区片综合地价应当综合考虑土地原用途、土地资源条件、土地产值、土地区位、土地供求关系、人口以及经济社会发展水平等因素，并至少每三年调整或者重新公布一次。征收农用地以外的其他土地的补偿标准，由省、自治区、直辖市制定。

（二）农村住宅、其他地上附着物、青苗补偿费

2019 年《土地管理法》修正案在原来的地上附着物补偿标准规定基础上，新增了农村村民住宅补偿的规定，最大程度保障农村村民居住的权利和合法的住房财产权益。

根据《土地管理法》规定，地上附着物、青苗的补偿标准，由省、自治区、直辖市制定，对其中的农村村民住宅，应当按照先补偿后搬迁、居住条件有改善的原则，尊重农村村民意愿，采取重新安排宅基地建房、提供安置房或者货币补偿等方式给予公平、合理的补偿，并对因征收造成的搬迁、临时安置等费用予以补偿。

一般来说，征收农村村民住宅的，能够重新安排宅基地建房、提供安置房的，对其房屋建筑物、构筑物按照重置价格给予补偿；未能重新安排的，按照市场评估价格给予补偿。征收土地涉及其他建筑物、构筑物的，能够重新安排其他建设用地的，对其建筑物、构筑物按照重置价格结合成新给予补偿；未能重新安排其他建设用地的，按照市场评估价格给予补偿。

（三）社会保障费

社会保障费也是 2019 年《土地管理法》修正案在原来的土地补偿费、安置补助费、地上附着物三项基础上新增的补偿内容规定。

根据《土地管理法》规定，县级以上地方人民政府应当将被征地农民纳入相应的养老等社会保障体系。被征地农民的社会保障费用主要用于符合条件的被征地农民的养老保险等社会保险缴费补贴。

参考文献

李宁，陈利根，谢存旭，2015. 农地产权结构的历史演变及其阶段比较［J］. 贵州社会科学（8）：134-143.

叶兴庆，2014. 从“两权分离”到“三权分离”——我国农地产权制度的过去与未来［J］. 中国党政干部论坛（6）：7-12.

第四章　农业生产资料法律制度

第一节　农业生产资料法律制度概述

一、农业生产资料法律制度

农业生产资料是指种子、农药、肥料、农业机械及零配件、农用薄膜等与农业生产密切相关的农业投入品。农业生产资料法律制度是对农业生产资料的生产、销售、使用等活动进行管理的法律规定。

鉴于目前我国农业的发展正在从劳动力依靠型向资金、物质、技术依靠型转变，农业生产资料作为农业生产赖以维持和发展的基础，在农业生产中所起作用日益增大，通过法律形式对农业生产资料的生产、销售、使用以及进出口等活动进行规范非常必要。

目前我国农业生产资料法律法规主要包括《中华人民共和国种子法》（2015 年 11 月 4 日第十二届全国人民代表大会常务委员会第十七次会议修订）、《农药管理条例》（国务院令第 677 号）、《饲料和饲料添加剂管理条例》（国务院令第 676 号）、《兽药管理条例》（国务院令第 726 号）、《肥料登记管理办法》（农业部令第 32 号）等。

二、农业生产资料法律制度的主要内容

农业生产资料法律制度是指对主要农业生产资料的生产、销售、使用等活动进行规范的法律法规的总和。其中，管理主体是国家农业行政管理机关及各级人民政府；管理客体是主要农业生产资料即种子、农药、兽药、化肥、饲料、农业机械等；管理内容主要包括农业生产资料的质量管理、安全管理、价格管理。

（一）农业生产资料的质量管理

农业生产资料市场的发展是实现农业再生产和扩大再生产的重要条件，农业生产资料的质量关系农业的增产和农民的增收，关系生产者和消费者的切身利益，关系农产品的质量和安全，是实现农业现代化的重要环节。

目前我国农业生产资料市场发展迅速，但仍存在假冒伪劣农资泛滥的问题亟待解决。农业生产资料市场上仍有国家明令禁止使用的农药、兽药、渔药、药物饲料添加剂和激素产品等在非法流通，给农业生产造成极大损害的同时，还导致我国农产品中农药残留、兽药残留等问题，严重影响我国农产品的消费安全、出口和市场竞争力。有鉴于此，必须加强对农业生产资料的质量管理，杜绝各种假冒伪劣农资的流通和销售，营造

良好农产品生产加工环境。

1. 实行农业生产资料登记或许可管理制度，严格市场准入

在严格市场准入方面，目前我国相关的法律规定有《种子法》《农药管理条例》《兽药管理条例》《饲料和饲料添加剂管理条例》中规定的对相关农业生产资料生产或经营的登记、许可制度，设立了进入农资流通领域的最低门槛，建立了严格的市场准入制度，从而从源头上防止假冒伪劣农业生产资料进入市场生产和经营。

2. 建立健全农资管理质量标准体系和检测体系

农资产品质量标准体系和监测体系，是农资产品市场整顿和打假的重要技术依托。各级农业行政主管部门要切实发挥在农资打假工作中的牵头协调作用，组织落实各项整治措施，建立农资打假长效机制。提高企业应变能力，严格市场准入，加大监管力度。

根据农资质量监管需要，近年我国重点加强了农资产品质量标准、安全使用标准和检验方法标准的制定，加强了肥料、农药、种子、饲料、农机等农资类产品质量监测中心的建设。

3. 加强对农业生产资料生产经营的质量监督

加强对农资市场的市场监管，对农业生产资料实施质量监督，是确保农业生产资料质量的重要工作。农业行政主管部门应当建立农资监管工作责任制和责任追究制度。

假冒伪劣农资坑农害农已成为农民增收的大障碍，有关部门要加大对农资市场的监管力度，下移监管重心，形成长效机制，切实保护农民利益。加强农资价格和涉农收费专项检查，在检查中，一是要重点检查各类农产品农资市场、零售企业的明码标价工作，扩大明码标价的覆盖面，提高明码标价的规范化程度，促进买卖双方公平、公开、透明地进行交易，防止漫天要价和利用标价手段进行价格欺诈；二是检查各地落实国家关于对农资生产企业的供电、运输保障和税收返还优惠政策的情况与禁止对生产企业乱收费情况，帮助企业降低生产经营成本；三是检查面向农民、农村流通组织、个体经营者的行政事业性收费、经营服务性收费，对影响农产品价格上涨、增加农民负担的各种乱加价、乱收费问题，发现一起，查处一起，绝不能姑息；四是坚持和完善市场价格巡查制度，严厉打击哄抬价格、囤积居奇、牟取暴利、价格欺诈、以次充好等扰乱市场价格秩序的违法行为，稳定市场价格秩序。对典型的违法案例要及时曝光，形成威慑效应；五是要加强价格举报工作，对群众举报的问题要及时进行调查、处理。同时，要加强依法行政，提高基层执法人员的素质，规范执法行为，既要维持广大农民消费者的利益，也要切实保护经营者的合法权益，纠正以罚代管的做法，真正体现执法的公正、公平原则。在农资行业建立信用体系制度，为农资行业创造良好的发展环境。

我国在 2005 年 10 月刊发了《农业生产资料监督管理工作暂行规定》，农业行政部门应会同工商行政管理、质量技术监督等部门联合开展农资市场质量大检查和市场治理、整顿工作，加强农资的市场监管和智联监督，建立完善的农资监管机制，保障农资市场的合理有序，保障农资使用者的权益。

4. 明确和强化农业生产资料生产经营者的法律责任

根据《种子法》《农业法》等法律法规规定，农业生产资料的生产者、销售者应当

对其生产、销售的产品质量负责，禁止以次充好、以假充真、以不合格的产品冒充合格的产品；禁止生产和销售国家明令淘汰的农药、兽药、饲料和饲料添加剂、农业机械等农业生产资料。对于生产、销售假冒伪劣农业生产资料或者国家明令淘汰的农业生产资料的生产者、经营者，还要依法给予行政处罚，乃至追究刑事责任。

因使用假冒伪劣农业生产资料而导致损害的，受害者有权要求农业生产资料的销售者先予赔偿，销售者赔偿后，属于农业生产资料生产者或者其他经营者责任的，销售者有权向生产者或者其他经营者追偿。

（二）农业生产资料的安全管理

我国《农业法》和《种子法》《农药管理条例》等法律法规都对农业生产资料的安全使用做出了相应的法律规定，以改善长期以来由于缺乏农资安全使用的教育宣传指导、违规操作等问题导致的农业生产安全事故频发现状，加强对农业生产资料的安全使用管理，确保农业生产资料的安全使用。

1. 国家对农业生产资料的安全管理

农业生产资料的安全管理，需要国家贯彻落实《农业法》和《农产品质量安全法》的规定，营造良好的农资生产经营安全环境，建立健全农业生产资料安全使用制度。

（1）建立完善农产品质量安全管理、检验检测和质量认证体系，提高农产品质量安全行政管理、行政执法、检验检测和技术服务能力，促进农业产业持续健康发展，保障广大人民群众消费安全。

（2）对农资使用者、尤其是广大农民培训农资安全生产使用技术规程，保证其科学合理地使用农业生产资料，落实农资使用安全。

（3）明确并公布农业生产资料品种目录，落实禁用、限用和淘汰的农业生产资料的品种目录和范围的宣传工作，确保农资使用者了解国家的相关法律法规及相关禁令，依法生产经营使用农业生产资料。

（4）健全农资产品的标准认证体系，开发高效、低毒、低残留的农药、兽药等农业生产资料。

（5）强化对农业生产资料安全使用的监管，建立农资市场监管工作责任制度和责任追究制度，依法查处使用国家明令淘汰的和禁用的农业生产资料和其他禁用产品的违法行为。

2. 农业生产资料使用者的注意义务

农业生产资料的使用者是农业生产资料的直接接触和操作者，其安全使用是农业生产安全的重要环节。

要建立农业生产资料安全使用制度，政府应利用多种形式、多种渠道普及安全生产知识，建立使用者的安全使用意识。从根本上杜绝由于使用者缺乏农资安全使用意识、安全使用常识或者不按安全操作规程进行操作而造成的人身伤害和经济损失，使安全生产成为农资使用者的自觉意识和行动。

另外，对一些具有危险性的农业生产资料，农业生产资料相关法律规定了对使用者的安全使用注意义务。如《农药管理条例》第33条规定："农药使用者应当遵守国家有关农药安全、合理使用制度，妥善保管农药，并在配药、用药过程中采取必要的防护措施，避免发生农药使用事故。”第 34 条规定：“农药使用者应当严格按照农药的标签标注的使用范围、使用方法和剂量、使用技术要求和注意事项使用农药，不得扩大使用范围、加大用药剂量或者改变使用方法。农药使用者不得使用禁用的农药。标签标注安全间隔期的农药，在农产品收获前应当按照安全间隔期的要求停止使用。剧毒、高毒农药不得用于防治卫生害虫，不得用于蔬菜、瓜果、茶叶、菌类、中草药材的生产，不得用于水生植物的病虫害防治。”《兽药管理条例》第 38 条规定：“兽药使用单位，应当遵守国务院兽医行政管理部门制定的兽药安全使用规定，并建立用药记录。”在法律层面强化农业生产资料使用者的安全使用意识。

（三）农业生产资料的价格管理

农业作为我国的弱质产业，需要政府对农业生产资料的价格进行合理必要的管理，以保障农业的基础地位。以法律的形式来管理农业生产资料，稳定农业生产资料价格，是调动农民种粮积极性的重要保障，是减轻农民负担、增加农民收入的重要途径，也是对保护农业的重要措施。

降低农业生产成本是增加农民收入，建设社会主义新农村的重要内容。农业生产资料作为农业生产的基本生产要素，其价格高低直接关系农业生产成本，影响农民的收入。最近几年，农业生产资料价格上涨较快，尤其是化肥、农药等主要农业生产资料价格涨幅较大，在一定程度上降低了农业生产效益，抵消了支农惠农政策给农民带来的实惠，影响了农民种粮积极性。健全农业生产资料价格调控体系，对于保护农民种粮积极性，保障农业生产，保证国家粮食安全有着重要意义。农业生产资料价格的上涨，降低农业生产效益。据国家统计局的一项权威调查资料显示，化肥价格每上涨 10%，粮食生产投入将增长 3%，种粮纯收益将下降 2.9%。在当前农民收入增长空间有限的情况下，农业生产资料价格上涨对农业生产收益的影响是巨大的。

对农业生产资料的价格管理主要通过以下途径。

1. 对农业生产资料的主要品种实行最高限价

1993 年 2 月 20 日，国务院《关于加强农业生产资料价格管理以及对其主要品种实行最高限价的通知》要求进一步加强对农业生产资料价格的管理，并对化肥、农药、农膜、农用柴油等主要农业生产资料实行计划外最高限价。要求各级政府要切实按计划内农业生产资料严格执行国家定价，对已经下放或放开价格的农业生产资料，要结合当地情况，采取可行措施抑制价格上涨过多。最高限价要按价格管理权限，分级制定。

由于原材料、燃料及动力等因素涨价的影响使农业生产资料生产成本上升，而最高限价又不能及时调整，生产企业因执行最高限价发生的亏损，按照企业隶属关系由财政部门通过减免税利或财政补贴等办法解决。

2. 政府采取宏观调控措施缩小工农业产品“剪刀差”

工农业产品比价，指同一时间、同一市场工业品销售价格同农产品收购价格之间的比例关系。农产品价格和工业品价格的人为差别、不等价交换，农产品价格低于实际价值，而工业品价格却高于实际价值，形成工农业产品价格“剪刀差”，严重挫伤广大农民的生产积极性，也是实现农业现代化的一个障碍。我国近年来采取的宏观调控措施很有成效，并积极发展农用工业，增加化肥、农药、农膜、农机等农用生产资料的品种和数量，增加市场的供应量，调节农业生产资料市场价格，保持农产品价格与农业生产资料价格的合理比价，促进了国民经济的发展。

3. 加强对农业生产资料价格的监管

各级人民政府和物价管理部门加强了对农业生产资料价格的管理和监督，不断完善农资价格监测与预警体系，时刻监控农资市场的价格波动，能对农资价格的异动迅速做出反应，维护农业生产资料价格的正常运行，避免农业生产资料上涨过快和农资经营者擅自涨价行为，以保证农资价格始终处于合理的位置。

4. 国家对农业生产资料工业的扶持

国家建立完善农资连锁经营体系，规范农资市场经营秩序，减少销售流通环节，降低农资流通成本。同时采取税收、信贷等手段，鼓励和扶持农业生产资料产业的发展、降低流通成本、保证原料供应、稳定市场价格。

第二节 种子管理法律制度

《种子法》第2条第2款规定："本法所称种子，是指农作物和林木的种植材料或者繁殖材料，包括籽粒、果实、根、茎、苗、芽、叶、花等。"需注意这里种子的范围除包括用于播种的籽粒外，还包括育苗迁移、扦插、嫁接、压条等所用的繁殖材料。种子作为农业生产最基本的生产资料，其质量优劣与农业生产关系重大。种子是农业生产必不可少的生产要素，是农业科学技术和各种管理措施发挥作用的基本载体，同时也是农业生产发展的核心因素。有句农谚说得好："收无收有在于种，收多收少在于肥。"这就是说种子在农业发展中的重要作用。种子是重要的农业生产资料，对农业生产影响甚大，是农业增产的内因。

为保护和合理利用种质资源，规范品种选育、种子生产经营和管理行为，保护植物新品种权，维护种子生产经营者、使用者的合法权益，提高种子质量，推动种子产业化，发展现代种业，保障国家粮食安全，促进农业和林业的发展，我国先后制定颁布了《种子法》（2015年11月4日第十二届全国人民代表大会常务委员会第十七次会议对《种子法》进行最新修订）、《农作物种子生产经营许可证管理办法》（农业部令2016年第5号）、《植物新品种保护条例》（国务院令第653号）、《农业转基因生物安全管理条例》（国务院令第687号）、《主要农作物品种审定办法》（农业部令2016年第4号）、《农作物种子标签和使用说明管理办法》（农业部令2016年第6号）、《进出口农作物种子（苗）管理暂行办法》（农业部令第14号）、《主要林木品种审定办法》（国家林业局令第44号）、《林木种子包装和标签管理办法》（国家林业局林场发2016年第93号）、《林木种子生产、经营许可证管理办法》（国家林业局令第40号）等法律法规，对种子的选育、生产、经营、使用等活动进行控制、调节、检查、监督，我国种子管理法律制度趋向于越来越完善。

《种子法》系统地规定了我国种子管理的基本制度，主要包括种质资源保护制度、品种选育、审定与登记制度、新品种保护制度、种子生产经营制度、种子监督管理制度、种子进出口和对外合作制度以及国家对种子生产经营的扶持措施和种子法律责任。

一、种子管理体制

我国的种子管理体制，由国务院农业、林业主管部门分别主管全国农作物种子和林木种子工作；县级以上地方人民政府农业、林业主管部门分别主管本行政区域内农作物种子和林木种子工作。各级人民政府及其有关部门应当采取措施，加强种子执法和监督，依法惩处侵害农民权益的种子违法行为。

农业、林业主管部门及其工作人员，不得参与和从事种子生产经营活动。违反上述规定，农业、林业主管部门工作人员从事种子生产经营活动的，依法给予处分。

农业、林业主管部门不仅是行政机关，同时也是种子行政执法机关，负责贯彻执行国家有关种子事务的法律、法规和政策、方针及地方的有关规章制度，对种子的品种选育、生产、经营、使用等活动负责，同时涉及种子违法行为的查处。这要求其他相关部门在各自职责范围内配合、支持农业、林业主管部门的监督、检查工作，并与之密切合作。若农业、林业主管部门不依法做出行政许可决定，发现违法行为或者接到对违法行为的举报不予查处，或者有其他未依照本法规定履行职责的行为的，由本级人民政府或者上级人民政府有关部门责令改正，对负有责任的主管人员和其他直接责任人员依法给予处分。

《种子法》第 49 条第 3 款规定，质量低于国家规定的种用标准的种子为劣种子，并在第 1 款明确规定："禁止生产、经营假、劣种子。"国家发布的与种子相关的强制性标准是种子管理的技术性规范。根据《中华人民共和国标准化法》（以下简称《标准化法》）第 14 条的规定："强制性标准，必须执行。不符合强制性标准的产品，禁止生产、销售出口和进口。"

二、种质资源保护制度

种质是亲代传给子代的遗传物质，携带着各种种质的材料称为种质资源，它蕴藏在作物各类品种、品系、类型、野生种和近源植物中，是决定各种遗传性状的基因资源，是选育新品种的最基本的原始材料、植物繁殖材料和近缘野生植物以及人工创造的各种植物遗传材料。种质资源是指选育植物新品种的基础材料，包括各种植物的栽培种、野生种的繁殖材料以及利用上述繁殖材料人工创造的各种植物的遗传材料。

种质资源是生物多样性的重要组成部分，是国家与民族可持续发展的重要物质基础，又因其具有有限性、潜在性和易灭性的特点，故而保护种质资源有十分重要的意义。中国农作物种质资源具有种类多、数量大、丰富性和独特性的特点。

国家有计划地普查、收集、整理、鉴定、登记、保存、交流和利用种质资源，定期公布可供利用的种质资源目录。具体办法由国务院农业、林业主管部门规定。

（一）种质资源收集、采集制度

国家对种质资源享有主权，依法保护种质资源，任何单位和个人不得侵占和破坏种质资源。

禁止采集或者采伐国家重点保护的天然种质资源。因科研等特殊情况需要采集或者采伐的，应当经国务院或者省、自治区、直辖市人民政府的农业、林业主管部门批准。

违反上述规定，侵占、破坏种质资源，私自采集或者采伐国家重点保护的天然种质资源的，由县级以上人民政府农业、林业主管部门责令停止违法行为，没收种质资源和违法所得，并处五千元以上五万元以下罚款；造成损失的，依法承担赔偿责任。

（二）种质资源保存制度

基于保护种质资源安全的目的，国务院农业、林业主管部门应当建立种质资源库、种质资源保护区或者种质资源保护地。省、自治区、直辖市人民政府农业、林业主管部门可以根据需要建立种质资源库、种质资源保护区、种质资源保护地。种质资源库、种质资源保护区、种质资源保护地的种质资源属公共资源，依法开放利用。

占用种质资源库、种质资源保护区或者种质资源保护地的，需经原设立机关同意。

（三）种质资源进出口管理制度

《种子法》第二章第11条规定，国家对种质资源享有主权，任何单位和个人向境外提供种质资源，或者与境外机构、个人开展合作研究利用种质资源的，应当向省、自治区、直辖市人民政府农业、林业主管部门提出申请，并提交国家共享惠益的方案；受理申请的农业、林业主管部门经审核，报国务院农业、林业主管部门批准。从境外引进种质资源的，依照国务院农业、林业主管部门的有关规定办理。

违反上述规定，向境外提供或者从境外引进种质资源，或者与境外机构、个人开展合作研究利用种质资源的，由国务院或者省、自治区、直辖市人民政府的农业、林业主管部门没收种质资源和违法所得，并处二万元以上二十万元以下罚款。

未取得农业、林业主管部门的批准文件携带、运输种质资源出境的，海关应当将该种质资源扣留，并移送省、自治区、直辖市人民政府农业、林业主管部门处理。

（四）种质资源信息管理制度

国家负责对种质资源的信息管理工作，根据《种子法》第二章第9条规定，国家有计划地普查、收集、整理、鉴定、登记、保存、交流和利用种质资源，定期公布可供利用的种质资源目录。具体办法由国务院农业、林业主管部门规定。

（五）国家对种质资源的扶持措施

国家扶持种质资源保护工作和选育、生产、更新、推广使用良种，鼓励品种选育和种子生产经营相结合，奖励在种质资源保护工作和良种选育、推广等工作中成绩显著的单位和个人。

三、品种选育、审定与登记制度

（一）品种选育制度

1. 品种的定义

品种是指经过人工选育或者发现并经过改良，形态特征和生物学特性一致，遗传性状相对稳定的植物群体。

品种选育的定义：是指通过人工杂交和生物学，辐射诱变等育种技术改进植物的遗传基因和生物学特性或从天然群体中选择变异的优良单株而创造新品种的过程。

改良和选育农作物和林木新品种，是发展和提高种植业和林业的一项重要措施。中华人民共和国成立以来，我国育种科研取得了很大的成绩。从育种数量上来看，我国共育成6 000多个农作物品种，粮、棉、油、菜、糖等主要农作物的生产用种已完成了五六次大面积的更新、更换，每次增产幅度都在10%以上，目前全国农作物良种的覆盖率已超过95%；林业共培育出了30多个树种，2 000多个优良种源、优良家系和优良无性系，遗传增益达到5%~30%。从育种方法上来看，生物工程、单倍体育种等研究已达到国际先进水平，转基因品种已应用于生产。

根据《种子法》第12条规定，国家支持科研院所及高等院校重点开展育种的基础性、前沿性和应用技术研究，以及常规作物、主要造林树种育种和无性繁殖材料选育等公益性研究。国家鼓励种子企业充分利用公益性研究成果，培育具有自主知识产权的优良品种；鼓励种子企业与科研院所及高等院校构建技术研发平台，建立以市场为导向、资本为纽带、利益共享、风险共担的产学研相结合的种业技术创新体系。国家加强种业科技创新能力建设，促进种业科技成果转化，维护种业科技人员的合法权益。

2. 品种选育者的权利

《种子法》鼓励和支持单位及个人对良种选育和开发，并规定了相关扶持政策。

(1) 由财政资金支持形成的育种发明专利权和植物新品种权，除涉及国家安全、国家利益和重大社会公共利益的外，授权项目承担者依法取得。由财政资金支持为主形成的育种成果的转让、许可等应当依法公开进行，禁止私自交易。

(2) 单位和个人因林业主管部门为选育林木良种建立测定林、试验林、优树收集区、基因库等而减少经济收入的，批准建立的林业主管部门应当按照国家有关规定给予经济补偿。

(3) 国家加大对种业发展的支持。对品种选育、生产、示范推广、种质资源保护、种子储备以及制种大县给予扶持。

(4) 对从事农作物和林木品种选育、生产的种子企业，按照国家有关规定给予扶持。

(二) 品种审定制度

1. 品种审定的定义

品种审定是指农业、林业行政主管部门对报审新品种，按规定程序进行审查，并对该品种的推广与否及适应范围做出决定的活动。能通过审定的品种，不仅需要具有品种本身的稳定性、一致性，还必须具有丰产性、适应性和抗病性等其他农业生产上需要的特性。

品种审定制度是指特定审批机关根据申请人的申请，对新育成的品种或者新引进的品种进行品种试验，按照法定程序进行审查，决定该品种能否推广并确定其推广范围的行政管理制度。

品种审定制度，可以加强主要农作物的品种管理，有计划、因地制宜地推广优良品种，加强育种成果的转化和利用，避免盲目引种和不良播种材料的扩散，防止在一个地区品种过多、良莠不齐、种子混杂等“多、乱、杂”现象，以及品种单一化、盲目调运等现象的发生。这些都是实现生产用种良种化、品种布局区域化，合理使用优良品种的必要措施。

品种审定，要求品种具有特异性、一致性、稳定性，根据《种子法》附则，特异性是指一个植物品种有一个以上性状明显区别于已知品种。一致性是指一个植物品种的特性除可预期的自然变异外，群体内个体间相关的特征或者特性表现一致。稳定性是指一个植物品种经过反复繁殖后或者在特定繁殖周期结束时，其主要性状保持不变。

2. 品种审定的范围

主要农作物品种和主要林木品种在推广前应当通过国家级或者省级审定。我国品种审定的范围是主要农作物和主要林木。根据《种子法》附则第92条规定，主要农作物是指稻、小麦、玉米、棉花、大豆。主要林木由国务院林业主管部门确定并公布；省、自治区、直辖市人民政府林业主管部门可以在国务院林业主管部门确定的主要林木之外确定其他八种以下的主要林木。

纵观《种子法》和《主要农作物品种审定办法》，品种审定有以下几个特点：第一，品种审定对象必须是农作物品种，“新品种”是指过去没有过或本行政区域从来没有过；第二，由专业机构组织进行——农作物品种审定委员会，由其审定通过的品种由同级农业行政主管部门进行公告；第三，品种审定的依据是品种试验的结果；第四，品种审定的目的是评价新品种的推广价值和适应范围，确保审定的品种优于已在生产上推广的主要当家品种。

3. 品种的审定与公告

农作物品种和林木品种审定委员会分别由国务院和省、自治区、直辖市人民政府的农业、林业主管部门设立，由其专业人员组成。根据《种子法》第16条规定，品种审定委员会承担主要农作物品种和主要林木品种的审定工作，建立包括申请文件、品种审定试验数据、种子样品、审定意见和审定结论等内容的审定档案，保证可追溯。在审定通过的品种依法公布的相关信息中应当包括审定意见情况，接受监督。

根据《种子法》第15条规定，审定办法由国务院农业、林业主管部门规定。审定办法应当体现公正、公开、科学、效率的原则，有利于产量、品质、抗性等的提高与协调，有利于适应市场和生活消费需要的品种的推广。在制定、修改审定办法时，应当充分听取育种者、种子使用者、生产经营者和相关行业代表意见。

品种审定实行选育生产经营相结合的制度。省、自治区、直辖市人民政府农业、林业主管部门应当完善品种选育、审定工作的区域协作机制，促进优良品种的选育和推广。

根据《种子法》第17条规定，符合国务院农业、林业主管部门规定条件的种子企业，对其自主研发的主要农作物品种、主要林木品种可以按照审定办法自行完成试验，达到审定标准的，品种审定委员会应当颁发审定证书。种子企业对试验数据的真实性负责，保证可追溯，接受省级以上人民政府农业、林业主管部门和社会的监督。

根据《种子法》第18条规定，审定未通过的农作物品种和林木品种，申请人有异议的，可以向原审定委员会或者国家级审定委员会申请复审。

品种审定实行回避制度。品种审定委员会委员、工作人员及相关测试、试验人员应当忠于职守，公正廉洁。对单位和个人举报或者监督检查发现的上述人员的违法行为，省级以上人民政府农业、林业主管部门和有关机关应当及时依法处理。

4. 品种审定的结果

《种子法》第19条规定，通过国家级审定的农作物品种和林木良种由国务院农业、林业主管部门公告，可以在全国适宜的生态区域推广。通过省级审定的农作物品种和林木良种由省、自治区、直辖市人民政府农业、林业主管部门公告，可以在本行政区域内适宜的生态区域推广；其他省、自治区、直辖市属于同一适宜生态区的地域引种农作物品种、林木良种的，引种者应当将引种的品种和区域报所在省、自治区、直辖市人民政府农业、林业主管部门备案。引种本地区没有自然分布的林木品种，应当按照国家引种标准通过试验。

《种子法》第23条规定，应当审定的农作物品种未经审定的，不得发布广告、推广、销售。应当审定的林木品种未经审定通过的，不得作为良种推广、销售，但生产确需使用的，应当经林木品种审定委员会认定。

另外，《种子法》第21条规定，审定通过的农作物品种和林木良种出现不可克服的严重缺陷等情形不宜继续推广、销售的，经原审定委员会审核确认后，撤销审定，由原公告部门发布公告，停止推广、销售。

违反法律规定，对应当审定未经审定的农作物品种进行推广、销售的，由县级以上人民政府农业、林业主管部门责令停止违法行为，没收违法所得和种子，并处二万元以上二十万元以下罚款。

（三）品种登记制度

国家对部分非主要农作物实行品种登记制度。列入非主要农作物登记目录的品种在推广前应当登记。实行品种登记的农作物范围应当严格控制，并根据保护生物多样性、保证消费安全和用种安全的原则确定。登记目录由国务院农业主管部门制定和调整。登记办法由国务院农业主管部门规定。

1. 品种登记的申请与公告

申请者申请品种登记应当向省、自治区、直辖市人民政府农业主管部门提交申请文件和种子样品，并对其真实性负责，保证可追溯，接受监督检查。申请文件包括品种的种类、名称、来源、特性、育种过程以及特异性、一致性、稳定性测试报告等。

省、自治区、直辖市人民政府农业主管部门自受理品种登记申请之日起二十个工作日内，对申请者提交的申请文件进行书面审查，符合要求的，报国务院农业主管部门予以登记公告。

在中国境内没有经常居所或者营业场所的境外机构、个人在境内申请品种审定或者登记的，应当委托具有法人资格的境内种子企业代理。

2. 品种登记的结果

对已登记品种存在申请文件、种子样品不实的，由国务院农业主管部门撤销该品种登记，并将该申请者的违法信息记入社会诚信档案，向社会公布；给种子使用者和其他种子生产经营者造成损失的，依法承担赔偿责任。

对已登记品种出现不可克服的严重缺陷等情形的，由国务院农业主管部门撤销登记，并发布公告，停止推广。

应当审定的农作物品种未经审定的，不得发布广告、推广、销售。对应当审定未经审定或者应当登记未经登记的农作物品种发布广告，或者广告中有关品种的主要性状描述的内容与审定、登记公告不一致的，依照《中华人民共和国广告法》的有关规定追究法律责任。

应当审定的林木品种未经审定通过的，不得作为良种推广、销售，但生产确需使用的，应当经林木品种审定委员会认定。

应当登记的农作物品种未经登记的，不得发布广告、推广，不得以登记品种的名义销售。

有下列行为之一的，由县级以上人民政府农业、林业主管部门责令停止违法行为，没收违法所得和种子，并处二万元以上二十万元以下罚款：①对应当审定未经审定的农作物品种进行推广、销售的；②作为良种推广、销售应当审定未经审定的林木品种的；③推广、销售应当停止推广、销售的农作物品种或者林木良种的；④对应当登记未经登记的农作物品种进行推广，或者以登记品种的名义进行销售的；⑤对已撤销登记的农作物品种进行推广，或者以登记品种的名义进行销售的。

四、新品种保护制度

国家实行植物新品种保护制度。对国家植物品种保护名录内经过人工选育或者发现的野生植物加以改良，具备新颖性、特异性、一致性、稳定性和适当命名的植物品种，由国务院农业、林业主管部门授予植物新品种权，保护植物新品种权所有人的合法权益。植物新品种权的内容和归属、授予条件、申请和受理、审查与批准，以及期限、终止和无效等依照本法（《种子法》）、有关法律和行政法规规定执行。

国家鼓励和支持种业科技创新、植物新品种培育及成果转化。取得植物新品种权的品种得到推广应用的，育种者依法获得相应的经济利益。

（一）新品种的授权

（1）一个植物新品种只能授予一项植物新品种权。两个以上的申请人分别就同一个品种申请植物新品种权的，植物新品种权授予最先申请的人；同时申请的，植物新品种权授予最先完成该品种育种的人。

（2）对违反法律，危害社会公共利益、生态环境的植物新品种，不授予植物新品种权。

（3）授予植物新品种权的植物新品种名称，应当与相同或者相近的植物属或者种中已知品种的名称相区别。该名称经授权后即为该植物新品种的通用名称。

（4）为了国家利益或者社会公共利益，国务院农业、林业主管部门可以做出实施植物新品种权强制许可的决定，并予以登记和公告。取得实施强制许可的单位或者个人不享有独占的实施权，并且无权允许他人实施。

（5）下列名称不得用于授权品种的命名：①仅以数字表示的；②违反社会公德的；③对植物新品种的特征、特性或者育种者身份等容易引起误解的。

同一植物品种在申请新品种保护、品种审定、品种登记、推广、销售时只能使用同一个名称。生产推广、销售的种子应当与申请植物新品种保护、品种审定、品种登记时提供的样品相符。

（二）授权新品种的使用

（1）完成育种的单位或者个人对其授权品种，享有排他的独占权。任何单位或者个人未经植物新品种权所有人许可，不得生产、繁殖或者销售该授权品种的繁殖材料，不得为商业目的将该授权品种的繁殖材料重复使用于生产另一品种的繁殖材料；但是本法（《种子法》）、有关法律、行政法规另有规定的除外。

（2）在下列情况下使用授权品种的，可以不经植物新品种权所有人许可，不向其支付使用费，但不得侵犯植物新品种权所有人依照本法（《种子法》）、有关法律、行政法规享有的其他权利：①利用授权品种进行育种及其他科研活动；②农民自繁自用授权品种的繁殖材料。

五、种子生产经营制度

（一）种子生产经营许可制度

我国对主要林木和主要农作物的种子实行生产经营许可制度以规范种子生产、经营的活动。《种子法》第31条规定，从事种子进出口业务的种子生产经营许可证，由省、自治区、直辖市人民政府农业、林业主管部门审核，国务院农业、林业主管部门核发。

从事主要农作物杂交种子及其亲本种子、林木良种种子的生产经营以及实行选育生产经营相结合，符合国务院农业、林业主管部门规定条件的种子企业的种子生产经营许可证，由生产经营者所在地县级人民政府农业、林业主管部门审核，省、自治区、直辖市人民政府农业、林业主管部门核发。

前两款规定以外的其他种子的生产经营许可证，由生产经营者所在地县级以上地方人民政府农业、林业主管部门核发。

种子生产经营许可证的有效区域由发证机关在其管辖范围内确定。实行选育生产经营相结合，符合国务院农业、林业主管部门规定条件的种子企业的生产经营许可证的有效区域为全国。

除《种子法》另有规定外，禁止任何单位和个人无种子生产经营许可证或者违反种子生产经营许可证的规定生产、经营种子。禁止伪造、变造、买卖、租借种子生产经营许可证。

1. 种子生产经营许可应当符合的条件

申请取得种子生产经营许可证的，应当具有与种子生产经营相适应的生产经营设施、设备及专业技术人员，以及法规和国务院农业、林业主管部门规定的其他条件。

从事种子生产的，还应当同时具有繁殖种子的隔离和培育条件，具有无检疫性有害生物的种子生产地点或者县级以上人民政府林业主管部门确定的采种林。

种子生产应当执行种子生产技术规程和种子检验、检疫规程。

种子生产经营者应当建立和保存包括种子来源、产地、数量、质量、销售去向、销售日期和有关责任人员等内容的生产经营档案，保证可追溯。种子生产经营档案的具体载明事项，种子生产经营档案及种子样品的保存期限由国务院农业、林业主管部门规定。

申请领取具有植物新品种权的种子生产经营许可证的，应当征得植物新品种权所有人的书面同意。

种子生产经营许可证应当载明生产经营者名称、地址、法定代表人、生产种子的品种、地点和种子经营的范围、有效期限、有效区域等事项。前款事项发生变更的，应当自变更之日起三十日内，向原核发许可证机关申请变更登记。

2. 符合下列条件不需要办理种子生产经营许可证

（1）只从事非主要农作物种子和非主要林木种子生产的，不需要办理种子生产经营许可证。

（2）农民个人自繁自用的常规种子有剩余的，可以在当地集贸市场上出售、串换，不需要办理种子生产经营许可证。

（3）种子生产经营者在种子生产经营许可证载明的有效区域设立分支机构的，专门经营不再分装的包装种子的，或者接受具有种子生产经营许可证的种子生产经营者以书面委托生产、代销其种子的，不需要办理种子生产经营许可证，但应当向当地农业、林业主管部门备案。

（二）种子生产经营者的权利义务及法律责任

（1）任何单位和个人不得非法干预种子生产经营者的生产经营自主权。

（2）国家对推广使用林木良种造林给予扶持。国家投资或者国家投资为主的造林项目和国有林业单位造林，应当根据林业主管部门制定的计划使用林木良种。

（3）在林木种子生产基地内采集种子的，由种子生产基地的经营者组织进行，采集种子应当按照国家有关标准进行。禁止抢采掠青、损坏母树，禁止在劣质林内、劣质母树上采集种子。

（4）未经省、自治区、直辖市人民政府林业主管部门批准，不得收购珍贵树木种子和本级人民政府规定限制收购的林木种子。

（5）销售的种子应当加工、分级、包装。但是不能加工、包装的除外。大包装或者进口种子可以分装；实行分装的，应当标注分装单位，并对种子质量负责。

（6）销售的种子应当符合国家或者行业标准，附有标签和使用说明。标签和使用说明标注的内容应当与销售的种子相符。种子生产经营者对标注内容的真实性和种子质量负责。标签应当标注种子类别、品种名称、品种审定或者登记编号、品种适宜种植区域及季节、生产经营者及注册地、质量指标、检疫证明编号、种子生产经营许可证编号和信息代码，以及国务院农业、林业主管部门规定的其他事项。销售授权品种种子的，应当标注品种权号。销售进口种子的，应当附有进口审批文号和中文标签。

（7）销售转基因植物品种种子的，必须用明显的文字标注，并应当提示使用时的安全控制措施。

（8）种子生产经营者应当遵守有关法律、法规的规定，诚实守信，向种子使用者提供种子生产者信息、种子的主要性状、主要栽培措施、适应性等使用条件的说明、风险提示与有关咨询服务，不得作虚假或者引人误解的宣传。

（9）种子广告的内容应当符合本法（《种子法》）和有关广告的法律、法规的规定，主要性状描述等应当与审定、登记公告一致。

（10）运输或者邮寄种子应当依照有关法律、行政法规的规定进行检疫。

（11）种子使用者因种子质量问题或者因种子的标签和使用说明标注的内容不真实，遭受损失的，种子使用者可以向出售种子的经营者要求赔偿，也可以向种子生产者或者其他经营者要求赔偿。赔偿额包括购种价款、可得利益损失和其他损失。属于种子生产者或者其他经营者责任的，出售种子的经营者赔偿后，有权向种子生产者或者其他经营者追偿；属于出售种子的经营者责任的，种子生产者或者其他经营者赔偿后，有权向出售种子的经营者追偿。

（12）有下列行为之一的，由县级以上人民政府农业、林业主管部门责令改正，没收违法所得和种子；违法生产经营的货值金额不足 1 万元的，并处 3 000元以上 3 万元以下罚款；货值金额 1 万元以上的，并处货值金额三倍以上五倍以下罚款；可以吊销种子生产经营许可证：①未取得种子生产经营许可证生产经营种子的；②以欺骗、贿赂等不正当手段取得种子生产经营许可证的；③未按照种子生产经营许可证的规定生产经营种子的；④伪造、变造、买卖、租借种子生产经营许可证的。

被吊销种子生产经营许可证的单位，其法定代表人、直接负责的主管人员自处罚决定做出之日起五年内不得担任种子企业的法定代表人、高级管理人员。

六、种子监督管理制度

我国对种子的生产经营实行监督管理制度。《种子法》第 47 条规定，农业、林业主管部门应当加强对种子质量的监督检查。

（一）农业、林业主管部门的职责和义务

（1）种子质量管理办法、行业标准和检验方法，由国务院农业、林业主管部门制定。农业、林业主管部门可以采用国家规定的快速检测方法对生产经营的种子品种进行检测，也可以委托种子质量检验机构对种子质量进行检验。承担种子质量检验的机构应当具备相应的检测条件、能力，并经省级以上人民政府有关主管部门考核合格。检测结果可以作为行政处罚依据。被检查人对检测结果有异议的，可以申请复检，复检不得采用同一检测方法。因检测结果错误给当事人造成损失的，依法承担赔偿责任。

（2）农业、林业主管部门不仅是监督检查部门，同时也是种子行政执法机关。种子执法人员依法执行公务时应当出示行政执法证件。农业、林业主管部门依法履行种子监督检查职责时，有权采取下列措施：①进入生产经营场所进行现场检查；②对种子进行取样测试、试验或者检验；③查阅、复制有关合同、票据、账簿、生产经营档案及其他有关资料；④查封、扣押有证据证明违法生产经营的种子，以及用于违法生产经营的工具、设备及运输工具等；⑤查封违法从事种子生产经营活动的场所。

（3）禁止生产经营假、劣种子。农业、林业主管部门和有关部门依法打击生产经营假、劣种子的违法行为，保护农民合法权益，维护公平竞争的市场秩序。

《种子法》第 49 条规定，下列种子为假种子：①以非种子冒充种子或者以此种品种种子冒充其他品种种子的；②种子种类、品种与标签标注的内容不符或者没有标签的。

下列种子为劣种子：①质量低于国家规定标准的；②质量低于标签标注指标的；③带有国家规定的检疫性有害生物的。

(4) 农业、林业主管部门依照本法规定行使职权，当事人应当协助、配合，不得拒绝、阻挠。

(5) 农业、林业主管部门所属的综合执法机构或者受其委托的种子管理机构，可以开展种子执法相关工作。

(6) 省级以上人民政府农业、林业主管部门应当在统一的政府信息发布平台上发布品种审定、品种登记、新品种保护、种子生产经营许可、监督管理等信息。

(7) 国务院农业、林业主管部门建立植物品种标准样品库，为种子监督管理提供依据。

(8) 农业、林业主管部门及其工作人员，不得参与和从事种子生产经营活动。

(二) 种子生产经营者的权利和义务

(1) 种子生产经营者依法自愿成立种子行业协会，加强行业自律管理，维护成员合法权益，为成员和行业发展提供信息交流、技术培训、信用建设、市场营销和咨询等服务。

(2) 种子生产经营者可自愿向具有资质的认证机构申请种子质量认证。经认证合格的，可以在包装上使用认证标识。

(3) 由于不可抗力原因，为生产需要必须使用低于国家或者地方规定标准的农作物种子的，应当经用种地县级以上地方人民政府批准；林木种子应当经用种地省、自治区、直辖市人民政府批准。

(4) 从事品种选育和种子生产经营以及管理的单位和个人应当遵守有关植物检疫法律、行政法规的规定，防止植物危险性病、虫、杂草及其他有害生物的传播和蔓延。

(5) 禁止任何单位和个人在种子生产基地从事检疫性有害生物接种试验。

七、种子进出口和对外合作

与种子管理有关的国际条约包括《国际植物新品种保护公约》《粮食和农业植物遗传资源国际公约》《生物安全议定书》和《国际植保公约》等。

(一) 种子进出口经营者的条件

2015年11月修订的《种子法》第七章第58条规定，从事种子进出口业务的，除具备种子生产经营许可证外，还应当依照国家有关规定取得种子进出口许可。

(二) 种子进出口经营和对外合作应当遵守的义务

(1) 进口种子和出口种子必须实施检疫，防止植物危险性病、虫、杂草及其他有害生物传入境内和传出境外，具体检疫工作按照有关植物进出境检疫法律、行政法规的规定执行。从境外引进农作物、林木种子的审定权限，农作物、林木种子的进口审批办法，引进转基因植物品种的管理办法，由国务院规定。

(2) 进口种子的质量，应当达到国家标准或者行业标准。没有国家标准或者行业标准的，可以按照合同约定的标准执行。

(3) 为境外制种进口种子的，可以不受本法（《种子法》）第58条第1款（从事种子进出口业务的，除具备种子生产经营许可证外，还应当依照国家有关规定取得种子进出口许可）的限制，但应当具有对外制种合同，进口的种子只能用于制种，其产品不得在境内销售。

(4) 从境外引进农作物或者林木试验用种，应当隔离栽培，收获物也不得作为种子销售。

(5) 禁止进出口假、劣种子以及属于国家规定不得进出口的种子。

(6) 国家建立种业国家安全审查机制。境外机构、个人投资、并购境内种子企业，或者与境内科研院所、种子企业开展技术合作，从事品种研发、种子生产经营的审批管理依照有关法律、行政法规的规定执行。

第三节 农药管理法律制度

根据《农药管理条例》，农药是指用于预防、消灭或者控制危害农业、林业的病、虫、草和其他有害生物以及有目的地调节植物、昆虫生长的化学合成或者来源于生物、其他天然物质的一种物质或者几种物质的混合物及其制剂。

作为现代农业不可缺少的生产资料，农药自身的化学、毒理学等技术特征导致其带有一定的危险性，是一把双刃剑，使用不当就会危害生态环境安全、农产品质量安全并危害人类身体健康。我国是农业大国，也是生产和使用农药最多的国家之一；同时，世界经济繁荣发展，人类对食品安全问题的关注越来越多、对绿色产品的需求也日益提升，有鉴于此，必须加强对农药生产、经营和使用的安全监督管理工作，保证农药质量，保护农业、林业生产和生态环境，维护人畜安全，保障人民身心健康与生命安全，全面贯彻落实党的十八大关于生态文明建设的精神。

农药管理是指国家行政机关为防止农药可能造成的危害，依法对农药的研制、生产、经营和使用过程进行监督管理和控制的活动。依靠法律手段对农药的生产、经营和作用加强管理是农药管理工作的必要方式，也是世界大多数国家对农药管理的成功经验。

目前我国的农药管理制度主要包括1997年颁布、2017年修订的《农药管理条例》，1999年颁布，2007年修订的《农药管理条例实施办法》等法律法规。

一、农药管理体制

我国现行的农药管理体制，是由国务院农业行政主管部门负责全国的农药登记和农药监督管理工作。省、自治区、直辖市人民政府农业行政主管部门协助国务院农业行政主管部门做好本行政区域内的农药登记，并负责本行政区域内的农药监督管理工作。县级人民政府和设区的市、自治州人民政府的农业行政主管部门负责本行政区域内的农药监督管理工作。县级以上各级人民政府其他有关部门在各自的职责范围内负责有关的农药监督管理工作。

农药管理部门是行政执法机关，负责贯彻执行国家有关农药的法律、法规和政策，对农药的生产、经营、使用等活动进行控制、检查、监督，会同有关部门查处农药违法案件。农药管理工作人员应依法履行职责。农药管理工作人员滥用职权、玩忽职守、徇私舞弊、索贿受贿的，依照刑法关于滥用职权罪、玩忽职守罪或者受贿罪的规定，依法追究刑事责任；尚不够刑事处罚的，依法给予行政处分。

国家发展和改革委员会（以下简称国家发展改革委），对全国农药生产实施监督管理、负责农药企业核准和农药产品生产审批。省、自治区、直辖市发展改革部门（或经济贸易管理部门等农药生产行政管理部门，以下简称省级主管部门）对本行政区域内的农药生产实施监督管理。工商行政管理部门、技术监督部门、环境保护等其他有关部门在其职责范围内负责有关农药的监督管理工作。

二、农药登记制度

为规范农药的研制和生产，国际通用做法是建立农药管理制度。自20世纪初发达国家始，据不完全统计，目前，国际上已有160多个国家建立并实施了农药登记管理制度，其中登记制度比较完善，管理也比较严格的是以美国、日本、欧盟成员国为代表的一些发达国家。我国是从1982年开始实行农药登记制度，1997年5月8日《农药管理条例》颁布实施后，农药登记制度才正式确立了法律地位。根据我国《农药管理条例》第7条规定，国家实行农药登记制度。在中华人民共和国境内生产（包括原药生产、制剂加工和分装，下同）农药和进口农药，必须进行登记。

任何单位和个人不得生产、经营、进口或者使用未取得农药登记证或者农药临时登记证的农药。

（一）农药登记的程序

1. 登记的申请和评审

《农药管理条例》第9条规定，申请农药登记的，应当进行登记试验。农药的登记试验应当报所在地省、自治区、直辖市人民政府农业主管部门备案。新农药的登记试验应当向国务院农业主管部门提出申请。国务院农业主管部门应当自受理申请之日起40个工作日内对试验的安全风险及其防范措施进行审查，符合条件的，准予登记试验；不符合条件的，书面通知申请人并说明理由。

国内首次生产的农药和首次进口的农药的登记，按照下列3个阶段进行。

（1）田间试验阶段：申请登记的农药，由其研制者提出田间试验申请，经批准，方可进行田间试验；田间试验阶段的农药不得销售。

（2）临时登记阶段：田间试验后，需要进行田间试验示范、试销的农药以及在特殊情况下需要使用的农药，由其生产者申请临时登记，经国务院农业行政主管部门发给农药临时登记证后，方可在规定的范围内进行田间试验示范、试销。

（3）正式登记阶段：经田间试验示范、试销可以作为正式商品流通的农药，由其生产者申请正式登记，经国务院农业行政主管部门发给农药登记证后，方可生产、销售。

农药正式登记的申请资料分别经国务院农业、工业产品许可管理、卫生、环境保护部门和全国供销合作总社审查并签署意见后，由农药登记评审委员会对农药的产品化学、毒理学、药效、残留、环境影响等做出评价。根据农药登记评审委员会的评价，符合条件的，由国务院农业行政主管部门发给农药登记证。

2. 登记

负责农药登记工作的是农药登记评审委员会，由国务院农业、林业、工业产品许可管理、卫生、环境保护、粮食部门和全国供销合作总社等部门推荐的农药管理专家和农药技术专家组成。

根据《农药管理条例》第 10 条规定，登记试验应当由国务院农业主管部门认定的登记试验单位按照国务院农业主管部门的规定进行。与已取得中国农药登记的农药组成成分、使用范围和使用方法相同的农药，免予残留、环境试验，但已取得中国农药登记的农药依照本条例第 15 条的规定在登记资料保护期内的，应当经农药登记证持有人授权同意。登记试验单位应当对登记试验报告的真实性负责。

农药登记证和农药临时登记证应当规定登记有效期限；登记有效期限届满，需要继续生产或者继续向中国出售农药产品的，应当在登记有效期限届满前申请续展登记。

经正式登记和临时登记的农药，在登记有效期限内改变剂型、含量或者使用范围、使用方法的，应当申请变更登记。

3. 登记的保护

农药登记资料保护是世界上许多发达国家进行农药管理的重要制度之一，它是仅对登记资料进行保护的一种知识产权内容，而不是指化学品的专利保护。

我国《农药管理条例》在 2017 年修订，新增了农药登记保护制度：国家对获得首次登记的、含有新化合物的农药的申请人提交的其自己所取得且未披露的试验数据和其他数据实施保护。

自登记之日起 6 年内，对其他申请人未经已获得登记的申请人同意，使用前款数据申请农药登记的，登记机关不予登记；但是，其他申请人提交其自己所取得的数据的除外。

除下列情况外，登记机关不得披露第 1 款规定的数据。

（1）公共利益需要。

（2）已采取措施确保该类信息不会被不正当地进行商业使用。

不同的厂家生产相同的农药产品，需分别取得农药登记证；同一厂家生产不同的产品也必须分别取得农药登记证，不能互相套用，否则属于未取得农药登记证而生产农药。

生产其他厂家已经登记的相同农药产品的，其生产者应当申请办理农药登记，提供农药样品和提供农药的产品化学、毒理学、药效、残留、环境影响、标签等方面的资料，由国务院农业行政主管部门发给农药登记证。

（二）农药登记的种类

1. 正式登记

国内首次生产的农药或首次进口的农药，经田间试验示范、试销可以作为正式商品流通的，需要申请正式登记，取得农药登记证。农药只有经过正式登记，方可生产、销售。农药登记证有效期为 5 年，可以续展。

2. 临时登记

国内首次生产的农药或首次进口的农药，需要进行田间试验示范、试销，需要申请临时登记，取得农药临时登记证。取得临时登记证后，方可在规定的范围内进行田间试验示范、试销。农药临时登记证有效期为1年，可以续展，累积有效期不得超过4年。

3. 特殊需要临时登记

某些尚未登记的农药、某些已禁用或限用的农药，在遇紧急需要（如发生严重疫情或灾害）时，经农业行政主管部门与有关部门协商批准，在一定范围、一定期限内使用和临时进口而进行的登记。这种登记通常是一次性临时登记。

4. 变更登记

主要指农药经临时登记或正式登记后，在登记有效期内改变其剂型、有效成分配比或含量、使用范围或使用方法而进行的登记。如通常所称的“变更剂型登记”和“变更含量登记”均属具体的变更登记。

5. 续展登记

取得农药临时登记、正式登记（包括相同产品登记）和分装登记的农药产品，在规定的登记有效期限届满时，需要继续生产、分装或者继续向中国出售农药产品的，在登记有效期限届满前需要申请续展登记。

6. 分装登记

一个农药生产企业在获得另一个农药生产企业授权将大包装产品改为小包装时，需到农药登记机关办理农药登记，此种登记称分装登记。办理分装登记应由分装企业提出申请，其前提是拟分装的农药产品必须获得其生产企业的授权、在我国已经取得登记、且在登记有效期内。

7. 相同产品登记

生产其他厂家已经登记的相同农药产品的，其生产者应申请办理农药登记，取得农药登记证。农药登记证有效期为5年，可以续展。

8. 新使用范围和使用方法登记

新使用范围和方法登记是指有效成分和制剂与已经登记过的相同，产品质量无任何变化，而使用范围和方法尚未在我国登记过。

9. 新制剂登记

新制剂登记是指含有的有效成分与已经登记过的相同，而剂型、含量（配比）尚未在我国批准登记的制剂登记。

（三）登记农药后的管理

（1）根据《农药管理条例》第43条第2款规定，发现已登记农药对农业、林业、人畜安全、农产品质量安全、生态环境等有严重危害或者较大风险的，国务院农业主管部门应当组织农药登记评审委员会进行评审，根据评审结果撤销、变更相应的农药登记证，必要时应当决定禁用或者限制使用并予以公告。

（2）任何单位和个人不得生产、经营和使用国家明令禁止生产或者撤销登记的农药。

（3）任何单位和个人不得生产未取得农药生产许可证或者农药生产批准文件的

农药。

（4）任何单位和个人不得生产、经营、进口或者使用未取得农药登记证或者农药临时登记证的农药。

（5）有下列行为之一的，依法追究刑事责任；尚不够刑事处罚的，由农业行政主管部门按照以下规定给予处罚。

一是未取得农药登记证或者农药临时登记证，擅自生产、经营农药的，或者生产、经营已撤销登记的农药的，责令停止生产、经营，没收违法所得，并处违法所得1倍以上10倍以下的罚款；没有违法所得的，并处10万元以下的罚款；

二是农药登记证或者农药临时登记证有效期限届满未办理续展登记，擅自继续生产该农药的，责令限期补办续展手续，没收违法所得，可以并处违法所得5倍以下的罚款；没有违法所得的，可以并处5万元以下的罚款；逾期不补办的，由原发证机关责令停止生产、经营，吊销农药登记证或者农药临时登记证；

三是生产、经营产品包装上未附标签、标签残缺不清或者擅自修改标签内容的农药产品的，给予警告，没收违法所得，可以并处违法所得3倍以下的罚款；没有违法所得的，可以并处3万元以下的罚款；

四是不按照国家有关农药安全使用的规定使用农药的，根据所造成的危害后果，给予警告，可以并处3万元以下的罚款；

五是假冒、伪造或者转让农药登记证或者农药临时登记证、农药登记证号或者农药临时登记证号的，由农业行政主管部门收缴或者吊销农药登记证或者农药临时登记证，并没收违法所得，可以并处违法所得10倍以下的罚款；没有违法所得的，可以并处10万元以下的罚款；构成犯罪的，依法追究刑事责任。

三、农药生产管理及许可制度

（一）农药生产企业的设立和许可

1. 与种子的管理一样，我国对农药的生产同样实行许可制度

我国《农药管理条例》第17条第1款明确规定，国家实行农药生产许可制度。农药生产企业应当具备下列条件，并按照国务院农业主管部门的规定向省、自治区、直辖市人民政府农业主管部门申请农药生产许可证。

（1）有与其生产的农药相适应的技术人员和技术工人。

（2）有与其生产的农药相适应的厂房、设施。

（3）有对所申请生产农药进行质量管理和质量检验的人员、仪器和设备。

（4）有保证所申请生产农药质量的规章制度。

2. 除具备上述条件外，开办农药生产企业还必须经过批准，即农药生产的审批制

除法律、行政法规对企业设立另有规定外，开办农药企业须向企业所在地的省级主管部门申请初审，通过后报由国家发展改革委核准。经核准后依法向工商行政管理机关申请领取营业执照，方可营业。未经批准，擅自开办农药生产企业的，由省级以上人民政府工业产品许可管理部门责令停止生产，没收违法所得，并处违法所得1倍以上10倍以下的罚款；没有违法所得的，处10万元以下的罚款。

农药生产企业核准有效期限为五年。到期后需要延续保留农药生产企业资格的企业，应当在有效期届满三个月前向国家发展改革委提出申请。逾期不申请延续的企业，将被认为自动取消其已获得的农药企业资格，国家发展改革委将注销其农药生产资格，农药企业如需更名，须由工商登记部门审核同意后报国家发展改革委备案，并予以公示。

生产农药企业的迁址：省内迁址由省级主管部门审核同意后报国家发展改革委备案；省外迁址须经国家发展改革委核准。

3.《农药管理条例》第17条规定，国家实行农药生产许可制度，以对农药这种特殊产品进行规范

生产有国家标准或者行业标准的农药的，应当向国家发展改革委申请农药生产许可证。生产尚未制定国家标准、行业标准但已有企业标准的农药的，应当经省级人民政府工业产品许可管理部门审核同意后，报国家发展改革委批准，发给农药生产批准证书。

4. 农药生产批准证书

通过审核可以设立的农药生产企业应当具备以下条件方可申请农药生产批准证书：①农药生产企业资格已经核准；②依法取得过农药登记，确切的产品有效成分；③具备专业技术人员、熟练技术工人及计量、检验人员队伍和相应工艺技术、生产设备、厂房、辅助设施及计量和质量检测手段，能确保农药产品质量和满足正常生产的需要；④具有与该产品相适应的安全生产、劳动卫生设施和相应的管理制度；⑤具有与该产品相适应的“三废”治理设施和措施，污染物处理后达到国家和地方规定的排放标准；⑥国家发展改革委规定的其他条件。

农药生产批准证书的期限。首次颁发的农药生产批准证书，其有效期即试用期为两年；试用期后换发的农药生产批准证书的有效期，原药产品为五年，复配加工及分装产品为三年。

有下列情形之一的，由国家发展改革委撤销或注销其农药生产批准证书：①经复查不符合发证条件的；②连续两次经省级以上监督管理部门抽查，产品质量不合格的；③将农药生产批准证书转让其他企业使用或者用于其他产品的；④在农药生产批准证书有效期内，国家决定停止生产该产品的；⑤制售假冒伪劣农药的。

任何单位和个人不得生产未取得农药生产许可证或者农药生产批准文件的农药。未取得农药生产许可证或者农药生产批准文件，擅自生产农药的，由省级以上人民政府工业产品许可管理部门责令停止生产，没收违法所得，并处违法所得1倍以上10倍以下的罚款；没有违法所得的，并处10万元以下的罚款。

任何单位和个人未按照农药生产许可证或者农药生产批准文件的规定，擅自生产农药的，由省级以上人民政府工业产品许可管理部门责令停止生产，没收违法所得，并处违法所得1倍以上5倍以下的罚款；没有违法所得的，并处5万元以下的罚款；情节严重的，由原发证机关吊销农药生产许可证或者农药生产批准文件。

假冒、伪造或者转让农药生产许可证或者农药生产批准文件、农药生产许可证号或者农药生产批准文件号的，依照刑法关于非法经营罪或者伪造、变造、买卖国家机关公文、证件、印章罪的规定，依法追究刑事责任；尚不够刑事处罚的，由工业产品许可管

理部门收缴或者吊销农药生产许可证或者农药生产批准文件，由农业行政主管部门或者工业产品许可管理部门没收违法所得，可以并处违法所得10倍以下的罚款；没有违法所得的，可以并处10万元以下的罚款。

（二）农药生产企业的义务

《农药管理条例》规定，在农药的生产过程中，农药生产企业负有保证农药产品质量的责任和义务。

（1）农药生产企业应当按照农药产品质量标准、技术规程进行生产，生产记录必须完整、准确。

（2）农药产品出厂前，应当经过质量检验并附具产品质量检验合格证；不符合产品质量标准的，不得出厂。

（3）农药产品包装必须贴有标签或者附具说明书。标签应当紧贴或者印制在农药包装物上。标签或者说明书上应当注明农药名称、企业名称、产品批号和农药登记证号或者农药临时登记证号、农药生产许可证号或者农药生产批准文件号以及农药的有效成分、含量、重量、产品性能、毒性、用途、使用技术、使用方法、生产日期、有效期和注意事项等；农药分装的，还应当注明分装单位。

对农药标签进行评审是全球农药管理的一种通行做法，在美国对农药标签还实行单独的一个许可。2016年我国施行《农作物种子标签和使用说明管理办法》。

（4）农药生产应当符合国家农药工业的产业政策。

（5）罚则：①违反工商行政管理法律、法规，生产、经营农药的，或者违反农药广告管理规定的，依照刑法关于非法经营罪或者虚假广告罪的规定，依法追究刑事责任；尚不够刑事处罚的，由工商行政管理机关依照有关法律、法规的规定给予处罚。②生产、经营假农药、劣质农药的，依照刑法关于生产、销售伪劣产品罪或者生产、销售伪劣农药罪的规定，依法追究刑事责任；尚不够刑事处罚的，由农业行政主管部门或者法律、行政法规规定的其他有关部门没收假农药、劣质农药和违法所得，并处违法所得1倍以上10倍以下的罚款；没有违法所得的，并处10万元以下的罚款；情节严重的，由农业行政主管部门吊销农药登记证或者农药临时登记证，由工业产品许可管理部门吊销农药生产许可证或者农药生产批准文件。

四、农药经营制度

（一）农药经营单位及其条件

农药产品因其危险性和特殊性，需要国家对农药的经营进行严格规制。农药单位必须满足限制条件才能具备经营资格，法律、法规明确规定了经营农药的单位，其他单位和个人不得经营农药。

1. 根据《农药管理条例》和《农药管理条例实施办法》的规定，下列单位可以经营农药

（1）供销合作社的农业生产资料经营单位，植物保护站，土壤肥料站，农业、林业技术推广机构，森林病虫害防治机构，农药生产企业；

（2）农垦系统的农业生产资料经营单位和农业技术推广单位，按照直供的原则，可以经营农药；

（3）日用百货、日用杂品、超级市场或者专门商店可经营家庭用防治卫生害虫和衣料害虫的杀虫剂，经营的农药属于化学危险物品的，应当按照国家有关规定办理经营许可证；

（4）粮食系统的储运贸易公司、仓储公司等专门供应粮库、粮站所需农药的经营单位，可以经营储粮用农药。

2. 经营农药单位的条件

《农药管理条例》第24条规定，国家实行农药经营许可制度，但经营卫生用农药的除外。农药经营者应当具备下列条件，并按照国务院农业主管部门的规定向县级以上地方人民政府农业主管部门申请农药经营许可证。

（1）有具备农药和病虫害防治专业知识，熟悉农药管理规定，能够指导安全合理使用农药的经营人员；

（2）有与其他商品以及饮用水水源、生活区域等有效隔离的营业场所和仓储场所，并配备与所申请经营农药相适应的防护设施；

（3）有与所申请经营农药相适应的质量管理、台账记录、安全防护、应急处置、仓储管理等制度。

（二）农药经营单位对使用者的义务

（1）任何单位不得经营未取得农药登记证或者农药临时登记证的农药。

（2）农药经营单位购进农药，应当将农药产品与产品标签或者说明书、产品质量合格证核对无误，并进行质量检验。禁止收购、销售无农药登记证或者农药临时登记证、无农药生产许可证或者农药生产批准文件、无产品质量标准和产品质量合格证和检验不合格的农药。

（3）农药经营单位应当按照国家有关规定做好的农药储备工作，贮存农药应当建立和执行仓储保管制度，确保农药产品的质量和安全。

（4）农药经营单位销售农药，必须保证质量，农药产品与产品标签或者说明书、产品质量合格证应当核对无误。农药经营单位应当向使用农药的单位和个人正确说明农药的用途、使用方法、用量、中毒急救措施和注意事项。禁止经营产品包装上未附标签或者标签残缺不清的农药。

（5）超过产品质量保证期限的农药产品，经省级以上人民政府农业行政主管部门所属的农药检定机构检验，符合标准的，可以在规定期限内销售；但是，必须注明“过期农药”字样，并附具使用方法和用量。

（6）禁止经营假劣农药。

下列农药为假农药：①以非农药冒充农药或者以此种农药冒充他种农药的；②所含有效成分的种类、名称与产品标签或者说明书上注明的农药有效成分的种类、名称不符的。

下列农药为劣质农药：①不符合农药产品质量标准的；②失去使用效能的；③混有导致药害等有害成分的。

（三）农药经营单位违反法律规定经营的法律责任

（1）生产、经营产品包装上未附标签、标签残缺不清或者擅自修改标签内容的农药产品的，给予警告，没收违法所得，可以并处违法所得3倍以下的罚款；没有违法所得的，可以并处3万元以下的罚款。

（2）生产、经营假农药、劣质农药的，依照刑法关于生产、销售伪劣产品罪或者生产、销售伪劣农药罪的规定，依法追究刑事责任；尚不够刑事处罚的，由农业行政主管部门或者法律、行政法规规定的其他有关部门没收假农药、劣质农药和违法所得，并处违法所得1倍以上10倍以下的罚款；没有违法所得的，并处10万元以下的罚款；情节严重，由农业行政主管部门吊销农药登记证或者农药临时登记证，由工业产品许可管理部门吊销农药生产许可证或者农药生产批准文件。

（3）违反工商行政管理法律、法规，生产、经营农药的，或者违反农药广告管理规定的，依照《刑法》关于非法经营罪或者虚假广告罪的规定，依法追究刑事责任；尚不够刑事处罚的，由工商行政管理机关依照有关法律、法规的规定给予处罚。

五、农药的使用管理制度

农药因其化学、毒理学性而成为特殊的农业生产资料，《农药管理条例》规定了关于农药使用的规定和规程，对农业主管部门和农药的使用者分别规定了管理职责和注意义务，以保障农药使用的安全、合理、规范。

（一）农业主管部门对农药使用的管理职责和义务

（1）县级以上各级人民政府农业行政主管部门应当根据“预防为主，综合防治”的植保方针，组织推广安全、高效农药，开展培训活动，提高农民施药技术水平，并做好病虫害预测预报工作。

（2）县级以上地方各级人民政府农业行政主管部门应当加强对安全、合理使用农药的指导，根据本地区农业病、虫、草、鼠害发生情况，制定农药轮换使用规划，有计划地轮换使用农药，减缓病、虫、草、鼠的抗药性，提高防治效果。

（3）林业、粮食、卫生行政部门应当加强对林业、储粮、卫生用农药的安全、合理使用的指导。

（4）在使用农药过程中发生重大事故的，对直接负责的主管人员和其他直接责任人员，依照刑法关于危险物品肇事罪的规定，依法追究刑事责任；尚不够刑事处罚的，依法给予行政处分。

（5）农药管理工作人员滥用职权、玩忽职守、徇私舞弊、索贿受贿的，依照刑法关于滥用职权罪、玩忽职守罪或者受贿罪的规定，依法追究刑事责任；尚不够刑事处罚的，依法给予行政处分。

（6）违反《农药管理条例》的规定，造成农药中毒、环境污染、药害等事故或者其他经济损失的，应当依法赔偿。在储存、运输农药过程中发生重大事故的，对直接负责的主管人员和其他直接责任人员，依照刑法关于危险物品肇事罪的规定，依法追究刑事责任；尚不够刑事处罚的，依法给予行政处分。

（二）农药使用者应尽的义务

1. 遵守使用规定和规程的义务

使用农药应当遵守农药防毒规程，正确配药、施药，做好废弃物处理和安全防护工作，防止农药污染环境和农药中毒事故。

使用农药应当遵守国家有关农药安全、合理使用的规定，按照规定的用药量、用药次数、用药方法和安全间隔期施药，防止污染农副产品。剧毒、高毒农药不得用于防治卫生害虫，不得用于蔬菜、瓜果、茶叶和中草药材。

遵守国家制定的农药轮换使用规划，合理混用农药，减缓病、虫、草、鼠的抗药性，提高防治效果。

违反《农药管理条例》的规定使用农药，造成农药中毒、环境污染、药害等事故或者其他经济损失的，应当依法赔偿。

2. 环保义务

使用农药应当注意保护环境、有益生物和珍稀物种。严禁用农药毒鱼、虾、鸟、兽等。

六、农药监督管理制度

（一）农业主管部门的农药监管职责和义务

（1）农业行政主管部门有依法对辖区内的农药生产、经营和使用单位的农药进行定期和不定期监督、检查的权利，必要时按照规定抽取样品和索取相关资料，有关单位和个人不得拒绝和隐瞒。另外，地方各级农业行政主管部门应当及时向上级农业行政主管部门报告发生在本行政区域内的重大农药案件的有关情况。

（2）农药执法人员对农药生产、经营单位提供的保密技术资料，应当承担保密责任。

（3）处理假农药、劣质农药、过期报废农药、禁用农药、废弃农药包装和其他含农药的废弃物，必须严格遵守环境保护法律、法规的有关规定，防止污染环境。

（4）县级以上各级人民政府有关部门应当做好农副产品中农药残留量的检测工作，并公布检测结果，禁止销售农药残留量超过标准的农副产品。

（二）农药残留管理

农药的大量使用在促进农业发展的同时，也带来了负面影响，施药量和施药次数不断增加，尤其是滥用有机合成农药，使环境恶化、物种减少、生态平衡被破坏，造成病虫害的抗药性日益增强，全世界每年约有1 200万人因农药污染而发病，4万~22万人因此而死亡。在对农药的监督管理中，农药残留问题是各国都十分关注的。农药残留是指农药使用后其微量农药原体、有毒代谢物、降解物和杂质等残存于生物体、农副产品和环境中。残留农药会对人畜产生不良影响，并通过食物链对生态系统中的生物造成毒害，污染环境，破坏生态系统。

近年来我国农药残留监管体系日益健全和完善：1978年制定颁布了《农药残留实验准则》，并于1982年规定申请农药登记时必须提供日允许摄入量、最大残留限量、残留动态、农药残留半衰期、安全间隔期和在作物上的最终残留量等资料以及残留分析方法。1997年颁布的《农药管理条例》明确规定，申请农药登记时，应提供农药残留方面的资料。2008年农业部成立农产品质量安全监管局，并在20个省份相继建立农产品质量安全管理机构，初步形成了覆盖全国的农产品质量安全监管网络。2010年，国务院成立食品安全委员会，卫生部成立国家食品安全风险评估专家委员会，农业部成立国家农药残留标准审评委员会。2010年3月农业部成立国家农药残留标准审评委员会，4月确定了农药残留食品安全国家标准制定机制。

我国近几年相继出台的《农产品质量安全法》和《中华人民共和国食品安全法》（简称《食品安全法》），对农药残留标准和农药质量监管提出了更高要求，《农产品质量安全法》规定国家建立健全农产品质量安全标准体系，农产品质量安全标准是强制性的技术规范。《食品安全法》规定食品安全标准是强制执行的标准，食品安全标准包括农药残留限量规定、检验方法与规程，制定食品安全标准应当经食品安全国家标准审评委员会审查通过。这些食品安全管理法规及其系列配套规章制度的出台，为食品及农产品中农药残留安全管理提供了法律依据。

第四节　兽药管理法律制度

加强兽药立法工作，依法管理兽药，是世界各国对兽药进行管理的主要手段相通行做法。我国最早由国务院发布的《兽药管理条例》始于1987年，这是新中国成立以来正式通过的第一部兽药管理法规。但是，随着我国养殖业和兽药事业的快速发展，兽药管理工作中出现了一些新情况和新问题，原《兽药管理条例》中的一些规定已经不适应现代养殖业的发展和食用动物产品安全的需要。为此，新修订的《兽药管理条例》已于2020年起正式实施。这对于加强兽药质量监督管理，保证畜牧业发展和维护人体健康起着重要作用。

目前，我国的兽药管理法律制度包括《兽药管理条例》《兽药注册办法》《兽药生产质量管理规范》《兽药广告审查办法》等法律法规，以加强兽药管理，保证兽药质量，防治动物疾病，促进养殖业的发展，维护人体健康，防治动物疾病、促进养殖业的发展。

兽医行政管理部门负责对兽药生产、经营和使用的监管工作。国务院兽医行政管理部门负责全国的兽药监督管理工作。县级以上地方人民政府兽医行政管理部门负责本行政区域内的兽药监督管理工作。

一、新兽药研制管理制度

在《兽药管理条例》出台之前，我国旧条例对“新兽药”的定义是指我国新研制出的兽药原料药品及其制剂，这个定义的范围和外延过宽容易导致新药不新的漏洞。在《兽药管理条例》中，将“新兽药”的概念重新界定为“未曾在中国境内上市销售的兽用药品”，这样就保证了新注册和研制的是真正意义上的创新药物和仅在国外上市的兽药。

（一）新兽药的安全性评价

《兽药管理条例》第7条规定，研制新兽药，应当进行安全性评价。从事兽药安全性评价的单位应当遵守国务院兽医行政管理部门制定的兽药非临床研究质量管理规范和兽药临床试验质量管理规范。

新兽药研制涉及人体健康、生态环境和实验动物的安全，因此对新兽药的研制必须严格管理。要求研制新兽药研制者应当具有与研制相适应的场所、仪器设备、专业技术人员、安全管理规范和措施，并对研制的新兽药进行安全性评价。

研制新兽药，应当在临床试验前向省、自治区、直辖市人民政府兽医行政管理部门提出申请，并附具该新兽药实验室阶段安全性评价报告及其他临床前研究资料；省、自治区、直辖市人民政府兽医行政管理部门应当自收到申请之日起60个工作日内将审查结果书面通知申请人。

研制的新兽药属于生物制品的，应当在临床试验前向国务院兽医行政管理部门提出申请，国务院兽医行政管理部门应当自收到申请之日起60个工作日内将审查结果书面通知申请人。

研制新兽药需要使用一类病原微生物的，还应当具备国务院兽医行政管理部门规定的条件，并在实验室阶段前报国务院兽医行政管理部门批准。

（二）新兽药注册制度

新兽药完成临床试验后，注册申请人必须按照《兽药注册资料要求》提交相关资料，提交保证书，承诺对他人的知识产权不构成侵权并对可能的侵权后果负责，保证自行取得实验数据的真实性。含有境外兽药试验研究资料的还应附具境外研究机构提供的资料项目、页码情况说明和该机构经公证的合法登记证明文件。申请的新兽药属于生物制品的，必要时还应对有关种毒进行检验。新兽药只有通过注册才能进行生产。

新兽药研制者在临床试验完成后，向国务院兽医行政管理部门提出新兽药注册申请，应当提交该新兽药的样品和下列资料：①名称、主要成分、理化性质；②研制方法、生产工艺、质量标准和检测方法；③药理和毒理试验结果、临床试验报告和稳定性试验报告；④环境影响报告和污染防治措施。

研制的新兽药属于生物制品的，还应当提供菌（毒、虫）种、细胞等有关材料和资料。菌（毒、虫）种、细胞由国务院兽医行政管理部门指定的机构保藏。

研制用于食用动物的新兽药，还应当按照国务院兽医行政管理部门的规定进行兽药残留试验并提供休药期、最高残留限量标准、残留检测方法及其制定依据等资料。

国务院兽医行政管理部门应当自收到申请之日起10个工作日内，将决定受理的新兽药资料送其设立的兽药评审机构进行评审，将新兽药样品送其指定的检验机构复核检验，并自收到评审和复核检验结论之日起60个工作日内完成审查。审查合格的，发给新兽药注册证书，并发布该兽药的质量标准；不合格的，应当书面通知申请人。

（三）新兽药注册信息保护制度

我国自入世以来，积极响应国际社会对知识产权保护的要求，完善我国的新兽药注册信息保护制度即未披露信息保护制度，结合《与贸易有关的知识产权协定》的规定，在《兽药管理条例》第10条中规定，国家对依法获得注册的、含有新化合物的兽药的申请人提交的其自己所取得且未披露的试验数据和其他数据实施保护。自注册之日起6

年内，对其他申请人未经已获得注册兽药的申请人同意，使用前款规定的数据申请兽药注册的，兽药注册机关不予注册；但是，其他申请人提交其自己所取得的数据的除外。

除为了公共利益需要或是已采取措施确保该类信息不会被不正当地进行商业使用两种情况以外，兽药注册机关不得披露前述数据。

二、兽药生产经营管理制度

（一）兽药的生产管理

1. 兽药生产企业应具备的条件

我国对兽药生产企业的设立实行严格的许可制度以规范兽药生产，从源头保证兽药的产品质量安全。设立兽药生产企业，应当符合国家兽药行业发展规划和产业政策，并具备下列条件：①与所生产的兽药相适应的兽医学、药学或者相关专业的技术人员；②与所生产的兽药相适应的厂房、设施；③与所生产的兽药相适应的兽药质量管理和质量检验的机构、人员、仪器设备；④符合安全、卫生要求的生产环境；⑤兽药生产质量管理规范规定的其他生产条件。

2. 申请及审批程序

符合前述规定条件的兽药生产企业申请人向省、自治区、直辖市人民政府兽医行政管理部门提出申请，并附具符合前款规定条件的证明材料；省、自治区、直辖市人民政府兽医行政管理部门应当自收到申请之日起20个工作日内，将审核意见和有关材料报送国务院兽医行政管理部门。国务院兽医行政管理部门，应当自收到审核意见和有关材料之日起40个工作日内完成审查。经审查合格的，发给兽药生产许可证；不合格的，应当书面通知申请人。申请人凭兽药生产许可证办理工商登记手续。兽药生产许可证应当载明生产范围、生产地点、有效期和法定代表人姓名、住址等事项。

兽药生产许可证有效期为5年。有效期届满，需要继续生产兽药的，应当在许可证有效期届满前6个月到原发证机关申请换发兽药生产许可证。

兽药生产企业变更生产范围、生产地点的，应当依照本条例（《兽药管理条例》）第11条的规定申请换发兽药生产许可证，申请人凭换发的兽药生产许可证办理工商变更登记手续；变更企业名称、法定代表人的，应当在办理工商变更登记手续后15个工作日内，到原发证机关申请换发兽药生产许可证。

3. 兽药生产管理

兽药生产企业应当按照国务院兽医行政管理部门制定的兽药生产质量管理规范组织生产。

（1）兽药生产企业生产兽药，应当取得国务院兽医行政管理部门核发的产品批准文号，产品批准文号的有效期为5年。兽药产品批准文号的核发办法由国务院兽医行政管理部门制定。

（2）兽药生产企业应当按照兽药国家标准和国务院兽医行政管理部门批准的生产工艺进行生产。兽药生产企业改变影响兽药质量的生产工艺的，应当报原批准部门审核批准。

（3）兽药生产企业应当建立生产记录，生产记录应当完整、准确。

（4）生产兽药所需的原料、辅料，应当符合国家标准或者所生产兽药的质量要求。

直接接触兽药的包装材料和容器应当符合药用要求。

（5）兽药出厂前应当经过质量检验，不符合质量标准的不得出厂。兽药出厂应当附有产品质量合格证。禁止生产假、劣兽药。

（6）兽用生物制品在出厂前应当由国务院兽医行政管理部门指定的检验机构审查核对，并在必要时进行抽查检验；未经审查核对或者抽查检验不合格的，不得销售。强制免疫所需兽用生物制品，由国务院兽医行政管理部门指定的企业生产。

（7）兽药包装应当按照规定印有或者贴有标签，附具说明书，并在显著位置注明“兽用”字样。兽药的标签和说明书经国务院兽医行政管理部门批准并公布后，方可使用。兽药的标签或者说明书，应当以中文注明兽药的通用名称、成分及其含量、规格、生产企业、产品批准文号（进口兽药注册证号）、产品批号、生产日期、有效期、适应征或者功能主治、用法、用量、休药期、禁忌、不良反应、注意事项、运输贮存保管条件及其他应当说明的内容。有商品名称的，还应当注明商品名称。

（8）兽用处方药的标签或者说明书还应当印有国务院兽医行政管理部门规定的警示内容，其中兽用麻醉药品、精神药品、毒性药品和放射性药品还应当印有国务院兽医行政管理部门规定的特殊标志；兽用非处方药的标签或者说明书还应当印有国务院兽医行政管理部门规定的非处方药标志。

国务院兽医行政管理部门对兽药生产企业是否符合兽药生产质量管理规范的要求进行监督检查，并公布检查结果。

根据保证动物产品质量安全和人体健康的需要，国务院兽医行政管理部门可以对新兽药设立不超过5年的监测期；在监测期内，不得批准其他企业生产或者进口该新兽药。生产企业应当在监测期内收集该新兽药的疗效、不良反应等资料，并及时报送国务院兽医行政管理部门。

4. 兽药的生产应遵守以下基本规则

（1）兽药生产企业应当按照国务院兽医行政管理部门制定的兽药生产质量管理规范组织生产。国务院兽医行政管理部门，应当对兽药生产企业是否符合兽药生产质量管理规范的要求进行监督检查，并公布检查结果。

（2）兽药生产企业生产兽药，应当取得国务院兽医行政管理部门核发的产品批准文号，产品批准文号的有效期为5年。兽药产品批准文号的核发办法由国务院兽医行政管理部门制定。

（二）兽药的经营管理

1. 兽药经营的经营许可制度

为规范兽药经营活动，我国实行兽药经营许可制度。经营兽药的企业，应当具备下列条件：①与所经营的兽药相适应的兽药技术人员；②与所经营的兽药相适应的营业场所、设备、仓库设施；③与所经营的兽药相适应的质量管理机构或者人员；④兽药经营质量管理规范规定的其他经营条件。

符合前款规定条件的兽药经营企业申请人，向市、县人民政府兽医行政管理部门提出申请，并附具符合前款规定条件的证明材料；经营兽用生物制品的，应当向省、自治区、直辖市人民政府兽医行政管理部门提出申请，并附具相关证明材料。县级以上地方人民政府兽医行政管理部门，应当自收到申请之日起30个工作日内完成审查。审查合格的，发给兽药经营许可证；不合格的，应当书面通知申请人。

申请人凭兽药经营许可证办理工商登记手续。兽药经营许可证应当载明经营范围、经营地点、有效期和法定代表人姓名、住址等事项。

兽药经营许可证有效期为5年。有效期届满，需要继续经营兽药的，应当在许可证有效期届满前6个月到原发证机关申请换发兽药经营许可证。

兽药经营企业变更经营范围、经营地点的，应当依照规定申请换发兽药经营许可证，凭换发的兽药经营许可证办理工商变更登记手续；变更企业名称、法定代表人的，应当在办理工商变更登记手续后15个工作日内，到原发证机关申请换发兽药经营许可证。

2. 兽药经营企业的义务

为保证兽药经营活动的合理有序，需要明确对兽药经营企业的义务和监督管理部门的职责。兽药经营企业，应当遵守国务院兽医行政管理部门制定的兽药经营质量管理规范。县级以上地方人民政府兽医行政管理部门，应当对兽药经营企业是否符合兽药经营质量管理规范的要求进行监督检查，并公布检查结果。

（1）禁止兽药经营企业经营人用药品和假、劣兽药。

（2）兽药经营企业购进兽药，应当将兽药产品与产品标签或者说明书、产品质量合格证核对无误。

（3）兽药经营企业销售兽用中药材的，应当注明产地。

（4）兽药经营企业，应当向购买者说明兽药的功能主治、用法、用量和注意事项。销售兽用处方药的，应当遵守兽用处方药管理办法。

（5）兽药经营企业购销兽药，应当建立购销记录。购销记录应当载明兽药的商品名称、通用名称、剂型、规格、批号、有效期、生产厂商、购销单位、购销数量、购销日期和国务院兽医行政管理部门规定的其他事项。

（6）兽药经营企业，应当建立兽药保管制度，采取必要的冷藏、防冻、防潮、防虫、防鼠等措施，保持所经营兽药的质量。兽药入库、出库，应当执行检查验收制度，并有准确记录。

（7）强制免疫所需兽用生物制品的经营，应当符合国务院兽医行政管理部门的规定。

（8）兽药广告的内容应当与兽药说明书内容相一致，在全国重点媒体发布兽药广告的，应当经国务院兽医行政管理部门审查批准，取得兽药广告审查批准文号。在地方媒体发布兽药广告的，应当经省、自治区、直辖市人民政府兽医行政管理部门审查批准，取得兽药广告审查批准文号；未经批准的，不得发布。

3. 兽用生物制品的经营管理

按照相关规定，取得经营兽用生物制品兽药经营许可证的单位，必须符合下列条件：①至少有一名从业人员通过省级执业兽医水平考试并获得执业兽医或执业助理兽医资格证书。②具有与经营的兽用生物制品品种、数量相适应的储存、运输条件。③具有与经营品种、数量相适应的固定经营场所。④具有与所经营的兽用生物制品相适应的质量管理机构或者人员。⑤国家规定的其他条件。

兽用生物制品的审批程序：县级兽医以上行政管理部门接到申请后应当立即审查申报材料，并到现场检查，将审查意见在20个工作日内做出是否许可的决定。对许可经营兽用生物制品的，应当至做出决定之日起10日内向申请人颁发、送达兽用生物制品《兽药经营许可证》。载明生产企业名称、品种和类别，不同意的应告知申请人。

兽用生物制品经营单位应建立出入库登记制度。记录产品生产厂家、产品名称、出入库时间、数量、批准文号、批号和有效期等，并至少保存到产品有效期满后2年。还应建立不良反应报告制度。出现兽用生物制品不良反应的，应立即向所在地动物卫生监督管理部门报告。

（三）兽药进出口经营管理制度

（1）我国实行进口兽药注册制度，国务院兽医行政管理部门负责对向中国出口兽药的企业是否符合兽药生产质量管理规范的要求进行考查，并有权要求该企业在国务院兽医行政管理部门指定的机构进行该兽药的安全性和有效性试验。

首次向中国出口的兽药，由出口方驻中国境内的办事机构或者其委托的中国境内代理机构持法律规定的资料向国务院兽医行政管理部门申请注册。

进口兽药注册证书的有效期为5年。

（2）境外企业在中国销售兽药应当依法在中国境内设立销售机构或者委托符合条件的中国境内代理机构，不得在中国直接销售兽药。

（3）兽用生物制品的进口，凭允许进口兽用生物制品证明文件办理进口兽药通关单；其他兽药的进口，凭进口兽药注册证书办理进口兽药通关单。

（4）下列兽药禁止进口：①药效不确定、不良反应大以及可能对养殖业、人体健康造成危害或者存在潜在风险的兽药；②来自疫区可能造成疫病在中国境内传播的兽用生物制品；③经考查生产条件不符合规定的兽药；④国务院兽医行政管理部门禁止生产、经营和使用的兽药。

三、兽药使用的监管制度

（一）国家对兽药使用的监督管理

（1）兽药国家标准取代原来的地方标准和行业标准。兽药国家标准为《中华人民共和国兽药典》和国务院兽医行政管理部门发布的其他兽药标准，取消原来的地方标准和行业标准。

（2）国务院兽医行政管理部门负责全国的兽药监督管理工作。县级以上人民政府兽医行政管理部门行使兽药监督管理权。各级兽医行政管理部门、兽药检验机构及其工作人员，不得参与兽药生产、经营活动，不得以其名义推荐或者监制、监销兽药。

（3）兽药生产企业、经营企业、兽药使用单位和开具处方的兽医人员发现可能与兽药使用有关的严重不良反应，应当立即向所在地人民政府兽医行政管理部门报告。

（4）兽医行政管理部门依法进行监督检查，对有证据证明可能是假、劣兽药的，应当采取查封、扣押的行政强制措施，并做出是否立案的决定；不符合立案条件的，应当解除行政强制措施；需要暂停生产、经营和使用的，由国务院兽医行政管理部门或者省、自治区、直辖市人民政府兽医行政管理部门按照权限做出决定。

(5) 兽药生产企业、经营企业停止生产、经营超过6个月或者关闭的，由原发证机关责令其交回兽药生产许可证、兽药经营许可证，并由工商行政管理部门变更或者注销其工商登记。禁止买卖、出租、出借兽药生产许可证、兽药经营许可证和兽药批准证明文件。

(二) 兽药使用者的义务

保障人体生命健康和食品安全，控制动物性食品兽药残留超标，是兽药使用单位应负的责任。

(1) 兽药使用单位应当遵守国务院兽医行政管理部门制定的兽药安全使用规定并建立用药记录。

(2) 禁止使用假、劣兽药以及国务院兽医行政管理部门禁止使用的药品和其他化合物。

(3) 国务院兽医行政管理部门，负责制定公布在饲料中允许添加的药物饲料添加剂品种目录。禁止在饲料和动物饮用水中添加激素类药品和国务院兽医行政管理部门规定的其他禁用药品。经批准可以在饲料中添加的兽药，应当由兽药生产企业制成药物饲料添加剂后方可添加。禁止将原料药直接添加到饲料及动物饮用水中或者直接饲喂动物。禁止将人用药品用于动物。

(4) 国务院兽医行政管理部门制定并组织实施国家动物及动物产品兽药残留监控计划，县级以上人民政府兽医行政管理部门负责组织对动物产品中兽药残留量的检测，兽药残留检测结果由国务院兽医行政管理部门或者省、自治区、直辖市人民政府兽医行政管理部门按照权限予以公布。

(5) 禁止销售含有违禁药物或者兽药残留量超过标准的食用动物产品。

(6) 有休药期规定的兽药用于食用动物时，饲养者应当向购买者或者屠宰者提供准确、真实的用药记录，购买者或者屠宰者应当确保动物及其产品在用药期、休药期内不被用于食品消费。

第五节　其他农业生产资料管理法律制度

一、肥料管理法律制度

肥料是重要的农业生产资料，关系粮食安全、农民利益以及资源、环境可持续发展。我国政府历来重视肥料管理工作，将肥料作为重要的战略物资加以管理，促进了我国农业发展。中国肥料使用普遍存在的问题是肥料市场上的假、劣、乱现象严重，坑农害农伤农事件屡屡发生。同时，随着肥料原料来源多样化，施用肥料的安全性风险不断增大。过量使用肥料，包括畜禽粪便排放等带来环境污染、农产品质量安全等重大生产和环境问题也亟待解决。

在我国，除了《农业法》和《肥料登记管理办法》，《农产品质量安全法》《基本农田保护条例》和《中华人民共和国水污染防治法》也包含规制肥料使用管理的内容。

根据《肥料登记管理办法》第3条："肥料是指用于提供、保持或改善植物营养和土壤物理、化学性能以及生物活性，能提高农产品产量，或改善农产品品质，或增强植物抗逆性的有机、无机、微生物及其混合物料。"这里的肥料不包括肥料和农药的混合物以及农民自制自用的有机肥料。

（一）肥料登记管理

我国实行肥料产品登记管理制度，2000年农业部根据《农业法》制订了《肥料登记管理办法》（2017年修订），以加强肥料管理，保护生态环境，保障人畜安全，促进农业生产。规定了除部分免于登记的产品外，凡在中华人民共和国境内生产、经营、使用和宣传肥料产品，都应遵守该办法，未经登记的肥料产品不得进口、生产、销售和使用，不得进行广告宣传。按照《肥料登记管理办法》和《肥料登记资料要求》，国家对肥料登记工作实行分级管理。其中，农业部主要负责新型肥料、叶面肥、微生物肥料的登记和发证工作，省级农业部门负责复混（合）肥、有机肥、有机无机复混肥和床土调酸剂的登记和发证工作。

1. 肥料登记的种类

（1）临时登记。对经田间试验后，需要进行田间示范试验的肥料产品，生产者需申请临时登记。

（2）正式登记。在获得临时登记后，对经田间示范试验、试销可以作为正式商品流通的肥料产品，生产者需申请正式登记。

（3）变更登记。在登记有效期内，改变使用范围、商品名称、企业名称时需申请变更登记。但生产者对已经登记的肥料产品，在登记有效期内，改变成分、剂型的，不能申请变更登记，应重新申请登记。

（4）续展登记。经正式登记和临时登记的肥料产品，在有效期限届满时，生产者需要继续生产、销售该产品的，在登记有效期限届满前申请续展登记。

2. 免于登记的化肥产品

对经农田长期使用，有国家或行业标准的下列产品免予登记：硫酸铵，尿素，硝酸铵，氰氨化钙，磷酸铵（磷酸一铵、磷酸二铵），硝酸磷肥，过磷酸钙，氯化钾，硫酸钾，硝酸钾，氯化铵，碳酸氢铵，钙镁磷肥，磷酸二氢钾，单一微量元素肥，高浓度复合肥。

3. 肥料登记的程序

（1）申请。国外及中国港、澳、台地区产品不经初审程序，直接申请肥料登记。境内生产肥料产品必须经过企业所在地省（自治区、直辖市）农业行政主管部门肥料登记机构初审。生产企业在申请登记前，必须满足4个条件：一是生产企业合法；二是产品标准符合要求；三是产品田间试验有效，毒性检验安全；四是生产工艺合理，能保证产品质量。

境内生产者申请肥料临时登记，在申请前，须在中国境内进行规范的田间试验。生产者申请肥料正式登记的，在申请前，须在中国境内进行规范的田间示范试验。

境内生产者生产的肥料产品，除微生物肥料以外，其田间试验由省级以上农业行政主管部门认定的试验单位承担，并出具试验报告。微生物肥料由农业行政主管部门认定的试验单位承担，并出具试验报告。

（2）受理。农业部种植业管理司负责或委托办理肥料登记受理手续，并审查登记申请资料是否齐全。

有下列情形的肥料产品，登记申请不予受理：没有生产国使用证明（登记注册）的国外产品；不符合国家产业政策的产品；知识产权有争议的产品；不符合国家有关安全、卫生、环保等国家或行业标准要求的产品。

（3）登记审批。肥料登记评审委员会由农业行政主管部门聘请的技术专家和管理专家组织成立，农业行政主管部门根据肥料登记评审委员会的综合评审意见，审批、发放肥料临时登记证或正式登记证。肥料登记证不得转让。

符合下列条件的产品可以直接审批、发放肥料临时登记证：有国家或行业标准，经检验质量合格的产品；经肥料登记评审委员会建议并由农业部认定的产品类型，申请登记资料齐全，经检验质量合格的产品。

（二）肥料的安全质量管理

1. 国家对肥料生产经营的管理

（1）农业行政主管部门应当按照规定对辖区内的肥料生产、经营和使用单位的肥料进行定期或不定期监督、检查，必要时按照规定抽取样品和索取有关资料，有关单位不得拒绝和隐瞒。对质量不合格的产品，要限期改进。对质量连续不合格的产品，肥料登记证有效期满后不予续展。

（2）经肥料登记评审委员会审议，农业部有权宣布限制使用或禁止使用已取得登记证的但在登记有效期内被证实对人、畜、作物有害的肥料产品。

2. 肥料生产经营者的义务

（1）肥料产品应标明产品名称、生产企业名称和地址；

（2）包装应有标签、说明书和产品质量检验合格证。标签和使用说明书应当使用中文；

（3）标明肥料登记证号、产品标准号、有效成分名称和含量、净重、生产日期及质量保证期；产品名称和推荐适用作物、区域应与登记批准的一致；禁止擅自修改经过登记批准的标签内容。

（4）标明产品适用作物、适用区域、使用方法和注意事项。

二、饲料和饲料添加剂管理法律制度

我国的饲料和饲料添加剂管理法律主要是 2017 年 3 月修订的《饲料和饲料添加剂管理条例》。这里的饲料，是指经工业化加工、制作的供动物食用的饲料，包括单一饲料、添加剂预混合饲料、浓缩饲料、配合饲料和精料补充料。饲料添加剂，是指在饲料加工、制作、使用过程中添加的少量或者微量物质，包括营养性饲料添加剂和一般饲料添加剂。饲料原料目录和饲料添加剂品种目录由国务院农业行政主管部门制定并公布。

国务院农业行政主管部门负责全国饲料、饲料添加剂的监督管理工作。

（一）饲料和饲料添加剂的审定制度

1. 饲料和饲料添加剂实行审定制度

《饲料和饲料添加剂管理条例》第7条规定，国家鼓励研制新饲料、新饲料添加剂。

为保证新饲料、新饲料添加剂的质量安全。研制的新饲料、新饲料添加剂投入生产前，研制者或者生产企业应当向国务院农业行政主管部门提出审定申请。并提供该新饲料、新饲料添加剂的样品和下列资料：①该新产品的名称、主要成分和理化性质；②该新产品的研制方法、生产工艺、质量标准和检测方法；③该新产品的饲喂效果、残留消解动态和毒理；④环境影响报告和污染防治措施。

经国务院农业行政主管部门指定的机构检测和饲喂试验后，由全国饲料评审委员会（由养殖、饲料加工、动物营养、毒理、药理、代谢、卫生、化工合成、生物技术、质量标准和环境保护等方面的专家组成）根据检测和饲喂试验结果，对该新产品的安全性、有效性及其对环境的影响进行评审；评审合格的，由国务院农业行政主管部门发给新饲料、新饲料添加剂证书，并予以公布。国务院农业行政主管部门应当自收到评审结果之日起10个工作日内做出是否核发新饲料、新饲料添加剂证书的决定；决定不予核发的，应当书面通知申请人并说明。

2. 未披露数据保护制度

国家对获得审定或者登记的、含有新化合物的饲料、饲料添加剂的申请人提交的其自己所取得且未披露的试验数据和其他数据实施保护。自审定或者登记之日起6年内，其他人未经已获得审定或登记的申请人同意，均不得在申请审定或者登记时使用其数据资料。在这段保护期内，其他类似申请如果不能提供自己的数据资料，审定或者登记机关不予审定或者登记。同时，除为了公共利益需要，或是已采取措施确保该类信息不会被不正当地进行商业使用外，审定或登记机关不得披露该类数据。

（二）饲料和饲料添加剂的生产管理制度

1. 开办饲料、饲料添加剂生产企业，除应当符合有关法律、行政法规规定的企业设立条件外，还应当具备下列条件

①有与生产饲料、饲料添加剂相适应的专职技术人员；②有与生产饲料、饲料添加剂相适应的厂房、设备、工艺及仓储设施；③有必要的产品质量检验机构、检验人员和检验设施；④生产环境符合国家规定的安全、卫生要求；⑤污染防治措施符合国家环境保护要求。

2. 我国对饲料、饲料添加剂实行生产许可制度

生产许可证由是经省、自治区、直辖市人民政府饲料管理部门审核后，由国务院农业行政主管部门颁发。

取得生产许可证后，饲料添加剂、添加剂预混合饲料产品的批准文号由省、自治区、直辖市人民政府饲料管理部门核发。

3. 饲料、饲料添加剂生产企业的开办实行审批制

开办饲料、饲料添加剂生产企业，除符合前述法定条件以外，还须经国务院农业行政主管部门或者省、自治区、直辖市人民政府饲料管理部门按照权限审查，经主管部门

审核批准后，方可办理企业登记手续。

（三）饲料、饲料添加剂的经营管理

1. 经营饲料、饲料添加剂的企业的设立条件

①有具备饲料、饲料添加剂使用、贮存、分装等知识的技术人员；②有与经营饲料、饲料添加剂相适应的仓储设施；③有必要的产品质量管理制度。

2. 设立程序

设立程序为具备前述条件的企业依法向工商行政管理机关申请、登记，领取营业执照，即取得经营饲料、饲料添加剂的资格。

3. 国家对饲料、饲料添加剂的使用管理

国务院农业行政主管部门有权决定限用、停用或者禁用并公布在使用过程中被证实对饲养动物、人体健康和环境有害的饲料、饲料添加剂。国务院农业行政主管部门制定了安全使用规范，使用饲料添加剂的单位和个人都应当遵守。

4. 饲料、饲料添加剂生产、经营者的义务

（1）进货时须核对产品标签、产品质量合格证。禁止经营无产品质量标准、无产品质量合格证、无生产许可证和产品批准文号的饲料、饲料添加剂。

（2）不得经营未经国务院农业行政主管部门登记的进口饲料、进口饲料添加剂。

（3）不得生产和经营停用、禁用或者淘汰的饲料、饲料添加剂以及未经审定公布的饲料、饲料添加剂。

（4）不得在饲料和动物饮用水中添加激素类药品和国务院农业行政主管部门规定的其他禁用药品。

（5）不得对饲料和饲料添加剂做宣传或说明其有预防或者治疗动物疾病的作用；若饲料中加入药物饲料添加剂，只能对所加入的药物饲料添加剂的作用加以说明。

（四）饲料和饲料添加剂的进口管理制度

《饲料和饲料添加剂管理条例》第 12 条规定，向中国出口中国境内尚未使用但出口国已经批准生产和使用的饲料、饲料添加剂的。应当委托中国境内代理机构向国务院农业行政主管部门申请登记，并提供该饲料、饲料添加剂的样品和下列资料：①商标、标签和推广应用情况；②生产地批准生产、销售的证明和生产地以外的其他国家、地区的登记资料；③新产品审定所应提交的资料。

上述申请的饲料、饲料添加剂经审查确认安全、有效、不污染环境的，由国务院农业行政主管部门颁发产品登记证。饲料、饲料添加剂进口登记证有效期为 5 年。

三、农业机械管理法律制度

农业机械是指用于农业生产及其产品初加工等相关农事活动的机械、设备。提高农业机械化水平可提高农业的生产技术水平，改善农业生产条件，促进经济、生态效益的双赢，是农业现代化国家发展现代化农业的宝贵经验。目前我国农业机械化水平尚未适应现代化农业的要求。我国在农业机械管理方面的法律法规包括《中华人民共和国农

业机械化促进法》《农业机械安全监督管理条例》(2019年修正)、《农业机械事故处理办法》《农业机械质量调查办法》等，其中2004年6月25日颁布实施的《中华人民共和国农业机械化促进法》(2018年修正)，对促进我国农业机械化水平提高、建设现代化农业具有非常重要的意义。我国对农业机械进行安全质量管理的是农业机械管理部门。

(一) 国家对农业机械的政策措施

(1) 国务院农业行政主管部门确定、公布并定期调整国家支持推广的先进适用的农业机械产品目录。省级人民政府主管农业机械化工作的部门会同相关部门根据上述原则，确定、公布并定期调整省级人民政府支持推广的先进适用的农机产品目录，并组织有关单位采取技术措施，促进先进农业机械科学研究和推广应用。县级以上人民政府应当把推进农业机械化纳入国民经济和社会发展计划，采取财政支持和实施国家规定的税收优惠政策以及金融扶持等措施，对农业机械工业的技术创新给予财政资金支持；对农业机械的农业生产作业用油安排财政补贴；对农业机械的科研开发和制造给予税收优惠；逐步提高对农业机械化的资金投入，充分发挥市场机制的作用，促进农业机械化的发展。

(2) 各级人民政府应当采取措施，鼓励和扶持发展多种形式的农业机械服务组织，推进农业机械化信息网络建设，完善农业机械化服务体系；应当采取措施加强农村机耕道路等农业机械化基础设施的建设和维护，通过建立农业机械化信息收集、整理、分布制度，为农民和农业生产经营组织免费提供信息服务。

(3) 开展农业机械化科技知识的宣传和教育，制定培养计划，发展农业机械化专业人才。

(二) 农业机械的安全、质量管理

1. 农业机械安全、质量管理目标

为促进农业机械化的现代化发展，国家应加强农业机械化标准体系建设，制定和完善有关农业机械产品安全、质量的标准和技术规范，确保农机达到保障人身安全、农产品质量安全和环境安全的要求。

2. 农业机械安全管理制度

(1) 农业机械登记。农用拖拉机、联合收割机等农业机械转出本辖区、所有权改变、农业机械所属单位名称、住址、初次检验项目有变动、停驶、报废时，应到农机监理机构进行登记。

(2) 农业机械驾驶操作人员须经农机监理机关考核合格，领取驾驶证或操作证后方可驾驶操作农机。驾驶操作农机时必须携带驾驶操作证，遵守安全操作规程和有关规定，接受农机监理机关的安全检查。驾驶操作证须按期参加年度审核。农业机械驾驶操作人员在驾驶操作农业机械时应严格遵守国家规定的安全操作规程和操作规范。

农业机械驾驶操作人员违反有关的法律法规驾驶操作农业机械，无论是否造成事故，均属农机违章。农机违章行为，违反农业机械管理的法律法规的，由农机监理部门依法处理；违反其他法律法规的，由有关部门处理。

农机事故指农业机械在场院、田间行驶、作业或者停放过程中，发生碰撞、碾压、翻车、落水、火灾等造成人身伤亡或财产损失的事故。发生农机事故时应向农机监理部门报告，由农业机械行政主管部门依照事故责任大小进行裁决，农机监理部门执行。构成犯罪，需追究刑事责任的，移交公安机关处理。农业机械交通事故由公安交警部门处理。

（3）农用机械行政主管部门对农业机械及其驾驶员实行安全监督管理，包括对农业机械进行登记、技术检验和核发证照；对驾驶、操作人员进行考核、审验；对农机违章行为进行处罚等。

（4）农机监理部门对农业机械进行初检、年检和临时检验。农业机械申请报户时实行初检。初检合格核发号牌和行驶证以后实行年审制，对其安全技术状态、号牌、行驶证等进行检验。农业机械启封复驶时或根据农时季节安全生产需要，由农机监理部门进行临时检验。

（5）产品质量监督部门对农业机械产品质量的监督抽查。国务院农业行政主管部门和省级人民政府主管农业机械化工作的部门根据农业机械使用者的投诉情况和农业生产的实际需要，可以组织对在用的特定种类农业机械产品的适用性、安全性、可靠性和售后服务状况进行调查，并公布调查结果。工商行政管理部门应当依法加强对农业机械产品市场的监督管理工作。

3. 农业机械生产、经营、使用过程中的权利义务

（1）农业机械生产者。不得生产不符合国家技术规范强制性要求的农业机械产品。应当按照国家标准、行业标准和保障人身安全的要求，在其生产的农业机械产品上设置必要的安全防护装置、警示标志和中文警示说明；应对其生产的农机产品质量负责，按照国家相关规定负责零配件供应和售后培训服务。

（2）农业机械销售者。不得销售不符合国家技术规范强制性要求的农业机械产品应当对其销售的农机产品质量负责，承担规定的售后服务责任；列入依法必须经过认证的产品目录的农业机械产品，未经认证并标注认证标志，不得出厂、销售和进口；不得利用残次零配件和报废机具的部件拼装农业机械产品。

（3）农机使用者。对不符合质量要求的农业机械产品，有权要求生产者或销售者负责修理、更换、退货。造成农业生产损失或者其他损失的，生产者、销售者应当依法赔偿损失。农机使用者有权要求农业机械销售者先予赔偿。农业机械销售者赔偿后，属于农业机械生产者的责任的，农业机械销售者有权向农业机械生产者追偿。因农机存在缺陷造成人身伤害、财产损失的，农业机械生产者、销售者应当依法赔偿损失。

参考文献

陈建梅，2007. 我国农业生产资料市场特点、问题与对策［J］. 农场经济管理（3）.

弓利英，梅四卫，2011. 种子法规与实务［M］. 北京：化学工业出版社.

韩松，1998. 农业经济法教程［M］. 北京：法律出版社.

黄河，2011. 农业法教程［M］. 北京：中国政法大学出版社.

农业部肥政药政管理办公室，2002. 肥料登记指南［M］. 北京：中国农业出版社.

彭世琪，2014. 中国肥料使用管理立法研究［J］. 中国农业科学，47（20）.
秦川，2007. 植物新品种保护和品种审定制度的优化与构建［N］. 人民法院报-3.
全国人大法制工作委员会，2003. 农业法实务全书［M］. 北京：中国农业出版社.
宋稳成，单炜力，简秋，等，2010. 我国农药残留监管现状及推进措施［J］. 农产品质量与安全（6）：16-18.
谭向勇，2007. 中国主要农业生产资料市场分析［M］. 北京：中国农业出版社.
王建华，张春庆，2006. 种子生产学［M］. 北京：高等教育出版社.
王沐，2003. 农药管理学［M］. 北京：化学工业出版社.
许化田，2002. 农药实用管理手册［M］. 郑州：中原出版社.
阎东星，2004. 兽药管理法律制度的创新与变革［J］. 中国兽药杂志（1）.
于文蕴，李春雨，2007. 兽药管理条例［M］. 北京：中国农业大学出版社.
张桂兰，2011. 保障我国粮食安全肥料立法刻不容缓［J］. 中国乡镇企业（7）.
周喜应，2015. 略论农药与农业可持续发展［J］. 今日农药（2）.
最高人民法院应用法学研究所，2000. 人民法院案例选［M］. 北京：中国法制出版社.

第五章　农业知识产权法律制度

农业是我国的战略性基础产业，农业的生产和发展关系着人民的基本生活，但同时农业也是弱质产业。农业生产的社会效益大，但是自身经济效益比较低。农业生产既受自然因素的影响和制约，又受社会因素的影响和制约，自然因素直接关系着农业的产量和质量，社会因素关系着农产品的市场需求。此外，我国人地关系矛盾高度紧张，农业生产较为分散，农产品无法获取规模收益，农产品无法通过规模化提高市场竞争力。农业产业的特殊性，决定了农业科学技术的特殊性，农业科学技术的发展关系着农业的发展，关系着社会的发展。但是农业技术开发的经济效益有限，开发难度大，所以农业知识产权的保护极其重要。农产品的知识产权的保护，能提高农业科技发展的收益，提高农业技术开发的积极性，从而提高农产品的市场竞争力，推动农业的发展与进步，所以加强和完善农业知识产权的保护就成为当前我国各级政府和相关企业的一项重要工作。

第一节　农业知识产权概述

一、农业知识产权的保护内容

知识产权一词源于17世纪的法国，主要倡导者为法国学者卡谱佐夫（Carpzov），比利时法学家皮卡第发展了这一概念。皮卡第认为，知识产权是一种特殊的权利范畴，它根本不同于对物的所有权。根据我国有关知识产权的法律法规和世界贸易组织《与贸易有关的知识产权协议》的规定，知识产权限定为7种，即著作权与邻接权、商标权、地理标志权、工业品外观设计权、发明专利权、集成电路布图设计权和未披露的信息权（即商业秘密）。具体到农业领域，农业知识产权是公民、法人和非法人单位对自己在农业科技领域创造的技术成果和产品依法享有的专有权利，其内容随着科技的发展而不断充实和完善，主要包括植物品种权、农业专利权和农业科学成果及公共技术产权等方面。

（一）农业专利权

根据《中华人民共和国专利法》（以下简称《专利法》）中的有关规定，农业领域可以申请发明或实用新型专利的成果包括农、牧、渔、机具的发明与改进，肥料和饲料配方、农药和兽药组合物，食品、饮料和调味品的酿造技术，新的生物菌种及产品，培育动、植物新品种的方法等。

1. 农、牧、渔、机具的发明与改进

农业工具、设备、容器等一般是以申请实用新型专利和发明专利的方式来保护的。相较于发明专利，实用新型专利申请无须进行实质性审查，审查周期短，所以对于那些只是对工具、设备、容器等做出小的改进，创新性较弱的，申请实用新型专利可以更及时地得到保护。

2. 培育动、植物新品种的方法

具体包括：农业种植方法、培育方法、耕作方法等利用作物或植物的生物学习性或自然规律进行人为控制等农业技术方法。对于这些技术方法通常采用申请发明专利的方式实现保护，但是发现某种作物或植物生长学习性方法、田间数理统计或排列方法、植物品种等不属于专利保护的范围。

3. 植物细胞、植物基因、植物蛋白

我国将植物本身（包括植物个体、植物器官）排除在可以申请专利主题之外，但对植物细胞（包括植物细胞本身）以下级别植物材料是可以申请专利权的。因此，对植物细胞、植物基因、植物蛋白均可以通过申请发明专利的方式实现保护。

4. 新的生物菌种及产品

对于食用菌、固氮菌及其利用或培养微生物的方法等涉及微生物的技术通常采用申请发明专利的方式实现保护，但应注意，根据《专利法实施细则》第 24 条的规定，申请专利的发明涉及新的生物材料，该生物植物公众不能得到，并且对生物材料的说明不足以使所属领域的技术人员实施其发明的，除应当符合专利法和本细则的有关规定外，申请人还应当办理相应的手续：①在申请日前或者最迟在申请日（有优先权的，指优先权日），将该生物材料的样品提交国务院专利行政部门认可的保藏单位保藏，并在申请时或者最迟自申请日起 4 个月内提交保藏单位出具的保藏证明和存活证明；期满未提交证明的，该样品视为未提交保藏；②在申请文件中，提供有关该生物材料特征的资料；③涉及生物材料样品保藏的专利申请应当在请求书和说明书中写明该生物材料的分类命名（注明拉丁文名称）、保藏该生物材料样品的单位名称、地址、保藏日期和保藏编号；申请时未写明的，应当自申请日起 4 个月内补正；期满未补正的，视为未提交保藏。

（二）植物新品种权

植物新品种是指经过人工培育的或者对发现的野生植物加以开发，具备新颖性、特异性、一致性和稳定性并有适当命名的植物品种。植物新品种权是指由植物新品种保护审批机关依照法律、法规的规定，赋予品种权人对其新品种所享有的生产、销售、转让、标记等经济权利和精神权利的总称，经过人工培育或对发现的野生植物经人工栽培开发后培育的新品种，以及无性繁殖植物和有性繁殖植物的新品种，均可以申请品种权。

设立植物新品种权最终目的是为了鼓励更多的组织和个人向植物育种领域投资，从而有利于育成和推广更多的植物新品种，进而推动种子工程建设，促进农林业生产的不断发展。目前在国际公约中，虽然 TRIPS 协议和 UPOV 公约中都规定了可以通过专利保护植物新品种，但是多数 TRIPS 协议的成员，在其国内法中不以授予专利权的形式对植物新品种加以保护。我国《专利法》中也规定对动植物品种，包括基因工程育成的植物新品种不授予专利保护，而是由专门的植物新品种法进行对植物新品种保护，现有的法律规范主要是1997年出台的《中华人民共和国植物新品种保护条例》及2015年修订的《中华人民共和国种子法》。

(三) 地理标志权

地理标志权，是指特定地域的经营者对地理标志依法享有的排他性使用权。根据TRIPS协议，地理标志是指识别一货物来源于一成员领土或该领土内一地区或地方的标识，该货物的特定质量、声誉或其他特性主要归因于其地理来源。《中华人民共和国商标法》第16条也做出了类似的规定，将地理标志定义为“标示某商品来源于某地区，该商品的特定质量、信誉或者其他特征，主要由该地区的自然因素或者人文因素所决定的标志”。作为一种特殊的知识产权，地理标志权与传统知识产权相比存在诸多特性。①地理标志权是一种集体性权利，主体具有不确定性。应当认为只要地理标志产品的生产者、加工者在保护地域内，并且生产加工的产品符合标准要求，那么就享有该地域的地理标志权。②权利的不完整性，一般而言地理标志权的主体对地理标志只具有使用权，而不能对地理标志权加以处分。这一特性实际上是由前一特性决定的，正因为地理标志权的集体性，如果允许特定权利人对地理标志权加以处分，势必影响其他权利人对地理标志权的使用。当然对于不符合本地理标志使用条件的人使用地理标志权的行为，每一位享有地理标志权的生产者加工者都可以加以阻止。

(四) 农业商标权

农业商标权除指注册商标所有人对其所注册商标享有的专用权外，对名、优、特、稀农产品的地理标志权或原产地域名称权的保护一般也属于农业商标权保护的范畴。在发展现代化农业的大背景下，品牌农业得到了高度的重视，所谓的品牌农业是指经营者通过取得相关质量认证，取得相应的商标权，通过提高市场认知度，并且在社会上获得了良好口碑的农业类产品，从而获取较高经济效益的农业，可见品牌农业的发展的关键就在于对农业商标权的保护。

在农业商标权保护方面，应着重强调对农产品地理标志的保护。农产品地理标志也称农产品原产地标识，与一定地域的农产品的品质和特色密切相关，表明商品来源于某一地区，而商品的特有品质、信誉或者其他特征，主要与该地理来源相关联。我国农业部在《农产品质量安全法》出台后，正式开始对农产品地理标志进行保护，主要的法律依据是《农业法》和《农产品质量安全法》，2007年12月6日我国农业部第15次常务会议审议通过了中华人民共和国农业部令，对农产品的申请、登记和监督管理做出了详细的规定。

(五) 农业商业秘密权

按照《中华人民共和国反不正当竞争法》的规定，商业秘密是指不为公众所知悉、能为权利人带来经济利益，具有实用性并经权利人采取保密措施的技术信息和经营信息。商业秘密对一个企业的发展至关重要，它关系着企业的市场竞争力，甚至影响企业的生存。

农业商业秘密是指不为公众所知悉、能为农业科研单位带来经济利益，具有实用性并经权利人采取保密措施的繁殖材料、数据、栽培方法等技术信息。农业商业秘密权指农业科研单位对其繁殖材料、数据、栽培方法等技术信息，以及农产品经营者对其决策、价格、客户名单等信息所享有的经济利益权利。

（六）农业科技著作权

农业科技著作权是指农业科技人员对其科技活动中所产生的著作、论文、工程设计图纸及说明、农业科技、影音资料及软件等，享有的精神权利和经济权利。常见的农业著作权主要有：关于家禽的饲养方法、饲料的配置方法、农作物耕作技术、动植物病虫害预防等农业科学、农业技术方面的作品的著作权。

二、农业知识产权的特征

对于农业知识产权，学者们都承认其不同于一般知识产权，有着一般知识产权所不具有的特征。有学者将农业知识产权独有的特征归结于六点，分别是：涉农性、载体的生物特性、广泛性、易受侵犯性、价值标准的不确定性、自然风险性。有学者则认为农业知识产权的特征体现在：权利主体的难以控制性、知识产权价值标准的不确定性、知识产权转移利益让渡的难以预测性、侵权界限的模糊性、农业知识产权的风险性这五个方面。本书认为受产业特征的影响，农业知识产权除具有排他性、地域性、时间性等知识产权的一般特征外，其特殊性主要有以下几点。

（一）易扩散性

易扩散性也称易受侵犯性，由于农业科学研究新成果、新技术的示范推广大多在田间进行，密闭性较差，权利人难以对其进行有效控制，所以研究成果较易被他人非法窃取或流失。

（二）权利主体的难以控制性

造成权利主体的难以控制性主要有两方面的原因：一方面，受农业生产分散性特点的影响，在农业的一些权利领域范围内，权利主体往往难以控制，如地理标志权、商业秘密权、发明权、植物新品种权等；另一方面，农业知识产权多为农民集体创造的成果，但是受传统农业生产习惯和受教育水平的影响，农业生产者缺乏知识产权意识，导致权利主体难以确定。

（三）产权价值标准的不确定性

产权都是具有一定的价值的，但是农业生产过程是一个自然和经济的交互过程，在这样一个过程中形成的农业知识产权难以用一定的标准去衡量。所以司法实践中，常常会出现农业知识产权侵权数额难以计算的情形，给法院带来诸多不便。

三、农业知识产权保护的基本原则

（一）有利于农业技术发展和运用的原则

在科学技术发展的今天，农业生产的发展却止步不前，在农业生产上仍是按照传统的农业技术，我国农业取得实质性的突破，必须要依赖农业技术的发展。知识产权制度正是通过“为天才之火添加利益之油”的方式，使权利人在一定期限内独享自己的智力成果，从而获得丰厚的回报。因此，农业知识产权无疑会对农业技术人员的技术改进和创新起到非同一般的促进作用。

（二）保护和鼓励农业智力创造活动原则

我国从事农业科技研发工作的主要是公益性科研单位，工作成果通常被当作公共财产服务于大众，且由于农业生产不具备产业性质，农业科研成果缺乏市场机制。科研单位对完成成果的人员采取的是升职、奖金等措施，但这些措施并不能激发科研人员的积极性，难以形成竞争机制。农业知识产权的设立能使得科研单位和相关人员的智力成果得到充分保护，使得科研单位和相关人员获得与自身智力劳动相当的回报，有利于激发科研单位和相关人员的创造积极性。

（三）尊重知识、尊重人才的原则

知识积累是现代经济增长的源泉，知识的大量生产和高素质的人才是知识经济最为重要的资源。知识产权法是知识经济必不可少的法律保障，它赋予了知识生产者专有权来鼓励知识的生产。

（四）促进农业智力成果商品化、产业化原则

随着农业领域商标权和地理标志权得到重视与保护，分散的农户开始相互联合，或者农户与农业龙头企业之间联合起来，农业生产经营逐渐实现了规模化、产业化态势。一些知名农企凭借自身的品质优势和独特的经营模式得到了公众的广泛认可，例如好想你枣业、伊利集团等大型农业企业。

农业生产经营的规模化、产业化无疑是农业发展过程中一场重大的变革，它大大提高了农业效益，增长了农民收入。

（五）立足本国农业实际，履行国际条约义务，遵循国际惯例原则

在经济全球化和知识全球化发展的今天，知识产权的适用必然会涉及不同国家主体之间的利益关系。在知识产权的制定过程中既要立足本国实际情况，保护国内市场，也要考虑到国际大环境，要尽可能与国际条约、国际惯例规定的通行做法相一致，以协调各方利益。

（六）保护知识产权人权益，防止权利滥用原则

农业知识产权的开发和运用往往会涉及多方权利人的利益。以生物遗传资源的开发利用为例，研究机构从事生物遗传资源的开发，育种者需要生物遗传资源培育品种，种子公司使用育种结果繁殖和出售种子，最后经营者和农户在农业生产过程中使用。理论上说农业知识产权应当属于研究机构所有，但是不可忽略的是农业经营者和农户在农业实践中间接起到了保全生物遗传资源的作用，生物遗传资源的价值在实践中得到了保全和加强，种子公司基于经营的需要也会投入大量资金供生物遗传资源的开发。所以说作为农业知识产权人的研究机构的权益固然需要保护，但是种子公司、农户和农业经营者的权益同样不能忽视。

四、农业知识产权保护的作用

（一）保护农业知识产权的基本作用

1. 保护知识产权人的合法权益

知识产权作为一项财产性利益，其最根本的作用就在于维护知识产权人的合法权益。长久以来，我国农业生产都带有很强的公共性色彩，为了农业的发展，科研机构研发的新的农业技术、农业产品往往被视为公共财产推广使用，长此以往必将造成农业投资者丧失投资的积极性。农业知识产权制度为知识产权人维护自身合法权益提供了有效的手段，在实现整体农业进步的同时，使投资者和研发人员得到应得的收益。

2. 促进和保障文化、科技成果的合理使用和推广、发展及繁荣

不难想象如果没有农业知识产权制度的保障，知识产权人势必对自己的智力成果严加保密，以保证自身市场独有的地位。农业知识产权制度将农业科技成果产权化，使得农业知识财产进入市场流通领域，依靠市场机制进行产权的界定和分配。农业知识产权人作为理性经纪人，通常会选择自己的智力成果投入市场以谋求更丰厚的利润，这样一来农业科技成果也得到了推广和应用。

3. 有利于发展国际贸易和引进外国的先进技术，加强文化、科技交流

经济全球化过程中，高科技含量的农产品和科技成果贸易占国际贸易的比例不断攀升。但是应当注意经济全球化在带来巨大的利益空间同时，也带来了很多弊端，发展中国家与发达国家开展贸易时，由于发展中国家技术的落后和制度的不完善往往受制于发达国家。为了追求公平的国际竞争环境，很多国家都加入了世界性知识产权组织或知识产权公约，同样农业知识产权制度建立的过程中也遵循国际公约和国际条约，便于国际贸易的开展。

4. 有利于维护公平有序的竞争秩序和环境

我国农产品生产和经营领域充斥着小、散、杂等现象，无序的竞争、侵权现象比比皆是。以种子市场为例，侵权现象主要有：①种子生产单位和经营单位擅自生产未被授权的品种。②种子生产单位有权生产但无权出售，却擅自出售给第三方，或者自行销售。③一些小公司，没有自己的产品，也无生产基地，而是直接到大公司的基地套购产品或者未经许可生产他人知识产权的产品，以同一名称或稍加变动后进行销售。④制假贩假，假冒产权单位的名义，出售伪劣产品。⑤种子经营单位没有某产品的知识产权，将该产品更换名称后以自己产品的名义出售。农业知识产权的确立一方面使得农业知识产权人能够通过法律的渠道维护自己的权利，另一方面能潜移默化地培养公众的知识产权意识，自发抵制侵犯农业知识产权的行为。

（二）保护农业知识产权的独特作用

1. 鼓励农业科技创新，增强我国农业的国际竞争力

在知识经济时代，市场竞争主要表现在知识产权的竞争，知识产权的数量和质量是经济组织市场竞争力衡量的关键指标。实施知识产权保护战略，发展农业高技术产业，是对传统农业进行产业改造升级、增强国际竞争力的必然选择。提高我国农业科技水

平，特别是提高农业基础研究和高技术研究水平的整个过程则需要强有力的知识产权支撑体系。

2. 保护我国农业知识产权不受侵犯

据统计，我国每年取得的“国家级科技成果”3万多项，除极少数部分申请专利或采取技术秘密方式保护外，大部分没有取得专利保护，但已经通过发表论文、成果鉴定、学术讨论等形式公之于众，如这些成果一旦被他人抢注专利或商标，则不但不能独占国际市场，而且还可能“侵犯他人的知识产权”。据《中国知识产权报》2002年报道：美国遗传专家正在佛罗里达州种植一种稻米，几乎与泰国最受欢迎的特级茶花稻米完全相同。过去认为，由于气候原因，这种稻米在那里是不可能生长的。美国每年从泰国进口大约30万~40万吨茶花稻米，如果美国在这种稻米的育种技术上获得成功，泰国肯定会失去在美国和其他国家的部分市场份额。正是因为泰国政府和有关公司没有及时申报相关知识产权，才造成了本国稻米的市场危机。

第二节 农业专利法律制度

一、专利与农业专利

专利的含义有狭义和广义之理解。狭义的专利就是指专利权。广义的专利又有三层不同的含义：一是指权利人对某些发明创造所享有的专利权；二是指被授予专利权的发明创造本身，即专利权的客体，具体包括发明、实用新型和外观设计三种；三是指记载着授予专利权的发明创造内容的专利文献或专利证书。专利具有法定性、独占性、公开性、时间性和地域性的特点。专利制度的核心是授予发明创造人依法对其发明创造享有独占的垄断权。

农业专利是指能够应用于农业生产领域，促进农业科技进步，具有农业特色的专利。我国《农业法》第2条将农业定义为：种植业、林业、畜牧业和渔业等产业，包括与其直接相关的产前、产中、产后服务。农业专利应该从这些农业领域中产生并且能应用于相应的农业领域，其客体是现代农业中的农业科技与成果，应当注意的是传统农业中有很多历史沿袭下来的农业生产方法和技术，一般不能作为农业专利的客体，因为这些方法和技术多为集体成员掌握和使用，丧失了新颖性。

二、授予农业专利的条件

（一）农业发明与实用新型授予专利的积极条件

同非农业领域的专利权一样，授予专利权的农业发明和实用新型，同样应具备如下条件。

1. 新颖性

新颖性（Novelty）是指申请专利的农业发明或者实用新型不属于现有技术，即在申请日以前没有同样的发明或者实用新型在国内外出版物上公开发表过，在国内公开使用过或者以其他方式为公众所知，也没有同样的发明或者实用新型由他人向专利局提出过申请并且记载在申请日以后公布的专利申请文件中。新颖性是授予专利的最基本的条件之一，判断某项专利是否具有新颖性，主要通过与现有技术做比较，如果该项技术的内容与已经公开的技术内容相同，则应当认为该项专利不具有新颖性。但是例外情况下，即使公开也不丧失新颖性，《专利法》第24条对此做了详细规定，申请专利的发明创造在申请日以前6个月内，有下列情形之一的，不丧失新颖性：①在中国政府主办或者承认的国际展览会上首次展出的；②在规定的学术会议或者技术会议上首次发表的；③他人未经申请人同意而泄露其内容的。

2. 创造性

创造性（Creativeness）是指农业发明或者实用新型同申请日以前已有的技术比，该发明有突出的实质性特点和显著的进步，该实用新型有实质性特点和进步。在一些国家创造性也称为“先进性”“进步性”“非显而易见性”等，对于创造性的判断标准多国立法上都做出了规定，根据我国《专利法》第22条第3款规定，某一专利是否具有创造性是将之与现有技术相比，实用新型要求具有实质性特点和进步，发明的创造性标准更为严格，要求有突出的实质性特点和显著的进步。《美国专利法》第103条则是从反面做出规定，若申请专利的内容与已有技术之间的差异甚为微小，以致该项发明在完成时对于本专业普通技术人员而言是显而易见的则不能取得专利。《英国专利法》和《日本专利法》的规定与美国的规定较为类似，以对本专业普通技术人员而言是否显而易见为判断标准。

3. 实用性

实用性（Practical utility）是指农业发明或者实用新型在产业上能够制造或者使用，并能产生良好的技术、经济和社会效益。相较于新颖性和创造性，实用性的审查判断比较简单，一般优先于前两者进行审查。实用性是发明和实用新型的目的所在，发明创造的最终目的是应用于实践，而绝不能只是单纯的理论创新。专利权是一项财产性权利，是具有价值的，其价值主要就是通过实用性来体现的。这一条件也为世界各国所认可，任何一个国家的专利法都规定了发明创造要获得专利必须符合实用性要求。

（二）农业外观设计授予专利的积极条件

1. 新颖性

新颖性是指农业外观设计与其申请日以前在国内外出版物上公开发表过或者国内公开使用过的外观设计不相同或者不相近似。“不相同”要求申请日以前，没有同样的外观设计在国内外出版物上公开发表过或者在国内公开使用过。“不相近似”要求与申请日以前已经公知公用的外观设计相比，该外观设计有显著的特征，以致专业美工设计人员不能容易地从现有技术中演变出来。由于外观设计是应用在物品上的，因而在“不相同”和“不相近似”判定的过程中，还应考虑外观设计所应用的物品，具体来说认定两个外观设计相同时，不仅需要两个农业外观设计本身相同，外观设计具体应用的物品种类也必须相同。而认定两个外观设计相近似时，农业外观设计本身需要大体相似，应用的物品种类也应是相同或相近似的。

2. 独创性

独创性是指农业外观设计与现有外观设计相比具有显著的特点，不能相同或相近似。农业外观设计在满足独创性的同时还要求具有美感，即美观性，是指农业外观设计被使用在产品上时能使人产生一种美感，增加产品对消费者的吸引力。我国《专利法》第23条第2款要求，授予专利权的外观设计与现有设计或者现有设计特征的组合相比，应当具有明显区别。此处“明显区别”即是对“独创性”的要求。但是在外观设计独创性的判断主体上，实践中和理论研究上莫衷一是。我国实际审查中是以一般消费者为判断主体，专利审查部门中的《专利审查指南》第四部分中规定：“在判断外观设计是否符合《专利法》第23条第1款、第2款规定时，应当基于涉案专利产品的一般消费者的知识水平和认知能力进行评价。”而德国在审查这类问题时，则要求以“见多识广的用户（informed user）”为判断主体，其判断水平较普通消费者为高，却比本领域专业设计人员低。理论研究上，有些学者认为应由本领域专业设计人员评判是否具有独创性，认为判断产品创新设计在很多情况下是一般消费者所不能及的，以一般消费者的辨别水平来执行《专利法》第23条的授予外观设计专利权的标准是欠妥当的，所得出的判断结论也可能是有失公正客观的。本书认为，对于农业外观设计，由一般消费者来判定是否具有独创性较为适宜，农业外观设计一般表现为农产品的包装、农业器具的外形等，外观设计要求独创性的目的在于，通过特定的图案、色彩、造型使得应用的农业产品能与其他产品区别开来，希望能引起消费者的注意，独特的外观设计甚至能达到同商标相同的效果，是否达到这一目的由切实消费的消费者判定更为适宜。

3. 工业适用性

工业适用性是指农业外观设计必须适于工业上应用，能够进行批量生产。外观设计是针对工业产品而设计的，其最终是为工业产品服务的。有学者曾精辟指出工业品外观设计是一种“技术+艺术”或者“技术基础上的艺术”，它是一种介于发明与作品之间的设计。工业产品外观设计的技术与艺术的高度复合性决定了其不可能像艺术家创作艺术作品那样可以随意发挥，总是受到技术工艺的限制，并且是在技术的基础上进行，是一种对技术的“锦上添花”，工业品的外观设计并不能抛开技术的因素，成为纯粹的艺术设计。例如农用器具的外观设计，固然可以通过印制花纹增加美观性，但是绝不能影响正常的使用。

（三）授予农业专利的消极条件

1. 法定的不授予专利的情形

根据我国《专利法》第5条和第25条的规定，以下情形均不能授予专利。

（1）违反国家法律、社会公德或妨害公共利益的；

（2）科学发现（Scientific discoveries）不能被授予专利。科学发现是指人们通过自己的智力劳动对客观世界已经存在的，但未被揭示出来的规律、性能和现象等的认识；

（3）智力活动的规则和方法；

（4）动物疾病的诊断和治疗方法不能授予专利；

（5）动、植物新品种不能授予专利。因为动、植物是有生命的物体，是自然生长的，不是人类创造的产物，不属于专利法意义上的发明创造。我国对植物新品种依照《中华人民共和国植物新品种保护条例》进行保护；

（6）用原子核变换方法获得的物质不能被授予专利；

(7) 其他不授予专利的技术领域。

2. 生物技术领域发明获取专利的消极条件

生物技术（biotechnology）是指人们以现代生命科学为基础，结合其他基础科学的科学原理，采用先进的科学技术手段，按照预先的设计改造生物体或加工生物原料，为人类生产出所需产品或达到某种目的。农业领域生物技术的发明能促使农业技术水平的提高、农产品产量的增加。

(1) “科学发现”的基因不能得到专利法的保护。所谓“科学发现”的基因是指自然界业已客观存在的，人类只是发现其存在并对其有所认知的基因，如人类和动植物的DNA。但是应当注意，分离或提取这些客观存在基因的方法发明仍是可以获得专利的。

(2) 违反道德标准的生物技术发明不能获得专利。目前充满争议的转基因食品，就面临着道德危机，虽然转基因食品对人类健康、生态环境的影响尚无定论，但是很多反对者认为利用生物技术改变动植物的基因所培育出的食品，势必会损害人类健康和生态环境，自然也坚持这些转基因食品及其生产技术不能获得专利。美国对转基因食品整体上持支持的态度，也授权了大量的转基因食品专利。而我国、日本和欧盟等国家和地区对转基因食品均持审慎态度，虽然承认转基因食品专利，但是对转基因食品的入市规定了严格的审查监督机制。

三、农业领域可以申请专利的发明

从专利的角度说，农业领域可以授予专利权的科技成果可以按照传统的分类方法划分为物质发明和方法发明两大类。

(一) 物质发明

物质发明也称产品发明，是指经过人们智力劳动创造出来的各种制成品。这些产品是自然界中不存在的，是靠人的创造性劳动产生的。农业领域的产品发明包括微生物新菌种发明、动植物新细胞系（株）、农用新化合物发明、农用新组合物发明、新制剂发明、新加工产品发明、新装备发明等。以上物质涉及农药、肥料、饮料、兽药、渔药、食品、饮料、工业原料、农用器械等。物质发明必须包含人类的创造性劳动，即没有人类的介入该物质不会自然产生，自然界中自然存在的某种植物经过自然杂交而产生了另一种新植物，此类新物种并不能称作物质发明，因为其产生并没有人类的创造性劳动，只能称之为“发现”。当然新物种的产生即使有人类的介入，也不一定能获得专利权，是否能获得专利取决于人工技术介入的程度。

(二) 方法发明

农业领域的方法发明包括获得动植物新品种的方法、获得微生物新菌种的方法、获得微生物的方法（发酵方法、细胞组织培养方法、合成方法和提取方法）、制备新剂型的方法、农产品加工方法、农业废物利用方法、“三废”处理方法、生态环境治理方法、农产品贮藏方法、农作物高产优质生产方法、畜牧和水产高产优质生产方法、农业林业节水方法、农业装备的制造方法、农业信息技术等。

根据我国《专利法》的规定动植物新品种不能被授予专利权，但利用“主要是生物学方法”之外的方法获得动植物新品种可以授予专利权。如何判定一种方法是否属于“主要是生物学方法”呢？这主要取决于在该方法中人工技术的介入程度，如果人工技术介入对该方法所要达到的目的和效果起到了主要控制作用或决定作用，则该方法就不属于“主要是生物学方法”，可以获得专利权；反之人工技术介入对该方法所要达到的目的和效果所起的是辅助作用、非决定性作用就是所谓的“生物学方法”，不能获得专利权。如采用辐射法生产高产乳牛的方法，改进饲养方法生产瘦肉型猪的方法，通过杂交方法或转基因方法选育粮食、油料、经济和园艺作物新品种的方法都可以授予专利权；而通过有性繁殖选育良种猪的方法则不能授予专利权。在获得微生物新菌种的方法中，由自然界筛选微生物的方法以及人工诱变产生微生物的方法不能授予专利权，因为这两类方法具有很大的随机性，难以再现，不具备专利法所称的“实用性”。而用基因工程等可再现的方法获得微生物的方法可以获得专利权。

四、我国农业专利现状、问题

（一）对农业专利的知识产权保护意识不强

造成农业专利的知识产权保护意识淡薄的原因主要有：

1. 科研人员的功利主义思想

长期以来，我国农业科研投入与管理体制不完善，农业科研人员普遍缺乏市场观念和竞争意识，“重成果，轻专利”的思想严重，科研人员只顾研发而不去考虑研发成果长期、有效的保护，且“重成果”还被异化为“重论文”，许多农业科技成果被束之高阁失去专利保护条件。

2. 农业专利知识产权的公共属性被过于扩大化

知识产权是一项财产性权利，具有私权属性，但是与此同时对社会而言知识具有公共性，具有不可忽略的社会价值。不过在农业专利知识产权领域，公共性被扩大化，有时甚至不惜牺牲私权主体的利益来实现其公共价值。一项农业发明和实用新型能给农业技术和农业生产带来积极影响，对农业经济的发展具有促进作用，具有重大的社会价值。我国农业科研机构往往由政府投资或者由政府资助，为了当地整体农业经济的提升，科研成果甚至被直接当作公共财产推广使用，专利权利人迫于政府的压力或者出于回报社会的愿望会放弃专利权的申报。

（二）农业专利所占份额小，主体结构单一

据统计，1985—2000 年我国累计受理专利申请量 116.6 万件，农业单位累计申请专利仅有 2 264件，占全国专利申请总量的 0.19%。申请主体以高校、科研院所为主，两者占申请总量的 80%，企业申请的很少。造成此种状况的原因一方面是由于农业科研机构和科研人员的知识产权观念不足，没有积极申请相关专利的意识；另一方面是由于农业专利市场的不健全。企业作为理性经济人存在，势必会充分考量成本与收益之间的比例，我国农业专利市场尚不成熟，缺乏相应的市场化的知识产权评估机构和农业技术信息传播网络，最终导致我国农业知识产权得不到准确的经济评估而不能及时进入市

场，可能会造成企业投入多而回报少的状况，必将影响企业对农业专利的投资。

（三）农业及农业专利的自身特点，使得农业专利产生量小，申请量更小

农业作为弱质产业，农业科研不仅周期长，而且受自然环境影响大，具有季节性强等特点，而农业成果申请专利要求成熟度较高、专利文件中的田间试验数据需重复试验、周期较长，客观上造成了农业研究和生产成本的不协调，成本高昂但所产生的成果量少。不仅如此，农业专利申请也较为困难，面临着所需时间长（5~6 年）、费用高、可控性差和保密难等问题。此外，从实际应用方面看，农业专利应用的经济效率远小于社会效益。基于经济成本的考虑，相关企业和个人会选择放弃专利的申请。

（四）小规模农业经营模式制约了农业专利的保护与实施

我国农业经营模式主要是家庭联产承包经营，农业生产经营呈现分散化、规模小的特点，分散的经营模式导致农业专利的推广和使用困难。此外，我国不同地区农业生产力水平的差异大，农户的兼业化程度较高，农业生产的季节性与新技术风险的季节性影响，使得农户对专利的需求能力降低，造成农业产业的开发换代速度降低。这种恶性循环极大地阻碍了农业专利的产生。

（五）农业知识产权保护的环境尚不健全，执法力度不够

长期以来，我国缺乏农业专利相关安全防范措施，农业知识产权管理上的问题更是层出不穷，政企不分、行业垄断、地区封锁等问题愈演愈烈。某些不法的国外机构和个人趁来华考察或者学术交流的机会，窃取国内研究资源和农业专利技术。2014 年 4 月，海南试验田就发生了种子被窃事件，3 名来自绿色和平组织的人员非法进入华中农业大学海南陵水水稻基地试验田，试图盗窃种子。农业专利立法尚不健全，导致农业专利得不到应有保护，侵犯农业专利权的现象层出不穷，严重影响人们生产专利的积极性。

（六）国外农产品与农业专利技术对我国农业专利发展影响巨大

在中国加入 WTO 后，形成了技术和市场的双重压力，也造成对农业专利保护难度加大。我国的专利需要经过专利申请才能得到他国专利法的保护，但是由于各国立法上的差异，我国的专利并不一定能通过他国的审批。更有甚者，一些表现性能好的物种，很可能被国外组织或个人利用到国内参观机会带出国外，这样一来造成保护难度增加，如其在国外申请专利，反而给我们造成专利技术使用的压力。

第三节　植物新品种法律制度

一、植物新品种与植物新品种保护制度概述

（一）植物新品种概述

1. 植物新品种的概念

植物新品种是指经过人工培育的或者对发现的野生植物加以开发，具备新颖性、特

异性、一致性和稳定性并有适当命名的植物品种。植物新品种可划分为农业植物新品种和林业植物新品种。

农业植物新品种包括粮食、棉花、油料、麻类、糖料、蔬菜（含西甜瓜）、烟草、桑树、茶树、果树（干果除外）、观赏植物（木本除外）、草类、绿肥、草本药材等植物以及橡胶等热带作物的新品种。

林业植物新品种包括林木、竹、木质藤本、木本观赏植物（包括木本花卉）、果树（干果部分）及木本油料、饮料、调料、木本药材等植物品种。

2. 植物新品种保护上的“植物新品种”与品种审定上的新品种的区别

（1）从范围上来看，品种审定的新品种包括新育成的品种、新引进的品种。品种权上的新品种，则是新育成的新品种以及对发现的野生品种加以开发所形成的新品种。

（2）从判定特异性所选的品种来看，审定所选的品种仅是当地主要推广品种，而品种保护所选的则是世界范围内至少是全国范围内种植的品种。

（3）从品种构成的要素来看，品种保护除要求新品种具有相对稳定的遗传特性，在生物学、形态学性状方面具有相对一致性，并与同种植物的其他品种在特征、特性上有所区别以及拥有适当的名称外，还必须具备新颖性，即该申请保护的新品种在申请日以前不能在市场上销售或者在市场上销售不能超过规定的期限；而作为审定的品种，对新颖性则不做要求。

（4）从特异性的要求来看，品种审定突出品种的产量和抗性，要求新品种的产量水平高于当地同类主推品种的5%以上，或者产量与当地主推品种的原种相近，但在品质、成熟期和抗性等方面有一项乃至多项性状表现突出。申请品种权的新品种主要要求被保护的新品种在植物学形态上至少有一个特征、特性明显区别于已知品种，并不要求高于已知品种的产量或抗性。

（5）从使用价值来看，审定通过的新品种，一定可以在生产上推广应用，而申请品种权的品种有些可以通过审定在生产上推广应用，有些则可以作为科研育种材料加以开发。

（二）植物新品种保护制度概述

1. 立法概况

专利制度是世界许多国家普遍运作的一项知识产权制度，有 300 多年的历史。在 20 世纪 30 年代以前，植物品种一直被排除在专利保护制度之外，其理由在于植物新品种是具有生物之物，具有自身生长繁殖的特性。之后，美国和德国率先对植物新品种加以法律保护，并最终导致国际植物品种保护制度的产生。

从国际上的立法状况看，涉及植物新品种保护的立法模式主要有专利法和植物专门法两种。对生产植物品种的方法各国均给予专利保护，而对于植物品种本身，多数国家或者国际组织采用植物专门法的形式给予保护，例如中国、澳大利亚、德国、欧盟等；少数国家以专利法来保护，例如法国、日本、丹麦；极少数国家采用专利法和专门法进行保护，例如美国。

2. 植物新品种保护制度的起源

1930 年，美国国会颁布世界上第一部植物专利法——《植物专利条例》，该法将无性繁殖的植物品种纳入专利保护范畴，1931 年 8 月 18 日，美国专利与商标局授予第一个植物专利，开创人类利用专利制度保护植物育种权利的先河。该条例其后被并入 1952 年美国《专利法》第 161 条至 164 条。第 161 条将植物专利规定为：无论谁发明或者发现无性繁殖任何独特的、新颖的植物品种，包括培育的变种、异种、胚种和新发现的秧苗，而非试管培植的植物或者在未培育状况下的发现，均可依据本法之条件要求取得专利。

1970 年，美国颁布《植物品种法》，对有性繁殖产生的植物新品种提供一种类似专利的保护，由美国农业部植物品种保护办公室审查并颁发植物品种保护证书。至此，美国对植物品种的保护并行采用植物专利、普通专利、品种保护证书 3 种方式的“多轨制”全面保护。1953 年，德国颁布《种子材料法》，开创性地对育种者的权利规定了专门的保护。

1957 年 2 月 22 日，5 月 7 日至 11 日在法国召开的第一次植物新品种保护外交大会，法国外交部邀请 12 个国家和保护知识产权联合国际局、联合国粮农组织、欧洲经济合作组织参加会议，并达成会议决议，在此基础上拟定了《国际植物新品种保护公约》。

1961 年，为协调国际间植物新品种保护的法律规定，国际植物新品种保护联盟（UPOV）宣告成立，并于 1961 年 12 月 2 日在巴黎通过《国际植物新品种保护公约》（UPOV 公约）。UPOV 公约旨在确认和保护植物新品种育种者的权利，并由公约缔约国组成植物新品种保护联盟，实行专门方式保护植物新品种的法律制度体系，从而初步形成当代国际植物知识产权体系的基础，为国际间开展优良品种的研究、开发、技术转让、合作交流以及新产品贸易提供了法律框架。UPOV 公约于 1968 年生效，并分别于 1972 年、1978 年、1991 年在日内瓦对公约进行 3 次修改，至 2003 年 1 月 5 日，公约参加国已达 52 个国家。UPOV 公约目前拥有两个文本，1978 年文本和 1991 年文本，1991 年的文本比 1978 年的文本更严格地保护育种者的权利。

世界贸易组织的《与贸易有关的知识产权协议》（TRIPS 协议）在专利一节也涉及了植物新品种保护问题。TRIPS 协议第 27 条规定，成员可以将“除微生物之外的动植物，以及生产动植物的、主要是生物的方法”排除在可获专利之外。“但成员应以专利制度或有效的专门制度，或以任何组合制度，给植物新品种以保护。对本项规定应在建立世界贸易组织协议生效的四年之后进行检查。”

TRIPS 协议第 27 条的规定对各国植物品种知识产权保护立法产生巨大影响。

3. 我国植物新品种保护制度的建立

我国最早关于生物技术保护的立法，是 1985 年的《专利法》，该法对动物和植物品种的生产方法和药品的生产方法予以保护。1992 年《专利法》明确排除对植物和动物品种的专利保护，只规定对动物和植物品种的生产方法可以获得专利保护，同时将保护范围扩大到生物技术的产品和物质。

1995 年 7 月，我国加入《国际承认用于专利程序的微生物保存布达佩斯条约》，我国在生物技术方面的知识产权制度开始与国际接轨。1997 年 4 月 30 日，《中华人民共和国植物新品种保护条例》（简称《植物新品种保护条例》）颁布（后于 2014 年进行了修订)，这是我国第一部关于生物技术知识产权保护的专门行政法规。该条例颁布后为了配合该条例的实施，农业部分别于1999年、2001年和2002年先后制定了《植物新品种保护条例实施细则（农业部分）》（2007年8月25日农业部第12次常务会议对该细则进行了修订，1999年的细则同时废止）、《农业部植物新品种复审委员会审理规定》和《农业植物新品种权侵权案件处理规定》。1999年3月，我国向国际植物新品种保护联盟申请加入UPOV公约1978年文本，成为该公约的第39个成员国。不难看出，我国对植物新品种的保护方式主要是由专门机构授予权利人植物新品种权的方式，而不授予专利权，采用单轨制保护制度。2007年1月12日，最高人民法院发布了《关于审理侵犯植物新品种权纠纷案件具体应用法律问题的若干规定》，2012年2月5日发布《关于审理植物新品种权纠纷案件若干问题的解释》，为各地法院审理侵权案件提供指导。2015年11月4日第十二届全国人民代表大会常务委员会第十七次会议修订了《中华人民共和国种子法》，新增了新品种保护的章节。

二、UPOV公约的基本内容

（一）UPOV公约所确定的基本原则

UPOV公约在确定一般国际公约所具有的国民待遇原则和互惠原则的同时，确定了优先权原则和品种权独立原则。

1. 优先权原则

优先权原则指申请人在任何一个成员国内第一次提出保护申请后，于12个月内可在其他成员国家享有优先权。关于优先权的规定现行的两个文本都在第11条做出了明确规定，内容主要包括：①优先权及其期限。凡已正式向缔约方之一提交保护某一品种的申请（“首次申请”）的育种家，出于为获得同一品种权而向其他缔约方提交申请（“二次申请”）时，均享有为期12个月的优先权。这个期限从提交首次申请之日算起，二次申请的当日不计在内。②优先权要求书。育种家为从优先权获益，在提交二次申请时有权要求享有首次申请后的优先权。受理二次申请的机构可以要求育种家在一定时间内（从提交二次申请之日起不少于3个月）提供有关文件和样品或其他证据，证明两次申请的真实文本和同一品种。③文件和材料。允许育种家在优先权期满后两年之内，或在首次申请被拒或撤销后的一定时间内，向二次申请受理方提供依法需要的信息、文件或材料，以满足第12条所指的审查要求。④本期限内发生的事件。即首次申请与二次申请期间发生的事件，例如另提申请或首次申请主体品种的公开或利用，不能成为拒受二次申请的理由。这类事件也不应产生第三方之权利。

2. 品种权独立原则

品种权独立原则指同一个植物品种在不同成员国家所受保护相互独立，一国的批准、驳回或失效并不影响其他国家的保护效力。这一原则主要体现在公约的第10条第3款：任何缔约方均不得以对同一品种未向其他国家或政府间组织提交保护申请，或这种申请已被拒绝或其保护期已满为由，拒绝授予品种权或限制其保护期限。从这一规定可以看出品种权独立原则有三层含义：①成员国间的品种权申请独立。育种家如果想要自己的智力成果能在多个成员国家获得知识产权保护，需要分别独立地向各个成员国家申请。②成员国间的品种权审查独立。品种权申请的程序以及审批的标准应遵循申请国家的法律规定，各个国家可以规定不同的申请程序及审批标准，审批的结果互不影响，即在 A 成员国获得品种权并不意味着在 B 成员国就能获得品种权，反之在 A 成员国未获得批准也并不意味着在 B 成员国也不能获得批准。③成员国间品种权保护独立。育种人取得品种权后，其品种权就进入一国市场，该国如何保障育种权人品种权的行使、品种权遭侵犯后的救济都由该国的法律法规规定。成员国间的保护手段、保护力度均互不影响，如果育种人在多个成员国享有品种权，即使由于某些原因丧失了一国的品种权，也不影响植物新品种在他国获得保护。

（二）植物新品种的保护范围

UPOV 公约 1978 年文本给予成员国决定保护种属范围的选择权，只规定了最低保护的种属的数量，至于具体保护哪些植物新品种，由各成员国自行决定。按照 1978 年文本第 4 条第 2 款的要求，每个联盟成员国自 UPOV 公约在其领土生效之日起应至少对 5 个属或种实施 UPOV 公约的规定。随着 UPOV 公约生效时间的增加，每个联盟成员国应对更多的属或种实施本公约的规定：①3 年内至少有 10 个属或种；②6 年内至少有 18 个属或种；③8 年内至少有 24 个属或种。

UPOV 公约 1991 年文本扩大了植物品种的保护范围，要求成员国将保护范围扩大到所有植物品种。按 1991 年文本的第 3 条第 2 款的要求，自受 UPOV 公约生效之日起，至少适用于 15 个植物属和种，并要求新成员在加入 UPOV 公约至迟 10 年内，保护所有植物品种。

（三）植物新品种保护条件

1991 年文本第 5 条对授予植物新品种的保护条件做出了规定，即具备新颖性、特异性、稳定性、一致性和品种命名。1978 年文本是在第 6 条中对保护条件加以规定的，虽然没有 1991 年文本明确，但也可以看出植物新品种应当符合以上 5 个条件，才能获得 UPOV 公约的保护。

1. 新颖性

根据公约 1991 年文本第 6 条的规定，新颖性要求在育种家的权利申请书备案之日，该品种繁育或收获的材料尚未售出，或虽转让给他人，但业经育种家同意，旨在开发。如果申请日前经育种家同意转让的具体的时间跨度要求是：在提交申请书的缔约方领土上距该提交日转让未超过一年；在提交申请书的缔约方以外的领土上，距该提交日转让未超过 4 年，或在树木或藤本的情况下未超过 6 年。我国的《植物新品种保护条例》第 14 条遵循了 UPOV 公约的要求，规定新颖性是指申请品种权的植物新品种在申请日前该品种繁殖材料未被销售，或者经育种者许可，在中国境内销售该品种繁殖材料未超过 1 年；在中国境外销售藤本植物、林木、果树和观赏树木品种繁殖材料未超过 6 年，销售其他植物品种繁殖材料未超过 4 年。

2. 特异性

特异性是在 UPOV 公约 1991 年文本第 7 条规定的，如果一个品种在申请书备案之时显然有别于人所共知的任何品种，则这个品种就可以认为是特异的。特异性是以已知品种为参照物，申请的植物新品种与现有品种之间应当有明显的本质性差异。植物新品种本质性差异一般在于颜色、花型、种子形状、叶片数量、株高等。应当注意，育种者权利申请书备案或其他品种在任何国家法定的品种登记处登记的情况下，假如已申请获得了育种家的权利或者在法定的品种登记处对其他品种作了登记，则可认为从申请之日起，该其他品种就是人所共知的。

3. 一致性

1991 年文本第 8 条规定，一个品种在其繁殖特性中预期可能出现变异的情况下，如果其有关性状表现足够整齐一致，则该品种应被认为具有一致性。所谓“相关性状”是指一个品种的相关性状至少包括用于 DUS 测试①的所有性状，或该品种授权时包括在该品种描述中的全部性状。因此，任何明显的性状无论是否列入测试指南中都可以认为是相关的。判定植物新品种是否具有一致性，关键在于看繁殖过程中的变异是否是可预见的，受外界环境因素影响，例如植物的株高、颜色等特征会有一定的变异，如果这些变异在预见范围内，应当认为该品种仍符合一致性的要求，如果超出预计则不符合一致性的要求。

4. 稳定性

1991 年文本第 9 条的规定，一个品种经过反复繁殖相关性状保持不变，或者在每次特定繁殖周期末其有关性状保持不变，则该品种就应当认为是稳定的。根据 UPOV 的 TGP（Test Guidelines' Procedures）系列文件的规定“保持不变”的审查方法有两种：一是根据一致性表现评价稳定性，如果一个品种表现不一致则该品种也是不稳定。二是通过种植下一代或者种植一批新种子或植物材料，比较与先前提供的材料的性状表达是否相同。

5. 品种命名

设定这一条件的目的在于将申请植物新品种权的新品种与已知品种区别开来。但是品种的命名也不是任意的，根据 1991 年文本的相关规定，名称应具有区别品种的能力。名称不能仅用数字表示，已成为品种命名惯例的情况除外，名称不应导致误解，或在品种特征、特性、价值或类别或育种者身份方面造成混淆。尤其是名称必须异于各缔约方领土内相同种或近似种已有品种的任何名称。此外，如果向多个公约成员国申请植物新品种权，向所有缔约方提交的同一品种的名称必须相同。

（四）植物品种的保护期

1978 年文本第 8 条规定，育种者所得权利有一定期限，自授予保护权之日起，保护期限不少于 15 年。藤本植物、林木、果树和观赏树木，包括其根茎，保护期为 18 年。1991 年文本第 19 条规定，对不同类的植物品种，其保护期可以有所不同，一般保护期，自批准之日起不少于 20 年，对于树木和藤本植物，保护期限不少于 25 年。对于植物新品种的保护期限 UPOV 公约的两个文本均以最短期限的方式规定，各成员国可

① 即植物新品种测试，是对申请保护的植物新品种进行特异性（Distinctness）、一致性（Uniformity）和稳定性（Stability）的栽培鉴定试验或室内分析测试的过程（简称 DUS 测试）。

以在符合公约最短期限的基础上，自行规定本国的保护期限。我国作为1978年文本的缔约国，《植物新品种保护条例》第34条，品种权的保护期限，自授权之日起，藤本植物、林木、果树和观赏树木保护期为20年，其他植物为15年。

（五）关于育种者权利及权利限制

1. 育种者的权利

根据UPOV公约1978年文本的规定，育种者享有商业目的生产销售其品种的繁殖材料的专有权。育种者的专有权主要包括：①以商业目的生产、销售受保护的植物品种。②在观赏植物或插花生产中作为繁殖材料用于商业目的时，保护范围扩大到以正常销售为目的而非繁殖用的观赏植物部分植株。③为开发其他品种而将受保护品种商业性地反复使用。④对于侵权品种的进口，权利人有权予以禁止。

对于育种者的权利，UPOV公约现存的两个文本的规定存在着一些区别：①依照1978年文本规定，品种权人的品种权只能排斥他人未经许可并以商业销售为目的的生产，而非商业销售目的的生产，品种权人无权干涉。生产的种子如果是为了再播种，而不是为了出售，这种生产就是合法的。1991年文本不再区分是否以商业销售还是自由播种为目的，凡是未经品种权人许可的生产都是违法的。②按照1991年文本的几乎育种者的专有权包含了生产流通的每一环节，除法律对品种权的限制及品种权用尽外，未经品种权人的授权，他人不得从事与繁殖材料有关的生产或繁殖、销售、进出口，以及为其生产繁殖、销售、进出口的存储等活动。而按照1978年文本育种者的专有权主要体现在生产和销售环节。③1978年文本禁止受保护品种的重复使用，为另一品种的商业生产重复使用（受保护品种的重复使用就是用受保护品种作亲本生产杂交一代品种）该品种时，必须征得育种者的同意。1978年文本育种者仅享有受保护品种的专有权，1991年文本在保留了1978年文本的规定的基础上将保护的品种扩大到“依赖性派生品种”①。未经品种权人同意，不得生产或繁殖、销售、使用、进出口以及为生产或繁殖、销售、使用、进出口的存储受保护品种的“依赖性派生品种”。

2. 对品种权保护的例外

（1）强制性例外。根据UPOV公约1991年文本第15条第1款的规定，品种权不适用于私人的非商业性活动、试验性活动、培育其他新品种的活动。非商业性活动中品种权保护的例外实质上体现的是对农民权的保护。生产的种子如果是为了再播种，而不是为了出售种子，这种生产就是合法的。实验性活动和培育新品种活动的豁免实质上是基于合理使用和公共利益的豁免，以实验为目的的行为和培育新品种的行为带有一定的公共性，实验成果和培育出的新品种对农业生产的发展能带来一定的积极影响，而且这两种行为一般都不以商业为目的，对品种权人的影响也较小，所以公约认为在试验性活

① 依赖性品种：按照UPOV公约1991年文本的规定，“依赖性派生品种”包括两种情况：一是从原始品种依赖性派生或从本身就是该原始品种的依赖性派生品种产生的依赖性派生的品种，同时又保留表达由原始品种基因型或基因型组合产生的基本特征；二是与原始品种有明显区别，并且除派生引起的性状有所差异外，在表达由原始品种基因型或基因型组合产生的基本特征、特性方面与原始品种相同。

动、培育其他新品种的活动中使用植物新品种是合理的。

（2）非强制性例外。根据1991年文本第15条第1款的规定，各缔约方在合理的范围内，并在保护育种者合法权益的条件下，可对任何品种的品种权予以限制，以便农民在自己土地上为繁殖之目的，而使用在其土地上种植的保护品种所收获的产品或依赖性品种及其收获的产品。

三、我国植物新品种的法律保护

为了保护植物新品种权，鼓励培育和使用植物新品种，促进农业、林业的发展，1997年3月20日，中华人民共和国国务院颁布了《植物新品种保护条例》，2013年1月31日，国务院第231次常务会议对该条例做出了修改，又根据2014年7月29日颁布的国务院令第653号做出了第二次修正。《植物新品种保护条例》共7章46条，内容包括：总则、植物品种权的内容和归属、授予植物品种权的条件、植物品种权的申请和受理、植物品种权的审查和批准、植物品种权的期限、终止和无效、侵犯植物品种权的法律责任。为贯彻实施该条例，农业部、国家林业局分别发布《植物新品种保护条例实施细则》，分为农业部分、林业部分（下文简称《细则》，如无特别说明，《细则》仅指农业部分）。《植物新品种保护条例》第2条将植物新品种定义为：经过人工培育的或者对发现的野生植物加以开发，具备新颖性、特异性、一致性和稳定性并有适当命名的植物品种。

2000年7月8日，第九届全国人民代表大会常务委员会第16次会议通过《中华人民共和国种子法》。2004年、2013年、2015年，全国人民代表大会常务委员会对《种子法》分别进行了修订。在2015年十二届全国人大常委会第17次会议修订之前，《种子法》并不涉及植物新品种保护的内容，2015年该法第三次修订，新增了新品种保护的章节，明确指出国家实行植物新品种保护制度，将植物新品种的保护上升到法律层面。植物新品种保护的立法层级相对较低，随着我国种业的快速发展，仅靠条例进行保护已经难以满足现实的需要，侵权套牌等违法现象日益增多，侵害了植物新品种权人的合法权益，挫伤了植物新品种权人的创新积极性，扰乱了公平竞争的市场秩序，阻碍了种业的健康发展。为了提高植物新品种权保护的力度、强度和保护的范围，鼓励植物新品种创新，确有必要将植物新品种的保护以法律的形式规定下来，以满足当前推动现代种业持续健康发展的需要。

（一）植物新品种权的保护部门和保护范围

1. 植物新品种权的保护部门

《植物新品种保护条例》第3条规定："国务院农业、林业行政部门按照职责分工共同负责植物新品种权申请的受理和审查并对符合本条例规定的植物新品种授予植物新品种权。"可见我国负责保护植物新品种权的部门主要是国务院的农业部和林业部，具体来说，农业部负责粮食、棉花、油料、麻类、糖料、蔬菜（含西甜瓜）、烟草、桑树、茶树、果树（干果除外）、观赏植物（木本除外）、草类、绿肥、草本药材等植物以及橡胶等热带作物、食用菌的新品种保护工作。国家林业局负责林木、竹、木质藤本、木本观赏植物（包括木本花卉）、果树（干果部分）及木本油料、饮料、调料、木本药材等植物新品种保护工作。

2. 植物新品种权的保护范围

作为《国际植物新品种保护公约》1978 年文本的成员国，目前我国保护的植物品种已经远远超过了公约的规定。自我国农业部于 1999 年 4 月 27 日发布了第一批植物新品种（农业部分）保护名录，截至 2016 年 3 月 26 日第十批保护名录的发布，农业部保护的植物新品种已达 138 个属或种（表 5-1）。林业部也于 1999 年、2000 年、2002 年、2004 年、2013 年、2016 年发布了六批植物新品种保护名录（林业部分），保护的植物新品种已达 206 个属或种（表 5-2）。

表 5-1　中华人民共和国植物新品种保护名录（农业部分）

批次及发布日期	属或种名
第一批（1999 年 6 月 16 日农业部令第 14 号发布）	1. 水稻 2. 玉米 3. 大白菜 4. 马铃薯 5. 春兰 6. 菊属 7. 石竹属 8. 唐菖蒲属 9. 紫花苜蓿 10. 草地早熟禾
第二批（2000 年 3 月 7 日农业部令第 27 号发布）	1. 普通小麦 2. 大豆 3. 甘蓝型油菜 4. 花生 5. 普通番茄 6. 黄瓜 7. 辣椒属 8. 梨属 9. 酸模属
第三批（2001 年 2 月 26 日农业部令第 46 号发布）	1. 兰属 2. 百合属 3. 鹤望兰属 4. 补血草属
第四批（2002 年 1 月 4 日农业部令第 3 号发布）	1. 甘薯 2. 谷子 3. 桃 4. 荔枝 5. 普通西瓜 6. 普通结球甘蓝 7. 食用萝卜
第五批（2003 年 8 月 5 日农业部令第 32 号发布）	1. 高粱 2. 大麦属 3. 苎麻属 4. 苹果属 5. 柑橘属 6. 香蕉 7. 猕猴桃属 8. 葡萄属 9. 李 10. 茄子 11. 非洲菊
第六批（2005 年 5 月 20 日农业部令第 51 号发布）	1. 棉属 2. 亚麻 3. 桑属 4. 芥菜型油菜 5. 蚕豆 6. 绿豆 7. 豌豆 8. 菜 9. 豇豆 10. 大葱 11. 西葫芦 12. 花椰菜 13. 芹菜 14. 胡萝卜 15. 白灵侧耳 16. 甜瓜 17. 草莓 18. 柱花草属 19. 花毛茛 20. 华北八宝 21. 雁来红
第七批（2008 年 4 月 21 日农业部令第 14 号发布）	1. 橡胶树 2. 茶组 3. 芝麻 4. 木薯 5. 甘蔗属 6. 小豆 7. 大蒜 8. 不结球白菜 9. 花烛属 10. 果子蔓属 11. 龙眼 12. 人参
第八批（2010 年 1 月 18 日农业部令第 8 号发布）	1. 莲蝴蝶 2. 兰属 3. 秋海棠属 4. 凤仙花 5. 非洲凤仙花 6. 新几内亚凤仙花
第九批（2013 年 3 月 20 日农业部令第 1 号发布）	1. 芥菜 2. 芥蓝 3. 枇杷 4. 樱桃 5. 莴苣 6. 三七 7. 苦瓜 8. 冬瓜 9. 燕麦 10. 杧果 11. 万寿菊属 12. 郁金香属 13. 烟草
第十批（2016 年 3 月 26 日农业部令第 1 号发布）	1. 向日葵 2. 荞麦属 3. 白菜型油菜 4. 薏苡属 5. 蓖麻 6. 菠菜 7. 南瓜 8. 丝瓜属 9. 青花菜 10. 洋葱 11. 姜 12. 茭白（菰）13. 芦笋（石刁柏）14. 山药（薯蓣）15. 菊芋 16. 咖啡黄葵 17. 杨梅属 18. 椰子 19. 凤梨属 20. 番木瓜 21. 木菠萝（菠萝蜜）22. 无花果 23. 仙客来 24. 一串红 25. 三色堇 26. 矮牵牛（碧冬茄）27. 马蹄莲属 28. 铁线莲属 29. 石斛属 30. 萱草属 31. 薰衣草属 32. 欧报春 33. 水仙属 34. 羊肚菌属 35. 香菇 36. 黑木耳 37. 灵芝属 38. 双孢蘑菇 39. 枸杞属 40. 天麻 41. 灯盏花（短莛飞蓬）42. 何首乌 43. 菘蓝 44. 甜菊（甜叶菊）45. 结缕草

表 5-2　中华人民共和国植物新品种保护名录（林业部分）

批次及发布日期	属或种名
第一批（1999 年 4 月 22 日林业局令第 2 号发布）	1. 毛白杨 2. 泡桐属 3. 杉木 4. 木兰属 5. 牡丹 6. 梅 7. 蔷薇属 8. 山茶属
第二批（2000 年 2 月 2 日林业局令第 5 号发布）	1. 杨属 2. 柳属 3. 桉属 4. 板栗 5. 核桃属 6. 枣 7. 柿 8. 杏 9. 银杏 10. 油桐属 11. 红豆杉属 12. 杜鹃花属 13. 桃花 14. 紫薇 15. 榆叶梅 16. 蜡梅 17. 桂花
第三批（2002 年 12 月 2 日林业局令第 6 号发布）	1. 松属 2. 云杉属 3. 落羽杉属 4. 圆柏属 5. 鹅掌楸属 6. 木瓜属 7. 金合欢属 8. 槐属 9. 刺槐属 10. 丁香属 11. 连翘属 12. 黄杨属 13. 大戟属 14. 槭属 15. 沙棘属 16. 臭椿属 17. 竹属 18. 箬竹属 19. 刚竹属 20. 省藤属 21. 黄藤属
第四批（2004 年 10 月 14 日林业局令第 12 号发布）	1. 苏铁属 2. 崖柏属 3. 罗汉松属 4. 桦木属 5. 榛属 6. 栲属 7. 榆属 8. 榉属 9. 桑属 10. 榕属 11. 芍药属 12. 木莲属 13. 含笑属 14. 拟单性木兰属 15. 樟属 16. 润楠属 17. 继木属 18. 紫檀属 19. 花椒属 20. 黄皮属 21. 黄栌属 22. 卫矛属 23. 栾树属 24. 蛇葡萄属 25. 爬山虎属 26. 石榴属 27. 常春藤属 28. 紫金牛属 29. 白蜡树属 30. 枸杞属 31. 梓树属 32. 忍冬属
第五批（2013 年 1 月 22 日林业局令第 29 号发布）	1. 六道木属 2. 冷杉属 3. 五加属 4. 酸竹属 5. 七叶树属 6. 木通属 7. 合欢属 8. 桤木属 9. 沙冬青属 10. 紫穗槐属 11. 桃叶珊瑚属 12. 小檗属 13. 木棉属 14. 叶子花属 15. 构属 16. 醉鱼草属 17. 紫珠属 18. 沙拐枣 19. 凌霄属 20. 旱莲木 21. 锦鸡儿属 22. 鹅耳枥属 23. 山核桃属 24. 决明属 25. 栗属 26. 木麻黄属 27. 雪松属 28. 朴属 29. 三尖杉属 30. 紫荆属 31. 方竹属 32. 流苏树属 33. 南酸枣 34. 铁线莲属 35. 大青属 36. 山茱萸属 37. 栒子属 38. 山楂属 39. 柳杉属 40. 瑞香属 41. 珙桐属 42. 牡竹属 43. 胡颓子属 44. 杜英属 45. 麻黄属 46. 杜仲 47. 箭竹属 48. 皂荚属 49. 梭梭属 50. 金缕梅属 51. 木槿属 52. 沙棘属 53. 坡垒属 54. 绣球属 55. 金丝桃属 56. 山桐子属 57. 冬青属 58. 八角属 59. 大节竹属 60. 蓝花楹属 61. 素馨属 62. 麻风树 63. 刺柏属 64. 油杉属 65. 紫薇属 66. 落叶松属 67. 胡枝子属 68. 女贞属 69. 山胡椒属 70. 枫香属 71. 木姜子属 72. 滇丁香属 73. 苹果属（除水果外）74. 野牡丹属 75. 楝属 76. 水杉属 77. 杨梅 78. 白刺属 79. 红豆属 80. 木樨属 81. 黄檗 82. 楠属 83. 石楠属 84. 黄连木属 85. 化香树属 86. 侧柏属 87. 苦竹属 88. 金露梅 89. 李属（除水果外）90. 枫杨属 91. 青檀属 92. 栎属 93. 悬钩子属 94. 接骨木属 95. 无患子属 96. 乌桕属 97. 檫木 98. 木荷属 99. 秤锤树属 100. 珍珠梅属 101. 花楸属 102. 火焰树属 103. 绣线菊属 104. 山矾属 105. 台湾杉属 106. 柽柳属 107. 柚木 108. 夜来香属 109. 厚皮香属 110. 吴茱萸属 111. 椴树属 112. 香椿属 113. 榧树属 114. 越橘属 115. 荚蒾属 116. 牡荆属 117. 锦带花属 118. 紫藤属 119. 文冠果 120. 枣属
第六批（2016 年 10 月 14 日林业局令第 43 号发布）	1. 栀子属 2. 悬铃木属 3. 蚊母树属 4. 南天竹属 5. 火棘属 6. 红千层属 7. 羊蹄甲属 8. 红花荷属

（二）植物新品种权的获得条件

品种权是国家植物新品种保护审批机关依照法律、法规的规定，授予品种权人在一定的期限内所享有的独占繁殖、生产、使用、销售、进口和转让授权品种的一种专有权利。它包括品种权人所享有的精神权利和经济权利。植物品种权是知识产权的最重要组成部分，是植物新品种保护的核心，整个植物新品种保护都是围绕品种权的取得和保护而开展的。根据《植物新品种保护条例》第 2 条规定，只有经过人工培育的或者对发现的野生植物加以开发，具备新颖性、特异性、一致性和稳定性并有适当命名的植物品种，才具有获得植物新品种权的条件。

1. 新颖性

根据《植物新品种保护条例》第 14 条的规定，新颖性是指申请品种权的植物新品种在申请日前，该品种繁殖材料未被销售，或者经育种者许可，在中国境内销售该品种繁殖材料未超过 1 年；在中国境外销售藤本植物、林木、果树和观赏树木品种繁殖材料未超过 6 年，销售其他植物品种繁殖材料未超过 4 年。

《细则》第 15 条规定了属于《植物新品种保护条例》第 14 条规定的销售的情形主要有：①以买卖方式将申请品种的繁殖材料转移他人；②以易货方式将申请品种的繁殖材料转移他人；③以入股方式将申请品种的繁殖材料转移他人；④以申请品种的繁殖材料签订生产协议；⑤以其他方式销售的情形。

具有下列情形之一的，视为《植物新品种保护条例》第 14 条规定的育种者许可销售：①育种者自己销售；②育种者内部机构销售；③育种者的全资或者参股企业销售；④农业部规定的其他情形。

2. 特异性

《植物新品种保护条例》第 15 条规定，特异性是指申请品种权的植物新品种应当明显区别于在递交申请以前已知的植物品种，特异性条件强调的是申请品种与现有品种之间的差异，并且这个差异必须是明显的，申请品种的经济性状和经济价值不在考虑范围内。例如，与现有品种相比，申请品种具有早熟、抗病能力、有着不同的叶片数量、有着不同的植株高度等质量特征特性就是具备了特异性条件。

3. 一致性

《植物新品种保护条例》第 16 条规定，一致性是指申请品种权的植物新品种经过繁殖，除可以预见的变异外，其相关的特征或者特性一致。受外界环境因素的影响，植物品种的某些特征特性会发生一定的变化，例如，植物的株高和生育期的变化等，一致性并不是要求繁殖过程中不能出现变化，关键在于发生的变化是否是可以预见的，如果发生的变化在可预见的范围内，该植物品种仍满足一致性的要求。

4. 稳定性

《植物新品种保护条例》第 17 条规定，稳定性是指申请品种权的植物新品种反复繁殖后或者在特定繁殖周期结束时，其相关的特征或者特性保持不变。这里的相关特征或特性保持不变是指申请品种权的植物新品种的特异性是稳定的，在一定的繁殖世代中它们相对稳定，没有发生变化。

5. 命名性

《植物新品种保护条例》第 18 条规定，命名性要求授予品种权的植物新品种应当具备适当的名称，并与相同或者相近的植物属或者种中已知品种的名称相区别。该名称经注册登记后即为该植物新品种的通用名称。当然新品种的命名不是任意的，根据

《植物新品种保护条例》第 18 条和《细则》第 18 条的规定，下列名称不得用于品种命名：①仅以数字组成的；②违反国家法律或者社会公德或者带有民族歧视性的；③以国家名称命名的；④以县级以上行政区划的地名或者公众知晓的外国地名命名的；⑤同政府间国际组织或者其他国际国内知名组织及标识名称相同或者近似的；⑥对植物新品种的特征、特性或者育种者的身份等容易引起误解的；⑦属于相同或相近植物属或者种的已知名称的；⑧夸大宣传的。

（三）植物新品种权的内容

1. 植物新品种权的内容

《植物新品种保护条例》第 6 条规定，完成育种的单位或者个人对其授权品种，享有排他的独占权。任何单位或者个人未经品种权所有人许可，不得为商业目的生产或者销售该授权品种的繁殖材料，不得为商业目的将该授权品种的繁殖材料重复使用于生产另一品种的繁殖材料；但是，法律法规另有规定的除外。根据《植物新品种保护条例》第 9 条的规定，植物新品种的申请权和品种权可以依法转让。中国的单位或者个人就其在国内培育的植物新品种向外国人转让申请权或者品种权的，应当经审批机关批准。国有单位在国内转让申请权或者品种权的，应当按照国家有关规定报经有关行政主管部门批准。转让申请权或者品种权的，当事人应当订立书面合同，并向审批机关登记，由审批机关予以公告。

品种权与专利权一样都是一种排他性的独占权。二者的相同点在于：权利人都有权禁止他人未经许可而对受保护对象进行商业性的生产、销售和使用，经权利人同意使用受保护对象要向权利人支付使用费，同一对象只能授予一项权利，权利的授予实行先申请原则。二者的差异主要表现在保护对象上：专利权保护的对象是构成发明创造的技术方案和设计，而非依技术方案和设计生产的产品；品种权保护的对象是籽种、苗树、块根、块茎等特定植物品种的繁殖材料。

2. 植物新品种权的限制

为了国家利益或者公共利益，审批机关可以做出实施植物新品种强制许可的决定，并予以登记和公告。《植物新品种保护条例》第 10 条明确规定，在下列情况下使用授权品种的，可以不经品种权人许可，不向其支付使用费，但是不得侵犯品种权人依照条例享有的其他权利：①利用授权品种进行育种及其他科研活动；②农民自繁自用授权品种的繁殖材料。当然强制许可不是无偿的，取得实施强制许可的单位或者个人应当付给品种权人合理的使用费，其数额由双方商定；双方不能达成协议的，由审批机关裁决。品种权人对强制许可决定或者强制许可使用费的裁决不服的，可以自收到通知之日起 3 个月内向人民法院提起诉讼。此外，在名称使用上应以注册登记的名称为准，不论授权品种的保护期是否届满，销售该授权品种应当使用其注册登记的名称。

（四）植物新品种权的归属

依照《植物新品种保护条例》第 19 条和第 20 条规定，中国的单位和个人，外国人、外国企业或者外国其他组织都可以成为植物新品种权的权利主体。外国人、外国企业或者外国其他组织在我国申请品种权时，所应遵循的其所属国和中华人民共和国签订的协议或者共同参加的国际条约办理，或者根据互惠原则依照《植物新品种保护条例》的规定办理品种权的申请。

1. 职务育种品种权的归属

职务育种，是指执行本单位的任务或者主要是利用本单位的物质条件所完成的育种。这里所指的本单位的物质条件是指本单位的资金、仪器设备、试验场地以及单位所有或者持有的尚未允许公开的育种材料和技术资料等。根据《植物新品种保护条例》第 7 条的规定，职务育种所得的植物新品种的申请权属于该单位。育种者个人无权向有关机构申请，但是育种者享有署名权和荣誉权。职务育种的情形主要有 3 种：①在本职工作中完成的育种；②履行本单位交付的本职工作之外的任务所完成的育种；③退职、退休或者调动工作后 3 年内完成的与其在原单位承担的工作或者原单位分配的任务有关的育种。

2. 非职务育种品种权的归属

《植物新品种保护条例》第 7 条第 1 款明确规定："非职务育种，植物新品种的申请权属于完成育种的个人。申请被批准后，品种权属于申请人。"不过应当注意，如果育种者为多人时，即属于共同非职务育种所完成的新品种，必须由所有完成育种的人共同提出品种权申请，不能单独提出申请。

3. 委托育种、合作育种品种权的归属

依照《植物新品种保护条例》第 7 条第 2 款的规定，委托育种或者合作育种，品种权的归属由当事人在合同中约定；未约定的，品种权属于受委托完成或者共同完成育种的单位或个人。在合作育种的情形下，育种者必须对育成的新品种做出创造性的贡献，像提供资金、提供研发场所等纯经济的辅助不能构成创造性的贡献，创造性的贡献应该是知识技术层面的，对育成植物新品种的成功起到直接的关键的作用，只有两个及两个以上的单位和个人做出了创造性的贡献才构成合作育种。应当明确一个植物新品种只能授予一项品种权，在合作育种的情形下，两个以上的申请人分别就同一个植物新品种申请品种权的，应当遵循优先权原则，品种权授予最先申请的人；同时申请的，品种权授予最先完成该植物新品种育种的人。主张权利的单位或者个人负有举证的责任。

（五）植物新品种权的申请和审批

1. 植物新品种权的申请

（1）申请人。根据《细则》第 19 条的规定，中国的单位和个人申请植物新品种权的，可以直接或者委托代理机构向审批机关提出申请。中国的单位和个人申请品种权的植物新品种涉及国家安全或者重大利益需要保密的，应当按照国家有关规定办理。外国人、外国企业或者外国其他组织在中国申请品种权的，应当按其所属国和中华人民共和国签订的协议或者共同参加的国际条约办理，或者根据互惠原则，依照条例办理。申请人委托代理机构申请品种权或者办理其他品种权事务的，应当同时提交委托书，明确委托权限。申请人有两个以上而未委托代理机构的，应当明确一方为代表人。

（2）申请文件。《植物新品种保护条例》第 21 条规定，申请品种权的，应当向审批机关提交符合规定格式要求的请求书、说明书和该品种的照片。同时申请文件应当使用中文书写。农业部、国家林业局分别对请求书、说明书应当包括的具体内容，照片应达到的要求做出了规定，申请人应当按照规定提交申请文件，否则可能会导致品种权申请不被受理。《细则》第 21 条要求说明书应当包括：①申请品种的暂定名称，该名称应当与请求书的名称一致；②申请品种所属的属或者种的中文名称和拉丁文名称；③育种过程和育种方法，包括系谱、培育过程和所使用的亲本或者其他繁殖材料来源与名称的详细说明；④有关销售情况的说明；⑤选择的近似品种及理由；⑥申请品种特异性、一致性和稳定性的详细说明；⑦适于生长的区域或者环境以及栽培技术的说明；⑧申请品种与近似品种的性状对比表。《细则》第 22 条要求申请人提交的照片应当符合以下要求：①照片有利于说明申请品种的特异性；②申请品种与近似品种的同 1 种性状对比应在同 1 张照片上；③照片应为彩色，必要时，品种保护办公室可以要求申请人提供黑白照片；④照片规格为 8.5 厘米×12.5 厘米或者 10 厘米×15 厘米；⑤关于照片的简要文字说明。申请人送交的繁殖材料还应当与品种权申请文件中所描述的该植物新品种的繁殖材料相一致，并应当符合下列要求：①不得遭意外的损害和药物的处理；②无检疫性的有害生物；③送交的繁殖材料为种子的，种子应当是最近收获的。

在品种权授予前申请人可以修改或者撤回品种权的申请，但是以下内容需要品种保护办公室批准，否则申请人在品种权授予前不得修改申请文件的下列内容：①申请品种的名称、申请品种的亲本或其他繁殖材料名称、来源以及申请品种的育种方法；②申请品种的最早销售时间；③申请品种的特异性、一致性和稳定性内容。

（3）申请日。《植物新品种保护条例》第 22 条规定：“审批机关收到品种权申请文件之日为申请日；申请文件是邮寄的，以寄出的邮戳日为申请日。”一般情况下申请日是审批机关收到品种权申请文件之日或者寄出的邮戳日，但是在有优先权的情况下，优先权日为申请日。《植物新品种保护条例》第 23 条规定了植物新品种申请的优先权：申请人自在外国第一次提出品种权申请之日起 12 个月内，又在中国就该植物新品种提出品种权申请的，依照该外国同中华人民共和国签订的协议或者共同参加的国际条约，或者根据相互承认优先权的原则，可以享有优先权。申请人要求优先权的，应当在申请时提出书面说明，并在 3 个月内提交经原受理机关确认的第一次提出的品种权申请文件的副本；未依照条例规定提出书面说明或者提交申请文件副本的，视为未要求优先权。如果申请人在法律规定的期限内在中国提出品种权申请，应视其在外国第一次提出品种权申请之日为在中国申请新品种权的申请日。

根据专利法的规定，一件专利申请只能申请一项专利，但是实际申请中难免会出现 1 件植物品种权申请包括 2 个以上新品种的，此时品种保护办公室应当要求申请人提出分案申请，申请人在指定期限内对其申请未进行分案修正或者期满未答复的，视为撤回申请；申请人按照品种保护办公室要求提出的分案申请，可以保留原申请日，以原申请日为分案申请的申请日。

2. 植物新品种权的审批

对符合《植物新品种保护条例》第 21 条规定的品种权申请，审批机关应当予以受理，明确申请日、给予申请号，并自收到申请之日起 1 个月内通知申请人缴纳申请费。而对不符合或者经修改仍不符合条例第 21 条规定的品种权申请，审批机关不予受理，并通知申请人。

（1）初步审查。申请人缴纳申请费后，审批机关进行初步审查，审批机关自受理品种权申请之日起 6 个月内完成初步审查。对经初步审查合格的品种权申请，审批机关予以公告，并通知申请人在 3 个月内缴纳审查费，未按规定缴纳审查费的视为撤回申请。对经初步审查不合格的品种权申请，审批机关通知申请人在 3 个月内陈述意见或者予以修正；逾期未答复或者修正后仍然不合格的，驳回申请。

初步审查的审查内容大体上包含以下内容：①申请的植物品种是否在植物新品种保护名录的范围内；②是否符合新颖性的规定；③申请品种权的植物新品种的命名是否适当；④如果申请品种权的主体是外国人或者外国的企业或其他组织，应当审查其所属国是否与我国存在协议或者存在共同参加的国际条约，如若不存在则应审查是否能够适用互惠原则。

（2）实质审查。申请人按规定缴纳审查费后，审批机关对品种权申请的特异性、一致性和稳定性进行实质审查。对经实质审查符合条例规定的品种权申请，审批机关应当做出授予品种权的决定，颁发品种权证书，并予以登记和公告。对经实质审查不符合条例规定的品种权申请，审批机关予以驳回并通知申请人。根据《细则》的规定，具体负责实质审查的机关是农业部和林业局的品种保护办公室，审查后品种保护办公室负责将审查意见通知申请人，可以根据审查的需要，要求申请人在指定期限内陈述意见或补正。

除了审查申请的植物品种是否符合特异性、一致性和稳定性的要求外，在这一环节中审批机关还应该进行保密性审查，看是否需要进行保密。依照《植物新品种保护条例》第 19 条第 2 款规定，中国的单位和个人申请品种权的植物新品种涉及国家安全或者重大利益需要保密的，申请人应当在申请文件中说明，品种保护办公室经过审查后做出是否按保密申请处理的决定，并通知申请人；品种保护办公室认为需要保密而申请人未注明的，仍按保密申请处理，并通知申请人。

（3）复审。植物新品种权的申请被驳回可能是申请人自身的原因造成的，申请品种不符合条件、申请文件需要修正，但是申请人逾期未答复或者修正后仍然不合格；也可能是审批机关的原因导致的，审批机关的具体工作人员在审查时可能存在疏忽或判断错误的情况。复审程序的设置给植物新品种权的申请人提供了有效地救济途径，一方面可以纠正初审环节和实质审查环节可能存在的失误，另一方面也给了申请人重新获得品种权的机会，维护其合法权益。

《植物新品种保护条例》第 32 条规定："对审批机关驳回品种权申请的决定不服的，申请人可以自收到通知之日起 3 个月内，向植物新品种复审委员会请求复审。植物新品种复审委员会应当自收到复审请求书之日起 6 个月内做出决定，并通知申请人。申请人对植物新品种复审委员会的决定不服的，可以自接到通知之日起 15 日内向人民法院提起诉讼。"复审相关事宜由农业部和林业局设立的植物新品种、复审委员会专门负责，根据《细则》的规定植物新品种复审委员会除了负责审理驳回品种权申请的复审案件外，还负责品种权无效宣告案件和授权品种更名案件。

（4）授予品种权。《细则》第 41 条规定，农业部办公室发出办理授予品种权的通知后，申请人应当自收到通知之日起 2 个月内（林业局规定的是 3 个月）办理相关手续和缴纳第1年年费。对按期办理的，农业部授予品种权，颁发品种权证书，并予以公告。品种权自颁发品种权证书之日起生效。期满未办理的，视为放弃取得品种权的权利。

（六）植物新品种权的期限

保护期限是品种权的有效期间，以品种权人获得品种权为起点，以品种权失效为终点。保护期限届满，品种权自动终止。根据《植物新品种保护条例》第34条的规定，我国植物新品种权的保护期限，自授权之日起，藤本植物、林木、果树和观赏树木为20年，其他植物为15年。作为UPOV公约1978年文本的缔约国，相较于公约第8条规定的保护期限，藤本植物、林木、果树和观赏树木的保护期比公约的规定要多出两年。

（七）植物新品种权的终止

一般情况下，品种权的终止是由于法定的保护期限届满而自行失效，终止后由审批机关登记和公告。但是某些特殊情况下，品种权在其保护期限届满前也会终止。根据《植物新品种保护条例》第36条的规定，品种权提前终止的情形主要有：

1. 品种权人以书面声明放弃品种权

育种人申请植物新品种权是为了获得植物新品种的独占权，从而获得一定的经济利益，相对应的为了实现品种权的价值也需要支出一定的费用，例如年费的缴纳，推广费用等。但是有些情形下如新品种的更新换代，适用性狭窄等，植物新品种权并不能为品种权人带来收益，此时品种权人会选择放弃其品种权。

2. 品种权人未按照规定缴纳年费

国家为保障品种权人排他的独占权需要投入大量的人力物力，年费的缴纳是维持品种权的效力的必要条件，不缴纳年费会导致品种权的丧失。未按时缴纳年费并不会使得品种权即刻终止，根据《细则》第55条，品种权人未按时缴纳授予品种权第1年以后的年费，或者缴纳的数额不足的，品种保护办公室应当通知申请人自应当缴纳年费期满之日起6个月内补缴；期满未缴纳的，自应当缴纳年费期满之日起，品种权终止。

3. 品种权人未按照审批机关的要求提供检测所需的该授权品种的繁殖材料

《植物新品种保护条例》第35条规定，品种权人有义务依照审批机关的要求提供用于检测的该授权品种的繁殖材料。品种权人应当依照审批机关要求的时间、数量、质量等要求提供繁殖材料，品种权人拒不提供或者提供不合格的繁殖材料均会导致检测工作的无法进行，审批机关可以依职权撤销其品种权。

4. 经检测该授权品种不再符合被授予品种权时的特征和特性

这一情形的品种权终止是根据检测结果决定的，品种权人获得品种权后，植物品种的特征、特性可能会产生变化，如果现有品种的特征、特性于申请品种权时品种的特征、特性不同，则现有品种就丧失了品种权保护的条件，审批机关可以依据职权撤销该品种权。

（八）植物新品种权的无效

植物新品种权的无效是由植物新品种复审委员会审查决定的。《植物新品种保护条例》第37条授予了复审委员会宣告品种权无效的权力，自审批机关公告授予品种权之日起，植物新品种复审委员会可以依据职权或者依据任何单位或者个人的书面请求，对不符合新颖性、特异性、一致性和稳定性规定的，宣告品种权无效，做出决定后由审批机关登记和公告，并通知当事人。

被宣告无效的品种权视为自始不存在。宣告品种权无效的决定，对在宣告前人民法院做出并已执行的植物新品种侵权的判决、裁定，省级以上人民政府农业、林业行政部门做出并已执行的植物新品种侵权处理决定，以及已经履行的植物新品种实施许可合同和植物新品种权转让合同，不具有追溯力；但是，因品种权人的恶意给他人造成损失的，应当给予合理赔偿。品种权人或者品种权转让人不向被许可实施人或者受让人返还使用费或者转让费，明显违反公平原则的，品种权人或者品种权转让人应当向被许可实施人或者受让人返还全部或者部分使用费或者转让费。

（九）法律责任

植物新品种权受到法律的保护，侵犯植物新品种权必然要承担相应的法律责任。《植物新品种保护条例》第33条规定，品种权被授予后，在自初步审查合格公告之日起至被授予品种权之日止的期间，对未经申请人许可，为商业目的生产或者销售该授权品种的繁殖材料的单位和个人，品种权人享有追偿的权利。常见的侵犯品种权的行为主要表现为：①假冒授权品种；②未经品种权人许可为商业目的生产、销售他人授权品种。在发生品种权侵权后，品种权人可以通过以下途径救济自己的权利。

1. 行政法律责任

（1）植物新品种权人的行政法律责任。品种权人获得品种权后，有义务合理行使自己的品种权，销售授权品种应当使用其注册登记的名称的，如果不使用注册登记的名称，根据《植物新品种保护条例》第42条的规定，由县级以上人民政府农业、林业行政部门依据各自的职权责令限期改正，可以处1 000元以下的罚款。

（2）行政机关工作人员的行政法律责任。行政机关工作人员在品种权的审批、品种权的监管及处理品种权纠纷等行政活动中，均应当依法行使自己的职权。依照《植物新品种保护条例》第42条的规定，县级以上人民政府农业、林业行政部门的及有关部门的工作人员滥用职权、玩忽职守、徇私舞弊、索贿受贿，构成犯罪的，依法追究刑事责任；尚不构成犯罪的，依法给予行政处分。

（3）侵权人的行政法律责任。当品种权遭受侵害时，品种权人或利害关系人（主要是被许可人和强制许可的受益人）可请求省级以上人民政府农业、林业行政部门依据各自的职权进行处理。省级以上人民政府农业、林业行政部门依据各自的职权，根据当事人自愿的原则，对侵权所造成的损害赔偿可以进行调解，调解达成协议的，当事人应当履行。在查处假冒授权品种案件时，根据需要，有关行政机关可以封存或者扣押与案件有关的植物品种的繁殖材料，查阅、复制或者封存与案件有关的合同、账册及有关文件。经审查，若确实构成了品种权侵权，省级以上人民政府农业、林业行政部门可以依据《植物新品种保护条例》第39条第3款的规定做出以下行政处理决定：①责令侵权人停止侵权行为；②没收违法所得，同时可以并处违法所得5倍以下的罚款。对于假冒授权品种的侵权行为，根据《植物新品种保护条例》第40条的规定，县级以上人民政府农业、林业行政部门也有假冒授权品种的管辖权，可以依据各自的职权责令停止假冒行为，除没收违法所得外还可以没收植物品种繁殖材料，并处违法所得1倍以上5倍以下的罚款。

2. 民事法律责任

根据《植物新品种保护条例》第39条和第43条的规定，法院主要处理三类品种权纠纷案件：①对品种权侵权行为，品种权人或利害关系人可以直接向法院提起民事诉讼。②发生品种权侵权后品种权人或利害关系人向农业、林业行政部门申请调解但未达成协议的，品种权人或者利害关系人可以依照民事诉讼程序向人民法院提起诉讼。③当事人就植物新品种的申请权和品种权的权属发生争议的，可以向法院提起诉讼。应当注意，品种权侵权案件的一审法院应该是各省、自治区、直辖市人民政府所在地的中级人民法院和各经济特区的中级人民法院。法院审理后，如若认定确实构成品种权侵权可以采取责令侵权人停止侵权行为、赔偿损失、没收侵权人的侵权所得、消除影响等民事制裁措施。

3. 刑事法律责任

刑事法律责任的承担规定在《植物新品种保护条例》的第40条和第44条，以下两种情形需要承担刑事法律责任：①假冒授权品种的，情节严重，构成犯罪的，依法追究侵权人的刑事责任；②县级以上人民政府农业、林业行政部门的及有关部门的工作人员滥用职权、玩忽职守、徇私舞弊、索贿受贿，构成犯罪的，依法追究刑事责任。

（十）关于审理植物新品种纠纷的司法解释

2000年12月25日，最高人民法院通过《关于审理植物新品种纠纷案件若干问题的解释》，规定人民法院受理的植物新品种纠纷案件主要包括以下11种类型，从案件性质上，可以分为植物新品种行政案件和植物新品种民事纠纷案件。

（1）是否应当授予植物新品种权纠纷案件。申请人对植物新品种复审委员会的决定不服的，可以自接到通知之日起15日内向人民法院提起诉讼。

（2）宣告授予的植物新品种权无效或者维持植物新品种权的纠纷案件。对植物新品种复审委员会的决定不服的，可以自收到通知之日起3个月内向人民法院提起诉讼。

（3）授予品种权的植物新品种更名的纠纷案件。对植物新品种复审委员会的决定不服的，可以自收到通知之日起3个月内向人民法院提起诉讼。

（4）实施强制许可的纠纷案件。品种权人不服审批机关做出实施植物新品种强制许可的决定的，可以自收到通知之日起3个月内向人民法院提起诉讼。

（5）实施强制许可使用费的纠纷案件。取得实施强制许可的单位或者个人应当付给品种权人合理的使用费，双方不能达成协议的，由审批机关裁决。品种权人对裁决不服的，可以自收到通知之日起3个月内向人民法院提起诉讼。

（6）植物新品种申请权案件。

（7）植物新品种权利归属案件。

（8）转让植物新品种申请权和转让植物新品种权的纠纷案件。

（9）侵犯植物新品种权纠纷案件。

（10）不服省级以上农业、林业行政管理部门依据职权对侵犯植物新品种权处罚的纠纷案件。

（11）不服县级以上人民政府农业、林业行政部门依职权对假冒授权品种处罚的纠纷案件。

第四节　地理标志法律制度

一、地理标志的含义

（一）地理标志的概念

地理标志首次出现于欧盟《关于保护农产品和食品地理标记和原产地名称条例》中，地理标志（geographical indications）又称地理标记、地理标识，是指确认某商品来源于协议缔约国特定成员地域内，或该地域中特定区域或地方的标志，而该商品的特有质量、声誉或其他特征，主要与该地理相关联。从现行《中华人民共和国商标法》第16条第2款规定看，“地理标志，是指标示某商品来源于某地区，该商品的特定质量、信誉或者其他特征，主要由该地区的自然因素或者人文因素所决定的标志”。国家质检总局2005年6月7日公布的《地理标志产品保护规定》第2条规定，地理标志产品，是指产自特定地域，所具有的质量、声誉或其他特性本质上取决于该产地的自然因素和人文因素，经审核批准以地理名称进行命名的产品。地理标志产品包括来自本地区的种植、养殖产品；原材料全部来自本地区或部分来自其他地区，并在本地区按照特定工艺生产和加工的产品。WTO《与贸易有关的知识产权协议》（TRIPS协议）规定：“本协议中的地理标志系指这样的标志：它标示出某商品来源于（世界贸易组织）某成员地域内，或来源于该地域中的某地区或某地方，而该商品的特定质量、信誉或其他特征主要归因于其地理来源。”我国法律法规中有关地理标志实质内容已与TRIPS协议保持一致。

（二）地理标志的内涵

地理标志是由“原产地名称”逐步发展而来的。狭义上的地理标志与原产地名称同义，广义上的地理标志是原产地名称和货源标志两部分的总称。原产地名称，是由产品起源或服务来源的国家、地区或特定地方的名称组成，用于指示一项产品来源于该地，其品质或特色完全或主要取决于该地地理环境，包括自然和人为因素在内。原产地名称是1958年《保护原产地名称及其国际注册里斯本协定》（简称《里斯本协定》）中所做的规定：原产地名称系指一个国家、地区或地方的地理名称，用于指示一项产品来源于某地，其质量或特征完全或主要取决于该地理环境，包括自然和人为因素。一般由地理名称和产品通用名称构成，原产地名称除了表明产品的地理来源之外，更重要的是把该地理来源与产品的特色或品质联系起来，是一种质量证明标志。这种证明标志用以表明产品所具有的特殊品质与产地的地理环境以及传统制作工艺等人文条件之间的内在联系。1999年，国家质量技术监督局发布的《原产地域产品保护规定》与

2001年我国国家出入境检验检疫局发布的《原产地标记管理规定》中关于原产地域产品与原产地标记的规定，均参照了《里斯本协定》原产地名称的规定。货源标志是指表示一种产品来源于某个国家、地区或地方的说明标记，通常由名称、标记或符号组成。这些名称标记或符号如“Made in Japan”“中国制造”等，均标示出商品的真实产地，可以使消费者了解该产品的真实来源，在何处加工、何处制造。

货源标志与原产地名称最大的不同在于，货源标志只代表产品的来源而与产品的质量没有直接联系，仅仅在于说明商品来源于哪个国家或地区；而原产地名称它除了明示地理来源外，还与商品的特定质量和特点有必然的联系，起着证明产品质量的作用。地理标志是否包括货源标志要看其所属法律文件的具体规定，TRIPS协议和我国法律法规中有关规定中地理标志不包括货源标记，而世界知识产权组织（WIPO）起草的WIPO地理标志协议草案（下称草案）规定的地理标志则宽泛的多，其并不包括产品的质量、信誉或其他特征，只要求产品的产地与地理标志相一致，所以草案里的地理标志包括货源标志。

二、地理标志与商标

商标是企业为使其商品和服务有别于其他企业的商品和服务所使用的一种标识。它赋予其所有人排除他人使用该商标的权利。地理标志告诉消费者某产品是在某地生产并具备某些与该生产地有关的特性。在地理标志指明的地方生产其产品的所有生产者均可使用这一地理标志，并且其产品亦都具有与产地相关的特殊品质。

（一）地理标志与商标区别

1. 表示的含义不同

商标关键在于显著性，主要用于识别提供特定的商品或服务的企业；地理标志用于识别生产使用该地理标志的产品的一家或多家企业所在的地理区域，并且标示着产品符合特定的品质。

2. 使用的主体不同

商标一般由同一或几家企业使用，地理标志则可以由很多家企业使用，只要其遵守特定的质量要求，设在该地域内的企业都可以使用。如香槟（Champagne），原本是法国北部的一个省，现已成国际公认的一个有名的关于葡萄酒的地理标志。

3. 所起作用不同

概括来说，企业使用特定的商标，其目的在于能够使自己提供的服务和商品与其他经营者提供的同类商品和服务相区别，提高辨识度，从而占领一定的市场，提高市场竞争力。而地理标志起到的辨识作用一般要小于商标，地理标志不是某一企业所专有的，企业只要确实在地理标志所表示地域内生产，并且产品品质符合地理标志的要求就能使用。

4. 权利取得的方式不同

商标权的取得一般是通过向商标局申请进行注册登记获得，当然虽未注册登记，但是通过长期使用，在一定范围内产生一定的影响，也可以作为商标受到保护。而地理标志使用权的取得法律上无明确规定，我国《农产品地理标志管理办法》和《地理标志产品保护规定》规定了农产品地理标志和地理标志产品的注册登记程序，但是是否以登记注册为获得地理标志权的必要程序，立法上并无明确规定。

（二）地理标志与商标的关系

1. 地理标志与商标的联系

（1）两者可以同时在同一商品上使用。地理标志和商标虽然是两个不同的商业标识，但是两者在使用上并不冲突，生产者可以在商品上同时标识普通商标和其合法使用的地理标志，如靖江双鱼猪肉脯，“靖江”为产地标志，“双鱼”为产品的商标，分别以商标和地理标志受到法律保护。

（2）地理标志可以依法注册成为商标。注册为商标的地理标志主要是以集体商标和证明商标的形式存在。根据我国2014年最新修订的《中华人民共和国商标法实施条例》（简称《商标法实施条例》）第4条规定，以地理标志作为证明商标的，其商品符合使用该地理标志条件的自然人、法人或者其他组织可以要求使用该证明商标，控制该证明商标的组织应当允许。《商标法实施条例》第4条还规定，以地理标志作为集体商标注册的，对商品符合使用该地理标志条件的自然人、法人或者其他组织，可以要求参加以该地理标志作为集体商标注册的团体、协会或者其他组织，该团体、协会或者其他组织应当依据其章程接纳为会员；不要求参加以该地理标志作为集体商标注册的团体、协会或者其他组织的，也可正当使用该地理标志，该团体、协会或者其他组织无权禁止。

证明商标和集体商标之间的区别主要体现在：①证明商标和集体商标的注册申请人都必须是依法成立的法人或者其他组织，但证明商标的注册申请人还要求对相关商品或者服务的特定品质具有检测和监督能力。②集体商标表明使用该商标的商品或者服务来自同一组织，商品或者服务的提供者是同一组织的成员。证明商标则表明使用该商标的商品或者服务具有原产地、原料、制造方法、质量或者其他方面的特定品质。③集体商标的使用者群体具有一定的、相对的封闭性，在绝大多数时候，集体商标只允许作为商标注册人的组织内部成员使用，该组织之外的他人不得使用，除非经审核被批准加入该组织。证明商标的使用者群体则具有开放性，只要商品或者服务达到了证明商标规定的条件，证明商标注册人即不能禁止商品或者服务的提供者使用该证明商标。④集体商标取得注册之后不能转让。证明商标取得注册之后可以转让给依法成立的，具有同样或者高于原注册人检测和监督能力的其他法人或其他组织。

2. 地理标志与商标的区别

（1）保护期限不同。对地理标志的保护没有保护期限的限制，而商标保护则有期限的限制。

（2）可否转让上不同。地理标志不得转让或许可使用，商标则可被转让或许可他人使用。

（3）维权主体不同。地理标志被侵权，任何一个权利人均可起诉，商标被侵权，则只能由被侵权的商标权权利个体主张权利。

三、地理标志与原产地标记

（一）地理标志与原产地标记的使用范围

1. 我国使用地理标志的产品包括

①用特定地区命名的产品，其原材料全部、部分或主要来自该地区，或来自其他特定地区，其产品的特殊品质、特色和声誉取决于当地的自然环境和人文因素，并在该地采用传统工艺生产。②以非特定地区命名的产品，其主要原材料来自该地区或其他特定地区，但该产品的品质、风味、特征取决于该地的自然环境和人文因素以及采用传统工艺生产、加工、制造或形成的产品，视为地理标志产品。

2. 我国使用原产国标记的产品包括

①在生产国获得的完全原产品。②含有进口成分，并获得原产资格的产品。③标有原产国标记的，涉及安全、卫生及环境保护的进口产品。④国外生产商申请原产地标记保护的商品。⑤涉及反倾销、反补贴的产品。⑥服务贸易和政府采购中的原产地标记的产品。

3. 我国原产地标记的使用范围包括

①标有“中国制造/生产”等字样的产品。②名、优、特产品和传统的手工艺品。③申请原产地认证标记的产品。④涉及安全、卫生、环境保护及反欺诈行为的货物。⑤涉及原产地标记的服务贸易和政府采购的商品。⑥根据国家规定须标明来源地的产品。

（二）地理标志与原产地标记使用范围上的区别

地理标志与原产地标记都是商业标识，两者都起到标示商品产地来源的作用。但是从两者具体适用的产品上来看，存在着以下区别：①原产地标记对产品的性质没有要求，农产品、工业产品、服务贸易等任何性质的产品都可以标识原产地标记，而地理标志一般用于具有地方特色的农产品和天然产品。②相较于原产地标记，地理标志较为具体且范围较小，原产地标记可以概括到国家而地理标志需要精确到决定产品的品质的特定区域和传统工艺适用的地区。

四、地理标志权

（一）地理标志权的定义

地理标志权作为一种无形财产权，是指一项地理性标记按照地理标志法规定的条件和程序被确认为地理标志后，特定地域内的经营者对该地理标志所依法享有的排他性权利。地理标志作为一种特殊种类的商业标志，采取的是所有人和使用人分离的管理形式，由某一地区内经营者的代表机构进行注册和管理，凡是该地域内的经营者都可以使用。商品产地内符合特定条件的所有生产者均可成为地理标志权的主体，产地内不符合特定条件的生产者以及产地外的生产者，不享有地理标志权。应当注意，即使产地外的生产者采用同样的原料、技术能生产出同样品质的商品，也不享有地理标志权。

（二）地理标志权的特征

此处的地理标志权的权利客体不包括已经依法注册登记成为集体商标和证明商标的地理标志，一般而言，地理标志权具有如下特征。

1. 地理标志权是一种共有权

地理标志权不具有独占性，是一种集体性的权利，属于某项商品的产地内符合一定条件的所有生产者，他们共同享有地理标志权，均可在自己的产品上进行标记，任何一个生产者都不能排斥他人的使用。

2. 地理标志权是一种永续权

地理标志权保护的期限没有时间的限制，取决于产地特有的地理环境、自然条件、人文背景等因素。吴汉东教授指出地理标志的存在基础是特定地域所出产的特定质量的产品，与地理名称紧密相关，因此是一种无法定消灭事由的永续性权利。即只要该地理环境所决定的商品的特有品质存在，地理标志权在理论上就应当存在。但是，当产地内决定商品特有品质的地理环境已不复存在时，地理标志权就失去了存续的基础，不能再受到法律的保护。

3. 地理标志权不能转让，亦不能许可他人使用

地理标志保护的宗旨是保护消费者免受虚假地理标志的欺骗或误导，保护该标志本身所包含的集体商誉。地理标志权的权力基础是某项商品产地内特殊的、决定商品特定品质的自然环境和人文环境，一但获准转让或者许可他人使用地理标志，地理标志权表示某个产地内商品特定品质的功能将受到冲击。非地理标志所标示的产地的生产者也可以行使地理标志权，这样一来地理标志权不但不具有任何意义，而且还会混淆商品的来源，导致消费者的利益受损，社会经济秩序混乱。所以，地理标志权人既不能转让地理标志，也不能许可他人使用。按照 TRIPS 协议提出的要求，地理标志权人及利害关系人有权禁止第三人以不正当手段注册和使用地理标志，避免导致公众对商品真实地理来源产生误解和损害地理标志的集体商誉。

五、地理标志的国际保护

（一）地理标志的国际立法

假冒地理标志的行为，不但会损害地理标志权利人的利益，破坏正常的竞争秩序，而且也会损害消费者的合法权益。地理标志权的保护已经被国际社会一致认同，许多国际条约都包含了保护地理标志权的内容。世界知识产权组织在“如何保护地理标志”中解释：保护地理标志的域内法律具有广泛性。在制止不公平竞争法、消费者保护法、证明商标保护以及特别法保护等法律中都具有相同的实质精神，即未经许可者不得使用地理标志，以防止出现误导公众的可能性。

1883 年签订的《保护工业产权巴黎公约》（中国于 1985 年成为该公约的成员国）是最早对地理标志权加以保护的国际公约。该公约第 1 条明确将地理标志列人工业产权保护对象的范围；第 10 条规定了对假冒地理标志行为的制裁，成员国应对直接或间接使用虚假的地理标志的行为采取进口时扣押商品、禁止商品进口或在国内扣押商

品等制裁措施。1891 年 4 月 14 日，在西班牙马德里签订了《制裁商品产地虚假或欺骗性标志马德里协定》，规定成员国均应依据国内法律对在商品标示虚假或欺骗性标志的行为采取禁止该商品进口、在进口时扣押等制裁措施，这些措施适用于虚假或欺骗性地理标志。1958 年签订的《里斯本协定》明确了地理标志的内涵，规定了通过建立地理标志国际注册制度给予地理标志以注册保护。20 世纪 60 年代通过的《发展中国家原产地名称和产地标记示范法》为保护地理标志提供了更完善的保护措施，为广大发展中国家提供了制定地理标志保护法的范例。该示范法详细地规定了地理标志予以保护的条件、地理标志的注册程序和侵犯地理标志权的法律责任等内容。1994 年的 TRIPS 协议是对地理标志保护力度最强、最新的国际协议。该协议对地理标志作了更为明确的界定，要求成员提供法律措施以阻止侵犯地理标志权的行为；针对发生纠纷最多的酒类商品的地理标志做出了补充性保护规定。TRIPS 协议标志着在 WTO 框架下对地理标志进行国际保护制度的最终形成。

（二）TRIPS 协议的地理标志保护

TRIPS 协议是给予地理标志最宽泛保护的第一个国际条约，其对地理标志保护主要规定在第二部分第三节里，规定了对地理标志的 3 种保护水平：对所有产品地理标志的最低水平保护；对葡萄酒、烈酒地理标志的特殊额外保护；对葡萄酒地理标志保护的例外。

1. 确立适用各种产品的地理标志的保护规则

TRIPS 协议第 22 条要求缔约方：①必须采取“法律手段”防止地理标志的滥用；②防止以并非商品真实原产地域的地理名称作为其原产地标志使用；③防止采用不正当竞争方式使用原产地标志；④包含未能标明商品真实原产地的地理标志或字面真实但实际能产生误导效果的地理标志不得注册或使其失效。

TRIPS 协议并未规定保护地理标志的具体法律手段，而是留给成员方自行解决，各国将致力于协议规定保护地理标志提供的法律措施，而不是协议标准本身。另外，与协议不相符的地理标志的使用，如果是真实的地理来源，则另行对待，也就是说，标明真实地理来源，不误导公众的地理标志的使用，根据协议第 22 条，不应被认定为违反协议。

2. 关于葡萄酒、烈酒的地理标志的特殊保护

TRIPS 协议第 23 条对葡萄酒和烈酒地理标记的保护进行了特别的规定。要求每一成员应为利害关系方提供法律手段，以防止将识别葡萄酒的地理标志用于并非来源于所涉地理标志所标明地方的葡萄酒，或防止将识别烈酒的地理标志用于并非来源于所涉地理标志所标明地方的烈酒，即使是指出了产品的真实产地或者该地理标记采用的是译文或伴有诸如“××××类”“××××型”“××××式”“仿制品”之类的字样也不允许。

3. 地理标志保护的例外

TRIPS 协议第 24 条第 4 款至第 9 款中规定了一些例外情况，包括在先使用、商标的在先注册、通用名称、产地国的保护等。地理标志在产地国不受或停止保护，或在产地国停止使用，则成员方无保护此地理标志的义务。这是地理标志保护的黄金条款，因此地理标志的国外保护取决于国内的持续保护。

六、国外地理标志保护模式

(一) 专门法模式

专门法模式是指通过专门立法的形式对地理标志加以保护。采用这一模式的国家主要有法国、阿尔及利亚、刚果、保加利亚等国，其中最具代表性的是法国，法国是世界上最早对地理标志进行保护的国家。1919 年 5 月 6 日，法国颁布了《原产地标志保护法》，规定法院和有关行政机构可以根据利害关系人的请求，确定原产地名称，并明确禁止盗用原产地名称的行为。

(二) 商标法模式

商标法模式即是指把地理标志当成一类特殊的商标，纳入商标法的保护范围。这一模式是目前应用的最为广泛的地理标志保护模式，世界上绝大多数国家都采用这一模式对地理标志进行保护，典型的如美国、加拿大、英国、意大利。这一模式将地理标志作为商标加以保护，规定地理标志可当作证明商标，获准注册后就可取得保护，对于假冒等行为按侵犯商标权追究侵权责任。但是不是所有民事主体都能成为这类证明商标注册人，美国商标法规定申请人必须是能够合法控制该地理标志的法人，一般只有具有实施合法管理的政府机构或民间组织才有权申请注册。取得商标权后商标注册人可以制定使用该地理标志的规章，授权符合使用条件的企业或个人使用。

(三) 反不正当竞争法模式

反不正当竞争法模式是指利用反不正当竞争法，对市场上使用地理标志的行为进行规范的一种保护方式。典型国家是日本和瑞典。这一模式将假冒地理标志的行为定性为不正当竞争的行为，通过实施反不正当竞争法加以规范，该模式侧重的是对市场秩序和消费者权益的保护，假冒产品产地的行为之所以需要规制是因为其扰乱了市场公平竞争的环境，令消费者对产品出处产生误解。

(四) 混合法模式

混合法模式是指将地理标志作为一类特殊的商标进行保护，同时对地理标志进行专门的保护。西班牙就采取这一模式，西班牙是设立商标局，相关当事人可以通过选择申请注册集体商标或证明商标保护地理标志。在商标局之外，另设地位独立的原产地名称局，当事人可以选择申请注册原产地名称的途径来获得对其原产地名称权的保护。根据西班牙的立法如果当事人选择两种保护方式的，则可获得双重保护。

七、我国对地理标志的保护

我国对于地理标志的保护采用的是混合法模式。国家质量监督检验检疫总局 2005 年 6 月 7 日公布的《地理标志产品保护规定》、农业部 2007 年 12 月 25 日公布的《农产品地理标志管理办法》是我国保护地理标志产品的专门性法律。有关管理和保护地理标志的规定还体现于《农业法》《商标法》《反不正当竞争法》《产品质量法》《对外贸易法》《中华人民共和国进出口货物原产地条例》和《原产地标记管理规定》等法律法规中。

（一）地理标志的专门法保护

1.《地理标志产品保护规定》

《地理标志产品保护规定》是由国家质量监督检验检疫总局在 2005 年 6 月发布的，该规定的目的在于有效保护我国的地理标志产品，规范地理标志产品名称和专用标志的使用。该规定将地理标志产品定义为产自特定地域，所具有的质量、声誉或其他特性本质上取决于该产地的自然因素和人文因素，经审核批准以地理名称进行命名的产品。具体包括：①来自本地区的种植、养殖产品。②原材料全部来自本地区或部分来自其他地区，并在本地区按照特定工艺生产和加工的产品。

在该条法律规定的颁布前，1999 年 8 月国家质量技术监督局颁布了《原产地域产品保护规定》，内容涉及原产地域产品的定义、标准、申请及审批程序，确立了我国原产地域产品保护制度。紧接着于 1999 年 2 月国家质量技术监督局发布了《原产地域产品通用要求》，进一步明确了原产地域产品的包装、标记、标签的要求。2001 年 3 月原国家出入境检验检疫局为了加强原产地标记管理工作，规范原产地标记的使用发布了《原产地标记管理规定》和《原产地标记管理规定实施办法》，这两项规定充分借鉴了世界贸易组织《原产地规则协议》等国际条约、协议的相关规定。2001 年 4 月，党中央、国务院决定，将原国家质量技术监督局和原国家出入境检验检疫局合并成立了国家质量监督检验检疫总局，后发布了《地理标志产品保护规定》，取代了原国家质量技术监督局和原国家出入境检验检疫局的相关规定，原产地域产品也被更名为地理标志产品。

2.《农产品地理标志管理办法》

农产品地理标志的保护对农业的发展至关重要，有利于促进农村经济发展、农民增收和农村经济结构调整。目前，我国享有国家地理标志产品保护的产品已达 803 个，涵盖酒类、茶叶、中药、传统工艺品、农产品、林产品等多个种类。地理标志保护涉及的产品主要就是农产品和食品，以茶叶的地理标志保护为例，我国是一个名茶资源丰富的国家。据不完全统计，我国有几百种传统名茶。茶叶是自然因素和中国传统文化高度结合的产物，是最典型的地理标志产品，非常适合用地理标志产品保护制度来保护。从保护的情况来看，共有 15 个省份被保护的 58 种茶叶确定了各自的生产地域和生产环境，统一了标准，规范了种植生产加工等环节，保证了品质，促进了出口，同时还弘扬了中国的茶文化，也带动了相关产业的发展。

为了充分保护农产品的地理标志，规范农产品地理标志的使用，原农业部出台了《农产品地理标志管理办法》对农产品地理标志给予专门保护，该法将所保护的农产品限定于农业的初级产品，即在农业活动中获得的植物、动物、微生物及其产品。所保护的农产品地理标志，是指标示农产品来源于特定地域，产品品质和相关特征主要取决于自然生态环境和历史人文因素，并以地域名称冠名的特有农产品标志。规定由原农业部及地方农业行政主管部门负责农产品地理标志的登记、审查、批准等工作。

（二）《商标法》等其他法律中的地理标志保护

《商标法》对地理标志的保护实际上是对含有地名的商标进行保护，商标法给予了利害关系人将地理标志转化为商标的途径，通过注册登记使得地理标志成为集体商标或者证明商标加以保护。重庆涪陵榨菜、新疆库尔勒香梨、河南信阳毛尖茶叶等具有特定产地的农产品，通过注册地理标志商标的方式实施了有效保护。当然目前我国通过地理标志保护的商品除了香梨、芦柑、蜜橘、茶叶等农产品外，还包括烟花爆竹、瓷器、煤、石雕等手工艺品和矿产品。此外在商标的注册登记上，《商标法》第16条规定“商标中有商品的地理标志，而该商品并非来源于该标志所标示的地区，误导公众的，不予注册并禁止使用；但是，已经善意取得注册的继续有效。”对涉及地名的商标注册进行严格审查，严厉禁止不实的地名商标注册，避免了地理标志的滥用。

除了《商标法》，《反不正当竞争法》《产品质量法》《对外贸易法》《农业法》也涉及地理标志的保护。《反不正当竞争法》第5条第4款规定，经营者不得伪造商品的产地；第9条规定，经营者不得利用广告或者其他方法，对产地作引人误解的虚假宣传。否则将构成不正当竞争行为，要受到法律的制裁。《产品质量法》第30条、第37条规定，生产者、销售者不得伪造产地，否则要承担相应的法律责任。《对外贸易法》第27条规定，对外贸易经营者不得伪造、变造或者买卖进出口原产地证明，违反者要承担行政责任，甚至刑事责任。《农业法》第23条第3款规定，符合国家规定标准的优质农产品可以依照法律或者行政法规的规定申请使用有关的标志。符合规定产地及生产规范要求的农产品可以依照有关法律或者行政法规的规定申请使用农产品地理标志。

八、地理标志权与一般商标权的冲突

（一）地理标志权与一般商标权冲突的表现形式

1. 在先注册的商标权与在后由国家质量监督检验检疫总局授予的地理标志权的冲突

即民事主体在已经向商标局申请获得了包含特定地理名称的商标。而后其他民事主体又向国家质检总局又申请该地产品的地理标志保护，且通过审批完成地理标志的注册登记。2002年2月25日，一批生产企业通过申请，“东阿阿胶”被认定为原产地保护标记（地理标志），“东阿牌”“福牌”和“东阿镇牌”都可使用东阿阿胶原产地标识。发布公告不到一个月，东阿阿胶集团就对此提出异议，早在1978年，东阿阿胶集团就在阿胶上申请并注册了“东阿”商标，该公告侵犯了东阿阿胶集团对注册商标“东阿阿胶”依法享有的权利。

2. 一般商标权（地名商标）与地理标志权的冲突

根据我国《商标法》第10条的规定，县级以上行政区划的地名或者公众知晓的外国地名具有其他含义的、作为集体商标、证明商标组成部分的，以及县级行政区划以下的地名可以注册为一般的商标，已经注册的使用地名的商标继续有效。这样一来获得商标权的民事主体可以独占使用对应的行政区划的地名，而该民事主体提供的商品或服务未必来自该行政区划，反而该地区的企业在产品上标识该行政区划的地名的行为会被认定为商标权侵权。例如，山西杏花村作为中国白酒的发祥地，有6000多年的酿酒历史，是中国白酒之乡、文化之根，素有“中华诗酒第一村”之美誉。2011年当地生产杏花村酒以其独特的品质被认可为中国国家地理标志产品。但是杏花村作为一个村，其名称也可以被注册为商标。若“杏花村”被产地外的单位或个人注册，以及注册人允许产地外的市场主体使用，必将对杏花村当地的白酒生产企业造成巨大损失，而且还会混淆商品来源，造成消费者的误认，侵犯消费者的合法权益。

3. 期待地理标志权与在先注册商标权的冲突

所谓期待地理标志权是指在客观上完全满足认定为地理标志的条件，但是尚未向有关机关申请注册登记的地理标志权。一般来说即使没有经过行政登记程序，地理标志所指向的区域内的生产企业和个人只要符合地理标志所要求的产品的品质就可以在生产的产品上标识地理标志。但是未经登记的地理标志往往会发生被他人抢注的情形，某一商品其特定质量、信誉或其他特征主要取决于该地的地理环境、自然条件、人文背景等因素，该区域的各民事主体主张应由公众主体统一享有地理标志权，而此地理标志已先由他人注册为商标，由此产生冲突。典型的就是轰动一时的金华火腿案，金华火腿是金华的传统名特产品，千百年来金华火腿的生产地域一直限制在旧金山府属八县，成为金华的代名词。但是 1979 年“金华火腿”却被注册为商标，辗转由地处杭州的浙江省食品公司持有，每年从金华所属县市的各火腿厂收取近百万元的商标使用费，外地厂家只要缴纳商标使用费也可生产金华火腿。

（二）地理标志权与一般商标权冲突的原因

1. 基础原因：同属识别性标志权

地理标志权与一般商标权有着类似的权利属性，地理标志权与商标权均属于知识产权的范畴，均是一种识别性标志权利，其客体地理标志和商标都表现为产品或服务之上的标记、符号，都起着广告宣传，提高市场竞争力的作用。鉴于地理标志、商标带来的巨大经济效用，各市场主体对自己的地理标志、商标极为重视，都希望能充分发挥其标示产品品质，区别产品来源的功能。

2. 内在驱动：蕴含巨大经济利益

地理标志或者商标能够通过使用获得一定的知名度以及广泛的社会影响力，为其权利人带来很大的商业利益。某一区域的特定商品经过千百年的历史积淀，获得了社会公众的广泛认可，使其本身就具有了经济价值。企业在注册商标时，已经经过长期的使用和口口相传而获得相当知名度的地理标志，无疑是商标名称的极优选择，因而《商标法》修订前，延续至今的、代表着特定品质的地名被很多企业抢注成为商标，这样一来商标权的独占性与地理标志权的共有性就难免产生冲突。

3. 历史遗留：法律改前许而改后禁

我国 1982 年颁布的《商标法》并未禁止地名商标，因此，许多符合地理标志特点的地名被注册为商标。1993 年修改后的《商标法》则明确规定：“县以上行政区划的地名或者公众知晓的外国地名不得作为商标，但是地名具有其他含义的除外；已经注册的使用地名继续有效。”这样，在 1982 年至 1993 年间的地名商标就得以存留，以致相互产生冲突。

4. 授权部门不一致

根据我国《商标法》的规定，商标局负责许可授予注册商标，而地理标志权则由国家质量监督检验检疫总局和农业部负责相关审批和注册登记工作。虽然实现了保护的专门化，但是两个部门分开负责会造成信息流通的滞后，有时会发生已经授予商标权的情况下又授予另一主体地理标志权的情形，从而发生权利冲突。

九、地理标志权相关案例

（一）地理标志成功保护案例

1. 郫县豆瓣争戴地理标志“护身符”

距今已有300多年历史的郫县豆瓣是享誉中外的地方特色产品，被誉为“川菜之魂”。近年来，郫县豆瓣产业发展迅速，全县已经拥有百余家郫县豆瓣生产企业，并涌现出了鹃城、丹丹等一大批享誉海内外的知名品牌，在调味品市场上占有举足轻重的地位。2005年年底，郫县豆瓣成为地理标志保护产品。目前四川郫县有97家豆瓣生产企业成为第一批有权使用“郫县豆瓣地理标志专用标志”资格的企业，这将对郫县豆瓣产业升级起到明显的加速作用。2006年年初，郫县制定并出台了《地理标志产品郫县豆瓣保护管理暂行办法》，有力地促进了郫县豆瓣产业的稳步发展。

随着越来越多的企业贴上了地理标志这道“护身符”，郫县豆瓣被赋予了更强的市场竞争力，其产品不仅遍布全国各地，还远销美国、加拿大、日本、新西兰等国，打响了四川特色农产品在国际上的知名度。与此同时，郫县豆瓣产业在促进当地经济发展、推动农民增收、提升郫县城市形象等方面均起到了积极的促进作用。2007年，郫县豆瓣总产量达到35万吨，销售收入15亿元，利税总额约1.5亿元，带动了食品包装、运输、竹编等相关产业的迅速发展，吸纳农村剩余劳动力1万余人，成为当地人自豪的支柱产业。

2. 地理标志助平邑金银花走向全国

“金银花”又名“忍冬花”，是国家确定的名贵中药材之一，平邑县是农业部命名的“中国金银花之乡”，有着独特的地理环境，当地产出的金银花品质全国独一无二。20世纪80年代以前，平邑县的金银花还只是农民在自家宅院周围种植，给自家喝茶用的。随着市场需求的增加金银花才广泛种植起来。根据《地理标志产品保护规定》，国家质检总局组织了对平邑金银花地理标志产品保护申请的审查。经审查合格，批准自2007年9月6日起对平邑金银花实施地理标志产品保护。为了进一步维护当地的金银花市场优势地位，2008年平邑县工商局在县委县政府的大力支持下，积极审报“平邑金银花”国家地理标志证明商标，并于2009年通过国家工商总局审核获批准，此举为平邑县农民人均增收300多元。地理标志权和地理标志证明商标权的获得充分开拓了金银花附加值，提高了市场信誉，提升了金银花的品牌价值和市场竞争力，促进农业增效、农民增收，加快了当地经济的发展。目前，平邑县已有金银花育苗推广、加工制药、购销流通企业1 000家，其中规模以上企业50多家，4家企业通过了国家GAP认证，9家企业通过了国家GMP认证，15家企业通过了国家GSP认证，金银花产业年产值21亿元，主产地农民经营金银花收入占其总收入的60%以上。

（二）地理标志纠纷案例

争相申“地理标志产品”“郑汴融城”遭遇“瓜葛”

每年夏天，郑州市民吃到的西瓜几乎都来自中牟和开封。如今，中牟县和开封市两地政府都在为各自产区的西瓜申请“地理标志产品”，分别叫“中牟西瓜”和“汴梁西瓜”。地域相邻、土质相近的开封、中牟，两地的西瓜本是同源，政府理应携手申请。《地理标志产品保护规定》中指出，地理标志产品是指产自特定地域，所具有的质量、声誉或其他特性本质上取决于该产地的自然因素和人文因素，经审核批准以地理名称命名的产品。具体到开封和中牟两地，双方都必须证明各自地区产的西瓜独一无二，即如果换了土壤、水质、气候和种植技术等条件后，西瓜的品质和典型特征就会改变。然而，开封市质监局和中牟县质监局都承认，两地地域相连，土质、水质和气候等几乎都一样，西瓜的品种差别并不大。囿于利益纠葛，双方难以合作；各自“争宠”，却面临“两败”前景。专家认为，西瓜产业是“郑汴一体化”的经济细胞之一，两地政府应站在“郑汴一体化”的战略高度考虑问题，实现双赢。

（三）张裕葡萄酿酒公司香槟酒公司非法使用“香槟”商标案

1996年2月至1997年2月，烟台市张裕葡萄酿酒公司香槟酒公司通过青岛市糖酒副食品总公司食品饮料公司等单位，在青岛市销售大中小规格的带有“香槟”字样的加汽葡萄酒共计2 316箱零30瓶，全部经营额为人民币262 729.05元（不含增值税）。青岛市工商局依法对该公司的违法行为进行了查处，至案发时青岛市糖酒副食品总公司食品饮料公司尚有库存香槟酒686箱零30瓶，青岛市糖酒副食品总公司市北分公司尚有库存香槟酒730箱，被工商行政管理机关通知停止销售，听候处理。

青岛市工商局在查明案情事实的基础上，认为烟台市张裕葡萄酿酒公司香槟酒公司的行为违反了《商标法》（1993年版）第8条第2款的规定，构成商标违法行为。根据《商标法》第34条第（2）项及《商标法实施细则》第32条的规定，依法做出青工商标处字（1997）第48号处罚决定书，决定收缴现存1416箱零30瓶香槟酒商标标识并处罚款45 000元的处罚决定。

在上述行政处罚决定做出后，烟台市张裕葡萄酿酒公司香槟酒公司于1997年6月3日向山东省工商行政管理局提出复议申请，认为青工商标处字（1997）第48号处罚决定书认定事实不清，适用法律不当，程序违法。山东省工商局经复议认为，青工商标处字（1997）第48号处罚决定书认定事实清楚、证据确凿、定性准确、处理得当、程序合法，根据《行政复议条例》第42条第(1)项之规定，山东省工商局决定维持青工商标处字（1997）第48号处罚决定。至此，本案的处理结束。

在该案的处理过程中，青岛市工商局认为烟台市张裕葡萄酿酒公司香槟酒公司构成商标违法行为的依据是认为其违反了《商标法》第8条第2款的规定，即“县级以上行政区划的地名或者公众知晓的外国地名，不得作为商标，但是，地名具有其他含义的除外；已经注册的使用地名的商标继续有效”。本案中烟台市张裕葡萄酿酒公司香槟酒公司在其酿造的葡萄酒上所使用的“香槟”二字即属于该条所说的“公众知晓的外国地名”，其使用受到我国商标法的保护和限制。“香槟”一词，是法文Champagne的中文译名。而Champagne则是法国东北部的一个省的名字，该地区因盛产一种加汽葡萄酒而闻名于世。于是，人们便将此地所产的酒冠上Champagne的标志，一提起“香槟”人们通常便会认为是香槟（Champagne）这一地区所产的酒。

在本案的复议过程中，烟台市张裕葡萄酿酒公司香槟酒公司曾主张法文Champagne

的中文译名应为“香巴尼”而非“香槟”；香槟是酒的通用名称，该公司并未把香槟作为商标使用，没有侵犯他人的商标专用权等。但事实上，“香巴尼”只是一种旧译，而 Champagne 现代汉译的确为“香槟”。如《朗文现代英汉双解词典》就将 Champagne 一词解释为 a type of costly French white wine containing a lot of little balls of air（BUBBLES），usu. Drunk on special occasions，即是指“一种通常在特殊场合饮用的含有许多小气泡的名贵的法国白葡萄酒”。可见，“香槟”并非酒的通用名称，而是一种原产地名称。而原产地名称，或称为地理标志是受到国际条约的保护的。例如，《保护工业产权巴黎公约》（1967 年 7 月 14 日修订的斯德哥尔摩版本。以下简称《巴黎公约》（1967））对原产地名称的保护就作了一些规定，但是《巴黎公约》（1967）对原产地名称的保护主要局限在进口环节上。我国作为巴黎公约的成员国之一，也理所当然的有保护原产地名称的义务。

事实上，我国对保护原产地名称也是比较重视的，特别是关于“香槟”原产地名称的保护。国家工商局曾先后下发工商标字（1989）第 296 号文和商标管（1996）第 292 号文，禁止我国企业在酒类商品上使用“香槟”字样。例如，国家工商行政管理局于 1989 年 10 月 26 日专门下达了《关于停止在酒类商品上使用香槟或 Champagne 字样的通知》（工商标字（1989）第 296 号文）。该通知明文规定：我国是《巴黎公约》（1967）的成员国，有义务依该公约的规定保护原产地名称。我国企业单位和个体工商户以及在中国的外国企业（法国除外）不得在酒类商品上使用“Champagne”或“香槟”（包括大香槟、小香槟、女士香槟）字样。对现有商品上使用上述字样的，要限期使用，逾期不得再使用。这实际上是以单行规定的方式，对一个原产地名称给予特殊的明确的保护。

就本案而言，青岛市工商局是基于《商标法》（1993 年版）第 8 条 2 款进行处理的。从本案的处理来看，由于当时的《商标法》（1993 年版）对地理标志的保护的有关法律规定还比较模糊，缺乏可操作性，致使工商行政管理机关在处理有关原产地名称保护的问题时往往显得无“法”可依。虽然《商标法》在第 10 条第 2 款仍保留了该款的规定，但是同时也增加了第 16 条来专门规定作为对地理标志的保护。《商标法》第 16 条第 1 款明确规定，商标中有商品的地理标志，而该商品并非来源于该标志所标示的地区，误导公众的，不予注册并禁止使用，但是已经善意取得注册的继续有效。

根据 TRIPS 协议第 23 条第 1 款规定，各成员方应该为利害关系方提供法律措施，以阻止利用某种地理标志来表示并非来源于该标志所指的地方的葡萄酒或烈酒。即使有关的地理标志表明了真实的原产地，或者即使以翻译的方式使用或是与诸如“式”“型”“类”“仿”或其他类似的词语一起使用。从此条可以明显看出，对于葡萄酒和烈酒的地理标志的保护范围更广。而且，与地理标志保护的一般规则不同的是，本条款并未要求此类标志需要有误导公众的效果，显然其保护力度加强。根据此条款规定，在我国加入 WTO 后，如果我国的酒类企业继续使用诸如“香槟”“香槟式”“香槟型”“香槟类”或是“仿香槟”“女士香槟”之类的词语，就将违反 WTO 有关规则的规定。

参考文献

[苏] E. A 鲍加特赫，等，1980. 资本主义国家和发展中国家的专利法 [M] //国外专利法介绍. 北京：知识出版社：12.
何忠伟，隋文香，2009. 农业知识产权教程 [M]. 北京：知识产权出版社：6.
刘筠筠，熊英，2008. 知识产权法热点难点问题研究 [M]. 北京：法律出版社：100.
宋敏，2010. 农业知识产权 [M]. 北京：中国农业出版社：14.
王太平，2002. 工业品外观设计的法律保护模式 [J]. 科技与法律 (3)：31.
吴汉东，2002. 知识产权法 [M]. 北京：中国政法大学出版社：319.
余涛，2002. 全球化与“皆可专利” [N]. 中国知识产权报-8-14.
赵宾，李林启，2012. 知识产权法 [M]. 北京：清华大学出版社：301.

第六章　农业技术推广法律制度

农业技术推广法是调整农业技术推广过程中所涉及的社会关系的所有法律规范的总称。我国农业技术推广法包括农业技术推广的原则、农业技术推广体系、农业技术的推广与应用、农业技术推广的保障措施及农业技术推广的法律责任等方面的内容。

第一节　农业技术推广概述

一、农业技术的概念

农业技术是指应用于种植业、林业、畜牧业、渔业的科研成果和实用技术。农业技术包括：①良种繁育、栽培、肥料施用和养殖技术；②植物病虫害、动物疫病和其他有害生物防治技术；③农产品收获、加工、包装、贮藏、运输技术；④农业投入品安全使用、农产品质量安全技术；⑤农田水利、农村供排水、土壤改良与水土保持技术；⑥农业机械化、农用航空、农业气象和农业信息技术；⑦农业防灾减灾、农业资源与农业生态安全和农村能源开发利用技术；⑧其他农业技术等。

二、农业技术推广的概念

农业技术推广，是指通过试验、示范、培训、指导以及咨询服务等，把农业技术普及应用于农业生产产前、产中、产后全过程的活动。

许多国家的农业发展，都采用了农业科学技术研究、农业技术推广、农业科学技术的应用相互结合的发展模式。其中农业技术推广在农业发展的地位尤其值得引起重视，它是农业科研和农业生产的桥梁和纽带。农业科学研究成果只有通过农业技术推广应用于农业生产中，才能产生应有的价值和意义。农业生产通过农业技术推广，才能将最前沿和先进的农业科学研究成果应用到具体的农业生产，提高农业生产的效益。而且，通过农业技术推广，也可将农业生产经营组织和农民在农业生产过程中使用的技术和存在的问题及时反馈给农业科研单位，为农业科学研究进一步发展提供参考依据。总之，农业技术推广在农业科技进步过程中发挥着不可替代的作用。

就我国而言，农业科技推广具有重要社会现实意义。首先，可以强化农业的基础地位。农业是基础产业，它为工业化提供生产资料，为城市化提供生活资料，又吸收大量农村劳动力。它关系着粮食安全，关系着国计民生，关系着我国抵御国际风险的能力。我国是世界上最早进入农耕文明的大国，当时最重要的基础条件就是依靠农业技术作支撑。因此依靠科技进步振兴农业，是一项战略性任务。进入 21 世纪，中央提出发展现代农业，现代农业是一种集约化、市场化、信息化、数字化的农业，就是要扭转以人力劳动和畜力耕作为主、以自然恩赐为基础的落后状态，通过引进应用科学技术成果和广泛使用工业产品的过程。农业的基础地位得以强化，才是解决“三农”问题的根本。其次，提高农民收入。农业技术推广旨在开发农村的人力资源，从某种程度上说，信息和技术的传播为广大农民群众提供了一次免费教育机会。农业技术创新得到扩散，农村劳动力的农业生产技术和经营管理水平得到提高，从而增强了农民的职业工作能力，使农民能够随着现代科学技术的发展而获得满意的农业生产或经营成果。农业技术推广为农民提供信息技术后，使得农民能够根据市场供需情况调整自己的生产投入，生产更符合市场需要的产品，使得农民能够提高自己的获利水平。最后，协调农村人与自然的关系。农业技术推广不是机械的过程，在现代农业技术推广的过程中，人们更加注重生态问题，有很多新技术是以生态良好发展为目标的，也有很多为生态发展而出现的农业管理理论、人与自然和谐相处理论，科学的农业技术推广体系是协调农村人与自然和谐发展的重要工具。

三、农业技术推广法的概念和特征

（一）农业技术推广法的概念

我国第一部农业技术推广法规《农业推广规程》颁布于 1929 年。新中国成立后，农业技术推广主要依靠党和政府的政策文件。从 1985 年以来，历届人大、政协会议都有代表和委员提出制定国家农业技术推广法的提案和建议。1989 年 11 月国务院颁布了《关于依靠科技进步振兴农业加强农业科技成果推广工作的决定》，1993 年 7 月 2 日第八届全国人民代表大会常务委员会第二次会议通过《中华人民共和国农业技术推广法》（简称《农业技术推广法》）。根据 2012 年 8 月 31 日第十一届全国人民代表大会常务委员会第二十八次会议《关于修改〈中华人民共和国农业技术推广法〉的决定》，经过修正后的《农业技术推广法》在 2013 年 1 月 1 日实施。

农业技术推广法概念有广义和狭义之分。广义的农业技术推广法是指调整农业技术推广过程中所涉及的社会关系的所有法律规范的总称。它不仅包括《农业技术推广法》，而且包括《农业法》等法律法规中涉及农业技术推广方面的法律法规。例如《农业法》（2002 年）第 49 条、第 50 条、第 51 条、第 52 条、第 53 条、第 55 条、第 56 条规定了国家扶持农业技术推广事业应采取的措施。

狭义的《农业技术推广法》，仅指 1993 年颁布的《农业技术推广法》（2012 年修订）该法由总则、农业技术推广体系、农业技术的推广与应用、农业技术推广的保障措施、法律责任和附则等六章 39 条组成。本章主要介绍的即为狭义的《农业技术推广法》。

（二）《农业技术推广法》的特征

《农业技术推广法》是我国科技法的重要组成部分之一，它既具有一般法律的基本特点，又有自身的特征。

1. 效用广泛性

农业推广活动涉及占全国人口60%以上的农民，服务对象相当广泛。作为联系农业科研与农业生产的中间环节和纽带，农业技术推广与农业科研机构，农资生产与经营企业，农业行政主管部门、农业教育部门及农户都建立了广泛的联系。参与推广活动的组织及人员除了政府的专职农技推广机构外，还包括农业科研单位和农业院校、生产企业、专业公司、农民合作社、大众传媒等。农业技术推广法对上述各个方面的农业技术推广应用行为均有法律调整，其调整的法律效用即为广泛。

2. 目的直接性

《农业技术推广法》的立法目的是加强农业技术推广工作，促使农业科研成果和实用技术尽快用于农业生产，保障农业的发展，实现农业的现代化。我国《农业技术推广法》第1条规定："为了加强农业技术推广工作，促使农业科研成果和实用技术尽快应用于农业生产，增强科技支撑保障能力，促进农业和农村经济可持续发展，实现农业现代化，制定本法。"

3. 规定原则性

受农业生产特点的影响和制约，农业技术推广应用过程中不确定性因素较多，而且各地区情况千差万别，《农业技术推广法》不可能对所有的推广活动做出明确的规定，只能对其中的主要环节和内容提出原则性的法律规定和要求。其实是授权各地区在法律原则的范围内，因地制宜。具体的办法由地方的立法机关以地方法规或地方规章的方式予以补充和完善。

4. 调整方式的特殊性

《农业技术推广法》与传统部门法如刑法、行政法普遍采用制裁的调整方式不同，更多的是采用引导、鼓励、奖励等方法调整农业科技成果转化和应用中的社会关系，这种调整方式有利于调动广大农业技术推广组织和人员的积极性，最终更好地实现《农业技术推广法》的立法宗旨。

四、《农业技术推广法》指导思想和基本原则

《农业技术推广法》的指导思想为：以邓小平理论和"三个代表"重要思想为指导，深入贯彻落实科学发展观，根据现代农业发展的需要，以健全农业技术推广体系、完善体制机制、提高推广服务能力为目标，强化国家农业技术推广机构的主导作用，引导和鼓励社会力量参与农业技术推广服务，加大保障与扶持力度，推动先进农业技术尽快应用于农业生产，保障农业增产、农民增收和农村经济可持续发展。

为使上述指导思想得到落实，《农业技术推广法》第4条明确规定，农业技术推广应当遵循下列原则：①有利于农业、农村经济可持续发展和增加农民收入；②尊重农业劳动者和农业生产经营组织的意愿；③因地制宜，经过试验、示范；④公益性推广与经营性推广分类管理；⑤兼顾经济效益、社会效益，注重生态效益。

第二节　我国农业技术推广体系

一、农业技术推广体系

农业技术推广，实行国家农业技术推广机构与农业科研单位、有关学校、农民专业合作社、涉农企业、群众性科技组织、农民技术人员等相结合的推广体系。国家鼓励和支持供销合作社、其他企业事业单位、社会团体以及社会各界的科技人员，开展农业技术推广服务。

（一）农业技术推广体系的主体

1. 国家农业技术推广机构

国家农业技术推广机构是指各级农业、林业、水利部门所属的承担农业技术推广工作的专门机构，它是我国农业技术推广体系的基础和核心。按照行政隶属关系，国家农业技术推广机构分为中央、省（直辖市、自治区）、县、乡四级，四级推广机构之间为业务上的指导关系，上级推广机构指导下级机构开展农业技术推广工作。各级国家农业技术推广机构在性质上属于公共服务机构，履行下列公益性职责：①各级人民政府确定的关键农业技术的引进、试验、示范；②植物病虫害、动物疫病及农业灾害的监测、预报和预防；③农产品生产过程中的检验、检测、监测咨询技术服务；④农业资源、森林资源、农业生态安全和农业投入品使用的监测服务；⑤水资源管理、防汛抗旱和农田水利建设技术服务；⑥农业公共信息和农业技术宣传教育、培训服务；⑦法律、法规规定的其他职责。

关于我国农技推广机构的设置，《农业技术推广法》第 4 条规定："根据科学合理、集中力量的原则以及县域农业特色、森林资源、水系和水利设施分布等情况，因地制宜设置县、乡镇或者区域国家农业技术推广机构。"与修订前的规定相比，新增了设立区域性农业技术推广机构的规定。2009 年中央一号文件指出，"在全国普遍健全乡镇或区域性农业技术推广、动植物疫病防控、农产品质量监管等公共服务机构"。2010 年中央一号文件指出，"抓紧建设乡镇或区域性农技推广等公共服务机构，扩大基层农技推广体系改革与建设示范县范围。"在实践中，随着交通、信息等条件的改善，为统一调配人力资源和集中力量搞好技术服务，一些地方尝试按照区域（几个乡镇为一个服务区域）设立农业技术推广机构，取得了良好效果。《农业技术推广法》在修订时肯定了这种做法。

乡镇农业技术推广机构管理体制，目前主要有"以县为主管理"和"以乡镇为主管理"两种模式。鉴于各地经济社会发展水平差异较大，《农业技术推广法》规定："乡镇国家农业技术推广机构，可以实行县级农业技术推广部门管理为主，或者乡镇人民政府管理为主、县级农业技术推广部门业务指导的体制，具体由省、自治区、直辖市人民政府确定。"这样规定，一是体现因地制宜，二是为今后各地对管理体制的调整完善留出空间。农业部门和不少地方反映，在实践中，实行以县级农业技术推广行政部门管理为主的体制，有利于保障基层农技推广机构开展工作，体现了乡镇国家农技推广机构管理体制的方向，应予积极引导和推动。

国家农业技术推广机构岗位的设置应当根据所服务区域的种养规模、服务范围和工作任务等合理确定，保证公益性职责的履行。国家农业技术推广机构的岗位设置应当以专业技术岗位为主。乡镇国家农业技术推广机构的岗位应当全部为专业技术岗位，县级国家农业技术推广机构的专业技术岗位不得低于机构岗位总量的百分之八十，其他国家农业技术推广机构的专业技术岗位不得低于机构岗位总量的百分之七十。

2. 农业科研单位和有关院校

农业科研单位和有关院校是农业科技进步的基础，也是科教兴农的基地和人才保证，农业技术推广是将科技成果转化为现实生产力的手段和媒介。因此，农业科研、教育、农业科技推广应当为农业技术进步协调运作。现在有些农业科研单位、相关院校与地方政府或农业合作组织等通过协议方式，建立了较为稳定的关系，进行成果转让、技术承包、技术开发、科技示范、科技服务等。为了鼓励农业科研单位和有关院校参与农业科技推广，《农业技术推广法》第 16 条规定，“农业科研单位和有关学校应当适应农村经济建设发展的需要，开展农业技术开发和推广工作，加快先进技术在农业生产中的普及应用。农业科研单位和有关学校应当将其科技人员从事农业技术推广工作的实绩作为工作考核和职称评定的重要内容”。

3. 国有农业企业

国有农业企业主要包括国有农场、国有林场、国有牧场、国有渔场等。国有农业企业在农业技术推广工作中的职责主要体现在下列方面：首先，国有农业企业应当做好本场的农业技术推广工作，根据本场的经营范围和资源条件，在不断改良品种、改进先进的生产工艺和生产方法的同时，提高生产过程中的技术水平。其次，国有农业企业应当向社会开展农业技术推广服务活动。通过宣传、培训、示范等方式将其生产经营技术拓展到周围的农村地区。

4. 农民专业合作社

农业合作组织属于非政府组织，它们是伴随着市场经济体系的建立而出现和发展的。这种非政府组织的服务是各类合作组织与小规模农户的有机结合。包产到户以来新的农业经营机制为农民自己组织的各类服务组织的发育提供了条件。这类服务机构弥补了政府服务供给不足的问题，其内部的管理通常按照合作社法的规定进行，服务的重点是经济作物及特种农产品，服务的环节是产前、产中和产后的合作服务，有明显的专业特征。目前，随着农民自治意识的增强，通过农民专业合作社的农业技术推广在国家整个的农业推广中发挥着越来越重要的作用。

5. 农村群众性科技组织

农村群众性科技组织是农民在参与市场的过程中自发组织起来的，以农民为主体，吸收部分科技人员作顾问，以农民技术人员为骨干，主动寻求、积极采用新技术、新品种等进行农业科技推广的群众性服务组织。国家鼓励和支持发展农村专业技术协会等群众性科技组织，发挥其在农业技术推广中的作用。《农业技术推广法》第 18 条规定，“国家鼓励和支持发展农村专业技术协会等群众性科技组织，发挥其在农业技术推广中的作用”。

6. 公司或企业

除了国有涉农企业外，与农业生产有关的其他企业也属于农业技术推广的主体。进行农业技术推广的企业，一般是带动农村经济产业的龙头企业。包括以农产品为加工原料的企业和一些经营生产资料的企业等。由于企业是以营利为目的，自主经营，独立核算，自负盈亏，所以对农业科技所能带来的经济效益问题十分重视。为了确保企业所需原料的供应，实现企业利益的最大化，就需要根据市场需求动态进行新技术、新品种研制和试验，以优质品种投入和科学种植、养殖技术服务于农户。一些经营生产资料的企业，为了推销自己的产品，增加利润，向农民、农户推广有关技术，如农药、农膜、农机具、新型化肥等。总之，公司或企业在追求营利过程中，常常会进行农业科技的推广工作。

7. 供销合作社

供销合作社主要从事商品流通（包括收购农产品和经营生产资料）方面的工作。一方面，依据其自身具有熟悉市场行情和把握市场动态的优势，将有关新技术、新品种和市场对产品的质量要求等信息传达给农业科研单位、农业院校，由技术人员根据实际问题进行技术引进、开发、培训和指导农户和农民，收购农产品经统一包装后出售，从而提高产品的质量和科技含量。另一方面，在出售生产资料时，向农民提供有关技术和操作规程。

8. 农民技术员

在农村土生土长的农民技术人员，在国家农业技术推广机构的指导下，宣传农业技术知识，落实农业技术推广措施，为农民群众提供技术服务，对农业技术推广工作起着十分重要的促进作用。因此，《农业技术推广法》明确规定了农民技术员在农业技术推广体系中的法律地位，并规定，国家鼓励和支持村农业技术服务站点和农民技术人员开展农业技术推广。对农民技术人员协助开展公益性农业技术推广活动，按照规定给予补助。农民技术人员经考核符合条件的，可以按照有关规定授予相应的技术职称，并发给证书。国家农业技术推广机构应当加强对村农业技术服务站点和农民技术人员的指导。村民委员会和村集体经济组织，应当推动、帮助村农业技术服务站点和农民技术人员开展工作。

（二）我国农业技术推广人员

农业技术推广工作的进行，要由具体的农业技术推广人员来承担。推动农业技术推广工作健康持续发展，必须建立一支技术水平高、业务能力强的农业技术推广队伍。《农业技术推广法》（1993 年版）对于农技推广队伍建设的要求较为宽泛，缺乏硬性约束。一些地方以考核代替学历，以培训代替考核；一些地方人员聘用制度不完善，农技推广队伍没有建立“能进能出、能上能下、合理流动”的人员聘用制度；在全国基层农技推广人员中，目前中专以下学历的超过 20%，没有专业技术职称的超过 30%，有些地方非专业人员比例过高。为了保障农业技术人员顺利完成农技推广的任务，我国的《农业技术推广法》在农技人员的学历、专业技术水平、培训等方面做出了规定。

1. 规范人员编制和结构比例

为保证国家农业技术推广机构的人员编制，保障公益性职能的履行，《农业技术推广法》规定:“国家农业技术推广机构的人员编制应当根据所服务区域的种养规模、服务范围和工作任务等合理确定,保证公益性职责的履行。”为避免非专业人员挤占编制,保障农技推广业务正常开展,《农业技术推广法》规定:“国家农业技术推广机构的岗位设置应当以专业技术岗位为主。乡镇国家农业技术推广机构的岗位应当全部为专业技术岗位,县级国家农业技术推广机构的专业技术岗位不得低于机构岗位总量的百分之八十,其他国家农业技术推广机构的专业技术岗位不得低于机构岗位总量的百分之七十。”为推动基层农技推广机构吸收更多的专业技术人才,《农业技术推广法》规定:“国家鼓励和支持高等学校毕业生和科技人员到基层从事农业技术推广工作。各级人民政府应当采取措施,吸引人才,充实和加强基层农业技术推广队伍。”

2. 规范农业技术人员的上岗资格

为有效解决农技推广人员业务素质与岗位要求不匹配问题,《农业技术推广法》规定:“国家农业技术推广机构的专业技术人员应当具有相应的专业技术水平,符合岗位职责要求。”针对一些地方在国家农业技术推广机构随意安置非专业人员的问题,并考虑到近年来我国高等教育事业发展的现状和农村贫困地区的实际需求,《农业技术推广法》规定:“国家农业技术推广机构聘用的新进专业技术人员,应当具有大专以上有关专业学历,并通过县级以上人民政府有关部门组织的专业技术水平考核。自治县、民族乡和国家确定的连片特困地区,经省、自治区、直辖市人民政府有关部门批准,可以聘用具有中专有关专业学历的人员或者其他具有相应专业技术水平的人员。”

3. 规范专业技术人员的考评制度

健全基层农技推广人员的绩效考评制度,需要把完成农技推广任务、服务农民的工作数量和质量、服务农业生产的实际成效作为考核的主要依据,并与工资收入、职称评定等挂钩,实现由固定用人向合同用人、由身份管理向岗位管理转变。为此,《农业技术推广法》规定:“对在县、乡镇、村从事农业技术推广工作的专业技术人员的职称评定,应当以考核其推广工作的业务技术水平和实绩为主。”“县级以上农业技术推广部门、乡镇人民政府应当对其管理的国家农业技术推广机构履行公益性职责的情况进行监督、考评。各级农业技术推广部门和国家农业技术推广机构,应当建立国家农业技术推广机构的专业技术人员工作责任制度和考评制度。县级农业技术推广部门管理为主的乡镇国家农业技术推广机构的人员,其业务考核、岗位聘用以及晋升,应当充分听取所服务的乡镇人民政府和服务对象的意见。乡镇人民政府管理为主、县级农业技术推广部门业务指导的乡镇国家农业技术推广机构的人员,其业务考核、岗位聘用以及晋升,应当充分听取所在地的县级农业技术推广部门和服务对象的意见。”

(三)我国农业技术推广体系的特点

1. 政府主导下多元化主体的农业技术推广体系

现行法律首先明确了国家农业技术推广机构在农业技术推广体系中基础地位,又规定了国家农业技术推广结构的设置、管理体制、人员编制的比重等,说明我国农业技术推广以政府为主导的大格局是没有变化的。强调政府主导是合适的,因为农业技术的推广工作从总体上看,是一项公益服务,政府有职责有义务在农业技术推广中发挥基础性、主导性作用。同时,为了拓展农业技术推广的范围,形成一个多层次、立体化充满活力的农业科技推广局面，《农业技术推广法》在推广体系中又明确了科研单位、高等院校、相关企业、农民技术员、农民合作社、群众性农业科技组织等农业科技推广主体的法律地位。形成了以政府为主导、多元并存，相互补充的农业技术推广体系。

实践中，该体系下产生了多种富有创新性农技推广方式。农业科技示范园区模式。建设农业现代化示范基地、农业科技园区，已成为推动我国农业科技创新、科技进步、强化农业科技成果转化与推广的重要途径。现代农业示范基地，以企业和科研为龙头，以优势资源为核心，设施投入、科技投入、人才投入为基地。发展优势产业、品牌生产、股份共赢为基础，实现高效农产品生产试验、示范、培训、新型经营体制创新为一体的多功能农业科技示范基地。农业科技园区集农业新技术、新成果、新品种的试验、示范、展示与科技服务于一体，为农民提供了“看得见、摸得着”的服务。“公司+农户”模式。这种模式以“订单农业”生产技术合作为主，把分散生产的农户与有计划、大批量的商品生产结合起来。公司聘请专家和技术人员把当地的农民集中起来进行专业技术培训，提高农民素质保证产品质量。农产品生产经营公司和龙头企业，与农民的生产生活联系较为紧密，有利于带动农民增收、转移农村富余劳动力、实现科技成果转化。公司以盈利为目的，根据市场需求动态进行新技术、新品种研制和试验，以优质品种投入和科学种植、养殖技术服务于农户，给农民提供技术培训，提高了农业科技成果的转化率。最终形成了农民增收、农技推广、企业盈利、社会发展多方面共赢的局面。

2. 国家农业推广机构的公共服务性

对于国家农技推广机构公益性职责与经营性推广不分产生的问题，党中央、国务院近些年来注意调整并纠正。不同类型的农技推广工作，由不同的推广组织承担，基础性、农业普遍受益的技术服务，由国家农业技术推广部门承担；特殊性技术服务需求，通过市场配置技术资源，引入竞争机制，由经营性服务来补充。《中共中央、国务院关于做好 2002 年农业和农村工作的意见》指出，“继续推进农业科技推广体系改革，逐步建立起分别承担经营性服务和公益性职能的农业技术推广体系。”2005 年、2006 年的中央一号文件指出，“按照强化公益性职能、放活经营性服务的要求，加大农业技术推广体系的改革力度。”“积极探索对公益性职能与经营性服务实行分类管理的办法，完善农技推广的社会化服务机制。”国务院 2006 年《关于深化改革加强基层农业技术推广体系建设的意见》指出，“坚持政府主导，支持多元化发展，有效履行政府公益性职能，充分发挥各方面积极性。”2008 年通过的党的十七届三中全会决定，对加强农业公共服务能力建设在全国普遍健全公共服务机构及农技推广中的公益性做了明确定位。

《农业技术推广法》充分吸收了党和政府的上述政策精神，在《农业技术推广法》第 11 条中明确规定，各级国家农业技术推广机构属于公共服务机构。其履行下列公益性职责：①各级人民政府确定的关键农业技术的引进、试验、示范；②植物病虫害、动物疫病及农业灾害的监测、预报和预防；③农产品生产过程中的检验、检测、监测咨询技术服务；④农业资源、森林资源、农业生态安全和农业投入品使用的监测服务；⑤水资源管理、防汛抗旱和农田水利建设技术服务；⑥农业公共信息和农业技术宣传教育、培训服务；将国家农技推广机构定性为公共服务机构，无偿向农民提供公益性服务，减少农民的生产成本，既补贴了农民，又拉动了生产，对增产增收都有利，是国家扶持农业和农村经济发展的新渠道。

3. 组织管理上具有双重性

我国各级农业推广结构既受农业行政部门的直接领导，又受上级农业技术推广部门的业务指导。由于上级行政部门的直接领导权大于农业技术推广机构的业务指导权，就使得农技推广机构的组织领导功能较弱。农业推广部门较多的工作是围绕农业行政部门展开，为行政领导部门负责，在一定程度上削弱了农业技术推广机构的农业技术推广工作。

第三节　我国农业技术的推广与应用

《农业技术推广法》的第 19 条到第 27 条对农业技术的推广与应用问题做了规定。

一、农业技术推广计划

推广农业技术应当制定农业技术推广计划。重大农业技术的推广应当列入国家和地方相关发展规划、计划，由农业技术推广部门会同科学技术等相关部门按照各自的职责，相互配合，组织实施。国家、地方政府和国家农业科技推广机构要根据现代农业发展的需要、现代农业科技的动向和农业发展的实际情况，确定农业技术推广的计划，使农业科技的推广既有宏观战略上的考虑，又有微观操作层面的动作。

二、农业技术研究课题与农业生产技术问题相结合

《农业技术推广法》第 20 条规定，农业科研单位和有关学校应当把农业生产中需要解决的技术问题列为研究课题，其科研成果可以通过有关农业技术推广单位进行推广或者直接向农业劳动者和农业生产经营组织推广。国家引导农业科研单位和有关学校开展公益性农业技术推广服务。该条规定说明，我国农业技术推广法十分重视农业技术推广与应用中理论和实践相结合、产学研相结合。通过鼓励、引导、支持等方面将农业科技的研发和农业科技的推广与应用紧密联系起来。

三、农业技术推广的条件

《农业技术推广法》第 21 条规定，向农业劳动者和农业生产经营组织推广的农业技术，必须在推广地区经过试验证明具有先进性、适用性和安全性。所谓适用性即该农业技术与所推广地区、推广对象之间的适应性。有些农业科技本身很先进和前沿，但有些地区的农业推广人员素质、农业劳动者素质、硬件条件、气候环境等可能很难适应这种高科技农业技术的要求。所谓先进性，是指该农业技术比已经应用的同类技术具有明显的改进，或者是该农业技术是一项全新的实用技术。实验是任何一项农业技术在推广应用前必经的程序，其包括技术先进性试验和适用性试验。推广不具有先进性和适用性的农业技术，给农业劳动者造成损失的，应当承担法律责任。直接负责的主管人员和其他责任人员可以由其所在单位或上级机关给予行政处分。因此，农业技术推广时要兼顾农业技术的先进性和适用性，做到二者的统一。

四、国家鼓励和支持农业劳动者和农业生产经营组织参与农业技术推广

国家鼓励和支持农业劳动者和农业生产经营组织参与农业技术推广。农业劳动者和农业生产经营组织在生产中应用先进的农业技术，有关部门和单位应当在技术培训、资金、物资和销售等方面给予扶持。农业劳动者和农业生产经营组织根据自愿的原则应用农业技术，任何单位或者个人不得强迫。推广农业技术，应当选择有条件的农户、区域或者工程项目，进行应用示范。县、乡镇国家农业技术推广机构应当组织农业劳动者学习农业科学技术知识，提高其应用农业技术的能力。教育、人力资源和社会保障、农业、林业、水利、科学技术等部门应当支持农业科研单位、有关学校开展有关农业技术推广的职业技术教育和技术培训，提高农业技术推广人员和农业劳动者的技术素质。国家鼓励社会力量开展农业技术培训。

五、农业技术推广的经费

各级国家农业技术推广机构应当认真履行《农业技术推广法》第 11 条规定的公益性职责，向农业劳动者和农业生产经营组织推广农业技术，实行无偿服务。国家农业技术推广机构以外的单位及科技人员以技术转让、技术服务、技术承包、技术咨询和技术入股等形式提供农业技术的，可以实行有偿服务，其合法收入和植物新品种、农业技术专利等知识产权受法律保护。进行农业技术转让、技术服务、技术承包、技术咨询和技术入股，当事人各方应当订立合同，约定各自的权利和义务。国家鼓励和支持农民专业合作社、涉农企业，采取多种形式，为农民应用先进农业技术提供有关的技术服务。国家鼓励和支持以大宗农产品和优势特色农产品生产为重点的农业示范区建设，发挥示范区对农业技术推广的引领作用，促进农业产业化发展和现代农业建设。各级人民政府可以采取购买服务等方式，引导社会力量参与公益性农业技术推广服务。

六、农业技术推广的程序

（一）选定推广项目

选择项目是农业技术推广的第一步。所谓农业技术推广项目，就是通过与应用的具体的农业技术或科研成果，推广项目主要由国家农业技术推广机构进行，农业科研单位和有关院校也可根据农业生产的实际需要，经过项目开发、试验和示范，加以选择确定。我国《农业技术推广法》明确规定，重大农业技术的推广应当列入国家和地方相关发展规划、计划，由农业技术推广部门会同科学技术等相关部门按照各自的职责，相互配合，组织实施。项目的来源主要包括科研成果、引进技术、农民生产经验、推广部门技术改造等。

（二）推广试验

推广试验包括小区试验、不同地区推广试验等。它是从科研到生产的关键环节，也是检验农业技术具有先进性和适用性的重要阶段。

（三）示　范

选择示范田和示范户，直接向农民传授操作方法。

（四）推　广

通过示范证明该项技术在当地的推广价值后，进行大面积、大范围推广。

（五）反馈和改进研究

将试验、示范及推广的信息及时反馈给科研部门。

七、农业技术推广的原则

（一）劳动者自愿原则

《农业技术推广法》第22条规定，农业劳动者和农业生产经营组织根据自愿的原则应用农业技术，任何单位或者个人不得强迫。强制农业劳动者、企业应用农业技术，给其造成损失的，应当承担民事赔偿责任，直接负责的主管人员和其他直接负责人员可以由其所在单位或上级机关给予行政处分。在农业科技推广过程中，必须贯彻尊重农业劳动者和农业生产组织意志原则，是由于我国幅员辽阔，各地气候条件、土质水质、地形地貌各有不同。农业生产的从事者的科学文化素养也不同，对新技术的理解能力、操作能力等也存在差异。因此农业技术推广中不仅要因地制宜，也要充分尊重农业生产者的意愿。

（二）无偿服务与有偿服务相结合原则

国家农技推广机构推广农业技术实行无偿服务。《农业技术推广法》（1993年版）是在计划经济向市场经济转轨的特定背景下制定的。当时为了弥补经费不足并调动推广人员的积极性，对国家推广机构引入有偿服务的规定，要求在实行事业费包干的基础上自主经营，逐步做到经费自理，国家农技推广机构可以发展多种有偿技术服务和兴办技农（工）贸一体化的技术经济实体，扩大经费来源，增强自我发展能力。同时，允许国家农技推广机构实行技物结合、技术承包。国家农技推广机构既承担公益性服务，又有经营性推广活动，使不少农技推广机构和人员的主要精力放在了各种经营性活动上，对公益性服务简单敷衍。国家农技推广机构改革也存在误区。将农技推广体系改革简单理解为“减员减支”，随意撤并农技推广机构，压缩编制，精简人员，削减经费，地方侵占、变卖农技推广设施、设备问题时有发生，农技推广体系建设出现倒退。实践充分证明，国家农技推广机构“一身二任”的设计，超越了我国农业和农村经济发展的实际。现行《农业技术推广法》的基本思路是，不同类型的农技推广工作，由不同的推广组织承担，基础性、农业普遍受益的技术服务，由国家农业技术广部门承担；特殊性技术服务需求，通过市场配置技术资源，引入竞争机制，由经营性服务来补充。据此，《农业技术推广法》确立了农业技术推广的分类管理原则，实行“公益性推广与经营性推广分类管理”。

（三）鼓励参与原则

国家鼓励和支持农业劳动者和农业生产经营组织参与农业技术推广。农业劳动者和农业生产经营组织在生产中应用先进的农业技术，有关部门和单位应当在技术培训、资金、物资和销售等方面给予扶持。国家鼓励社会力量开展农业技术培训。国家鼓励和支持农民专业合作社、涉农企业，采取多种形式，为农民应用先进农业技术提供有关的技术服务。国家鼓励和支持以大宗农产品和优势特色农产品生产为重点的农业示范区建设，发挥示范区对农业技术推广的引领作用，促进农业产业化发展和现代农业建设。各级人民政府可以采取购买服务等方式，引导社会力量参与公益性农业技术推广服务。

（四）农科教相结合原则

农科教结合是指以发展农村经济为中心，科技为动力，教育为载体，把农村经济开发、科技开发、智力开发结合起来，形成农村经济、科技、教育配套改革、协调发展的运行机制，使农村经济、科技、教育等各个部门的人、财、物得到合理配置，综合利用，发挥各自优势，形成合力，以取得人才培养、科技开发、经济振兴的最佳效益。只有贯彻该原则，才能调动各方的积极性，实现农业科技推广、农业生产者素质提升、农业科技进步、农村社会发展多方面的发展。

第四节 我国农业技术推广的保障措施

一、增加农业技术推广的投入

《农业技术推广法》第28条规定："国家逐步提高对农业技术推广的投入。各级人民政府在财政预算内应当保障用于农业技术推广的资金，并按规定使该资金逐年增长。各级人民政府通过财政拨款以及从农业发展基金中提取一定比例的资金的渠道，筹集农业技术推广专项资金，用于实施农业技术推广项目。中央财政对重大农业技术推广给予补助。县、乡镇国家农业技术推广机构的工作经费根据当地服务规模和绩效确定，由各级财政共同承担。任何单位或者个人不得截留或者挪用用于农业技术推广的资金。"

近年来，中央财政不断加大农技推广资金的投入力度，"十一五"时期累计投入35亿元，比"十五"时期增加24.75亿元，增长近4倍。同时，地方财政部门也不断加大投入力度，一些省份及省以下财政投入已超过中央的数倍，成为农技推广的投入主体。安徽省"十一五"时期，省及省以下财政部门累计投入农技推广资金9.8亿元，占财政总投入的87%，是中央财政投入的7倍。四川省"十一五"时期，省及省以下财政部门累计投入6.4亿元，占财政总投入的81%，是中央财政投入的4倍。财政投入渠道也不断集中。在中央财政指导下，针对原先资金分散、难以形成合力的弊端，各地财政部门纷纷开展资金整合工作，初步形成了财政资金集中投入的态势。四川省"十一五"时期以农技推广资金为平台，按照"渠道不乱、用途不变、打捆使用、重点投放"的原则，整合资金4.7亿元，占财政总投入的59%。山东省"十一五"时期，以当地优势产业发展规划和区域布局为主导，按照"集中连片开发、形成产业链条、培育农业板块"的原则，整合资金2亿元，占财政总投入的27%。

但是，在具体的操作中，政府的投入仍存在资金投入相对分散的问题。按照现行管理体制，农技推广资金由多部门管理，有限的财政资金难以形成合力，影响了财政资金发挥使用效益。有些资金的性质和用途基本相近，但却分散在几个部门管理，缺乏总体规划和通盘考虑，导致一些领域资金重复投入，另一些领域却无人问津，技术推广速度和效率不高。同时，由于项目归口管理部门较多，具体要求和做法各不相同，农技推广资金的政策标准不衔接，管理流程不统一，制度约束力不够，增加资金监管的难度。

二、稳定和发展农村科技队伍

根据农业部农村经济体制与经营管理司2004年提供的数据，农技推广人员的学历、职称状况不很理想。县级农技推广机构的人员中，具有本科以上学历的只有11.18%，具有大中专学历的人员还不到60%。乡镇级农技推广人员中具有本科以上学历的只占0.28%，具有大中专学历的人员也只有近60%。县级农技推广人员中，高级职称人数占调查总人数的比例为5.53%，中级职称的人数占总人数的22.05%，而初级职称以及技术员所占比例为36%，其他无职称的人员所占比例为36.5%。乡镇级农技推广人员中，高级职称人数则更少，只占0.45%，中级职称的比例12.6%，初级及技术员级54.84%，其他无职称人员占32.18%，将近1/3。农业技术推广机构人员待遇差，造成农技推广队伍不稳、整体素质低。农技人员特别是基层农技人员，待遇很低，经济条件好的地区可以保障推广人员工资，但是有钱发工资，无钱做事情。经济条件不好的地区，农技推广人员的工资都不能保障，农技推广的效果就可想而知了。特别是在合并"七站八所"的机构改革后，乡镇级甚至出现了"线断、网破、人散"的现象，推广队伍不稳，人员文化业务素质差，农业技术推广队伍整体素质偏低。加强队伍建设可以说是2012年《农业技术推广法》修订的主要内容之一。《农业技术推广法》第29条规定："各级人民政府应当采取措施，保障和改善县、乡镇国家农业技术推广机构的专业技术人员的工作条件、生活条件和待遇，并按照国家规定给予补贴，保持国家农业技术推广队伍的稳定。对在县、乡镇、村从事农业技术推广工作的专业技术人员的职称评定，应当以考核其推广工作的业务技术水平和实绩为主。"

为避免非专业人员挤占编制，保障农技推广业务正常开展，《农业技术推广法》第13条规定："国家农业技术推广机构的岗位设置应当以专业技术岗位为主。乡镇国家农业技术推广机构的岗位应当全部为专业技术岗位，县级国家农业技术推广机构的专业技术岗位不得低于机构岗位总量的百分之八十，其他国家农业技术推广机构的专业技术岗位不得低于机构岗位总量的百分之七十。"为了如实考核农技推广人员的实际业绩，《农业技术推广法》第32条规定："县级以上农业技术推广部门、乡镇人民政府应当对其管理的国家农业技术推广机构履行公益性职责的情况进行监督、考评。各级农业技术推广部门和国家农业技术推广机构，应当建立国家农业技术推广机构的专业技术人员工作责任制度和考评制度。县级人民政府农业技术推广部门管理为主的乡镇国家农业技术推广机构的人员，其业务考核、岗位聘用以及晋升，应当充分听取所服务区域的乡镇人民政府和服务对象的意见。乡镇人民政府管理为主、县级人民政府农业技术推广部门业务指导的乡镇国家农业技术推广机构的人员，其业务考核、岗位聘用以及晋升，应当充分听取所在地的县级人民政府农业技术推广部门和服务对象的意见。"为推动基层农技推广机构吸收更多的专业技术人才，《农业技术推广法》第14条规定："国家鼓励和支持高等学校毕业生和科技人员到基层从事农业技术推广工作。各级人民政府应当采取措施，吸引人才，充实和加强基层农业技术推广队伍。"

三、政策性优惠措施

农业技术推广机构、农业科研单位和有关院校是农业技术推广的重要力量，为鼓励和加强农业技术推广工作，我国现行法律规定了相应的政策优惠性措施。《农业技术推广法》第33条规定："从事农业技术推广服务的，可以享受国家规定的税收、信贷等方面的优惠。"

四、农业技术推广人员技术培训

目前，我国农业技术推广人员的素质普遍差、技能低，不能适应农业技术推广工作的实际需要。《农业技术推广法》第31条规定："农业技术推广部门和县级以上国家农业技术推广机构，应当有计划地对农业技术推广人员进行技术培训，组织专业进修，使其不断更新知识、提高业务水平。"我国《农业法》第53条规定："国家建立农业技术专业技术人员继续教育制度。县级以上人民政府农业行政主管部门会同教育、人事等有关部门制定农业专业技术人员继续教育计划，并组织实施。"

五、保障农业技术推广必需的实验基地和条件

农业技术推广必须坚持实验、示范的基本原则，它是检验农业技术推广先进性和适应性的重要途径。而从事试验示范需要一定的物质基础和基础条件。《农业技术推广法》第30条规定："各级人民政府应当采取措施，保障国家农业技术推广机构获得必需的试验示范场所、办公场所、推广和培训设施设备等工作条件。地方各级人民政府应当保障国家农业技术推广机构的试验示范场所、生产资料和其他财产不受侵害。"《农业法》第51条规定："国家设立的农业技术推广机构应当以农业技术实验示范基地为依托，承担公共所需的关键性技术的推广和示范工作，为农民和农业生产经营组织提供公益性农业技术服务。"

第五节　我国农业技术推广的法律责任

《农业技术推广法》（1993年版）中没有关于法律责任的专门规定，对于违反法律规定应承担的责任，仅对农业技术推广未验证先进性、适用性和违反自愿原则应用农业技术两种情形时，规定了相关的民事赔偿责任以及对相关责任人的行政处罚措施。农业技术推广法缺乏硬性约束，执法效果不理想。为此，新的《农业技术推广法》专门制定了"法律责任"一章，明确了相关的违法责任，主要包括：

一、明确政府及有关部门未履行职责的责任

《农业技术推广法》第34条规定："各级人民政府有关部门及其工作人员未依照本法规定履行职责的，对直接负责的主管人员和其他直接责任人员依法给予处分。"

二、国家农业技术推广机构及其工作人员不认真履行义务的责任

《农业技术推广法》第35条规定："国家农业技术推广机构及其工作人员未依照本法规定履行职责的，由主管机关责令限期改正，通报批评；对直接负责的主管人员和其他直接责任人员依法给予处分。"《农业技术推广法》第36条规定："违反本法规定，向农业劳动者、农业生产经营组织推广未经试验证明具有先进性、适用性或者安全性的农业技术，造成损失的，应当承担赔偿责任。""强迫农业劳动者、农业生产经营组织应用农业技术，造成损失的，依法承担赔偿责任。"

三、截留或者挪用农业技术推广资金的责任

《农业技术推广法》第37条规定："截留或者挪用用于农业技术推广的资金的，对直接负责的主管人员和其他直接责任人员依法给予处分；构成犯罪的，依法追究刑事责任。"

上述三个方面，从政府行政管理部门、农技推广机构到推广人员，从行政责任、民事责任到刑事责任都涉及了，是依法规范农技推广工作的法律保障。

参考文献

丁关良，2011. 涉农法学［M］. 杭州：浙江大学出版社.

李昌麒，2006. 中国农村法治发展［M］. 北京：人民出版社.

岳彩申，李永成，2006. 新农村建设中的经济法制创新研究［M］. 北京：群众出版社.

第七章　农业安全法律制度

第一节　农业安全法律制度概述

一、农业安全的概念、特点和分类

（一）安全与农业安全

所谓安全是与危险相对应的概念。《现代汉语词典》对“安全”的解释是：“没有危险；不受威胁；不出事故”。也就是说，安全是指具有特定功能或属性的事物，在外部因素及自身行为的相互作用下，足以保持正常的、完好的状态，免遭非期望的损害现象。由于人们对安全问题考量的对象、范围以及角度和层面的不同，对安全的理解也可能得出不同的结论。从系统论的角度出发，安全既可能指某一个子系统保持自身的完好状态，也可以指该子系统对宏观整体环境不存在威胁和影响。与此相适应，安全的概念也存在广义和狭义之分。“狭义的安全是指某一领域或系统中的安全，如生产安全、机械安全、矿业安全、交通安全、消防安全、航空安全、建筑安全、核工业安全等。狭义安全具有技术安全的含义，即人们通常所说的某一领域或系统中的安全技术问题。广义安全，即大安全，是以某一领域或系统为主的技术安全扩展到生活安全与生存安全领域，形成生产、生活、生存领域的大安全。广义安全是全民、全社会的安全”①。

与安全的普遍含义相对应，狭义地说，农业安全指的是农业作为一个行业其本身所应具有的安全性。而广义地说，农业安全是指农业生产及其产品不存在危险性，对农业生产本身及社会不会产生损害。因此，很多学者从农业与整个社会之间关系的角度出发，考察农业产品对公众健康、经济发展、社会稳定和国家利益等诸多方面可能产生的影响，从而对农业安全的概念做出了更为广泛的界定。例如有学者认为“农业安全指农业能基本满足社会日益增长的食品需求，具有较强的竞争能力和创收能力，处于可持续发展状态。”

由于农业发展必须依托于整体的自然和社会环境，其生产受到各种生产要素和工艺的制约，并对自然和社会将会产生广泛的影响，因此农业安全保障是一个非常复杂的系统工程，涉及政治、经济、法律、技术等诸多的方面。反映在法律上，广义的农业安全

① 林柏泉．安全学原理［M］．北京：煤炭工业出版社，2002.

问题可能涉及环境和资源法、消费者保护法、金融法、投资法、国际贸易法等诸多的法律部门，以至外延过于宽泛。所以，作为农业安全法律中的农业安全的概念，不可能无所限定。一般来说，农业安全法意义上所指的农业安全，专门是指与农业生产直接相关的生产过程本身的安全及其结果的安全，即不至于因为自然或人为的因素而影响农业产品的产量及质量。

（二）农业安全的特点

1. 基础性

所谓农业安全的基础性指的是农业安全问题与人类生存和发展有着直接的关联。根据马斯洛的需求层次理论，安全需求是人最为基本的需求之一，生命和财产的安全是人生存和发展的基本条件，也是人的基本权利。农业安全不仅直接关系到农业本身，而且由于农业是基础产业，提供了人类社会最为基本的生活资料和生产资料，其成果也直接影响经济和社会其他领域的健康发展，因此，农业安全对整个人类社会来说，都是一个带有根本性的问题，无论如何强调都不过分。

2. 普遍性

所谓农业安全的普遍性指的是农业风险是一个普遍存在的问题。农业生产周期长、作业地域大、制约因素多、产品需求广，因此不仅农业生产的风险来源及隐患种类众多，而且一旦出现安全事故，其所造成的影响范围也较为广泛。所以农业安全事故不仅是农业发展中经常容易出现的问题，也是整个社会都必须时刻面对的问题。

3. 可控性

由于农业风险具有普遍性，因此农业安全本身也是相对的，不可能保持百分之百的绝对安全，安全事故的发生往往带有一定的偶然性和随机性。但另一方面我们也应当看到，农业风险及事故产生、发展也有其一定的规律，科学认识农业安全事故产生的原因，有针对性地采取相应的措施，就有可能将事故发生的概率及其损害降低到最低的程度，从而最大限度地保障农业安全。

（三）农业安全的分类

由于农业过程所涉及的环节众多，生产要素形态各异，风险因素也较为复杂。根据不同的标准，农业安全也可以分成不同的种类。根据影响农业安全风险来源不同，可以将农业安全分为与自然相关的安全和与人为因素相关的安全，其中与自然相关的安全又可以分为气候安全、地理安全等；与人为因素相关的安全又可分为物理性安全、化学性安全等。根据风险和灾害的具体表现形式不同，可以将农业安全分为防洪安全、防涝安全、防汛安全、防旱安全、防火安全、防虫安全、防病安全等。根据农业风险在农业生产中所处的阶段，可以将农业安全分为农业生产过程安全和农业生产成果即农产品的安全，其中农产品的安全又可以分为数量安全、质量安全和市场安全。根据农业风险所作用的领域，可以将农业安全分为农业自身安全和农产品的社会安全。根据农业风险影响的时间长短可将农业安全分为短期的安全和可持续发展的安全。另外，根据农业生产要素的不同，可以将农业风险分为种子安全、农药化肥安全、机械安全等。

二、农业安全相关立法

农业作为通过培育动物、植物和微生物为人类提供食品和原材料的最为传统的产业，是人类社会生存和发展的基础。农业的正常发展，直接影响着公众的基本生活和社会的整体安定。同时农业生产又是一个复杂的系统工程，涉及包括土地、水利、气候、牲畜、机械、电力、化工、生物等诸多资源和手段的运用，其中存在着众多包括自然和人为的风险。特别是随着现代农业的发展，科学技术在农业生产中的推广，一方面极大地提高了农业生产的劳动生产率，另一方面，使得农业生产中的安全隐患也空前增加，因此，如何有效防范和化解农业风险、保障农业安全，是现代农业发展的一个重要课题。而农业安全法制，则是农业安全的根本制度性保障。

我国是个农业大国，农业安全一直受到社会的广泛重视。但是新中国成立后很长一段时间内，由于法制建设整体的落后，农业安全的保障主要依靠政策加以引导，相关的规范不仅数量稀少，而且涉及的领域极为狭窄，主要局限于农作物病虫害防治和农具管理等方面，可以说这一时期的农业安全立法基本上处于空白。改革开放以后，随着农业生产的发展，我国农业安全的相关立法迅速增加，除作为农业基本法的《农业法》中规定有与农业安全相关的内容外，还先后制定了《种子法》《农产品质量安全法》《食品安全法》《中华人民共和国防洪法》等与农业安全相关的法律，并制定了《农药管理条例》《植物检疫条例》《农业转基因生物安全管理条例》《农业机械安全监督管理条例》《抗旱条例》等与农业安全相关的行政法规以及《农作物种子生产经营许可管理办法》《农作物种子质量监督抽查管理办法》《食用菌菌种管理办法》《蚕种管理办法》《植物检疫条例实施细则》《农药管理条例实施办法》《农药生产管理办法》《农药登记资料规定》《农药安全使用规定》《农药产品生产许可证实施细则》《肥料登记管理办法》《农业转基因生物安全评价管理办法》《农业转基因生物标识管理办法》《转基因作物田间试验安全检查指南》等部门规章，到目前为止，已初步形成了由不同效力层面法律法规所组成的，涵盖农业安全各个领域和环节的法律规范体系。

第二节 农业安全生产法律制度

一、农业种子安全法律制度

广义的种子泛指一切在农产品生产中用于播种与繁殖的生物及其组成部分，既包括种植业中所需的植物种、苗，也包括养殖业中所需的种畜、种禽和昆虫虫苗以及食用菌菌种。狭义的种子仅指植物种子。根据《种子法》的规定，所谓种子，是指农作物和林木的种植材料或者繁殖材料，包括籽粒、果实和根、茎、苗、芽、叶、花等。由于种子的质量直接影响着农产品的质量和农业的收成，因此种子安全是农业安全的重要内容。我国《农业法》明确规定：“种植业以优化品种、提高质量、增加效益为中心，调整作物结构、品种结构和品质结构”，从而确立了种子安全在农业生产中的重要地位。

改革开放以来，我国种子生产和供应日益走向专业化和市场化，种子产业发展很快，对农业生产起到极大的促进作用。但另一方面，由于监管上存在的漏洞，受利益驱动，一些地方假种子、劣种子事件时有发生，导致农业生产受到极大的破坏，甚至出现大面积的绝种绝收，农民利益受到侵害，严重影响了社会的安定。由于农业生产带有鲜明的季节性，种子安全事故所带来的损害往往难以弥补，因此需要通过立法保证农业种子的安全供应和使用。我国关于种子安全的法律制度主要有：

（一）种质资源保护制度

种质资源是指选育新品种的基础材料，包括各种植物的栽培种、野生种的繁殖材料以及利用上述繁殖材料人工创造的各种植物的遗传材料。

我国《种子法》规定国家依法保护种质资源，任何单位和个人不得侵占和破坏种质资源。禁止采集或者采伐国家重点保护的天然种质资源。因科研等特殊情况需要采集或者采伐的，应当经国务院或者省、自治区、直辖市人民政府的农业、林业行政主管部门批准。国家有计划地收集、整理、鉴定、登记、保存、交流和利用种质资源，定期公布可供利用的种质资源目录。国务院农业、林业行政主管部门应当建立国家种质资源库，省、自治区、直辖市人民政府农业、林业行政主管部门可以根据需要建立种质资源库、种质资源保护区或者种质资源保护地。国家对种质资源享有主权，任何单位和个人向境外提供种质资源的，或者与境外机构、个人开展合作研究利用种质资源的，应当经国务院农业、林业行政主管部门批准；从境外引进种质资源的，依照国务院农业、林业行政主管部门的有关规定办理。

（二）品种选育、审定和新品种保护制度

法律规定国家支持科研院所及高等院校重点开展育种的基础性、前沿性和应用技术研究，以及常规作物、主要造林树种育种和无性繁殖材料选育等公益性研究。国家鼓励种子企业充分利用公益性研究成果，培育具有自主知识产权的优良品种；鼓励种子企业与科研院所及高等院校构建技术研发平台，建立以市场为导向、资本为纽带、利益共享、风险共担的产学研相结合的种业技术创新体系。国家加强种业科技创新能力建设，促进种业科技成果转化，维护种业科技人员的合法权益。

国家对主要农作物和主要林木实行品种审定制度。主要农作物品种和主要林木品种在推广前应当通过国家级或者省级审定。由省、自治区、直辖市人民政府林业主管部门确定的主要林木品种实行省级审定。应当审定的农作物品种未经审定的，不得发布广告、推广、销售。

另外，国家实行植物新品种保护制度。对国家植物品种保护名录内经过人工选育或者发现的野生植物加以改良，具备新颖性、特异性、一致性、稳定性和适当命名的植物品种，由国务院农业、林业主管部门授予植物新品种权，保护植物新品种权所有人的合法权益。

（三）种子生产经营制度

根据《种子法》的规定，我国对进出口和生产经营种子实行生产经营许可证制度。其中，从事种子进出口业务的种子生产经营许可证，由省、自治区、直辖市人民政府农业、林业主管部门审核，国务院农业、林业主管部门核发。从事主要农作物杂交种子及

其亲本种子、林木良种种子的生产经营以及实行选育生产经营相结合，符合国务院农业、林业主管部门规定条件的种子企业的种子生产经营许可证，由生产经营者所在地县级人民政府农业、林业主管部门审核，省、自治区、直辖市人民政府农业、林业主管部门核发。其他种子的生产经营许可证，由生产经营者所在地县级以上地方人民政府农业、林业主管部门核发。只从事非主要农作物种子和非主要林木种子生产的，不需要办理种子生产经营许可证。

申请取得种子生产经营许可证的，应当具有与种子生产经营相适应的生产经营设施、设备及专业技术人员，以及法规和国务院农业、林业主管部门规定的其他条件。从事种子生产的，还应当同时具有繁殖种子的隔离和培育条件，具有无检疫性有害生物的种子生产地点或者县级以上人民政府林业主管部门确定的采种林。

根据法律规定，种子生产经营者应当建立和保存包括种子来源、产地、数量、质量、销售去向、销售日期和有关责任人员等内容的生产经营档案，保证可追溯。种子生产经营档案的具体载明事项，种子生产经营档案及种子样品的保存期限由国务院农业、林业主管部门规定。销售的种子应当符合国家或者行业标准，附有标签和使用说明。标签和使用说明标注的内容应当与销售的种子相符。种子生产经营者对标注内容的真实性和种子质量负责。

（四）种子质量监督制度

《种子法》规定农业、林业主管部门应当加强对种子质量的监督检查。国家禁止生产、经营假、劣种子。下列种子为假种子：①以非种子冒充种子或者以此种品种种子冒充其他品种种子的；②种子种类、品种与标签标注的内容不符或者没有标签的。

下列种子为劣种子：①质量低于国家规定标准的；②质量低于标签标注指标的；③带有国家规定的检疫性有害生物的。

二、农业机械安全法律制度

农业机械，是指用于农业生产及其产品初加工等相关农事活动的机械、设备。农业机械的广泛使用是现代农业的基本特征，根据原农业部制定的《农业机械分类》（NY/T 1640—2008），农业机械不仅包括耕耘和整地机械、种植和施肥机械、田间管理和植保机械、收获机械，还包括脱粒、清洗、烘干和贮存机械、农副产品加工机械、运输机械、排灌机械、畜牧机械以及其他用于农业生产的各种机械。农业机械的安全，是农业安全的重要保障。国务院 2009 年制定的《农业机械安全监督管理条例》（2016 年修订），是目前我国关于农业机械安全方面主要的法律规定，根据该条例的规定，我国在农业机械安全方面主要建立了以下法律制度：

（一）生产、销售和维修制度

1. 生产和销售制度

为了保障农业机械的安全，《农业机械安全监督管理条例》对农业机械生产中的安全技术标准、生产资质、出厂条件、生产记录等均做出了明确的规定。法律规定我国农业机械生产者应当依据农业机械工业产业政策和有关规划，按照农业机械安全技术标准组织生产，并建立健全质量保障控制体系。其中国务院标准化主管部门负责制定发布农业机械安全技术国家标准，并根据实际情况及时修订。农业机械安全技术标准是强制执行的标准。对依法实行工业产品生产许可证管理的农业机械，其生产者应当取得相应资质，并按照许可的范围和条件组织生产。农业机械生产者应当按照农业机械安全技术标准对生产的农业机械进行检验；农业机械经检验合格并附具详尽的安全操作说明书和标注安全警示标志后，方可出厂销售；依法必须进行认证的农业机械，在出厂前应当标注认证标志。上道路行驶的拖拉机，依法必须经过认证的，在出厂前应当标注认证标志，并符合机动车国家安全技术标准。进口的农业机械应当符合我国农业机械安全技术标准，并依法由出入境检验检疫机构检验合格。依法必须进行认证的农业机械，还应当由出入境检验检疫机构进行入境验证。农业机械生产者应当建立产品出厂记录制度，如实记录农业机械的名称、规格、数量、生产日期、生产批号、检验合格证号、购货者名称及联系方式、销售日期等内容。出厂记录保存期限不得少于3年。

我国《农业机械安全监督管理条例》对农业机械的进货和销售行为也做出了明确的规范。农业机械销售者对购进的农业机械应当查验产品合格证明，对依法实行工业产品生产许可证管理、依法必须进行认证的农业机械，还应当验明相应的证明文件或者标志。农业机械销售者应当建立销售记录制度，如实记录农业机械的名称、规格、生产批号、供货者名称及联系方式、销售流向等内容。销售记录保存期限不得少于3年。农业机械销售者应当向购买者说明农业机械操作方法和安全注意事项，并依法开具销售发票。农业机械生产者、销售者应当建立健全农业机械销售服务体系，依法承担产品质量责任。农业机械生产者、销售者发现其生产、销售的农业机械存在设计、制造等缺陷，可能对人身财产安全造成损害的，应当立即停止生产、销售，及时报告当地质量监督部门、工商行政管理部门，通知农业机械使用者停止使用。农业机械生产者应当及时召回存在设计、制造等缺陷的农业机械。农业机械生产者、销售者不履行召回义务的，质量监督部门、工商行政管理部门可以责令生产者召回农业机械，责令销售者停止销售农业机械。

为了保证农业机械的安全性，国家法律还明令禁止生产、销售不符合安全要求的农业机械，其中包括：①不符合农业机械安全技术标准的；②依法实行工业产品生产许可证管理而未取得许可证的；③依法必须进行认证而未经认证的；④利用残次零配件或者报废农业机械的发动机、方向机、变速器、车架等部件拼装的；⑤国家明令淘汰的。

2. 维修制度

国家规定从事农业机械维修经营，应当有必要的维修场地，有必要的维修设施、设备和检测仪器，有相应的维修技术人员，有安全防护和环境保护措施，取得相应的维修技术合格证书。申请农业机械维修技术合格证书，应当具备一定的条件，并向当地县级人民政府农业机械化主管部门提出申请，由其核发维修技术合格证书。维修技术合格证书有效期为3年；有效期满需要继续从事农业机械维修的，应当在有效期满前申请续展。

农业机械维修经营者应当遵守国家有关维修质量安全技术规范和维修质量保证期的规定，确保维修质量。法律还明确规定从事农业机械维修不得有下列行为：①使用不符合农业机械安全技术标准的零配件；②拼装、改装农业机械整机；③承揽维修已经达到报废条件的农业机械；④法律、法规和国务院农业机械化主管部门规定的其他禁止性行为。

（二）使用操作制度

为了保证农业机械的使用安全，国家对一些重要、大型的农业机械建立了登记制度。按照规定，拖拉机、联合收割机投入使用前，其所有人应当按照国务院农业机械化主管部门的规定，持本人身份证明和机具来源证明，向所在地县级人民政府农业机械化主管部门申请登记。拖拉机、联合收割机经安全检验合格的，农业机械化主管部门应当在2个工作日内予以登记并核发相应的证书和牌照。拖拉机、联合收割机使用期间登记事项发生变更的，其所有人应当按照国务院农业机械化主管部门的规定申请变更登记。拖拉机、联合收割机应当悬挂牌照。

同时，《农业机械安全监督管理条例》还对农业机械操作人员的资质做出了规范，农业机械操作人员可以参加农业机械操作人员的技能培训，可以向有关农业机械化主管部门、人力资源和社会保障部门申请职业技能鉴定，获取相应等级的国家职业资格证书。其中拖拉机、联合收割机操作人员经过培训后，应当按照国务院农业机械化主管部门的规定，参加县级人民政府农业机械化主管部门组织的考试。考试合格的，由农业机械化主管部门核发相应的操作证件。拖拉机、联合收割机操作证件有效期为6年；有效期满，拖拉机、联合收割机操作人员可以向原发证机关申请续展。拖拉机上道路行驶，联合收割机因转场作业、维修、安全检验等需要转移的，其操作人员应当携带操作证件。

除对农业机械操作人员的资质做出要求外，国家还对农业机械操作人员的操作行为做出了规范。国家规定拖拉机、联合收割机操作人员不得有下列行为：①操作与本人操作证件规定不相符的拖拉机、联合收割机；②操作未按照规定登记、检验或者检验不合格、安全设施不全、机件失效的拖拉机、联合收割机；③使用国家管制的精神药品、麻醉品后操作拖拉机、联合收割机；④患有妨碍安全操作的疾病操作拖拉机、联合收割机；⑤国务院农业机械化主管部门规定的其他禁止行为。同时法律还禁止使用拖拉机、联合收割机违反规定载人。农业机械操作人员作业前，应当对农业机械进行安全查验；作业时，应当遵守国务院农业机械化主管部门和省、自治区、直辖市人民政府农业机械化主管部门制定的安全操作规程。

（三）事故处理制度

农业机械事故，是指农业机械在作业或者转移等过程中造成人身伤亡、财产损失的事件。在界定农业机械事故时，应当注意将其与道路交通事故加以区分，因为两者在处理程序和后果上存有较大差别。根据《农业机械安全监督管理条例》的规定，“农业机械在道路上发生的交通事故，由公安机关交通管理部门依照道路交通安全法律、法规处理。拖拉机在道路以外通行时发生的事故，公安机关交通管理部门接到报案的，参照道路交通安全法律、法规处理。农业机械事故造成公路及其附属设施损坏的，由交通主管部门依照公路法律、法规处理”。因此，农业机械在道路上发生的与道路交通相关的人员伤亡或财产损失，或者拖拉机在道路以外通行时发生的事故以及农业机械事故造成公路及其附属设施损坏的，虽然也是在农业机械作业或者转移过程中发生的，但由于与道路安全和车辆通行相关，在性质上明显应当属于交通事故，适用《中华人民共和国道路交通安全法》的规定，而不应当列入农业机械事故的范畴。

关于农业机械事故的处理，《农业机械安全监督管理条例》规定由县级以上地方人民政府农业机械化主管部门负责农业机械事故责任的认定和调解处理。

根据法律规定，在道路以外发生的农业机械事故，操作人员和现场其他人员应当立即停止作业或者停止农业机械的转移，保护现场，造成人员伤害的，应当向事故发生地农业机械化主管部门报告；造成人员死亡的，还应当向事故发生地公安机关报告。造成人身伤害的，应当立即采取措施，抢救受伤人员。因抢救受伤人员变动现场的，应当标明位置。接到报告的农业机械化主管部门和公安机关应当立即派人赶赴现场进行勘验、检查，收集证据，组织抢救受伤人员，尽快恢复正常的生产秩序。

对经过现场勘验、检查的农业机械事故，农业机械化主管部门应当在10个工作日内制作完成农业机械事故认定书。当事人对农业机械事故损害赔偿有争议，请求调解的，应当自收到事故认定书之日起10个工作日内向农业机械化主管部门书面提出调解申请。调解达成协议的，农业机械化主管部门应当制作调解书送交各方当事人。调解书经各方当事人共同签字后生效。调解不能达成协议或者当事人向人民法院提起诉讼的，农业机械化主管部门应当终止调解并书面通知当事人。调解达成协议后当事人反悔的，可以向人民法院提起诉讼。

(四) 服务与监督制度

为了保证农业生产的需要，我国目前关于拖拉机、联合收割机的登记、操作证书的取得以及安全检验与其他机动车有所不同，不是由道路安全部门直接管辖，而由农业机械主管部门行使相应的管理职权。《农业机械安全监督管理条例》规定县级以上地方人民政府农业机械化主管部门应当定期对危及人身财产安全的农业机械进行免费实地安全检验。拖拉机、联合收割机的安全检验为每年1次。实施安全技术检验的机构应当对检验结果承担法律责任。农业机械化主管部门在安全检验中发现农业机械存在事故隐患的，应当告知其所有人停止使用并及时排除隐患。实施安全检验的农业机械化主管部门应当对安全检验情况进行汇总，建立农业机械安全监督管理档案。

联合收割机跨行政区域作业前，当地县级人民政府农业机械化主管部门应当会同有关部门，对跨行政区域作业的联合收割机进行必要的安全检查，并对操作人员进行安全教育。

危及人身财产安全的农业机械达到报废条件的，应当停止使用，予以报废。国家对达到报废条件或者正在使用的国家已经明令淘汰的农业机械实行回收。回收的农业机械由县级人民政府农业机械化主管部门监督回收单位进行解体或者销毁。

为了保证使用安全，国家还规定农业机械在使用操作过程中发现农业机械存在产品质量、维修质量问题的，当事人可以向县级以上地方人民政府农业机械化主管部门或者县级以上地方质量监督部门、工商行政管理部门投诉。接到投诉的部门对属于职责范围内的事项，应当依法及时处理；对不属于职责范围内的事项，应当及时移交有权处理的部门，有权处理的部门应当立即处理。县级以上地方人民政府农业机械化主管部门和县级以上地方质量监督部门、工商行政管理部门还应当定期汇总农业机械产品质量、维修质量投诉情况并逐级上报。国务院农业机械化主管部门和省、自治区、直辖市人民政府农业机械化主管部门应当根据投诉情况和农业安全生产需要，组织开展在用的特定种类农业机械的安全鉴定和重点检查，并公布结果。

另外对发生农业机械事故后企图逃逸的、拒不停止存在重大事故隐患农业机械的作业或者转移的，县级以上地方人民政府农业机械化主管部门可以扣押有关农业机械及证书、牌照、操作证件。案件处理完毕或者农业机械事故肇事方提供担保的，县级以上地方人民政府农业机械化主管部门应当及时退还被扣押的农业机械及证书、牌照、操作证件。存在重大事故隐患的农业机械，其所有人或者使用人排除隐患前不得继续使用。

三、农业药肥安全法律制度

农业生产是人类在自然基础上通过一定的技术和方法，有意识地控制影响生物生长的自然条件，从而培育特定生物以取得人类生存和发展所需农产品的过程。而施加药肥是人类控制生物生长、开展农业生产基本的手段。其中农药根据《农药管理条例》的规定："是指用于预防、控制危害农业、林业的病、虫、草、鼠和其他有害生物以及有目的地调节植物、昆虫生长的化学合成或者来源于生物、其他天然物质的一种物质或者几种物质的混合物及其制剂"。而根据《肥料登记管理条例》的规定，肥料则是指"用于提供、保持或改善植物营养和土壤物理、化学性能以及生物活性，能提高农产品产量，或改善农产品品质，或增强植物抗逆性的有机、无机、微生物及其混合物料"。由于农业药肥是农业生产的基本条件之一，其使用直接关系到农业种植物和养殖物的产量和质量，而且化学药肥的生产和使用，还可能给环境和人畜带来危害。目前我国化肥、农药使用量居世界第一，但其利用率比世界发达国家低15%~20%。因此，加强对农业药肥安全的法律规制其重要性是不言而喻的，这就决定农业药肥安全法律制度是我国农业法律的一个重要组成部分。

（一）农药安全管理法律制度

我国目前农药安全方面的法律规定主要是国务院颁布的《农药管理条例》，该条例于1997年制定，2017年最新修订。根据《农药管理条例》的规定，我国目前在农药安全管理方法主要有以下具体的法律制度。

1. 农药登记制度

根据法律规定，国家实行农药登记制度。农药生产企业、向中国出口农药的企业应当依照本条例的规定申请农药登记，新农药研制者可以依照本条例的规定申请农药登记。国务院农业主管部门所属的负责农药检定工作的机构负责农药登记具体工作。省、自治区、直辖市人民政府农业主管部门所属的负责农药检定工作的机构协助做好本行政区域的农药登记具体工作。

2. 农药生产制度

国家实行农药生产许可制度。农药生产企业应当具备下列条件，并按照国务院农业主管部门的规定向省、自治区、直辖市人民政府农业主管部门申请农药生产许可证：

①有与所申请生产农药相适应的技术人员；②有与所申请生产农药相适应的厂房、设施；③有对所申请生产农药进行质量管理和质量检验的人员、仪器和设备；④有保证所申请生产农药质量的规章制度。

3. 农药经营制度

根据法律规定，国家实行农药经营许可制度，但经营卫生用农药的除外。农药经营者应当具备下列条件，并按照国务院农业主管部门的规定向县级以上地方人民政府农业主管部门申请农药经营许可证：①有具备农药和病虫害防治专业知识，熟悉农药管理规定，能够指导安全合理使用农药的经营人员；②有与其他商品以及饮用水水源、生活区域等有效隔离的营业场所和仓储场所，并配备与所申请经营农药相适应的防护设施；③有与所申请经营农药相适应的质量管理、台账记录、安全防护、应急处置、仓储管理等制度。

4. 农药使用制度

《农药管理条例》规定，县级以上人民政府农业主管部门应当加强农药使用指导、服务工作，建立健全农药安全、合理使用制度，并按照预防为主、综合防治的要求，组织推广农药科学使用技术，规范农药使用行为。林业、粮食、卫生等部门应当加强对林业、储粮、卫生用农药安全、合理使用的技术指导，环境保护主管部门应当加强对农药使用过程中环境保护和污染防治的技术指导。农药使用者应当遵守国家有关农药安全、合理使用制度，妥善保管农药，并在配药、用药过程中采取必要的防护措施，避免发生农药使用事故。限制使用农药的经营者应当为农药使用者提供用药指导，并逐步提供统一用药服务。农药使用者应当严格按照农药的标签标注的使用范围、使用方法和剂量、使用技术要求和注意事项使用农药，不得扩大使用范围、加大用药剂量或者改变使用方法。农药使用者不得使用禁用的农药。标签标注安全间隔期的农药，在农产品收获前应当按照安全间隔期的要求停止使用。剧毒、高毒农药不得用于防治卫生害虫，不得用于蔬菜、瓜果、茶叶、菌类、中草药材的生产，不得用于水生植物的病虫害防治。农产品生产企业、食品和食用农产品仓储企业、专业化病虫害防治服务组织和从事农产品生产的农民专业合作社等应当建立农药使用记录，如实记录使用农药的时间、地点、对象以及农药名称、用量、生产企业等。农药使用记录应当保存 2 年以上。

（二）肥料安全管理制度

我国目前肥料安全管理以登记管理为主要内容。根据《肥料登记管理条例》的规定，未经登记的肥料产品不得进口、生产、销售和使用，不得进行广告宣传。肥料生产者申请肥料登记，应提供产品化学、肥效、安全性、标签等方面资料和有代表性的肥料样品。农业农村部负责办理肥料登记受理手续，并审查登记申请资料是否齐全。生产者申请肥料登记前，须在中国境内进行规范的田间试验。农业农村部对符合条件的产品直接审批、发放肥料登记证。

为了减轻肥料生产和经营者的负担，我国目前的肥料管理制度与农药管理相比相对简单，这一状况为肥料生产和经营提供了宽松发展环境的同时，也在一定程度上产生了监督上的疏漏。近年来，我国一些地区市场上销售的农业肥料质量参差不齐，甚至假冒伪劣产品盛行，严重影响了农业生产和农产品的质量安全。因此我国目前正在考虑制定

《肥料管理条例》，对肥料生产者和经营者设定一定的条件，在促进肥料行业发展的同时，适当加强管理，以保护农业生产者和农产品消费者的合法权益。另外还将在立法上规定向农民提供科学施肥的公益服务，以减少化肥过度使用对环境所造成的影响，保障农产品的质量安全。

四、农业防灾减灾法律制度

农业生产既是自然再生产的过程，也是一个经济再生产的过程。农业生产必须以一定的自然条件为前提，是国民经济中受自然因素制约最大的产业，“靠天吃饭”在可见的将来仍将是农业生产的重要特点之一。然而自然界不仅提供了农业生产得以生存和发展的基本条件，同时也给农业生产带来了包括风灾、火灾、旱灾、洪涝灾害、虫灾等各种自然灾害，对农业生产造成了极大的破坏，因而是影响农业生产安全的重要因素。当然，人类面对自然灾害并不是只能束手无策、无能为力的，随着农业生产知识的积累和科学技术水平的提高，人类通过采取一定的措施，完全有可能减少自然灾害发生的频率及其给农业生产所造成的后果，甚至有可能在一定范围内阻止自然灾害的发生。而人类的防灾减灾活动，必然会涉及人、财、物等诸多要素的组织和调动。为了保证农业生产的顺利进行，实现防灾减灾的目的，就必须通过法律手段规范人们的行为，从而保障农业防灾减灾任务的完成，有效保障农业生产安全、顺利进行。

在影响农业生产的诸多自然灾害中，洪涝灾害和旱灾是经常发生，且是对农业生产破坏较大的自然现象。我国目前已制定了专门的《中华人民共和国防洪法》（简称《防洪法》）和《中华人民共和国抗旱条例》（简称《抗旱条例》）等法律规范、建立了较为完善的防灾减灾法律制度。

（一）防洪治涝法律制度

目前我国《防洪法》的宗旨在于“为了防治洪水，防御、减轻洪涝灾害，维护人民的生命和财产安全，保障社会主义现代化建设顺利进行”，并明确规定“防洪工作实行全面规划、统筹兼顾、预防为主、综合治理、局部利益服从全局利益的原则”。根据上述立法宗旨和原则，目前我国建立了以下防洪治涝的具体制度。

1. 防洪规划制度

《防洪法》规定，防洪规划是指为防治某一流域、河段或者区域的洪涝灾害而制定的总体部署，包括国家确定的重要江河、湖泊的流域防洪规划，其他江河、河段、湖泊的防洪规划以及区域防洪规划。防洪规划是江河、湖泊治理和防洪工程设施建设的基本依据。

根据该法的规定，国家确定的重要江河、湖泊的防洪规划，由国务院水行政主管部门依据该江河、湖泊的流域综合规划，会同有关部门和有关省、自治区、直辖市人民政府编制，报国务院批准。其他江河、河段、湖泊的防洪规划或者区域防洪规划，由县级以上地方人民政府水行政主管部门分别依据流域综合规划、区域综合规划，会同有关部门和有关地区编制，报本级人民政府批准，并报上一级人民政府水行政主管部门备案；跨省、自治区、直辖市的江河、河段、湖泊的防洪规划由有关流域管理机构会同江河、河段、湖泊所在地的省、自治区、直辖市人民政府水行政主管部门、有关主管部门拟定，分别经有关省、自治区、直辖市人民政府审查提出意见后，报国务院水行政主管部门批准。城市防洪规划，由城市人民政府组织水行政主管部门、建设行政主管部门和其他有关部门依据流域防洪规划、上一级人民政府区域防洪规划编制，按照国务院规定的审批程序批准后纳入城市总体规划。

2. 洪涝的治理与防护制度

依照《防洪法》的规定，防治江河洪水，应当蓄泄兼施，充分发挥河道行洪能力和水库、洼淀、湖泊调蓄洪水的功能，加强河道防护，因地制宜地采取定期清淤疏浚等措施，保持行洪畅通。防治江河洪水，应当保护、扩大流域林草植被，涵养水源，加强流域水土保持综合治理。

河道、湖泊管理实行按水系统一管理和分级管理相结合的原则，加强防护，确保畅通。国家确定的重要江河、湖泊的主要河段，跨省、自治区、直辖市的重要河段、湖泊，省、自治区、直辖市之间的省界河道、湖泊以及国（边）界河道、湖泊，由流域管理机构和江河、湖泊所在地的省、自治区、直辖市人民政府水行政主管部门按照国务院水行政主管部门的划定依法实施管理。其他河道、湖泊，由县级以上地方人民政府水行政主管部门按照国务院水行政主管部门或者国务院水行政主管部门授权的机构的划定依法实施管理。

另外《防洪法》还规定，河道、湖泊管理范围内的土地和岸线的利用，应当符合行洪、输水的要求。禁止在河道、湖泊管理范围内建设妨碍行洪的建筑物、构筑物，倾倒垃圾、渣土，从事影响河势稳定、危害河岸堤防安全和其他妨碍河道行洪的活动。禁止在行洪河道内种植阻碍行洪的林木和高秆作物。禁止围湖造地。已经围垦的，应当按照国家规定的防洪标准进行治理，有计划地退地还湖。禁止围垦河道。确需围垦的，应当进行科学论证，经水行政主管部门确认不妨碍行洪、输水后，报省级以上人民政府批准。

3. 防洪区和防洪工程设施的管理制度

防洪区是指洪水泛滥可能淹及的地区，分为洪泛区、蓄滞洪区和防洪保护区。其中洪泛区是指尚无工程设施保护的洪水泛滥所及的地区。蓄滞洪区是指包括分洪口在内的河堤背水面以外临时贮存洪水的低洼地区及湖泊等。防洪保护区是指在防洪标准内受防洪工程设施保护的地区。在洪泛区、蓄滞洪区内建设非防洪建设项目，应当就洪水对建设项目可能产生的影响和建设项目对防洪可能产生的影响做出评价，编制洪水影响评价报告，提出防御措施。洪水影响评价报告未经有关水行政主管部门审查批准的，建设单位不得开工建设。

4. 防汛抗洪制度

《防洪法》规定，防汛抗洪工作实行各级人民政府行政首长负责制，统一指挥、分级分部门负责。国务院设立国家防汛指挥机构，负责领导、组织全国的防汛抗洪工作，其办事机构设在国务院水行政主管部门。

《防洪法》还规定，有防汛抗洪任务的县级以上地方人民政府根据流域综合规划、防洪工程实际状况和国家规定的防洪标准，制定防御洪水方案（包括对特大洪水的处置措施）。在紧急防汛期，防汛指挥机构根据防汛抗洪的需要，有权在其管辖范围内调用物资、设备、交通运输工具和人力，决定采取取土占地、砍伐林木、清除阻水障碍物和其他必要的紧急措施；必要时，公安、交通等有关部门按照防汛指挥机构的决定，依法实施陆地和水面交通管制。

（二）抗旱法律制度

根据《抗旱条例》的规定，抗旱工作坚持以人为本、预防为主、防抗结合和因地制宜、统筹兼顾、局部利益服从全局利益的原则。县级以上人民政府应当将抗旱工作纳入本级国民经济和社会发展规划，所需经费纳入本级财政预算，保障抗旱工作的正常开展。

抗旱工作实行各级人民政府行政首长负责制，统一指挥、部门协作、分级负责。国家防汛抗旱总指挥部负责组织、领导全国的抗旱工作。国务院水行政主管部门负责全国抗旱的指导、监督、管理工作，承担国家防汛抗旱总指挥部的具体工作。国家防汛抗旱总指挥部的其他成员单位按照各自职责，负责有关抗旱工作。县级以上地方人民政府防汛抗旱指挥机构，在上级防汛抗旱指挥机构和本级人民政府的领导下，负责组织、指挥本行政区域内的抗旱工作。县级以上地方人民政府水行政主管部门负责本行政区域内抗旱的指导、监督、管理工作，承担本级人民政府防汛抗旱指挥机构的具体工作。县级以上地方人民政府防汛抗旱指挥机构的其他成员单位按照各自职责，负责有关抗旱工作。

1. 旱灾预防制度

根据《抗旱条例》的规定，县级以上地方人民政府水行政主管部门会同同级有关部门编制本行政区域的抗旱规划，报本级人民政府批准后实施，并抄送上一级人民政府水行政主管部门。抗旱规划应当主要包括抗旱组织体系建设、抗旱应急水源建设、抗旱应急设施建设、抗旱物资储备、抗旱服务组织建设、旱情监测网络建设以及保障措施等。

县级以上人民政府应当加强农田水利基础设施建设和农村饮水工程建设，组织做好抗旱应急工程及其配套设施建设和节水改造，提高抗旱供水能力和水资源利用效率。县级以上人民政府水行政主管部门应当组织做好农田水利基础设施和农村饮水工程的管理和维护，确保其正常运行。

国家防汛抗旱总指挥部组织其成员单位编制国家防汛抗旱预案，经国务院批准后实施。县级以上地方人民政府防汛抗旱指挥机构组织其成员单位编制抗旱预案，经上一级人民政府防汛抗旱指挥机构审查同意，报本级人民政府批准后实施。抗旱预案应当包括预案的执行机构以及有关部门的职责、干旱灾害预警、干旱等级划分和按不同等级采取的应急措施、旱情紧急情况下水量调度预案和保障措施等内容。干旱灾害按照区域耕地和作物受旱的面积与程度以及因干旱导致饮水困难人口的数量，分为轻度干旱、中度干旱、严重干旱、特大干旱四级。

2. 抗旱减灾制度

发生干旱灾害，县级以上人民政府防汛抗旱指挥机构应当按照抗旱预案规定的权限，启动抗旱预案，组织开展抗旱减灾工作。

发生轻度干旱和中度干旱，县级以上地方人民政府防汛抗旱指挥机构应当按照抗旱预案的规定，采取下列措施：①启用应急备用水源或者应急打井、挖泉；②设置临时抽水泵站，开挖输水渠道或者临时在江河沟渠内截水；③使用再生水、微咸水、海水等非常规水源，组织实施人工增雨；④组织向人畜饮水困难地区送水。发生严重干旱和特大干旱，国家防汛抗旱总指挥部应当启动国家防汛抗旱预案，总指挥部各成员单位应当按照防汛抗旱预案的分工，做好相关工作。

严重干旱和特大干旱发生地的县级以上地方人民政府在防汛抗旱指挥机构采取上述规定的措施外，还可以采取下列措施：①压减供水指标；②限制或者暂停高耗水行业用水；③限制或者暂停排放工业污水；④缩小农业供水范围或者减少农业供水量；⑤限时或者限量供应城镇居民生活用水。

发生干旱灾害，县级以上地方人民政府应当按照统一调度、保证重点、兼顾一般的原则对水源进行调配，优先保障城乡居民生活用水，合理安排生产和生态用水。发生特大干旱，严重危及城乡居民生活、生产用水安全，可能影响社会稳定的，有关省、自治区、直辖市人民政府防汛抗旱指挥机构经本级人民政府批准，可以宣布本辖区内的相关行政区域进入紧急抗旱期，并及时报告国家防汛抗旱总指挥部。在紧急抗旱期，有关地方人民政府防汛抗旱指挥机构应当组织动员本行政区域内各有关单位和个人投入抗旱工作。所有单位和个人必须服从指挥，承担人民政府防汛抗旱指挥机构分配的抗旱工作任务。在紧急抗旱期，有关地方人民政府防汛抗旱指挥机构根据抗旱工作的需要，有权在其管辖范围内征用物资、设备、交通运输工具。

3. 灾后恢复制度

《抗旱条例》规定，旱情缓解后，各级人民政府、有关主管部门应当帮助受灾群众恢复生产和灾后自救。旱情缓解后，县级以上人民政府水行政主管部门应当对水利工程进行检查评估，并及时组织修复遭受干旱灾害损坏的水利工程；县级以上人民政府有关主管部门应当将遭受干旱灾害损坏的水利工程，优先列入年度修复建设计划。有关地方人民政府防汛抗旱指挥机构应当及时归还紧急抗旱期征用的物资、设备、交通运输工具等，并按照有关法律规定给予补偿。县级以上人民政府防汛抗旱指挥机构还应当及时组织有关部门对干旱灾害影响、损失情况以及抗旱工作效果进行分析和评估；有关部门和单位应当予以配合，主动向本级人民政府防汛抗旱指挥机构报告相关情况，不得虚报、瞒报。

第三节　农产品质量安全法律制度

一、概　述

我国《农产品质量安全法》上所说的农产品，是指“来源于农业的初级产品，即在农业活动中获得的植物、动物、微生物及其产品。”初级产品指的是未经过加工或仅为销售需要而经过初级加工的产品。广义的农产品指的是农业生产活动所取得的所有初级产品，既包括粮油、蔬菜、瓜果、水产、茶叶以及肉类、蛋类、奶类、蜂类、菌类等可供人们食用的农产品，也包括棉花、茧丝、烟叶、花卉以及竹、木等非食用性农产品。而狭义的农产品则仅指食用农产品，即直接用于食用或用于食品加工、生产和餐饮服务的农产品。我国《农产品质量安全法》虽然未对农产品做进一步的细分，但根据其立法意图、立法原则及相关的制度规定，该法中所指的农产品明显有其特定的含义，即指的是狭义的农产品，也就是食用农产品，而并不包括用作非食用目的的其他农产品。

农产品质量安全，指的是农产品在质量特征上，应当具有安全性，符合安全的基本要求。因此，不难看出安全性本身也是产品质量的一个基本的构成要素，而农产品的质量安全，即是对农产品质量在安全性方面的基本要求。当然，不同的产品，对其质量安全的具体要求也会有所不同。由于农产品主要的功能在于供人类食用，因此健康方面的安全性必然成为农产品质量安全的核心内容。也正因为如此，《农产品质量安全法》第2条明确规定："本法所称农产品质量安全，是指农产品质量符合保障人的健康、安全的要求。"

农产品在为人体提供营养成分和其他生命所需元素的同时，也存在着诸多的安全隐患。这些安全隐患表现形态多种多样，既可能是物理性的、化学性的，也可能是生物性的。其产生的原因也各有不同，既可能是天然的，也可能是人为的。特别是人类进入工业化以来，随着化学品在农业中的使用和环境污染的加剧，农产品质量安全问题也日益突出。农产品质量安全问题成为人类所共同面临的一个国际性的难题，并引起世界各国广泛的重视。世界发达国家自19世纪末20世纪初，开始着眼于对包括农产品在内的食品安全进行立法，并逐渐建立起了较为完善的农产品质量安全立法体系。例如美国于1906年制定了《纯净食品和药品法》《联邦肉类检验法》，其后在近百年的时间内相继制定了《联邦食品、药品和化妆品法》《禽肉产品检验法》《蛋类产品检验法》《食品质量保护法》和《公共卫生服务法》等诸多与农产品质量安全相关的法律，其中《联邦食品、药品和化妆品法》在农产品质量安全法律监管中占有核心的地位。美国农产品质量安全的执法机构主要以卫生与人类服务部下属的食品和药品监督管理局（Food and Drug Administration，简称FDA）为主，另外美国农业部和环境保护署也负有一部分监管职责。

21世纪前后，伴随着疯牛病、口蹄疫、禽流感等大规模的食源性疾病的蔓延，以及农产品国际贸易的发展和现代生物技术在农产品中的运用，有关农产品质量安全已演化成为国际社会关注的热点话题。在此背景下，世界各国进一步加强了农产品质量安全的立法，并出现了以下立法趋向：第一，注重农产品质量安全的过程法律监管。在1997年美国克林顿政府开展的"食品安全动议"（National Food Safety Initiative）多监管机构联合行动中，首次提出了"从农场到餐桌"（Farm to Table）的全过程食品安全监管理念，并迅速被世界各国所采纳，对其后世界各国的农产品质量安全立法起到了十分重要引导作用。与此相关，目前许多国家在农产品质量安全立法中注重安全责任的可追溯性，并制定了相应的具体规则。第二，在立法中贯彻预防原则。由于农产品质量安全与人的生命健康密切相关，其后果往往具有不可逆性，因此加强预防已成为各国农产品安全立法的一个重要原则。即使是一些传统上将事后追惩奉为法律圭臬的国家，为了满足食品安全保障的需要，也在立法上开始做出了一些必要的调整。如2011年美国政府所签署的《FDA食品安全现代化法案》（FDA Food Safety Modernization Act），进一步强化了 FDA 在包括农产品在内的食品安全监管方面的职权，其核心就在于加强对食源性疾病的预防。第三，加强国际间的立法合作。农产品质量安全是世界各国所面临的共同问题，需要国际社会的共同努力加以解决。特别是 20 世纪 80 年代开始的经济全球化，极大地促进了农产品国际贸易的发展，随着农产品跨国流通数量的不断增加，与农产品质量安全相关的国际立法也得到了国际社会的重视。1961 年由联合国世界粮农组织和世界卫生组织共同创立的联合国食品法典委员会（Codex Alimentarius Commission，简称 CAC），目前已拥有 185 个成员国和 1 个成员国组织，在农产品质量安全国际立法中具有重要地位，所制定的示范性法典和标准为众多的成员国所参照和采用，其中“良好农业规范”（Good Agriculture Practice，简称 GAP），对各国的产品质量安全立法更是产生了积极的推动作用。我国已于 1984 年参加该组织，是 CAC 立法活动的重要参与者。第四，加强对转基因农产品的安全控制。所谓转基因农产品，是指运用生物工程技术，将一个物种的基因片段植入另个物种的基因而产生新的物种，并由此生产出的农产品。但由于转基因农产品的安全性至今在科学界尚无定论，因此目前各国在立法上都做出了相应的调整，以保证防范转基因农产品给人类健康所可能带来危害，从而保证公众的生命安全。

我国自改革开放以来，农业生产取得长足发展。但由于立法和监管的相对滞后，农产品在数量日益增加和品种日益丰富的同时，质量安全方面也出现了较多的问题。我国在食品安全方面所出现的很多公共危机，除可归结于食品生产、加工和流通中的原因外，有很大一部分直接与农产品质量密切相关。如这些年发生的食品安全事件，都反映出我国在农产品质量安全监管方面仍存在着较多的漏洞，形势仍不容乐观。为了从根本上改善农产品质量安全的现状，我国于 2006 年制定了《农产品质量安全法》，对农产品质量安全进行了较为全面的规制，为保障我国的农产品质量安全提供了法律依据。鉴于农产品的种植、养殖与食品的加工、生产和餐饮服务存在着不同的特点和规律，在加强农产品质量安全管理的同时，全国人大又于 2009 年制定了《食品安全法》，以加强对食品安全的管理。目前上述两部法律间虽然有所关联，但适用于不同的领域，其中农业初级产品的质量安全管理，除质量安全标准的制定、有关安全信息的公布以及《食品安全法》对投入品另有的规定外，适用《农产品质量安全法》，而不属于《食品安全法》的调整范围。

二、农产品质量安全标准制度

农产品质量安全标准，是根据保障农产品质量安全的需要，依照国家法律、行政法规规定的权限和程序制定和颁布的，有关农产品在质量安全方面的强制性技术要求和规范。我国《农产品质量安全法》明确规定“国家建立健全农产品质量安全标准体系”。

农产品质量标准是国家行政规章的一种特殊形式，但与普通规章不同的是，农产品质量标准不仅具有质量安全相关性、强制性，而且还带有鲜明的技术性，是关于农产品种植、养殖以及初级加工在产品成分、操作程序等方面的技术指标、方法和规程。正是因为农产品质量安全标准所具有的技术性，因此农产品质量安全标准不仅要符合安全的需要，而且必须符合农业生产实际，并具备技术上的可行性。正是因为如此，《农产品质量安全法》规定制定农产品质量安全标准应当充分考虑农产品质量安全风险评估结果，并听取农产品生产者、销售者和消费者的意见，保障消费安全。农产品质量安全标准还应当根据科学技术发展水平以及农产品质量安全的需要，及时修订。

我国目前食用农产品的质量安全标准的制定适用《食品安全法》的规定，并由国务院卫生行政部门会同国务院食品安全监督管理部门制定、公布，国务院标准化行政部门提供国家标准编号。食品中农药残留、兽药残留的限量规定及其检验方法与规程由国务院卫生行政部门、国务院农业行政部门会同国务院食品安全监督管理部门制定。屠宰畜、禽的检验规程由国务院农业行政部门会同国务院卫生行政部门制定。我国法律同时还规定制定食品安全国家标准，应当依据食品安全风险评估结果并充分考虑食用农产品安全风险评估结果，参照相关的国际标准和国际食品安全风险评估结果，并在标准颁布前将食品安全国家标准草案向社会公布，广泛听取食品生产经营者、消费者、有关部门等方面的意见。

三、农产品产地制度

所谓的农产品产地制度，就是法律上对农产品生产在地域范围上所做出的规定。由于农产品的生产必须依赖于一定的自然条件，其质量安全也往往与产地的自然环境状况有着直接的关联。因此，要保证农产品质量安全，不仅需要对农产品的生产过程和生产结果进行适当的法律干预，而且还有必要对农产品的生产地域做出明确的限定。我国的农产品产地制度主要包括农产品禁止生产区域制度和农产品基地建设制度。

农产品禁止生产区域，是指由于环境因素导致无法生产出质量安全的农产品，因而行政管理部门通过一定的法律手续，做出行政命令禁止在该地的区域生产农产品。根据《农产品质量安全法》的规定，县级以上地方人民政府农业行政主管部门按照保障农产品质量安全的要求，根据农产品品种特性和生产区域大气、土壤、水体中有毒有害物质状况等因素，认为不适宜特定农产品生产的，提出禁止生产的区域，报本级人民政府批准后公布。

农产品基地是某种农产品的集中生产区域。与分散的农产品生产相比，农产品基地由于产量较大，因此能够较为稳定的保障农产品的供给，因此在农业经济中占有重要地位，同时，由于农产品基地生产较为集中，也便于集中改善其生产条件，并对生产过程进行有效监管，从而提高农产品的质量，保障农产品的安全。因此《农产品质量安全法》规定县级以上人民政府应当采取措施，加强农产品基地建设，改善农产品的生产条件。同时还规定县级以上人民政府农业行政主管部门应当采取措施，推进保障农产品质量安全的标准化生产综合示范区、示范农场、养殖小区和无规定动植物疫病区的建设。

四、农产品生产制度

农产品生产制度是为了保障农产品质量安全，对农产品生产过程在法律上所制定的规范的总称。为了保证农产品质量安全，很多国家建立了较为健全的生产制度，并运用系统论、控制论等先进理念和方法来加强农业生产的安全管理。例如HACCP体系就是在国际上共同认可的农产品质量安全管理体系和方法，目前我国也逐渐在农产品生产中加以运用。HACCP（Hazard Analysis Critical Control Point）中文称为危害分析和关键点控制，该安全管理体系和方法，于20世纪60年代由美国宇航局所开发，并用于宇航员太空食品的生产，后为美国食品和药品监督管理局所采纳并推广，到90年代国际食品法典委员会颁布了《HACCP体系应用准则》使之成为世界性的食品和农产品管理准则，其相关的原则在很多国家的立法中得到体现。

我国农产品生产安全制度由一系列生产安全保障的法律规定所组成。第一，生产技术要求和安全规程方面的规定。我国《农产品质量安全法》规定国务院农业行政主管部门和省、自治区、直辖市人民政府农业行政主管部门应当制定保障农产品质量安全的生产技术要求和操作规程。县级以上人民政府农业行政主管部门应当加强对农产品生产的指导。第二，有关农业投入品的安全使用规范。所谓农业投入品指的是在农业生产过程中所使用或添加的各种机器、设备和物质，如农机、农药、化肥、饲料、添加剂等。按照法律规定，县级以上人民政府农业行政主管部门应当加强对农业投入品使用的管理和指导，建立健全农业投入品的安全使用制度。农产品生产者应当按照法律、行政法规和国务院农业行政主管部门的规定，合理使用农业投入品，严格执行农业投入品使用安全间隔期或者休药期的规定，防止危及农产品质量安全。禁止在农产品生产过程中使用国家明令禁止使用的农业投入品。第三，有关质量安全的人员培训规定。我国《农产品质量安全法》规定，农业科研教育机构和农业技术推广机构应当加强对农产品生产者质量安全知识和技能的培训。第四，有关安全生产纪录方面的规定。法律规定农产品生产企业和农民专业合作经济组织应当建立农产品生产记录，如实记载下列事项：①使用农业投入品的名称、来源、用法、用量和使用、停用的日期；②动物疫病、植物病虫草害的发生和防治情况；③收获、屠宰或者捕捞的日期。农产品生产记录应当保存两年。禁止伪造农产品生产记录。国家同时鼓励其他农产品生产者建立农产品生产记录。

五、农产品包装和标识制度

农产品的包装是将农产品装入一定容器的过程。而农产品的标识，则是在农产品或相关包装上标注和附加的，包含用以说明产品成分、质量、数量、特征、食用方法等文字、图案、符号的标签、标识牌、标识带等。农产品合理包装不仅有利于农产品的贮存、运输，还可以起到保护农产品，防止产品渗漏、损失、污染、混杂和变质的作用。而农产品的标识，则可以向消费者传递产品的相关信息，便于人们了解产品的相关情况，做出正确的消费选择，从而有效保护消费者的知情权和选择权。另外，对农产品监管部门来说，也可以通过标识信息，对质量安全的责任人员加以追究，因此也是进行农产品质量安全追溯的重要手段。

根据《农产品质量安全法》的规定，农产品生产企业、农民专业合作经济组织以及从事农产品收购的单位或者个人销售的农产品，按照规定应当包装或者附加标识的，须经包装或者附加标识后方可销售。包装物或者标识上应当按照规定标明产品的品名、产地、生产者、生产日期、保质期、产品质量等级等内容；使用添加剂的，还应当按照规定标明添加剂的名称。

根据以上规定，我国原农业部于2006年颁布的《农产品包装和标识管理办法》对农产品质量安全包装和标识行为做出了具体的规范。根据该办法的规定，农产品生产企业、农民专业合作经济组织以及从事农产品收购的单位或者个人，用于销售的下列农产品必须包装：①获得无公害农产品、绿色食品、有机农产品等认证的农产品，但鲜活畜、禽、水产品除外。②省级以上人民政府农业行政主管部门规定的其他需要包装销售的农产品。

上述规定中的无公害农产品，根据原农业部和国家质量技术监督检验检疫总局制定的《无公害农产品管理办法》的规定，指的是产地环境、生产过程和产品质量符合国家有关标准和规范的要求，经认证合格获得认证证书并允许使用无公害农产品标志的未经加工或者初加工的食用农产品。绿色食品根据原农业部《绿色食品标志管理办法》的规定是指产自优良生态环境、按照绿色食品标准生产、实行全程质量控制并获得绿色食品标志使用权的安全、优质食用农产品及相关产品。而有机食品则是指符合国家有机农产品技术规范要求，不使用农药、化肥、生长激素、化学添加剂、化学色素和防腐剂等化学物质，不使用基因工程技术，并经相关认证机构认证的农产品。在三者的关系上“无公害农产品突出安全因素控制，绿色食品既突出安全因素控制又强调产品优质与营养。无公害农产品是绿色食品发展的基础，绿色食品是在无公害农产品基础上的进一步提高。”① 而有机农产品则注重的是农产品生产过程的天然性，以及农产品生产对环境的影响。鉴于无公害现已成为食用农产品的基本要求，2017年12月，农业部办公厅启动了无公害农产品认证制度改革工作，暂停无公害农产品的认证，并将无公害农产品产地认定与产品认证合二为一。2019年12月，农业农村部又再次发布了《关于无公害农产品转型升级的建议答复》，表明将适时停止无公害农产品认证，并逐步推进农产品合格证制度。

另外，《农产品质量安全法》还规定，属于农业转基因生物的农产品，应当按照农业转基因生物安全管理的有关规定进行标识。依法需要实施检疫的动植物及其产品，应当附具检疫合格标志、检疫合格证明。

六、质量安全监督检查制度

所谓农产品质量安全监督检查制度，是国家为了保护公众生命健康、防止不符合质量安全标准的农产品流入市场，或阻止/减轻不合格农产品所造成的危害，在立法上规定主体采取必要的抽查、检验、检测、验收等措施的职责，或规定个人或单位向有关部门进行举报、反映或报告的权利和义务而做出的相关规定。

（一）有关农产品禁止销售的规定

我国《农产品质量安全法》规定有下列情形之一的农产品，不得销售：①含有国

---

① 肖青亮，郑诗樟，吴建富，等．无公害农产品、绿色食品和有机食品辨析［J］．安徽农业科学，2007，35（11）．

家禁止使用的农药、兽药或者其他化学物质的；②农药、兽药等化学物质残留或者含有的重金属等有毒有害物质不符合农产品质量安全标准的；③含有的致病性寄生虫、微生物或者生物毒素不符合农产品质量安全标准的；④使用的保鲜剂、防腐剂、添加剂等材料不符合国家有关强制性的技术规范的；⑤其他不符合农产品质量安全标准的。县级以上人民政府农业行政主管部门在农产品质量安全监督管理中，发现有国家禁止销售的农产品，应当按照农产品质量安全责任追究制度的要求，查明责任人，依法予以处理或者提出处理建议。

（二）各类日常监督和检查

1. 政府监督检查

《农产品质量安全法》规定县级以上人民政府农业行政主管部门应当按照保障农产品质量安全的要求，制定并组织实施农产品质量安全监测计划，对生产中或者市场上销售的农产品进行监督抽查。监督抽查结果由国务院农业行政主管部门或者省、自治区、直辖市人民政府农业行政主管部门按照权限予以公布。农产品质量安全检测应当充分利用现有的符合条件的检测机构。从事农产品质量安全检测的机构，必须具备相应的检测条件和能力，由省级以上人民政府农业行政主管部门或者其授权的部门考核合格。农产品质量安全检测机构应当依法经计量认证合格。农产品生产者、销售者对监督抽查检测结果有异议的，可以自收到检测结果之日起五日内，向组织实施农产品质量安全监督抽查的农业行政主管部门或者其上级农业行政主管部门申请复检。采用国务院农业行政主管部门会同有关部门认定的快速检测方法进行农产品质量安全监督抽查检测，被抽查人对检测结果有异议的，可以自收到检测结果时起4小时内申请复检。复检不得采用快速检测方法。因检测结果错误给当事人造成损害的，依法承担赔偿责任。

为了保证农业行政主管部门监督管理职责的行使，《农产品质量安全法》授予了农业行政主管部门一定的职权，规定县级以上人民政府农业行政主管部门在农产品质量安全监督检查中，可以对生产、销售的农产品进行现场检查，调查了解农产品质量安全的有关情况，查阅、复制与农产品质量安全有关的记录和其他资料；对经检测不符合农产品质量安全标准的农产品，有权查封、扣押。

2. 农业产品市场经营者的监督检查

除农业行政主管部门进行的安全检测和抽查外，法律还规定了农业产品批发市场抽查检测和农产品销售企业的验收义务。农产品批发市场应当设立或者委托农产品质量安全检测机构，对进场销售的农产品质量安全状况进行抽查检测；发现不符合农产品质量安全标准的，应当要求销售者立即停止销售，并向农业行政主管部门报告。农产品销售企业对其销售的农产品，应当建立健全进货检查验收制度；经查验不符合农产品质量安全标准的，不得销售。

3. 社会监督

为了全面实现农产品质量安全保障的目标，国家还鼓励单位和个人对农产品质量安全进行社会监督。任何单位和个人都有权对违反本法的行为进行检举、揭发和控告。有关部门收到相关的检举、揭发和控告后，应当及时处理。

（三）特殊情形下的监督和检查

1. 农产品质量安全事故的处理

农产品质量安全事故是指由于违反农产品质量安全的规定，而对公众健康造成损害或严重威胁的事件。由于农产品质量安全事故是农产品质量安全问题所产生的现实后果，因此法律上要求采取有效措施，加强对事故的防控及其处理。《农产品质量安全法》规定发生农产品质量安全事故时，有关单位和个人应当采取控制措施，及时向所在地乡级人民政府和县级人民政府农业行政主管部门报告；收到报告的机关应当及时处理并报上一级人民政府和有关部门。发生重大农产品质量安全事故时，农业行政主管部门应当及时通报同级食品药品监督管理部门。

2. 对进口农产品的监督和检验

随着我国对外开放事业的发展，农产品进口品种和数量日益增多。农产品进口的增加，一方面丰富了我国的农产品市场，满足了社会大众对农产品的各种需求，但另一方面也存在着一定的安全隐患。因此我国《农产品质量安全法》规定，进口的农产品必须按照国家规定的农产品质量安全标准进行检验；尚未制定有关农产品质量安全标准的，应当依法及时制定，未制定之前，可以参照国家有关部门指定的国外有关标准进行检验。

七、法律责任制度

为了保证农产品质量安全法律的实施，我国法律对违反农产品质量安全的各类违法行为规定了相应的法律责任。从责任的主体来说，农产品质量安全法律责任主体包括农产品生产者、农产品销售者和农产品批发市场、农产品质量安全检测机构和人员，也包括农产品质量安全监督管理人员。从责任的形式上区分，农产品质量安全责任既包括行政责任、也包括民事责任，还包括构成犯罪情形下所应承担的刑事责任。

（一）行政责任

行政责任，即行政法律责任是指因违反行政法律规范按照行政法律规定所应承担的法律后果，主要有警告、罚款、没收违法所得、没收非法财物、责令停产停业、暂扣或者吊销许可证、暂扣或者吊销执照、行政拘留等。

我国《农产品质量安全法》规定农产品质量安全监督管理人员不依法履行监督职责，或者滥用职权的，依法给予行政处分。农产品质量安全检测机构伪造检测结果的，责令改正，没收违法所得，并处5万元以上10万元以下罚款，对直接负责的主管人员和其他直接责任人员处1万元以上5万元以下罚款；情节严重的，撤销其检测资格。农产品质量安全检测机构出具检测结果不实，造成重大损害的，撤销其检测资格。

违反法律、法规规定，向农产品产地排放或者倾倒废水、废气、固体废物或者其他有毒有害物质的，依照有关环境保护法律、法规的规定处罚。使用农业投入品违反法律、行政法规和国务院农业行政主管部门的规定的，依照有关法律、行政法规的规定处罚。农产品生产企业、农民专业合作经济组织未建立或者未按照规定保存农产品生产记录的，或者伪造农产品生产记录的，责令限期改正；逾期不改正的，可以处2 000元以下罚款。违反规定，销售的农产品未按照规定进行包装、标识的，责令限期改正；逾期不改正的，可以处2 000元以下罚款。使用的保鲜剂、防腐剂、添加剂等材料不符合国家有关强制性的技术规范的，责令停止销售，对被污染的农产品进行无害化处理，对不能进行无害化处理的予以监督销毁；没收违法所得，并处2 000元以上2万元以下罚款。

农产品生产企业、农民专业合作经济组织、农产品销售企业销售的农产品销售的产品含有国家禁止使用的农药、兽药或者其他化学物质的，或销售产品农药、兽药等化学物质残留或者含有的重金属等有毒有害物质不符合农产品质量安全标准的，或销售的产品含有的致病性寄生虫、微生物或者生物毒素不符合农产品质量安全标准的，或销售其他不符合农产品质量安全标准的情形之一的，责令停止销售，追回已经销售的农产品，对违法销售的农产品进行无害化处理或者予以监督销毁；没收违法所得，并处2 000元以上2万元以下罚款。农产品批发市场中销售的农产品有上述所列情形的，对违法销售的农产品责令停止销售，追回已经销售的农产品，对违法销售的农产品进行无害化处理或者予以监督销毁，对农产品销售者没收违法所得，并处2 000元以上2万元以下罚款。农产品批发市场销售的产品中含有国家禁止使用的农药、兽药或者其他化学物质的，责令改正，处2 000元以上2万元以下罚款。对冒用农产品质量标志的，可以责令改正，没收违法所得，并处2 000元以上2万元以下罚款。

（二）民事责任

民事责任，一般是指由于违法行为，根据民事法律规定所应承担的民法上的法律后果。民事责任主要有停止侵害、排除妨碍、消除危险、返还财产、恢复原状、修理、重做、更换、赔偿损失、支付违约金、消除影响、恢复名誉、赔礼道歉等。

我国《农产品质量安全法》规定了因违反该法所需承担民事责任的情形。主要包括：

第一，销售禁止销售农产品所应承担的民事责任。根据《农产品质量安全法》的规定，销售法律禁止销售的农产品，给消费者造成损害的，依法承担赔偿责任。农产品批发市场销售禁止销售农产品的情形的，消费者可以向农产品批发市场要求赔偿；属于生产者、销售者责任的，农产品批发市场有权追偿。消费者也可以直接向农产品生产者、销售者要求赔偿。

第二，农产品质量安全检测机构违法检测所应承担的民事责任。农产品质量安全检测机构伪造检测结果，造成损害的，依法承担赔偿责任。农产品质量安全检测机构出具检测结果不实，造成损害的，依法承担赔偿责任。

第三，违反农产品产地制度所应承担的民事责任。法律规定违反法律、法规规定，向农产品产地排放或者倾倒废水、废气、固体废物或者其他有毒有害物质，造成损害的，依法承担赔偿责任。

（三）刑事责任

刑事责任是因为触犯刑律，根据刑事法律规定所应承担的刑事法律后果，刑事责任是最为严厉的法律责任。违反本法规定，构成犯罪的，依法追究刑事责任。我国目前《刑法》规定的主刑有：管制、拘役、有期徒刑、无期徒刑和死刑；附加刑有罚金、剥夺政治权利和没收财产。

由于农产品质量安全直接关系到社会公众的生命健康和社会的和谐稳定，因此我国《农产品质量安全法》规定："违反本法规定，构成犯罪的，依法追究刑事责任"，从而对农产品质量安全的严重违法犯罪行为产生了巨大的震慑作用，从而较为有力地保障了农产品的质量安全。根据我国《刑法》的规定，与农产品质量安全相关的罪名主要有两个，一是生产、销售不符合安全标准的食品罪，二是生产销售有毒有害食品罪。

生产、销售不符合安全标准的食品罪是指违反国家食品卫生管理法规，生产或者销售不符合安全标准的食品，足以造成严重食物中毒事故或者其他严重食源性疾患，危害人体健康的行为。生产、销售不符合卫生标准的食品，足以造成严重食物中毒事故或者其他严重食源性疾患的，处 3 年以下有期徒刑或者拘役，并处或者单处销售金额百分之五十以上 2 倍以下罚金；对人体健康造成严重危害的，处 3 年以上 7 年以下有期徒刑，并处销售金额百分之五十以上 2 倍以下罚金；后果特别严重的，处 7 年以上有期徒刑或者无期徒刑，并处销售金额百分之五十以上 2 倍以下罚金或者没收财产。

生产销售有毒有害食品罪是指在生产、销售的食品中掺入有毒、有害的非食品原料的，或者销售明知掺有有毒、有害的非食品原料的食品的行为。根据《刑法》规定，构成生产销售有毒有害食品罪的，处五年以下有期徒刑或者拘役，并处或者单处销售金额百分之五十以上 2 倍以下罚金；造成严重食物中毒事故或者其他严重食源性疾患，对人体健康造成严重危害的，处 5 年以上 10 年以下有期徒刑，并处销售金额百分之五十以上 2 倍以下罚金；致人死亡或者对人体健康造成特别严重危害的，依照《刑法》第 141 条的规定处罚。

参考文献

曹秋菊，2010. 开放贸易下中国农业安全问题研究［J］. 农业现代化研究（3）.

罗云，2007. 安全经济学［M］. 北京：中国劳动社会保障出版社：23-23.

徐洁香，邢孝兵，2005. 当前我国农业产业安全问题探析［J］. 商业研究，2005（17）.

杨巍，2009. 外国资本流入与我国农业安全——基于价格传导机制的分析［J］. 南京农业大学学报（社会科学版）（1）.

赵其国，2003. 现代生态农业与农业安全［J］. 生态环境（8）.

第八章 农业保险法律制度

农业保险是现代社会有效转移、化解农业自然灾害风险、为农民生产生活提供保障的一种方式。我国越来越重视农业保险业务的开展，但是其法律的规范起步较晚。2013年3月1日起施行、经2016年修订的《农业保险条例》是目前我国农业保险领域最重要的规范文件，本章关于农业保险法律制度规定的讲解主要以《农业保险条例》的相关内容为基础。

第一节 农业保险概述

一、农业风险的概念、类别

农业保险是对农业风险转移的一种有效办法，在了解农业保险概念前，先来了解下农业风险的概念及其类别。

（一）农业风险的概念

农业风险是指人类在农业生产经营过程中由不确定因素所导致的财产损失、人身伤害或其他经济利益损失等的可能性。

（二）农业风险的类别

根据农业风险发生的原因不同，通常我们把农业风险分为自然风险、经济风险和社会风险。

1. 自然风险

自然风险是指在农业生产经营过程中，由于自然灾害所带来的不确定性导致农业生产经营者遭受损失、福利减少的可能性。更准确地说，自然风险可称之为自然灾害。通常产生农业自然风险的灾害大致分为3种：第一，自然因素；第二，动植物病害；第三，虫害。具体包括但不限于以下几种：干旱、洪涝、冰雹、霜冻、酸雨、雷击、台风、沙尘暴等气候灾害；植物的病、虫、鼠、草害；普通病、寄生虫、传染病等动物疾病；地震、地陷、滑坡、泥石流、火山爆发等地球地壳的板块运动等。

2. 经济风险

经济风险是指农业生产和农产品经营过程中，由于市场供需关系的非均衡变化、农产品市场价格的涨跌、国内和国际经济贸易等因素变化、信息不对称、信息失灵、经济制度的变革、国家经济政策的改变以及农业科学技术的发展等因素，而导致农业生产者经济上遭受损失的风险。经济风险通常可以分为两种：一是市场风险，主要来自价格的变化。农业生产中，种子、肥料、农业机械等生产资料价格变化，农产品本身的价格变化，都会给农业生产带来不确定性因素；二是制度风险，主要来自政策的变化。比如增加农民税负的政策，会降低农业投资积极性，增加农业风险。

3. 社会风险

社会风险是指由于各种社会因素导致损失所发生的风险。社会风险通常包括：政局变化、战争、罢工等政治因素带来的风险，个人或团体的放火、投毒、恶意破坏等不当行为带来的风险。

二、农业风险的可保性

并不是一切风险都可以通过保险的方式转移，保险业的经营有它的条件。通常来说，保险公司承保的风险满足以下条件：第一，风险具有偶然性。也即风险的发生是不确定的，既有可能发生，也有可能不发生；第二，风险发生的损失往往超出投保人自身的承受能力。这样才能促使多数单位或个人有参加保险的愿望，如果风险不会造成太大损失，投保人往往会自留风险；第三，风险的发生具有分散性。从全体投保人来看，风险损失的发生在时间、空间上要有分散性，如果风险过于集中发生，保险人的赔付义务过重，自然不愿承保；第四，风险是大量、可测的。这是指风险发生的概率和损失率是可以计算的。若某一风险发生的损失资料非常少，那么该风险发生的概率以及损失率的计算就无法得出，保险人无法承保该风险；第五，投保人要具有缴费能力。如果保险人对承保的风险制定了太高的保险费，超出了投保人的承受能力，自然投保人不愿意参加保险，保险公司对该风险的承保经营就不能维持。

农业风险的可保性，是指从保险角度衡量某一种农业风险是否可以被保险公司承保。如果一种农业风险被保险人承保，就称为可保农业风险，反之，就称为不可保农业风险。可保的农业风险必须满足保险的可保性条件。

三、农业保险的概念

农业保险是指农业生产经营者以支付小额保险费为代价，把农业生产过程中由于事故灾害造成的损失转移给保险人，保险人对其损失提供经济补偿的保险制度。《农业保险条例》所称的农业保险，是指“保险机构根据农业保险合同，对被保险人在种植业、林业、畜牧业和渔业生产中，因保险标的遭受约定的自然灾害、意外事故、疫病、疾病等保险事故所造成的财产损失，承担赔偿保险金责任的保险活动。”

四、农业保险的特征

与一般财产保险相比，农业保险具有以下特征。

1. 地域性

农业生产是自然生产与经济生产互相融合的物质生产过程，自然生产过程受地形、气候、水文、植被等诸因素的地域性差异影响；经济生产过程因不同国家和地区的历史、社会经济发展、习俗差异等也存在着地区差异。由于我国的气候、土壤等自然条件和生产技术条件千差万别，农业生产具有明显的地域性差别，这就决定了农业保险应当根据各地的实际情况确定具体的保险运作方式。各种有生命的动植物的生长和发育都要具备严格的自然条件，然而由于各地区的地形、气候、土壤等自然条件不同，再加上社会经济、生产条件、技术水平的不同，形成了动植物地域性的不同，从而决定了农业保险只能根据各地区的实际情况确定承保条件，而不应该强求全国统一。

2. 季节性

农业生产，特别是种植业生产受温度、气候等因素的影响，表现出明显的季节性的特点，这就要求农业保险必须掌握各个保险标的的状况，考虑生产的季节性和时效性，以便在展业、承保和防灾防损过程中有的放矢。

3. 连续性

动植物在成长过程中，是紧密相连不能中断的，并且是互相影响和互相制约的，因而，农业保险具有连续性。因此，农业保险的经营者要考虑动植物生长的连续性，要有全面和长期的观点，使农业保险业务稳步发展。

4. 经营的高风险性

从世界范围看，农业生产依然没有改变靠天吃饭的局面，农业保险的标的大多是活的生物，受到自然条件和生物生长不确定因素影响，再加上农民的保险意识淡薄，因此，农业保险的开展经营风险比较高。

5. 政策性

由于农业保险经营的高风险性，作为商业机构的保险公司是没有主动开展农业保险的意愿的，因此，各国普遍是把农业保险作为政策性保险业务开展，建立专门的保险公司，对农业保险给予补贴。由于农业保险具有上述特点，加之农村经济发展水平的不平衡，被保险人交费能力普遍有限。为了保障农业生产的稳定，促进农村经济发展，许多国家都把农业保险作为政策性保险业务。

五、农业保险的种类

农业保险的分类方法很多。根据保险行为的性质、承保对象、承保风险、保障范围、缴费方式等的不同，农业保险可以分为以下类别。

（一）根据保险行为的性质区分为商业性农业保险和政策性农业保险

根据农业保险行为的不同性质，农业保险可以分为商业性保险和政策性保险。农业保险具有商业性的一面，又有非商业性的一面。因此，农业保险可分为商业性保险和政策性保险。

商业性的农业保险是指农业生产者根据合同的约定，向农业保险人支付保险费，农业保险人对于合同约定的可能发生的事故因其发生所造成的农作物或饲养的动物的损失承担赔偿保险金的责任的商业保险行为。

由于农业风险系统性和非独立性，加之农业风险的风险单位很大，风险难以分散，农业风险的区域性明显。农业风险具有广泛的伴生性，风险事故与风险损失的非一致性，农业灾害发生的频率较高，损失规模较大，农业风险评估与风险损失测定的复杂性等特征，如果没有政府的资助，完全的商业性农业保险市场是不可能存在的。因此，西方国家的政府给予农业保险更多的扶持和补贴。这种由国家进行的保险费补贴，或者免保险费的农业保险就是政策性的农业保险。《农业保险条例》所称的“农业保险”是指政策性农业保险。

（二）按其保险对象不同可分为种植业保险和养殖业保险两大类

1. 种植业保险

种植业通常是指栽培植物以获取产品的生产行业。广义的种植业包括农作物栽培和林果生产两部分。种植业生产是人类生活资料的基本来源，生产的粮食、油料、糖料、蔬菜以及木材和果品等，有的作为生活资料，有的作为工业原料。种植业生产是在土地上利用天然的光、热、水、气条件，通过植物生长机能去转化能量而获得产品，所以，种植业深受大自然中气象灾害的影响，以及病虫害和火灾等意外事故的威胁。种植业保险一般包括农作物保险和林木保险两大类。

（1）农作物保险。农作物是指人工栽培的植物，包括粮食作物、经济作物、绿肥和饲料作物等。按上述农作物的不同生长阶段，农作物保险又可具体分为生长期农作物保险和收获期农作物保险。生长期农作物保险是以发苗至收获前处在生长过程中的农作物为保险标的的保险。目前，我国开办的生长期农作物保险有：小麦种植保险、水稻种植保险、玉米种植保险、棉花种植保险、烟叶种植保险、甘蔗种植保险等；收获期农作物保险是承保农作物收获后在进行晾晒、轧打、脱粒和烘烤加工过程中，因遭受洪水、暴风雨等灾害而造成农作物产品损失的一种保险，如麦场夏粮火灾保险、烤烟水灾保险等。

（2）林木保险。林木保险的保险标的主要是指人工栽培的人工林和人工栽培的果木林两大类。原始林或自然林不属于保险标的范围。林木保险分为林木保险和果树保险。对于林木保险，目前，我国只承保单一的火灾责任，今后将会逐步扩大保险责任范围。林木保险可以根据未来的生长期确定保险期限，也可以按 1 年定期承保，到期续保。林木保险的保险金额确定方式有两种：一是按照林木的成本确定；二是分成若干档次确定。对于果树保险，根据承保地区主要树种的自然灾害选择单项灾害或伴发性的灾害作为保险责任，对于果树的病虫害一般不予承保。果树保险一般可分为果树产量保险和果树死亡保险两种。果树产量保险只保果树的盛果期，初果期和衰老期一般不予承保；保险期限是从出果时起到果实达到成熟可采时止。果树死亡保险的保险期限多以 1 年期为限。

2. 养殖业保险

养殖业是利用动物的生理机能，通过人工养殖以取得畜禽产品和水产品的生产行业。由于养殖业的劳动对象是有生命的动物，它们在生产过程中具有移位和游动的特点，因此，在利用自然力方面，比种植业有较大的灵活性。但是，养殖业也受到自然灾害和意外事故的影响，尤其受到疾病死亡的严重威胁。养殖业保险，是以有生命的动物为保险标的，在投保人支付一定的保险费后，对被保险人在饲养期间遭受保险责任范围内的自然灾害、意外事故所引起的损失给予补偿。这是一种对养殖业风险进行科学管理的最好形式。一般把养殖业保险分为畜禽养殖保险和水产养殖保险两大类。

（1）畜禽养殖保险。畜禽养殖保险是以人工养殖的牲畜和家禽为保险对象的养殖保险。在畜禽养殖保险中，根据保险标的的特点，又可分为牲畜保险和家禽保险。牲畜保险一般根据不同牲畜的饲养风险，选择几种主要的传染病，再加上部分自然灾害和意外事故作为保险责任。家禽保险是指为经人们长期驯化培育，可以提供肉、蛋、羽绒等产品或其他用途的禽类提供的一种保险。由于家禽在饲养过程中一般采取高密度的规模养殖方式，因此，承保责任以疾病、自然灾害和意外事故等综合责任为主。

（2）水产养殖保险。水产养殖保险是指对利用水域进行人工养殖的水产物因遭受自然灾害和意外事故而造成经济损失时，提供经济补偿的一种保险。从水产养殖的水域环境条件来分，主要有淡水养殖保险和海水养殖保险两大类。淡水养殖保险的保险标的主要有鱼、河蚌、珍珠等。淡水养殖保险主要承保因自然灾害或非人为因素造成意外事故所致保险标的的死亡，对因疾病引起的死亡一般不予承保。海水养殖保险是指为利用海水资源进行人工养殖者提供的一种保险。目前，开办的海水养殖保险有对虾养殖保险、扇贝养殖保险等。海水养殖主要集中在沿海地区的浅海和滩涂，因此面临的风险主要是台风、海啸、异常海潮、海水淡化或海水污染等造成保险标的的流失或死亡。海水养殖保险的保险责任主要是自然灾害造成的流失、缺氧浮头死亡等，对疾病死亡风险一般需特约承保。

（三）根据保险范围的不同，农业保险可以分为单一风险保险、多风险保险和一切险保险

单一风险农业保险是指只承保一种责任的农业保险，如小麦雹灾保险、林木火灾保险等；多风险农业保险是指承保一种以上可列明责任的农业保险，如水果保险可以承保风灾、冻害等；一切险农业保险是指除了不保的风险以外，其他风险都予以承保的农业保险。

（四）根据保障程度的不同，农业保险可以分为成本保险和产值保险

农业成本保险是以生产投入作为确定保障程度的基础，根据生产成本确定保险金额的保险。目前江苏省种植业保险就是一种成本保险。

农业产值保险是以农业生产产出作为确定保障程度的基础，根据农产品产出量确定保险金额的保险。

目前，各地方开展的农业保险业务以成本保险为主还是两者并重，与各地各级财政补贴能力和农民实际承受能力是相关的。

（五）根据缴费方式不同，农业保险分为短期农业保险和长效储金型农业保险

短期农业险是指保险期限一般不超过1年，投保人若连续投保，需在每次投保时按条款规定直接交费。

长效储金型农业险是指保险期限一般3年以上，投保人投保时缴纳一定数额的储金，以储金的利息作为保费，在保险期限内不需要年年交费。如小麦储金保险、林木储金保险等。

六、农业保险的作用

农业保险作为一种有效的风险管理手段，对农业生产和社会主义现代化建设具有十分重要的作用。具体来说，体现为如下几点。

（一）农业保险是减轻农业灾害损失、稳定粮食等主要农产品市场供应的重要举措

我国是自然灾害较多的国家，发生灾害的频率高、范围广、损失大。农业面临不利气候、病虫害等自然灾害的严重影响，是风险较大的产业。国家统计局数据显示，2018年我国农作物受灾面积2 081.43万公顷，2019年我国农作物受灾面积1 926万公顷；2018年我国农作物绝收面积258.5万公顷，2019年我国农作物绝收面积280万公顷。自然灾害严重影响着我国农业和农村经济的发展，影响着农民的正常生产和生活。在现阶段农民承担风险能力有限的情况下，由于缺乏规避自然灾害风险的手段，许多农业经营者害怕遭遇突发性自然灾害和相关灾害，不敢也不愿将更多的资金投入农业生产，一定程度上影响了农产品的供应，并进而影响农业现代化进程，削弱我国农产品在国际市场上的竞争力。因此，发展农业保险对农业生产加以保护和支持势在必行。

（二）农业保险是完善政府职能，进一步提升服务“三农”水平的重要手段

在市场经济环境下，政府的主要职责是弥补市场失灵，建立与市场规律相适应的投入机制，不断发挥市场主体的功能和作用。政府和市场的有机结合，既有利于充分发挥市场主体在网络机构、风险控制、专业服务和资金管理等方面的优势，提升服务的专业化水平，又有利于完善政府的服务和管理方式，降低财政资金的管理和运行成本，有效避免政府因加大公共服务力度而造成的机构和人员膨胀。农业保险将财政手段与市场机制对接，有利于促进财政工作从管钱向建机制的方向转变，从侧重理顺上下级财政关系向注重经济发展、服务农业的方向转变。

（三）农业保险是创新救灾方式，提高财政资金使用效率的重要途径

在农业保险制度不健全的情况下，当发生灾情时，由于难以准确评估灾害造成的损失，同时也缺乏科学合理的分配机制和标准，政府救灾资金在使用上有较大的局限性。与单纯的政府救灾相比，对农业保险提供财政支持可以发挥财政资金的杠杆效应，调动多方力量分担农业风险。同时，农业保险引入保险公司作为第三方，按照商业原则和保险合同运作，有利于促进财政资金使用的公开、公正和公平。通过保险办法解决灾后补偿问题，有利于弥补财政救灾资金的不足，发挥财政资金四两拨千斤的作用，在一定程度上减轻政府筹措救灾资金的负担。据中国银保监会报告显示，我国农业保险提供的风险保障从2007年的1 126亿元增加到2019年的3.6万亿元，农业保险服务的农户数也从2007年的4 981万户次增长到2019年的1.8亿户次，农业保险在受灾地区恢复重建、维护和保障人民利益方面发挥了重要作用。

（四）农业保险是建立农业风险防范机制，提高农业防灾减灾能力的重要措施

多年来，各级政府不断加大投入力度，采取多种措施，尽可能地减少农业损失和加大灾害救助，如实施紧急恢复计划，对遭受损失的农业用地给予紧急贷款或一定的财政补助；安排专项资金直接支持抗旱设施建设等。这种由国家直接拨款进行预防或救助的方式在抵御农业风险方面发挥了积极作用，但是很难调动广大农户事前防灾减损的积极性。而农业保险作为一种有偿的风险管理手段，通过投保人缴纳保费、保险人提供风险保障这种契约行为，能够大大提高投保人以及保险机构防范风险的积极性。因此，将开展农业保险与国家直接救助有效结合，逐步发挥农业保险的风险防范和分散作用，有利于健全和完善农业风险管理体制。

（五）农业保险是改善农户信用环境，建立健全农村金融体系的重要环节

目前，我国金融机构对“三农”贷款积极性不高的根本原因在于农业是弱势产业，抗风险能力差，银行的涉农贷款业务要比对其他行业的贷款面临更多的风险。尽管中央、省、市各级财政每年都要安排大量的贴息资金用于引导金融机构开展对农贷款，但实施这项政策的主要目的是为了减轻农业企业负担，降低银行的收息风险，贷款本金的偿还依然缺乏保障。而开展农业保险可以提高农民抵御风险的能力，提高农民的偿付能力，从而改善农户信用环境，使农民更容易获得信贷支持。

第二节　我国农业保险发展概况

一、新中国成立前农业保险试验

新中国成立以前，中国经济落后，保险事业极不发达，仅仅在沿海大城市开办，农业保险的开办则更少，只是在个别几个地方有试验。

1933 年成立的乌江耕牛保险协会是中国最早的有文字记载的农业保险试验，也是中国现代保险史上最早由农民自发建立的相互保险的正规组织之一，属于互助合作团体。1934—1935 年，乌江镇共有 15 个村成立了耕牛保险协会，入会会员 611 户，投保耕牛 63 头，保险金额为法币 3 267元，投保后每头牛先交部分保险费，如果当年的死亡率超过 2%，再加收保费。1939 年，国民政府在重庆的农业试验区设立了一个以办理农村猪、牛为主要保险标的的北碚家畜保险社，是中国现代保险史上较早开办家畜保险的机构之一。由于投保标的太少，赔付率太高，保险社因赔不起而最终停办，原计划向养猪业发达的县进一步发展的设想也自然止于计划阶段。在此期间，广西、江西、四川、云南、贵州等省也陆续成立了类似的家畜保险社或耕牛保险合作社。据统计，1941 年江西临川和南城的耕牛社保有的耕牛仅 5 000多头，持续到 1944 年时，这些保险社全部以失败告终。此外，1944 年 3 月，国民政府通过中国农民银行在重庆创办了中国农业特种保险股份有限公司，1947 年 6 月更名为中国农业保险股份有限公司，这是中国第一家官办的农业保险公司。除在重庆北碚小面积试办了一些耕牛和猪保险外，中国农业保险股份有限公司主要经营茧纱保险、盐载保险等业务。同一时期，商业保险公司也开始涉足农业保险。1945 年，属于民族资本企业的重庆泰安保险公司在四川内江、自贡、富顺等产蔗和产盐的地区开办了商业性农业保险，主要承保对象是盐厂的役牛和糖厂的役牛。后来，重庆泰安保险公司的业务重心在抗日战争胜利之后向东部转移，最后也告停办。

二、新中国成立初期我国农业保险迅猛发展

新中国成立初期，农村经济发展面临百废待兴的局面。因此，当时农村经济制度安排的主要目的是促进农业生产的复苏，为整个国民经济的恢复和重工业倾斜发展战略的实施开辟道路。

1949—1958 年，我国农业保险呈迅猛发展的状况。1949 年，中国人民保险公司（以下简称中国人保）成立，并迅速在全国建立了分支机构。中国是农业大国，农业一直是支柱产业，农业人口占全国人口的绝大多数，为恢复在战争中受到破坏的农业生产，巩固土地改革的成果，刚刚成立的中国人保于 1950 年就将农业保险提上了议事日程，最初试办的农业保险主要借鉴了苏联的模式和经验，并与当时的行政中心工作——土地改革、抗美援朝结合在一起，以政治任务的形式推进。

三、1959—1981 年我国农业保险的停滞发展

在新中国成立初期国民经济迅速恢复和第一个五年计划全面完成的情况下，决策层思想上的冒进主义和工业化冲动开始抬头。随着社会主义改造基本完成，国家实现了对产权形式的垄断。当时包括政府在内的社会各界都认为，保险是资金在全民所有制企业之间的无谓转移，保险取代了财政的职能，只会增加国家的管理成本。与此同时，农村合作化进程完成，农村私人产权转变为国家控制的垄断产权，人民公社已经承担起防范风险、分担损失、保障农业生产的职能，农村保险已无存在的必要。这样，无论是在农村还是在城市，保险都已失去了存在和发展的基础。因此，政府于 1958 年 12 月决定，立即停办国内保险业务。自此，国内保险业务全面退出，农村保险业务被迫停办，这一次停办就一直停到 1981 年。

四、改革开放初期我国农业保险的蓬勃发展

党的十一届三中全会以后，中国开始建立和普遍实行农业家庭承包责任制，最终废除了人民公社体制，同时农业、农村经济制度也逐步完善。1982 年，国务院为农业保险在新时期的发展做出了一系列重大决定。1982 年 2 月，国务院批转的中国人民银行《关于国内保险业务恢复情况和今后发展意见的报告》中指出："为了适应农村经济发展的新形势，保险工作如何为八亿农民服务，是必须予以重视的一个课题。要在调查研究的基础上，按照落实农村经济政策的需要，从各地的实际情况出发，积极创造条件，抓紧做好准备，逐步试办农村财产保险、畜牧保险等业务。"至此，我国的农业保险在经历了 1958 年停办的 24 年空白之后，在改革开放的大幕下揭开了新的篇章，中国农村

保障体系又逐渐由国家救济转向农业保险。同年，根据国务院的要求，中国人民保险公司（即现在的中国人民财产保险公司）全面恢复试办农业保险。1986 年，新疆生产建设兵团农牧业保险公司（现在的中华联合财产保险股份有限公司）成立，主要经营农业保险业务。从试办到 1993 年，是由低速增长到高速增长的发展过程，农业保险得到了快速平稳的发展。农业保险按照“收支平衡、略有结余、以备大灾之年”的经营原则，不以营利为目的，不断探索发展，保费收入从 1982 年的 2.3 万元上升到 1992 年的 8.17 亿元。农业保险品种从 1982 年试办时仅有的生猪、大牲畜等几个险种，到 1992 年时发展了棉花、水稻、烤烟、兔、羊、水产养殖等近百个险种，涉及农业、林业、畜牧业和渔业等各个阶段，为保障农村经济稳定发展做出了积极贡献。

五、1993—2003 年农业保险的萎缩发展

在 1992 年春邓小平视察南方重要讲话发表和中共十四大的召开，明确提出建立社会主义市场经济体制的目标之后，农业和农村经济制度沿市场经济方向变迁的速度加快。然而，随着农村经济体制改革的不断推进，人们所期望的农业保险高速发展的局面并没有产生。从规模上来看，1993 年后，农业保险出现了由高速增长到低速增长的滑坡过程，农业保险的发展陷入困境，尤其是 1996 年起，保险公司向商业化转型，国家和有关部门没有指定特殊的支持农业保险的发展政策，而且把农业保险费的收取作为乱收费项目取缔，因此，农业保险的发展缺乏基层支持，业务进一步萎缩。1992 年年底，全国农业保险保费收入已达 8.17 亿元，占当年财产保险保费收入的 2.57 %，但到 1997 年年底，农业保险保费收入仅占财产保费收入的 1.18%；1998 年至今，农业保险滑坡更加严重，到 2000 年，农业保险收入仅占财产保险收入的 0.66%。总的来看，农业保险收入占财产保险收入的比例一直呈下降趋势，这与整个保险业的快速发展势头显得格格不入。

六、2004 年以后农业保险的稳步发展

2002 年 12 月修订后的《农业法》规定：“国家逐步建立和完善政策性农业保险制度。”这项规定也被视为我国农业保险发展的里程碑。

2003 年党的十六届三中全会《中共中央关于完善社会主义市场经济体制若干问题的决定》明确提出，要“探索建立政策性农业保险制度”，并将促进农业保险发展作为今后一段时期党的主要工作任务之一。2004 年中央一号文件提出我国应“加快建立政策性农业保险制度，选择部分产品和部分地区率先试点，有条件的地方可对参加种养业保险的农业给予一定的保费补贴。”该政策积极鼓励地方政府组织实施农业保险试点工作，对农业保险业务的开展起到了良好的促进作用。2004 年，上海安信农业保险股份有限公司、吉林安华农业保险股份有限公司和法国安盟成都分公司 3 家专业性农业保险公司成立，同时，吉林、上海、江苏、四川、新疆、内蒙古等地试点开展政策性农业保险，鼓励地方政府为农民购买农业保险提供一定比例的保费补贴。为了进一步巩固试点成果，2005 年中央一号文件提出：“扩大农业政策性保险的试点范围，鼓励商业险保险机构开展农业保险业务。”2006 年中央一号文件强调“稳步推进农业政策性保险试点工

作，加快发展多种形式、多种渠道的农业保险”“鼓励龙头企业资助农民参加农业保险”。此后几年的中央一号文件等重要文件都对农业保险发展提出了明确要求。全国南起福建，北至黑龙江，东到上海，西达新疆，所有当地保监局都将本辖区内的农业保险试点当成头等大事。新一轮农业保险试点的全方位推进带来了我国农业保险发展的良机。随着新一轮农业保险试点的深度和广度的进一步提升，我国农业保险呈现区域化发展特征，在少数地区或因地区农业的特点和优势，或因地方政府的重视，或因探索到一种合适的制度模式，农业保险得到了较快发展。这些区域特色的农业保险发展模式的探索为当地的农业风险管理水平的提升起到了重要作用，为我国农业保险的发展积累了宝贵经验。总体而言，从2004年以来，在政府主体的推动下，我国农业保险开始进入迅速恢复阶段，各级政府在政策指导、财政补贴、法律监管等方面开始承担应尽职责。我国农业保险发展进入了稳步发展的新阶段。

第三节　我国农业保险立法指导思想和经营原则

党中央、国务院对发展农业保险高度重视，党的十六届三中全会以来的纲领性文件、党中央国务院关于农业与农村发展的很多政策性文件和国务院有关文件，都对建立和发展农业保险提出了明确要求。《农业法》也有“国家建立和完善农业保险制度”的规定。

按照党中央、国务院的要求和《农业法》的规定，近年来，我国农业保险发展迅速，承保品种已覆盖农、林、牧、渔业各方面，开办区域已覆盖所有省（区、市）。据中国银保监会的报告显示，截至2019年年底，全国农险承保的农作物品种为270余种，基本覆盖了各个领域；农业保险服务的农户数达到1.8亿户次；农业保险费用680亿元；从2008年以来农业保险累计向3.6亿户次支付保险赔款2400多亿元。农业保险已成为国家支农惠农政策的重要组成部分，受到广大农户的普遍欢迎。

为了规范农业保险活动，保护农业保险活动当事人的合法权益，促进农业保险事业健康发展，有必要在认真总结农业保险发展实践经验的基础上，根据《中华人民共和国保险法》（以下简称《保险法》）有关“农业保险由法律、行政法规另行规定”的要求，制定《农业保险条例》。

一、我国农业保险立法指导思想

我国农业保险立法指导思想是农业保险立法的宗旨和灵魂，是农业保险的首要问题，在农业保险法律中居于核心和统帅的地位。

对农业保险的立法必须既要依据国家宏观调控政策的目标和要求，又要从我国国情出发。我国人多地少，环境资源面临巨大压力，现有的财力物力有限，农业保险的经营水平不高，这些都决定了现阶段我国农业保险既不能作为农村社会的福利政策，也不能作为保障农民的经济收入增长的政策。所以，现阶段我国农业保险立法指导思想应该以保障国家粮食安全为主，促进农业生产和农村经济的发展，同时推进农村社会保障制度建设。

二、农业保险的经营原则

农业保险的经营原则对于农业保险的具体操作规范的确立非常重要。农业保险的经营原则除了适用保险经营的一般原则外，还应该适用以下几个原则。

（一）强制性与自愿性相结合原则

强制性与自愿性相结合原则是指对特定承保范围内的险种采取强制保险，对特定承保范围以外的险种采取自愿保险。农业保险的强制性原则是基于农业是一国国民经济的基础产业，却又是弱质产业，还面临自然灾害风险和市场经济双重风险的经济特性而提出的；强制保险有利于克服农民保险意识淡薄及侥幸心理，解决自愿投保条件下的参与率不高的问题，扩大承保面，分散风险，积累雄厚的保险基金；有利于扩大同质保险标的物的规模，使大数法则充分发挥作用，准确估计损失率和保险费率；有利于防止道德风险和逆向选择，避免风险集中；还有利于降低保险成本和保险费率。但是强制保险容易被农民认为乱收费、增加额外负担，特别是其侥幸心理得到验证时，更能催生其逆反心理。所以，为了扬长避短、优势互补，我国应当根据保险标的物的重要程度、损失发生频率及损失程度、保险市场需求等因地制宜地确定特定承保范围内的险种采取强制保险，而对其范围以外的险种采取自愿保险，或者对同一险种同时采取强制保险和自愿保险，以整合强制保险和自愿保险的优势，促进农业保险稳定健康发展。《农业保险条例》第3条规定："省、自治区、直辖市人民政府可以确定适合本地区实际的农业保险经营模式。任何单位和个人不得利用行政权力、职务或者职业便利以及其他方式强迫、限制农民或者农业生产经营组织参加农业保险。"

（二）政府与市场相结合原则

政府与市场相结合原则既强调政府的参与和支持，又强调市场机制的发挥。农业保险由于其经营风险高，在很多国家都被视为准公共物品。若单凭市场机制发挥作用，商业性保险组织不愿开展农业保险；若单凭政府组织和推动开展，农业保险的开展成本高昂且效率会低下。因此，各国在发展农业保险时均注重政府和市场相结合的原则。我国《农业保险条例》规定："国家支持发展多种形式的农业保险，健全政策性农业保险制度。农业保险实行政府引导、市场运作、自主自愿和协同推进的原则。"

政府对农业保险的参与和支持体现在：通过法律规定实施强制保险的特定范围内的险种，设立政策性农业保险机构直接经营其他保险机构不予承保的不可保风险或不愿承保的可保风险，为政策性农业保险机构提供初始保险基金，提供必要的补贴，为农业保险提供税收减免优惠政策、金融政策支持，为其他保险机构的农业保险提供再保险等。

市场机制的发挥体现在，要允许或者引导如政策性农业保险机构、相互制保险公司、农业互助合作保险社、专业性股份制农业保险公司和其他商业性保险公司、外资或合资农业保险公司等多种主体具有合法经营农业保险的资格；设计多层次的风险负担机制，如：强制性保险、自留保额免赔、再保险、农业保险保障基金、巨灾专向风险基金、巨灾风险债券、扩大农业保险机构经营范围实行以险养险、扩大农业保险基金运用范围等。

现有的农业保险经营主体包括保险公司和农业互助保险组织等依法设立的保险组织，形成了多元化的市场经济格局。从制度上明确农业保险经营主体的资格条件，既有利于多主体经营、有效竞争，又有利于从源头上加强监管，防范风险，保障农业保险健康发展。《农业保险条例》第2条也明确了可以经营农业保险业务的保险机构包括保险公司以及依法设立的农业互助保险组织等。

（三）基本保障原则

国外在农业保险的保障水平和保险政策方面主要有两种立法。一种是美国、加拿大、日本的农业保险，仅仅是农业保护政策和农民社会福利政策的组成部分，保障水平较高（比如还提供收入保险）；另一种是菲律宾等发展中国家，农作物保险除了继续具有农村金融政策的目的之外，仍然是农业发展政策的重要组成部分，而增进农民福利的目的是其次的。鉴于我国现阶段农民交纳保险费能力、保险机构偿付能力和政府财政能力都很有限的国情，农业保险的目标定位为基本保障农业可持续发展为宜。

第四节　农业保险合同

一、农业保险合同的概念

农业生产者以其种植的农作物或者养殖的畜禽等为保险标的，向保险人支付保险费，并同保险人约定，在被保险农作物因保险责任范围内的原因歉收或者毁损时，或者被保险畜禽等因保险责任范围内的原因发生死亡时，由保险人给付保险赔偿金的保险合同。

农业保险的复杂性、不规范性、多样性、灾害的伴生性，决定了农业保险不是标准的保险法意义上的保险，不可能完全适用《中华人民共和国保险法》（简称《保险法》）。因此，《农业保险条例》第16条规定："本条例对农业保险合同未做规定的，参照适用《中华人民共和国保险法》中保险合同的有关规定。"本节关于农业保险合同内容的介绍也主要介绍农业保险合同与一般商业保险合同相比的特殊性。

二、农业保险合同的订立

《农业保险条例》第10条对农业保险合同的订立做了如下规定："农业保险可以由农民、农业生产经营组织自行投保，也可以由农业生产经营组织、村民委员会等单位组织农民投保。由农业生产经营组织、村民委员会等单位组织农民投保的，保险机构应当在订立农业保险合同时，制定投保清单，详细列明被保险人的投保信息，并由被保险人签字确认。保险机构应当将承保情况予以公示。"据此规定，我们可以看出，农业保险合同的订立与一般商业保险合同订立相比，具有以下两个特殊性。

（一）投保主体的特殊性

一般商业保险合同的投保由投保人自行选择。而农业保险的投保主体除了农民、农业生产经营组织自行投保外，还包括农业生产经营组织、村民委员会组织农民投保，这样的立法规定在其他保险中是没有的。

（二）投保公示的特殊性

一般商业保险是普通的商业活动，商业保险合同当事人有权不予公开保险合同。而农业保险中由农业生产经营组织、村民委员会等单位组织农民投保的，因其涉及的投保主体众多，且多为保险知识较少、文化水平较低的农民，因此，要求保险机构应当公示承保情况。

三、农业保险合同的内容

农业保险合同主要包括以下条款内容。

（1）保险人即保险机构名称和住所。

（2）投保人的姓名或名称和住所。

（3）保险标的。一般来说，各地农业保险合同会根据各地具体情况对保险标的提出具体要求。例如，小麦保险条款中，对小麦的要求主要有：①小麦种植符合当地政府和农业部门的要求和规范标准；②播种的品种符合农业部门的规定；③种植地块应位于非蓄洪、行洪区内；④生长正常。比如，能繁母猪保险中，规定能繁母猪是指具有正常繁殖能力的母猪，体重达到成年体重的70%以上，能定期正常配种、受孕、生产，身体健康，没有影响繁殖的疾病。

（4）双方权利义务。保险人的义务主要包括：专业保险公司在设计农业保险产品时，要贯彻微利或基本弥补经营费用的原则；及时足额进行理赔；定期向政府有关部门报告经营绩效。保险人的权利主要包括：按合同约定主张保险费；经营农业保险的保险公司有权得到政府补贴、税收优惠、特大灾害发生时的特别救助等方面的支持。投保人的义务主要包括：按合同约定缴纳保险费；按合同约定信守承诺。投保人的权利主要包括：投保人在购买农业保险时，根据所购买的产品内容享有政府补贴的权利；保险事故发生时获得保险金赔偿的权利。

（5）保险期限和保险责任开始的时间。保险期限为保险合同的有效期限，在该期限内发生的保险事故，保险人才承担赔偿责任。农业保险的保险期限和保险责任开始时间应根据承保对象的特殊险来确定具体期限，不能搞“一刀切”。

（6）保险价值与保险金额，应根据承保对象本身的价值来确定。

（7）保险费的支付办法。由于农业保险与商业保险不同，属于政策性保险，因此应根据费率要低于一般商业保险费率的原则来支付，方式可以视具体情况而灵活规定，可以土地面积为保险单位进行支付，也可以其他为单位进行支付。

（8）保险金的给付办法。在以土地面积为保险单位的，以受灾面积来计算，根据保险人的保险责任范围来给付保险金，不以土地面积为单位的，按照具体情况来支付保险金。

（9）违约责任。法定保险范围内由法律直接规定，一般不由当事人进行约定，在自愿保险范围内，可由当事人意思自治。

（10）争议处理。法定保险范围内的争议，可由政府出面调停，按照有利于农民利益的原则来解决，也可起诉至法院由法院进行裁决；自愿保险范围内的争议，由仲裁机构或人民法院进行裁决。

(11) 订立合同的年、月、日。

四、农业保险合同的解除和变更

《保险法》第15条规定："除本法另有规定或者保险合同另有约定外，保险合同成立后，投保人可以解除合同，保险人不得解除合同。"但是，《保险法》对货物运输保险合同和运输工具航程保险合同规定了例外，《保险法》第50条规定："货物运输保险合同和运输工具航程保险合同，保险责任开始后，合同当事人不得解除合同。"

农业保险合同与货物运输保险合同、运输工具航程保险合同相似，其风险在时间和空间上具有集中性。农业风险鲜明的季节性特点（农作物的生长周期具有季节性，灾害的发生也具有季节性、集中性）使得投保人、保险人可能利用合同解除权进行逆向选择。为了避免此类道德风险，《农业保险条例》第11条规定："在农业保险合同有效期内，合同当事人不得因保险标的的危险程度发生变化增加保险费或者解除农业保险合同。"这也是农业保险不同于一般商业保险的特殊之处。

五、农业保险合同的理赔

（一）查勘和定损

《农业保险条例》第12条规定："保险机构接到发生保险事故的通知后，应当及时进行现场查勘，会同被保险人核定保险标的的受损情况。由农业生产经营组织、村民委员会等单位组织农民投保的，保险机构应当将查勘定损结果予以公示。保险机构按照农业保险合同约定，可以采取抽样方式或者其他方式核定保险标的的损失程度。采用抽样方式核定损失程度的，应当符合有关部门规定的抽样技术规范。"据此，可以看出农业保险合同的查勘和定损与一般商业保险合同有如下区别。

1. 查勘定损的公示

由农业生产经营组织、村民委员会等单位组织农民投保的，因其涉及农民人数众多、农民保险知识比较薄弱、文化水平不高，要求保险机构应当将查勘定损结果予以公示。而一般的商业保险理赔没有此项要求。

2. 定损方法的特殊性

农业保险事故发生后，保险标的受损面常常较广，不可能采取逐一定损的方式，因此，《农业保险条例》要求保险机构按照农业保险合同约定，可以采取抽样方式或者其他方式核定保险标的的损失程度。若采用抽样方式核定损失程度的，还应当符合有关部门规定的抽样技术规范。而一般的商业保险往往会采取逐一定损的方式。

（二）损余处理

一般商业保险理赔的损余处理按照《保险法》规定："保险事故发生后，保险人已支付了全部保险金额，并且保险金额等于保险价值的，受损保险标的的全部权利归于保险人；保险金额低于保险价值的，保险人按照保险金额与保险价值的比例取得受损保险标的的部分权利"，保险人在已支付的保险金额范围内获得受损标的的权利。

而农业保险承保的种植业保险标的和养殖业保险标的，一旦发生保险合同约定的保险事故时，可能会因病虫灾害控制、动植物防疫的要求而对保险标的进行处理，因此，按照《农业保险条例》第 13 条规定，法律、行政法规对受损的农业保险标的的处理有规定的，理赔时取得受损保险标的已依法处理的证据或者证明材料即可，保险机构也不得主张对受损的保险标的残余价值的权利，农业保险合同另有约定的除外。

（三）保险金的给付

《农业保险条例》第 14 条规定："保险机构应当在与被保险人达成赔偿协议后 10 日内，将应赔偿的保险金支付给被保险人。农业保险合同对赔偿保险金的期限有约定的，保险机构应当按照约定履行赔偿保险金义务。"第 15 条规定："保险机构应当按照农业保险合同约定，根据核定的保险标的的损失程度足额支付应赔偿的保险金。任何单位和个人不得非法干预保险机构履行赔偿保险金的义务，不得限制被保险人取得保险金的权利。农业生产经营组织、村民委员会等单位组织农民投保的，理赔清单应当由被保险人签字确认，保险机构应当将理赔结果予以公示。"第 24 条规定："禁止任何单位和个人挪用、截留、侵占保险机构应当赔偿被保险人的保险金。"违反此条规定，挪用、截留、侵占保险金的，由有关部门依法处理；构成犯罪的，依法追究刑事责任。

根据《农业保险条例》的规定，农业保险保险金的给付与一般商业保险保险金给付不同之处在于，若该农业保险是有农业生产经营组织、村民委员会等单位组织农民投保的，理赔清单应当由被保险人即各农户签字确认，理赔结果也应该予以公示；另外，农业保险因其保险开展的集中性，保险合同订立、保险理赔往往由各生产组织或村民委员会组织，因此，会存在生产组织或村民委员会利用信息不对等情况挪用、截留、侵占农户保险金的可能性，《农业保险条例》特别强调禁止任何单位和个人挪用、截留、侵占保险机构应当赔偿被保险人的保险金。

第五节　农业保险的经营规则

《农业保险条例》明确了农业保险的特殊经营原则，有效防止农业保险经营性风险的发生。农业保险特殊的经营规则包括以下内容。

一、保险机构经营农业保险业务的准入条件

《农业保险条例》第 17 条规定，保险机构经营农业保险需满足的条件，包括：①有完善的基层服务网络；②有专门的农业保险经营部门并配备相应的专业人员；③有完善的农业保险内控制度；④有稳健的农业再保险和大灾风险安排以及风险应对预案；⑤偿付能力符合国务院保险监督管理机构的规定；⑥国务院保险监督管理机构规定的其他条件。除保险机构外，任何单位和个人不得经营农业保险业务。

在《农业保险条例》出台之前，我国农业保险的经营机构是由不同管理部门审批登记的，《农业保险条例》将监督管理部门统一为中国银保监会。《农业保险条例》第 26 条规定了不符合农业保险业务准入条件的法律责任，保险机构不符合准入条件经营农业保险业务的，由保险监督管理机构责令限期改正，停止接受新业务；逾期不改正或

者造成严重后果的，处 10 万元以上 50 万元以下的罚款，可以责令停业整顿或者吊销经营保险业务许可证；保险机构以外的其他组织或者个人非法经营农业保险业务的，由保险监督管理机构予以取缔，没收违法所得，并处违法所得 1 倍以上 5 倍以下的罚款；没有违法所得或者违法所得不足 20 万元的，处 20 万元以上 100 万元以下的罚款。

另外，由于农业保险开展的业务往往具有较强的区域性，因此，中国银保监会要求保险公司总公司向银保监会提交业务开办申请时，应分省（自治区、直辖市）逐一申请。

二、农业保险业务的自主经营、单独核算

农业保险虽被界定为政策性保险，但经营农业保险的保险机构均是独立的市场主体，其业务经营还是应该按照市场规则进行，因此，《农业保险条例》规定保险机构经营农业保险业务，实行自主经营、自负盈亏。

同时，农业保险具有一定政策性特点，经营农业保险的保险机构可以享受政府的相关补贴和税收等政策的优惠，因此，《农业保险条例》要求："保险机构经营农业保险业务，应当与其他保险业务分开管理，单独核算损益。"违反此单独核算要求，由保险监督管理机构责令改正，处 5 万元以上 30 万元以下的罚款；情节严重的，可以限制其业务范围、责令停止接受新业务。

三、农业保险条款和费率的制定

农业保险业务的开展是保险机构的市场行为，因此农业保险条款和保险费率由保险机构根据公平、合理原则拟定。但是，对于财政补贴型农业保险，由于其具有一定的政策性特点，故而在条款和费率设计上，不能完全像一般商业保险一样由保险机构自行决定。《农业保险条例》第 19 条规定："属于财政给予保险费补贴的险种的保险条款和保险费率，保险机构应当在充分听取省、自治区、直辖市人民政府财政、农业、林业部门和农民代表意见的基础上拟订。"农业保险条款和保险费率应当依法报保险监督管理机构审批或者备案。

保险机构经营农业保险业务，农业保险条款、保险费率该备案的而未按照规定报送备案的，由保险监督管理机构责令限期改正；逾期不改正的，处 1 万元以上 10 万元以下的罚款。保险机构经营农业保险业务，农业保险条款、保险费率该申请批准的而未按照规定申请批准，由保险监督管理机构责令改正，处 5 万元以上 30 万元以下的罚款；情节严重的，可以限制其业务范围、责令停止接受新业务。保险机构经营农业保险业务，未按照规定使用经批准或者备案的农业保险条款、保险费率，由保险监督管理机构责令改正，处 10 万元以上 50 万元以下的罚款；情节严重的，可以限制其业务范围、责令停止接受新业务。

四、农业保险业务的开展

一般商业保险业务的开展，保险机构只能跟具有资质的保险代理人、保险经纪人签订委托协议和支付佣金，不得向无资质的机构和个人支付中介费用。然而，由于农业保

险标的具有分散性，实际操作中农业保险的承保、理赔工作绝大多数都由农业基层组织代理完成，其在农险中的地位无可替代。因此《农业保险条例》第21条规定：“保险机构可以委托基层农业技术推广等机构协助办理农业保险业务。保险机构应当与被委托协助办理农业保险业务的机构签订书面合同，明确双方权利义务，约定费用支付，并对协助办理农业保险业务的机构进行业务指导。”该条款从实际出发，肯定了农业基层组织协办农业保险的模式，解决了农业基层组织协办和收取佣金的合法性问题。这个经营规则可谓是《农业保险条例》对此前法律法规规定的重大突破。

五、农业保险资料的保管

开展农业保险业务的保险机构应当按照国务院保险监督管理机构的规定妥善保存农业保险查勘定损的原始资料。《农业保险条例》规定，禁止任何单位和个人涂改、伪造、隐匿或者违反规定销毁查勘定损的原始资料。保险机构经营农业保险业务，有编制或者提供虚假的报告、报表、文件、资料等行为的，由保险监督管理机构责令改正，处10万元以上50万元以下的罚款；情节严重的，可以限制其业务范围、责令停止接受新业务。

六、保险费的补贴

农民或者农业生产经营组织投保的农业保险标的属于财政给予保险费补贴范围的，由财政部门按照规定给予保险费补贴，具体办法由国务院财政部门商同国务院农业、林业主管部门和保险监督管理机构制定。保险机构对保险费补贴的取得和使用，应当遵守相关规定。禁止以虚构、虚增保险标的或者以同一保险标的进行多次投保，以虚假理赔、虚列费用、虚假退保或者截留、挪用保险金、挪用经营费用等方式冲销投保人应缴的保险费或者财政给予的保险费补贴等方式骗取农业保险的保险费补贴。若保险机构骗取保险费补贴的，由财政部门依照《财政违法行为处罚处分条例》的有关规定予以处理；构成犯罪的，依法追究刑事责任。

第六节　农业保险的政府扶持

由于农业保险具有典型的政策属性，政府的扶持就成为农业保险法律制度中最关键的因素。我国政府对农业保险的扶持不是采取单一的财政补贴方式，而是建立保费补贴、税收优惠、金融扶持以及再保险等多层次扶持体系。

一、保费补贴

《农业保险条例》第7条规定：“农民或者农业生产经营组织投保的农业保险标的属于财政给予保险费补贴范围的，由财政部门按照规定给予保险费补贴，具体办法由国务院财政部门商国务院农业、林业主管部门和保险监督管理机构制定。国家鼓励地方人民政府采取由地方财政给予保险费补贴等措施，支持发展农业保险。”

农业保险保费补贴指财政对农业保险业务的保费给予一定比例的补贴。农业保险损失频率和损失程度较高，要实现农业保险业务的财务平衡，保险费率会很高，靠农民自身难以承担。因此，需要财政提供一定比例的补贴，帮助农民支付保费，缓解农业保险的供需矛盾，使保费达到保险公司和农民都能接受的水平。农业保险保费补贴的对象是投保农户和开办农业保险的保险机构。

财政部披露，目前我国各级财政对农业保险的保费补贴比例已接近80%，在世界上处于较高水平。2020年中央一号文件在“强化农村补短板保障措施”部分，也首次提出了要“抓好农业保险保费补贴政策落实”。中央和地方政府均出台相关的保费补贴办法，保障农业保险保费补贴工作的顺利开展。

二、税收优惠

《农业保险条例》第9条规定：“保险机构经营农业保险业务依法享受税收优惠。”税收优惠，是各国扶持农业保险的通常做法。现行国家对保险机构经营农业保险业务的税收优惠主要包括以下几个方面。

（一）增值税税收优惠

原《营业税暂行条例》第8条规定，保险机构从事农牧保险业务免征营业税。《营业税暂行条例实施细则》对上述免税项目的农牧保险具体界定为，是指为种植业、养殖业、牧业种植和饲养的动植物提供保险的业务。“营改增”之后，保险公司经营农业保险业务也无须缴纳营业税对应的增值税。这里需要说明的是，保险机构享受上述农牧保险增值税优惠的前提条件除应履行相关备案手续外，还应与其他应税保险业务分开核算。《农业保险条例》第18条也规定：“保险机构经营农业保险业务，应当与其他保险业务分开管理，单独核算损益。”

（二）印花税税收优惠

《国家税务局关于对保险公司征收印花税有关问题的通知》第2条关于财产保险合同的贴花问题中规定，为了支持农村保险事业的发展，照顾农牧业生产的负担，对农林作物、牧业畜类保险合同暂不贴花。

（三）企业所得税优惠

为积极支持解决“三农”问题，促进保险公司拓展农业保险业务，提高农业巨灾发生后恢复生产能力，《财政部、国家税务总局关于保险公司准备金支出企业所得税税前扣除有关政策问题的通知》规定，保险公司经营财政给予保费补贴的农业保险，按不超过财政部门规定的农业保险大灾风险准备金计提比例，计提的大灾准备金，准予在企业所得税前据实扣除。

三、金融扶持

《农业保险条例》第9条规定：“国家支持保险机构建立适应农业保险业务发展需要的基层服务体系。国家鼓励金融机构对投保农业保险的农民和农业生产经营组织加大信贷支持力度。”

在我国目前农村金融供给严重匮乏的情况下，健全的农业保险制度有利于推动农村金融的发展，而积极的金融政策又能促进农业保险的快速发展。农村人口分散，交通不方便，保险公司需要配备专人上门收取保费和支付理赔款，增加了保险公司人力成本，影响了保险公司经营农业险的积极性。应该充分利用农业银行、地方信用社等金融机构的网点优势，为广大农户代收代缴农业保险保费，支付理赔款等服务，国家对应从事农业险相关的金融机构给予一定政策支持，金融机构也可以借此机会，为广大农户提供小额信贷支持，提高综合回报率。

四、再保险制度

再保险作为“保险的保险”，是一种能够有效分散风险和分摊保险公司损失的经营形式。再保险能够保证农业保险基层业务经营的稳定，保险经营主体可以将自己所承保的保险责任部分地转移给其他保险组织，一旦遇到超过支付能力的重大灾害时，可以通过再保险机构把局部风险逐级分散，它对提高保险公司的风险保障能力以及增强保险业的可持续发展起着重要的作用。

我国是农业风险频发的国家，尤其是特大自然灾害的发生，一般的商业保险公司无力承担赔偿责任，再保险机构可以有效降低商业保险公司超赔付的风险。《农业保险条例》虽然没有明确要求建立农业保险的再保险制度，但是要求财政支持建立大灾风险分散机制来实现局部风险的分散。《农业保险条例》第8条规定：“国家建立财政支持的农业保险大灾风险分散机制，具体办法由国务院财政部门会同国务院有关部门制定。国家鼓励地方人民政府建立地方财政支持的农业保险大灾风险分散机制。”

参考文献

黄英君，2011. 中国农业保险发展的历史演进：政府职责与制度变迁的视角［J］. 经济社会体制比较（6）.

刘布春，梅旭荣，2010. 农业保险的理论与实践［M］. 北京：科学出版社.

宋英杰，2006. 中国农业保险概述［M］. 北京：中国社会出版社.

庹国柱，朱俊生，2007. 关于农业保险立法几个重要问题的探讨［J］. 中国农村经济（2）.

张长利，2009. 论我国农业保险法律制度的构建［J］. 农村经济（8）.

第九章　农业资源与农村环境保护

第一节　农业资源与农村环境保护概述

一、农业资源和农村环境的概念、特点和分类

（一）农业资源

1. 农业资源的概念

根据辞海，资源是“一国或一定地区内拥有的物力、财力、人力等物质要素的总称。分为自然资源和社会资源两大类。前者如阳光、空气、水、土地、森林、草原、动物、矿藏等；后者包括人力资源、信息资源以及劳动创造的物质财富。”与此相对应，广义的农业资源是指影响农业生产的自然环境和社会经济状况诸因素的总称。一般区分为农业自然资源和农业经济资源。农业自然资源包括土地资源、水资源、气候资源及生物资源。农业经济资源包括农业人口和劳动力的数量、质量及其构成情况，农业机械、水利设施、农村能源、种子、肥料、农药、交通运输、信息、贸易、金融、教育、卫生等。农业资源诸因素之间具有相互联系、相互制约的关系。而狭义的农业资源，则主要是指与农业生产密切相关的，可用于农业生产和农村生活的所有自然资源的总和。是人类可用于农业生产的各类物质和能量。

2. 农业自然资源的特点

与其他产业相比，农业与自然的关系更为密切，从某种意义上说，农业就是利用各种自然资源，通过人类劳动保障和控制生物的生长，从而取得人类生存所需要的农业产品的过程。自然资源是农业发展的基础性的物质条件，同时自然资源的状况也在很大程度上对农业发展起着制约作用，农业生产不可能超越自然规律。因此，研究农业自然资源的特点，并在此基础上合理利用自然资源、有效保护自然资源，是农业发展所面临的一个重要课题。农业自然资源的特点主要表现在以下几方面。

（1）数量上的有限性。在一定时期内，人类可用于农业生产的自然资源在绝对数量上不是无穷无尽的。例如与农业生产相关的太阳年总辐射量、土地面积总量、降水和河流径流总量以及在不同地区的分布，都会存在一定的限度。农业资源在数量的有限性决定了我们在充分利用自然资源的同时，必须采取有效措施，保护农业自然资源，只有这样，农业生产才能得到可持续的发展。

（2）分布上的地域性。农业自然资源因其所处的地域不同，其种类、数量、质量、

组合特性有很大差异，从而形成了多种多样的自然资源系统。以水资源为例，我国东部及南部地区降水较为丰富，而西部地区和北部地区降水相对较少，从东南向西北总体上呈阶梯性递减。根据2018年中国水利部发布的《中国水资源公报》，当年我国东南诸河区1 607.2万立方米，而西北诸河区仅为203.9万立方米，呈现出地域上的不均衡性。

（3）相互间的关联性。蕴藏于地壳中的矿物资源以及地表生物圈中的土地资源、气候资源、水资源和生物资源等之间，都是相互联系、相互制约地组成一个统一的自然综合体系的。例如气候资源和生物资源间就存在密切的关系，同处低纬度地区，由于热带雨林气候降雨充沛、空气潮湿，因此植被大多以宽叶林为主，而热带草原地区由于降水量较小，树木难以成活，因而形成了以辽阔草原为主的自然景观。而在更为干旱的热带地区，由于水汽蒸发大于降雨，历史上形成了大面积的沙漠和戈壁，只有仙人掌等耐旱植物才能生存，物种稀少。

（4）利用上的可拓展性。随着人类经济技术水平的提高，对自然资源利用的广度和深度也在不断拓展。人类传统的经济发展模式往往以高投入、高消耗、高污染、低水平、低效益为主要特点，是建立在对自然的掠夺性开发的基础之上的粗放型发展模式。而在现有全球能源紧缺的大背景条件下，人类不仅可以通过寻找更为清洁和高效的替代能源为经济和社会发展提供必要的条件，而且还可能依靠科学技术发展，通过提高资源的利用率从而减少资源的利用总量。

3. 农业自然资源的种类

农业自然资源种类繁多，与农业生产关系最为密切的主要有气候资源、水资源、土地资源和生物资源。农业自然资源不仅是农业生产的基本条件，同时，农业自然资源在时间和地域分布上也决定了农产品品种的时空分布，并在很大程度上决定着农业产出的数量和质量。

（二）农业环境

1. 农业环境的概念

环境泛指人们生产、生活所置身其中的空间场所及其全部组成要素。《辞海》中将环境定义为“围绕着人类的外部世界。是人类赖以生存和发展的社会和物质条件的综合体。环境可分为自然环境和社会环境；自然环境，按其组成要素，又可分为大气环境、水环境、土壤环境和生物环境等”。《中华人民共和国环境保护法》（简称《环境保护法》）将环境定义为是指影响人类生存和发展的各种天然的和经过人工改造的自然因素的总体，包括大气、水、海洋、土地、矿藏、森林、草原、湿地、野生生物、自然遗迹、人文遗迹、自然保护区、风景名胜区、城市和乡村等。而农村环境则是指与农业生产和农村生活密切相关的生态条件，主要由气候、水、土壤、植被等组成。

2. 农业环境的特点

农业环境既具有一般环境的普遍特点，同时又具有不同于其他环境的特殊性。农业环境与其他环境不同的特点主要表现在以下方面。

（1）环境构成的复杂性。与其他产业不同的是，农业的环境制约因素众多，构成也较为复杂。农业生产不仅需要有适宜的气候、水源和土壤，而且还要有一定符合要求的生物环境，例如某些菌类就必须有特定的藻类通过光合作用为其提供养料，同时菌类又为藻类的生长提供必要的水分和盐分，从而在相互间形成共生关系。

(2) 环境影响的深刻性。农业生产对环境的依赖程度往往较其他产业更高，传统农业中一些自然条件恶劣地区的农业甚至以“望天收”为主要特征，随着农业科技的发展，农业对自然环境的依赖程度有所降低，但自然仍然是农业生产的基础条件。

(3) 环境变化的波动性。农业环境变化虽然具有一定的规律性，但其往往也以一定的波动性为外在表现形式。以气温为例，虽然全年的季节更替有其定数，但不同季节气温的变化却具有跳跃性和反复性，从而对农业生产一定的影响。

(4) 环境恢复的艰难性。由于农业对环境依存度较高，而农业环境是一个复杂的生态系统，其平衡一旦被打破，恢复起来往往极其困难。例如耕地地力的耗竭和草原植被的破坏，均需要长时期的弃耕和休牧，甚至需要大量的人力物力投入，才能恢复其正常的功能，因此农业环境的保护尤其重要。

3. 农业环境的分类

根据农业环境的组成要素不同，一般可以将农业分为自然环境和社会环境。自然环境又可细分为气候环境、水环境、土地环境和生物环境。其中气候环境主要指农业生产所需的太阳辐射、空气、温度、降水及其变化的总和。而水环境主要是指江、河、湖、海以及地下水等可以用于农业生产的水资源及其状况。土地环境主要是指耕地、森林、草原、滩涂等可以用于种植和养殖的各类地理空间。生物环境则是指对农业生产产生影响的动植物、昆虫、微生物等生物所组成的整体。而社会环境，涵盖了农业生产的劳动力及其组织形式，可用于农业生产的灌溉、防洪、除虫、施肥、收获、加工、运输、仓储等资料和设施以及与农业相关的生产方式和科学技术等所有人工生产条件。

(三) 农业资源和环境的关系

农业资源和农业环境既是两个相互独立的概念，同时彼此间又存在着密切的关联。一方面，农业资源和农业环境是具有不同内涵的范畴。农业资源是指农业发展可以利用的客观物质条件。而农业环境是农业生产所依赖的外部客观世界的总称，是农业生产的空间范围。另一方面，两者又存在一定的统一性。农业资源又是农业环境的重要组成部分，而农业环境则为农业资源提供了必要的物质载体。农业环境诸要素在一定条件下，可以转化为能够为人类进行农业生产、生活所可以利用的资源，这种转化，不仅取决于各种农业环境各要素的存在状况，而且取决于人们对自然的认识水平和开发能力。

农业资源和环境，作为农业存在和发展的客观要素，具有不同于其他客观事物的特殊属性，科学把握农业资源和环境的特点，对于人类科学合理地利用农业自然资源、保护农业环境具有十分重要的意义。

二、农业资源环境问题的产生及资源环境的保护意义

(一) 农业发展所面临的资源和环境问题

在人类发展的早期，人与自然资源和环境的关系更多地表现为人类对资源和环境的单向依存关系，但是随着世界人口的增多、科学技术的发展，人类活动对资源和环境的影响也在日益增大。17 世纪中叶人类进入工业文明后，机械化大生产在创造出巨大的

社会财富的同时，也带来了严重的资源浪费、环境污染和生态破坏，以至于对人类自身的基本生存条件产生了严重的威胁。特别是第二次世界大战以来，由于战争以及其后所产生的人类科学技术和社会经济的飞速发展，使得人类所面临的资源环境问题日益严重，不仅表现为地球温室效应等气候变化、臭氧层的破坏、空气污染所带来的酸雨和雾霾、水土流失、土壤和水质的恶化以及绿地的减少和荒漠化，也表现为海平面的上升、地表沉降以及资源的枯竭，以致侵蚀着人类生存的所有领域，产生了现代意义上的环境问题，并引起了整个世界的广泛重视。

所谓的资源和环境问题，指的是由于自然原因和人类活动所导致的资源匮乏和环境破坏，从而给人类的生存和发展所带来的困境。资源环境问题的产生有自然本身的因素，如火山、地震、海啸、飓风、暴雨、洪水、山崩、泥石流、陨石、干旱、病虫等自然灾害，但现实中越来越多的资源和环境问题则是由人类行为所造成的。只有人类充分认识到自身活动可能给自然所带来的巨大破坏，以及这种破坏可能给人类自身带来的严重后果，约束自身，按照自然规律合理利用资源，采取有效措施积极保护环境，才有可能解决目前的资源和环境问题。

（二）资源环境保护的意义

1. 资源环境保护是人类生存的必要条件

资源和环境是人类生存和发展的基本条件，是人类所有生产和资料生活的根本来源，人类所有的科学技术的进步，都伴随着对自然的征服。但我们也应当看到，人类对资源和环境的开发和利用不是无条件的。人类和自然之间是对立统一的矛盾体，人类的生存和发展必须从环境中获取资源，但这种获取如果不遵从自然的规则，超出了自然的承载能力，索取无度，又不加以弥补、修复和维护，则在破坏自然的同时，也必然会受到自然的报复，从而使人类自身的生存受到严重的挑战。

由于人和资源环境均是生态系统的重要组成部分，因此人类与资源和环境的辩证统一具体还表现为生态系统的平衡关系。生态环境既包括生物总体以外的所有外部客观条件，同时也在于特定生物与其他生物间的生态联系，不同的物种相互作用，相生相伴，共同构成一个生命的有机整体，维系着自身生存和繁衍所需要的基本条件。生态系统的不同组成部分在物质和能量上相互交换，并达到平衡，即所谓的生态平衡。生态系统具有自我调节并达到系统稳定的能力，但这种平衡是相对的，一旦对生态的破坏超出了其可能承受的极限，则可能出现整个系统不可逆转的崩溃。因此，资源和环境的保护是维系生态系统并决定着人类自身存在与否的根本问题。

2. 资源环境保护是可持续发展的必然要求

资源和环境保护不仅是人类生存的基本条件，也是社会和经济可持续发展的基本要求。随着资源和环境问题的日益严重，可持续发展成为人类文明演化过程中的一个重要课题。可持续发展的概念最初起源于20世纪70年代开始于一些国家民间的以资源和环境保护为宗旨的“绿色运动”，1980年世界自然保护同盟（IUCN）发表的《世界自然保护大纲》报告使可持续发展成为世界性的资源环境保护口号。而1987年世界环境和发展委员会发布的有关资源和环境保护的报告《我们的共同未来》则第一次对可持续发展的概念做出了明确界定，将其定义为“既能满足现代需要，同时不以牺牲后代满足其未来需求能力为代价的发展”，从此，可持续发展成为资源和环境保护的基本宗旨和理念，为国际社会广泛接受和认同，并为国际公约和各国立法所确认。

所谓的可持续发展，指的是以保护自然资源和环境为前提条件，不以牺牲人类世代赖以生存的生态环境为代价的经济和社会发展模式。资源环境和经济自身的发展同样是不可分割的。自人类文明产生以来，随着科学技术的发展，人类改造自然的能力在日益增强，社会财富也在不断增长，但这种增长不应超越自然环境的承载能力。传统经济的弊端使越来越多的人认识到，从原有的发展模式看其增长不可能是永无止境的，而是极有限的。正是在这一背景下，可持续发展才逐渐成为国际社会的共识。只有走可持续发展的道路，在发展的同时，注重资源和环境的保护，做到人与自然的和谐，人类的社会和经济才能得以长期的发展。

第二节 资源与环境保护的相关立法

第二次世界大战以后，鉴于资源和环境问题给人类生存和发展所造成的影响，国际社会日益认识到资源和环境保护的重要性，通过法律手段加强对经济发展的约束和引导，以适应可持续发展的需要，已成为人类的共同愿望。20 世纪中叶以来，有关资源环境的国际和国内立法的步伐日益加快，资源、环境立法已成国际社会和各国立法的一大重点领域。

（一）域外资源环境保护立法

1. 国际公约、协定和议定书

自联合国成立之始，即在相关领域中开展了国与国的合作，先后制定了一系列有关资源和环境保护的公约、条约和规范。随着国际社会资源环境保护呼声的日益增强，1972 年联合国在瑞典首都斯德哥尔摩召开的“人类环境保护会议”，首次提出了“只有一个地球”的口号，并将每年的 6 月 5 日确定为世界环境保护日。会议通过了《人类环境宣言》和《人类环境行动计划》，达成了有关资源和环境保护的基本共识，强调环境对人类福祉、经济发展和公民基本人权的重要性，将保护和改善环境视为企业、社会特别是各国政府一项重要义务，并确立了资源和环境保护的 26 项基本原则。斯德哥尔摩会议普遍被认为是世界环境保护的第一个里程碑，其所达成的资源环境保护基本共识和所确立的保护原则对联合国及世界各国的环境立法起到了重大的推动作用。

世界资源、环境保护运动的第二个重要的里程碑是 1992 年联合国在巴西里约热内卢召开的联合国环境与发展大会（UNCED）。会议通过了被称为《地球宪章》的《关于环境与发展的里约宣言》《21 世纪议程》《关于森林问题的原则声明》等与资源和环境保护相关的重要文件，会议的一大成果是确立了可持续发展的战略、基本原则和行动计划，并在此基础上签订了《生物多样性公约》《气候变化框架公约》，为世界各国的立法提供了重要的指导和依据。

到目前为止，联合国签署和通过的与资源和环境相关的公约、协定和议定书多达 170 多项，其比较有影响的主要包括：在大气和气候环境保护方面有 1985 年《保护臭氧层维也纳公约》（简称《维也纳公约》）、1987 年《关于消耗臭氧层物质的蒙特利尔议定书》（简称《蒙特利尔议定书》）、1992 年《联合国气候变化框架公约》、1997 年《联合国气候变化框架公约》京都议定书；在污染物控制方面有 1989 年《控制危险废料越境转移及其处置巴塞尔公约》（简称《巴塞尔公约》）、1994 年《核安全公约》；在生物多样性保护方面有 1973 年《濒危野生动植物物种国际贸易公约》、1992 年签署的《生物多样性公约》以及 2000 年《卡特赫纳生物安全议定书》；在森林保护和荒漠化防治方面有 1983 年《国际热带木材协定》、1994 年《国际热带木材协定》、1994 年《防止荒漠化的公约》；在海洋资源环境保护方面有 1946 年《国际捕鲸管制公约》、1954 年《防止海洋石油污染国际公约》、1972 年《防止倾倒废物及其他物质污染海洋的公约》、1982 年《联合国海洋法公约》。

2. 世界各国有关资源环境保护的立法

国外关于资源环境保护相关立法，最早可以追溯到 14 世纪英国的禁止在露天使用燃煤炉具的法令，此后很多国家均制定有与资源环境保护相关的零星法律，在其他立法中也会涉及一些资源和环境保护的内容，但这只是传统意义上的资源环境保护立法。真正意义上的环境保护措施是在 20 世纪才出现的，更准确地说，是 20 世纪 60 年代末。现代意义上的资源环境法产生于“二战”以后，由于环境问题日益严重，为了保护和改善资源环境，世界各国加快了在这一领域中的立法，由此产生了现代意义上的环境法。英国是工业革命的发源地，也是最早意识到环境保护立法重要性的国家之一。20 世纪中叶以来，英国较为注重在资源环境领域的立法，先后颁布了《清洁河流法》《水资源法》《清洁大气法》《噪声控制法》《森林法》《污染控制法》《野生生物及乡村法》《能源保护法》《节约能源法》《自来水工业法》《环境保护法》《环境法》等法律，对违法者采用严厉的惩罚措施，可以无限额进行罚款，甚至追究刑事责任，在保护资源环境起到了较好的效果。美国 20 世纪 70 年代出现的环境保护运动促使美国的资源环境保护法发展成为一个独立的法律部门，其特点是判例法和制定法并重。美国除通过侵权诉讼等司法途径加强对资源环境受害者的法律救济，从而实现保护资源环境的目标外，还加强了国会及有关行政机构的立法。美国国会于 1969 年通过了《国家环境政策法》，明确宣布保护环境是一项基本国策。国会还先后制定和修改了《清洁空气法》《清洁水法》《联邦杀虫剂、杀菌剂和杀鼠剂法》（联邦农药法）、《安全饮用水法》《固体废物处置法》《综合性环境反应、赔偿与责任法案》以及《有毒物质管理法案》《资源恢复和保护法》《濒危物种法》《联邦土地政策管理法》等资源保护方面的法律。1969 年，美国设立了专门的资源环境保护行政机构国家环境保护局（EPA），形成了由环保局主管环境污染的防治，由内政部、农业部、商业部等主管自然资源保护和由运输部、卫生福利部、国家原子能管理委员会分管有关环境污染的环境管理体制。除英国和美国以外，目前世界上的绝大多数国家均注重资源环境立法，很多国家在这方面的立法均已形成较为完美的体系，例如德国，联邦和州资源环境保护的相关法规多达 8 000 余项。

从国外资源环境法的发展情况看，呈现出以下明显的特点：第一，注重环境权的保障。所谓环境权，指的是公民所享有的在安全、舒适、优良的环境中生存和发展的权利。环境权在 20 世纪 60 年代最初被提出，并迅速为国际社会所接受。很多国家已将环境权视为一种基本的人权，甚至将其写入宪法。第二，重视基本法制定。为了加强对资源环境的保护，越来越多的国家制定了资源和环境方面的基本法。例如英国的《环境法》、美国的《国家环境政策法》、日本的《环境基本法》等，凸显当代各国对资源环境立法的重视。第三，发展中国家资源环境保护立法发展较快。发展中国家由于面临的主要任务是经济发展，因此长期以来资源和环境立法不受重视。但是长期以来的殖民掠夺和对资源的破坏性开发，使得资源和环境问题成为发展中国家现代化过程中难以逾越的瓶颈。越来越多的发展中国家开始认识到资源环境保护的重要性，并着手用法律手段保卫自身的长远发展权力。例如南非不仅制定了《环境保护法》，而且还于1996年规定了国民的环境保护义务，将环境权视为一项基本人权而写入宪法。第四，加强国与国在资源环境立法上的合作。由于资源环境问题是全人类所共同面临的问题，因此单靠某一国的努力是远远不够的。目前世界各国在资源环境立法上的合作日益增强，不仅在立法上相互参照和借鉴，而且在国内立法中也普遍吸收国际法的相关内容，以适应国际资源环境保护的需要。

(二) 我国的资源与环境保护立法及其体系

我国是世界上最早对资源环境保护进行立法的国家。按照《尚书·舜典》以及《史记》记载，我国在远古舜帝时，就出现了专门负责山川、草木及森林的官员“虞”。另据《逸周书·大聚篇》记载，大禹时曾制定法令“春三月，山林不登斧，以成草木之长。夏三月，川泽不入纲罟，以成鱼鳖之长。”我国周代还制定了《伐崇令》，规定“毋填井，毋乱伐树木，无滥杀六畜。有不如令者，死无赦”。1975年湖北省云梦县睡虎地发掘的我国秦代《田律》中规定“春二月，毋敢伐材木山林及雍（壅）堤水。不夏月，毋敢夜草为灰，取生荔、麛（卵）𣪊，毋□□□□□□□毒鱼鳖，置穽罔（网），到七月而纵之。唯不幸死而伐绾（棺）享（椁）者，是不用时。邑之紤（近）皂及它禁苑者，麛时毋敢将犬以之田。百姓犬入禁苑中而不追兽及捕兽者，勿敢杀追兽及捕兽者，杀之。河（呵）禁所杀犬，皆完入公；其他禁苑杀者，食其肉而入皮。”这是世界上最早的有实据可考的资源和环境保护法令。此后历朝历代的立法，均存在与资源环境保护相关的规定。

我国真正现代意义上的资源和环境保护立法起源于新中国成立以后，1973年8月，国务院制定了《关于保护和改善环境的若干规定（试行）草案》，开创了我国现代资源环境立法的先河。改革开放以来，我国在强调社会经济发展的同时，资源和环境立法也得到了充分的重视。1979年，我国制定了第一部环境基本法《中华人民共和国环境保护法（试行）》，1982年《宪法》规定“国家保障自然资源的合理利用，保护珍贵的动物和植物。禁止任何组织或者个人用任何手段侵占或者破坏自然资源”“国家保护和改善生活环境和生态环境，防治污染和其他公害。国家组织和鼓励植树造林，保护林木”。此后，我国有关资源和环境保护的立法得到了快速的发展，到目前为止，我国除制定有《环境保护法》以外，还先后制定了《中华人民共和国水污染防治法》《中华人民共和国大气污染防治法》（简称《大气污染防治法》）、《中华人民共和国固体废物污染环境防治法》《中华人民共和国环境噪声污染防治法》《中华人民共和国放射性污染防治法》《中华人民共和国水土保持法》《土地管理法》《基本农田保护条例》《中华人民共和国海域使用管理法》《中华人民共和国防沙治沙法》《中华人民共和国海洋环境保护法》《中华人民共和国环境影响评价法》《风景名胜区条例》《建设项目环境保护管理条例》《规划环境影响评价条例》《中华人民共和国清洁生产促进法》《中华人民共和国循环经济促进法》《中华人民共和国海岛保护法》《中华人民共和国矿产资源法》《中华人民共和国煤炭法》（2013）、《中华人民共和国可再生能源法》《中华人民共和国森林法》（简称《森林法》）、《中华人民共和国草原法》（简称《草原法》）、《中华人民共和国野生动物保护法》（简称《野生动物保护法》）、《野生植物保护条例》《中华人民共和国渔业法》（简称《渔业法》）、《中华人民共和国水法》（简称《水法》）、《森林和野生动物类型自然保护区管理办法》《自然保护区条例》《植物新品种保护条例》《农业转基因生物安全管理条例》《病原微生物实验室生物安全管理条例》《濒危野生动植物进出口管理条例》等诸多的法律法规。从法律渊源上看既包括《宪法》中的相关规定，也涉及专门的法律、行政法规、部门和地方性规章，还包括刑法、民法等其他部门法中的相关规定以及我国所参与并承诺履行的国际公约和协定，形成了一个完整有机的法律体系，对保护我国的资源环境起到了十分重要的作用。

第三节　农业资源保护主要法律制度

广义的农业不仅包含种植业，还包括林业、畜牧业、副业和渔业。因此，农业资源的保护其内涵是非常丰富的。我国《农业法》明确规定："发展农业和农村经济必须合理利用和保护土地、水、森林、草原、野生动植物等自然资源，合理开发和利用水能、沼气、太阳能、风能等可再生能源和清洁能源，发展生态农业，保护和改善生态环境。"

一、土地资源环境保护法律制度

1972年联合国粮农组织（FAO）《土地与景观的概念和定义》中对土地进行了定义，认为"土地包括地球特定地域表面及其以上和以下的大气、土壤及基础地质、水文和植物。它还包括这一地域范围内过去和现在的人类活动的种种结果，以及动物就它们对目前和未来人类利用土地所施加的重要影响"。因此土地是地球表层由大气、土壤、岩石、水文及其中生物所组成一个综合体。由于土地是人类最为重要的生产和生活资料，因此无论是在古代还是现代，对土地的投入和利用历来是人类经济活动最为重要的组成部分之一。我国农业用地虽然绝对数量较大，占世界土地总面积的6.4%，居世界第三位。但人均拥有量相对较小，人均占有耕地仅为世界水平的1/4，人均占有林地不到世界水平的1/9，人均占有草地仅为世界平均水平的1/2。土地资源的消耗不仅表现为空间上的占用，而且也反映为土地利用不当所带来的水土流失、土地质量的下降和荒漠化。为此从立法上对土地资源进行保护，无论对国民经济发展还是公众生活水平的提高均具有十分重要的作用。我国《土地管理法》规定："十分珍惜、合理利用土地和切实保护耕地是我国的基本国策。各级人民政府应当采取措施，全面规划，严格管理，保护、开发土地资源，制止非法占用土地的行为。"

（一）土地用途管制和利用总体规划制度

为了保护土地资源，我国对土地实行用途管制制度，即将土地分为农用地、建设用地和未利用地，根据不同的用途分类进行管理和使用。根据《土地管理法》的规定，使用土地的单位和个人必须严格按照确定的用途使用土地。其中农用地是指直接用于农业生产的土地，包括耕地、林地、草地、农田水利用地、养殖水面等；建设用地是指建造建筑物、构筑物的土地，包括城乡住宅和公共设施用地、工矿用地、交通水利设施用地、旅游用地、军事设施用地等；未利用地是指农用地和建设用地以外的土地。法律通过土地用途管制严格限制农用地转为建设用地，控制建设用地总量，对耕地实行特殊保护。

国家还对土地利用实行总体规划制度。所谓的土地利用总体规划是指国家根据社会发展的需要和土地资源保护的要求，对不同地区的土地利用和开发做出的整体安排和计划。《土地管理法》规定，各级人民政府应当依据国民经济和社会发展规划、国土整治和资源环境保护的要求、土地供给能力以及各项建设对土地的需求，组织编制土地利用总体规划。土地利用总体规划按照下列原则编制：①落实国土空间开发保护要求，严格土地用途管制；②严格保护永久基本农田，严格控制非农业建设占用农用地；③提高土地节约集约利用水平；④统筹安排城乡生产、生活、生态用地，满足乡村产业和基础设施用地合理需求，促进城乡融合发展；⑤保护和改善生态环境，保障土地的可持续利用；⑥占用耕地与开发复垦耕地数量平衡、质量相当。

为了保障土地用途管理和总体规划，国家还建立专门的土地调查制度、统计制度，并建设国家建立全国土地管理信息系统，对土地利用状况进行动态监测。

（二）耕地保护制度

所谓耕地保护，是指国家为了保护农产品生产和粮食安全，严格控制将耕地转化为非耕地，以保障耕地总量的法律制度。具体包括占有耕地补偿、基本农田保护等方面的规定。

1. 耕地补偿制度

为了保护耕地，国家实行占用耕地补偿制度。非农业建设经批准占用耕地的，按照“占多少，垦多少”的原则，由占用耕地的单位负责开垦与所占用耕地的数量和质量相当的耕地；没有条件开垦或者开垦的耕地不符合要求的，应当按照省、自治区、直辖市的规定缴纳耕地开垦费，专款用于开垦新的耕地。

2. 基本农田保护制度

基本农田，是指按照一定时期人口和社会经济发展对农产品的需求，依据土地利用总体规划确定的不得占用的耕地。根据法律规定，下列耕地应当根据土地利用总体规划划入基本农田保护区，进行严格管理：①经国务院农业农村主管部门或者县级以上地方人民政府批准确定的粮、棉、油、糖等重要农产品生产基地内的耕地；②有良好的水利与水土保持设施的耕地，正在实施改造计划以及可以改造的中、低产田和已建成的高标准农田；③蔬菜生产基地；④农业科研、教学试验田；⑤国务院规定应当划为永久基本农田的其他耕地。各省、自治区、直辖市划定的永久基本农田一般应当占本行政区域内耕地的百分之八十以上。

我国法律在科学界定基本农田的同时，还对基本农田的保护规定了完备的措施。其中在土地质量保障方面，土地法律规定，各级人民政府应当采取措施，引导因地制宜轮作休耕，改良土壤，提高地力，维护排灌工程设施，防止土地荒漠化、盐渍化、水土流失和土壤污染。非农业建设必须节约使用土地，可以利用荒地的，不得占用耕地；可以利用劣地的，不得占用好地。我国《农业法》也规定，“县级以上人民政府农业行政主管部门应当采取措施，支持农民和农业生产经营组织加强耕地质量建设，并对耕地质量进行定期监测”。“各级人民政府应当采取措施，加强小流域综合治理，预防和治理水土流失。从事可能引起水土流失的生产建设活动的单位和个人，必须采取预防措施，并负责治理因生产建设活动造成的水土流失”。“各级人民政府应当采取措施，预防土地沙化，治理沙化土地。国务院和沙化土地所在地区的县级以上地方人民政府应当按照法律规定制定防沙治沙规划，并组织实施”。

在数量控制上，根据《基本农田保护条例》的规定，地方各级人民政府应当采取措施，确保土地利用总体规划确定的本行政区域内基本农田的数量不减少。基本农田保护区经依法划定后，任何单位和个人不得改变或者占用。国家能源、交通、水利、军事设施等重点建设项目选址确实无法避开基本农田保护区，需要占用基本农田，涉及农用地转用或者征用土地的，必须经国务院批准。占用单位应当按照占多少、垦多少的原则，负责开垦与所占基本农田的数量与质量相当的耕地；没有条件开垦或者开垦的耕地不符合要求的，应当按照规定缴纳耕地开垦费，专款用于开垦新的耕地。

另外，土地管理法还规定了基本农田使用中的禁止情形，其中包括：①禁止占用耕地建窑、建坟或者擅自在耕地上建房、挖砂、采石、采矿、取土等；②禁止占用基本农田发展林果业和挖塘养鱼；③禁止任何单位和个人闲置、荒芜耕地。已经办理审批手续的非农业建设占用耕地，一年内不用而又可以耕种并收获的，应当由原耕种该幅耕地的集体或者个人恢复耕种，也可以由用地单位组织耕种；一年以上未动工建设的，应当按照省、自治区、直辖市的规定缴纳闲置费；连续二年未使用的，经原批准机关批准，由县级以上人民政府无偿收回用地单位的土地使用权；该幅土地原为农民集体所有的，应当交由原农村集体经济组织恢复耕种。

3. 土地开垦、整理和复垦制度

（1）土地开垦制度。国家鼓励单位和个人按照土地利用总体规划，在保护和改善生态环境、防止水土流失和土地荒漠化的前提下，开发未利用的土地；适宜开发为农用地的，应当优先开发成农用地。国家依法保护开发者的合法权益。开垦未利用的土地，必须经过科学论证和评估，在土地利用总体规划划定的可开垦的区域内，经依法批准后进行。禁止毁坏森林、草原开垦耕地，禁止围湖造田和侵占江河滩地。

（2）土地整理制度。国家鼓励土地整理。“土地整理是指根据社会经济发展的需要，采取一定的手段，对土地利用方式、土地利用结构以及土地利用关系进行重新规划与调整，以改善土地利用条件和生态环境，提高土地利用率，实现土地集约利用目标的一种行为”。根据土地法律的规定，县、乡（镇）人民政府应当组织农村集体经济组织，按照土地利用总体规划，对田、水、路、林、村综合整治，提高耕地质量，增加有效耕地面积，改善农业生产条件和生态环境。地方各级人民政府应当采取措施，改造中、低产田，整治闲散地和废弃地。

（3）土地复垦制度。依照2011年通过的国务院《土地复垦条例》的规定，土地复垦，是指对生产建设活动和自然灾害损毁的土地，采取整治措施，使其达到可供利用状态的活动。根据现行土地法律规定，因挖损、塌陷、压占等造成土地破坏，用地单位和个人应当按照国家有关规定负责复垦；没有条件复垦或者复垦不符合要求的，应当缴纳土地复垦费，专项用于土地复垦。复垦的土地应当优先用于农业。

（三）建设用地管理制度

根据《土地管理法》的规定："建设用地是指建造建筑物、构筑物的土地，包括城乡住宅和公共设施用地、工矿用地、交通水利设施用地、旅游用地、军事设施用地等"。建设用地虽然并不直接用于农业建设，但由于其开发、使用将涉及农用地的转用和占用，因此相关的法律也是农业资源保护制度的重要组成部分。我国建设用地管理制度的内容主要有以下几方面。

1. 农用地转用

农用地转用是将农用地转化为建设用地的过程，也就是根据法律规定的条件和程序，经过相关部门的批准后，将农用地转变为国有建设用地的行为。由于国有建设用地的征用往往涉及农用地的转用和补偿问题，因此相关的制度也是农业资源保护法的重要内容。

（1）农用地转用的相关规定。根据土地管理法的规定，建设占用土地，涉及农用地转为建设用地的，应当办理农用地转用审批手续。

（2）土地征收及征地补偿。根据土地管理法的规定，征收下列土地的，由国务院批准：①永久基本农田；②永久基本农田以外的耕地超过35公顷的；③其他土地超过70公顷的。征收上述规定以外的土地的，由省、自治区、直辖市人民政府批准。征收农用地的，应当依照规定先行办理农用地转用审批。

根据法律规定，征收土地的还应按照被征收土地的原用途给予补偿。征收土地应当给予公平、合理的补偿，保障被征地农民原有生活水平不降低、长远生计有保障。征收土地应当依法及时足额支付土地补偿费、安置补助费以及农村村民住宅、其他地上附着物和青苗等的补偿费用，并安排被征地农民的社会保障费用。征收农用地的土地补偿费、安置补助费标准由省、自治区、直辖市通过制定公布区片综合地价确定。制定区片综合地价应当综合考虑土地原用途、土地资源条件、土地产值、土地区位、土地供求关系、人口以及经济社会发展水平等因素，并至少每3年调整或者重新公布一次。征收农用地以外的其他土地、地上附着物和青苗等的补偿标准，由省、自治区、直辖市制定。对其中的农村村民住宅，应当按照先补偿后搬迁、居住条件有改善的原则，尊重农村村民意愿，采取重新安排宅基地建房、提供安置房或者货币补偿等方式给予公平、合理的补偿，并对因征收造成的搬迁、临时安置等费用予以补偿，保障农村村民居住的权利和合法的住房财产权益。县级以上地方人民政府应当将被征地农民纳入相应的养老等社会保障体系。被征地农民的社会保障费用主要用于符合条件的被征地农民的养老保险等社会保险缴费补贴。

2. 乡村建设用地

乡（镇）村公共设施、公益事业建设，需要使用土地的，经乡（镇）人民政府审核，向县级以上地方人民政府自然资源主管部门提出申请，按照省、自治区、直辖市规定的批准权限，由县级以上地方人民政府批准；其中，涉及占用农用地的，依照相关规定办理审批手续。

3. 宅基地

农村村民一户只能拥有一处宅基地，其宅基地的面积不得超过省、自治区、直辖市规定的标准。农村村民建住宅，应当符合乡（镇）土地利用总体规划、村庄规划，不得占用永久基本农田，并尽量使用原有的宅基地和村内空闲地。农村村民住宅用地，由乡（镇）人民政府审核批准；其中，涉及占用农用地的，应当依照规定办理审批手续。农村村民出卖、出租、赠与住宅后，再申请宅基地的，不予批准。

4. 临时用地

我国土地管理法规定，建设项目施工和地质勘查需要临时使用国有土地或者农民集体所有的土地的，由县级以上人民政府自然资源主管部门批准。临时使用土地的使用者应当按照临时使用土地合同约定的用途使用土地，并不得修建永久性建筑物。临时使用土地期限一般不超过二年。

二、水资源保护法律制度

水资源是农业生产的基本生产条件。狭义上的水资源是指人类在一定经济技术条件下能够直接使用的淡水。广义的水资源是指在一定的经济技术条件下能够直接或间接使用的各种水和水中物质，在社会生活和生产中具有使用价值和经济价值的水都可称为水资源。我国水资源保护制度中所说的水资源指的是在生产和生活中可以利用的淡水，包括地表水和地下水。为了合理开发、利用、节约和保护水资源，防治水害，实现水资源的可持续利用，适应国民经济和社会发展的需要，我国制定了《水法》，这是目前除《环境保护法》外在水资源保护方面主要适用的法律。水资源保护方面的制度主要如下。

（一）水资源的规划制度

根据《水法》的规定，国家制定全国水资源战略规划。开发、利用、节约、保护水资源和防治水害，应当按照流域、区域统一制定规划。规划分为流域规划和区域规划。流域规划包括流域综合规划和流域专业规划；区域规划包括区域综合规划和区域专业规划。其中综合规划，是指根据经济社会发展需要和水资源开发利用现状编制的开发、利用、节约、保护水资源和防治水害的总体部署。专业规划是指防洪、治涝、灌溉、航运、供水、水力发电、竹木流放、渔业、水资源保护、水土保持、防沙治沙、节约用水等规划。从事水资源开发、利用、节约、保护和防治水害等水事活动，应当遵守经批准的规划；因违反规划造成江河和湖泊水域使用功能降低、地下水超采、地面沉降、水体污染的，应当承担治理责任。

（二）水资源的开发和利用制度

《水法》规定开发、利用水资源，应当坚持兴利与除害相结合，兼顾上下游、左右岸和有关地区之间的利益，充分发挥水资源的综合效益，并服从防洪的总体安排。开发、利用水资源，应当首先满足城乡居民生活用水，并兼顾农业、工业、生态环境用水以及航运等需要。《水法》还规定跨流域调水，应当进行全面规划和科学论证，统筹兼顾调出和调入流域的用水需要，防止对生态环境造成破坏。在水资源短缺的地区，国家鼓励对雨水和微咸水的收集、开发、利用和对海水的利用、淡化。

（三）水资源、水域和水工程的保护制度

根据《水法》的规定，县级以上人民政府水行政主管部门、流域管理机构以及其他有关部门在制定水资源开发、利用规划和调度水资源时，应当注意维持江河的合理流量和湖泊、水库以及地下水的合理水位，维护水体的自然净化能力。从事水资源开发、利用、节约、保护和防治水害等水事活动，应当遵守经批准的规划；因违反规划造成江河和湖泊水域使用功能降低、地下水超采、地面沉降、水体污染的，应当承担治理责任。开采矿藏或者建设地下工程，因疏干排水导致地下水水位下降、水源枯竭或者地面塌陷，采矿单位或者建设单位应当采取补救措施；对他人生活和生产造成损失的，依法给予补偿。

（四）水资源配置和节约使用制度

根据《水法》的规定，国家对用水实行总量控制和定额管理相结合的制度。省、自治区、直辖市人民政府有关行业主管部门应当制订本行政区域内行业用水定额，报同级水行政主管部门和质量监督检验行政主管部门审核同意后，由省、自治区、直辖市人民政府公布，并报国务院水行政主管部门和国务院质量监督检验行政主管部门备案。县级以上地方人民政府发展计划主管部门会同同级水行政主管部门，根据用水定额、经济技术条件以及水量分配方案确定的可供本行政区域使用的水量，制定年度用水计划，对本行政区域内的年度用水实行总量控制。

三、气候资源保护法律制度

农业气候资源是指与农业生产密切相关的光照、热量、降水等气候要素的总和，农业气候资源是农业生产发展的重要条件。我国目前对关于农村气候资源的保护主要是根据《大气污染防治法》的相关规定，通过控制大气污染，以保护农村的气候条件。根据该法，防治大气污染，应当以改善大气环境质量为目标，坚持源头治理，规划先行，转变经济发展方式，优化产业结构和布局，调整能源结构。县级以上人民政府应当将大气污染防治工作纳入国民经济和社会发展规划，加大对大气污染防治的财政投入。地方各级人民政府应当对本行政区域的大气环境质量负责，制定规划，采取措施，控制或者逐步削减大气污染物的排放量，使大气环境质量达到规定标准并逐步改善。

鉴于目前化学药肥在农业中广泛使用的现状，法律规定农业生产经营者应当改进施肥方式，科学合理施用化肥并按照国家有关规定使用农药，减少氨、挥发性有机物等大气污染物的排放。禁止在人口集中地区对树木、花草喷洒剧毒、高毒农药。

除化学性污染以外，农村地区也普遍存在生物性大气污染对大气资源所造成的破

坏。法律规定畜禽养殖场、养殖小区应当及时对污水、畜禽粪便和尸体等进行收集、贮存、清运和无害化处理，防止排放恶臭气体。

针对目前一些地区焚烧秸秆给气候资源所带来的破坏，法律还规定各级人民政府及其农业行政等有关部门应当鼓励和支持采用先进适用技术，对秸秆、落叶等进行肥料化、饲料化、能源化、工业原料化、食用菌基料化等综合利用，加大对秸秆还田、收集一体化农业机械的财政补贴力度。县级人民政府应当组织建立秸秆收集、贮存、运输和综合利用服务体系，采用财政补贴等措施支持农村集体经济组织、农民专业合作经济组织、企业等开展秸秆收集、贮存、运输和综合利用服务。省、自治区、直辖市人民政府应当划定区域，禁止露天焚烧秸秆、落叶等产生烟尘污染的物质。

四、渔业资源保护法律制度

渔业是广义农业的重要组成部分，鱼类产品也是农产品的重要品种。近年来，由于对鱼类产品的过度捕捞以及环境污染所带来的影响，一些地区渔业资源面临着枯竭的危险，对渔业资源进行有效的法律保护，是农业发展所面临的重要任务。我国所制定的《渔业法》，对渔业资源的保护和增值做出了全面的规范，其主要法律制度如下。

关于设立资源保护区的规定。法律规定国家保护水产种质资源及其生存环境，并在具有较高经济价值和遗传育种价值的水产种质资源的主要生长繁育区域建立水产种质资源保护区。未经国务院渔业行政主管部门批准，任何单位或者个人不得在水产种质资源保护区内从事捕捞活动。

关于渔业行为禁止性的规定。法律明确规定禁止使用炸鱼、毒鱼、电鱼等破坏渔业资源的方法进行捕捞。禁止制造、销售、使用禁用的渔具。禁止在禁渔区、禁渔期进行捕捞。禁止使用小于最小网目尺寸的网具进行捕捞。捕捞的渔获物中幼鱼不得超过规定的比例。在禁渔区或者禁渔期内禁止销售非法捕捞的渔获物。

关于特殊水生动物的保护措施。法律规定禁止捕捞有重要经济价值的水生动物苗种。因养殖或者其他特殊需要，捕捞有重要经济价值的苗种或者禁捕的怀卵亲体的，必须经国务院渔业行政主管部门或者省、自治区、直辖市人民政府渔业行政主管部门批准，在指定的区域和时间内，按照限额捕捞。在水生动物苗种重点产区引水用水时，应当采取措施，保护苗种。另外，法律规定国家对白鳍豚等珍贵、濒危水生野生动物实行重点保护，防止其灭绝。禁止捕杀、伤害国家重点保护的水生野生动物。因科学研究、驯养繁殖、展览或者其他特殊情况，需要捕捞国家重点保护的水生野生动物的，依照《野生动物保护法》的规定执行。

对影响渔业资源建设的相关规范。法律规定在鱼、虾、蟹洄游通道建闸、筑坝，对渔业资源有严重影响的，建设单位应当建造过鱼设施或者采取其他补救措施。用于渔业并兼有调蓄、灌溉等功能的水体，有关主管部门应当确定渔业生产所需的最低水位线。另外，法律还规定禁止围湖造田。沿海滩涂未经县级以上人民政府批准，不得围垦；重要的苗种基地和养殖场所不得围垦。进行水下爆破、勘探、施工作业，对渔业资源有严重影响的，作业单位应当事先同有关县级以上人民政府渔业行政主管部门协商，采取措施，防止或者减少对渔业资源的损害；造成渔业资源损失的，由有关县级以上人民政府责令赔偿。

五、生物多样性保护制度

生物多样性与农业发展关系密切，生物多样性不仅使农业能够为人类提供更多的农产品，而且由于生物多样性在调节气候和环境、维持生态平衡方面的作用，因此也为农业的发展提供了重要的物质条件。另一方面，农业的发展对自然界生物多样性的影响也是极其深远的，农业对自然利用范围的不断扩张和农业生产中有害成分的投入所造成的环境污染，也在很大程度上破坏了既有的生态环境，因而对生物的多样性构成了严重的威胁。

我国历来重视农业生物多样性的法律保护。《农业法》规定：“国家建立与农业生产有关的生物物种资源保护制度，保护生物多样性，对稀有、濒危、珍贵生物资源及其原生地实行重点保护。从境外引进生物物种资源应当依法进行登记或者审批，并采取相应安全控制措施”。除《农业法》的规定外，我国政府还制定了包括《野生动物保护法》《森林法》《草原法》《种子法》以及《中华人民共和国进出境动植物检疫法》（简称《进出境动植物检疫法》）等在内的一系列生物多样性保护法律，同时颁布了《自然保护区条例》《野生植物保护条例》《农业转基因生物安全管理条例》《濒危野生动植物进出口管理条例》和《野生药材资源保护管理条例》等诸多的行政法规。相关行业主管部门和一些地方政府也就生物多样性保护制定了相应的行政规章、地方法规。应当说，在生物多样性保护方面我国目前已初步建立了较为完整的制度体系。我国与农业资源相关的生物多样性保护法律制度主要如下。

（一）种质资源保护制度

我国《种子法》明确规定，国家依法保护种质资源，任何单位和个人不得侵占和破坏种质资源。禁止采集或者采伐国家重点保护的天然种质资源。因科研等特殊情况需要采集或者采伐的，应当经国务院或者省、自治区、直辖市人民政府的农业、林业主管部门批准。国家对种质资源享有主权，任何单位和个人向境外提供种质资源，或者与境外机构、个人开展合作研究利用种质资源的，应当向省、自治区、直辖市人民政府农业、林业主管部门提出申请，并提交国家共享惠益的方案；受理申请的农业、林业主管部门经审核，报国务院农业、林业主管部门批准。从境外引进种质资源的，依照国务院农业、林业主管部门的有关规定办理。

另外，《种子法》还规定，国家有计划地普查、收集、整理、鉴定、登记、保存、交流和利用种质资源，定期公布可供利用的种质资源目录。国务院农业、林业主管部门应当建立种质资源库、种质资源保护区或者种质资源保护地。省、自治区、直辖市人民政府农业、林业主管部门可以根据需要建立种质资源库、种质资源保护区、种质资源保护地。

（二）转基因生物安全管理制度

农业转基因生物，根据国务院《转基因生物安全管理条例》的规定，是指利用基因工程技术改变基因组构成，用于农业生产或者农产品加工的动植物、微生物及其产品，主要包括转基因动植物（含种子、种畜禽、水产苗种）和微生物、转基因动植物、微生物产品、转基因农产品的直接加工品、含有转基因动植物、微生物或者其产品成分的种子、种畜禽、水产苗种、农药、兽药、肥料和添加剂等产品。

自从20世纪末以来，转基因技术在农业生产中逐步得到推广。同传统的农产品相比，转基因农产品往往具有产量高、抗虫抗旱等优点，并可产生与传统农产品所不同的外观、色彩和口味等生物性状，从而满足了消费者的不同需求。但由于转基因生物的安全性目前在科学界尚无定论，因此转基因在农业中的推广，目前仍存在一定的风险。另外，转基因生物技术的发展，以转基因农产品替代现有农产品生产，也在一定程度上对现有农业生物的多样性提出了严峻的挑战，因此对转基因生物的安全管理目前已引起了世界各国的广泛重视。

我国目前由国务院农业行政主管部门负责全国农业转基因生物安全的监督管理工作，县级以上地方各级人民政府农业行政主管部门负责本行政区域内的农业转基因生物安全的监督管理工作，并建立了有关转基因生物的严格监督和管理制度。其中包括：

1. 分级管理评价制度

《转基因生物安全管理条例》规定国家对农业转基因生物安全实行分级管理评价制度。即按照农业转基因生物对人类、动植物、微生物和生态环境的危险程度，分为Ⅰ、Ⅱ、Ⅲ、Ⅳ四个等级，进行相应的管理。农业行政主管部门设立专门的农业转基因生物安全委员会，负责农业转基因生物的安全评价工作。农业转基因生物安全委员会由从事农业转基因生物研究、生产、加工、检验检疫以及卫生、环境保护等方面的专家组成。同时国务院农业行政主管部门根据农业转基因生物安全评价工作的需要，可以委托具备检测条件和能力的技术检测机构对农业转基因生物进行检测。

2. 标识制度

所谓转基因标识，指的是对使用转基因技术的生物，必须附加一定的说明文字表明其所含有的转基因成分，以便于政府监管和消费者选择。我国目前对转基因的标识实行目录管理，即由政府专门制定必须标识的转基因生物目录，对纳入转基因生物目录进行强制性标识。实施标识管理的农业转基因生物目录，由国务院农业行政主管部门商国务院有关部门制定、调整并公布。

3. 研究与试验制度

《转基因生物安全管理条例》规定从事农业转基因生物研究与试验的单位，应当具备与安全等级相适应的安全设施和措施，确保农业转基因生物研究与试验的安全，并成立农业转基因生物安全小组，负责本单位农业转基因生物研究与试验的安全工作。

从事Ⅲ、Ⅳ级农业转基因生物研究的，应当在研究开始前向国务院农业行政主管部门报告。

农业转基因生物试验，一般应当经过中间试验、环境释放和生产性试验三个阶段。中间试验，是指在控制系统内或者控制条件下进行的小规模试验。环境释放，是指在自然条件下采取相应安全措施所进行的中规模的试验。生产性试验，是指在生产和应用前进行的较大规模的试验。农业转基因生物需要进行试验的，试验单位应当向国务院农业行政主管部门报告。其中进行环境释放和生产性试验的，还必须通过农业转基因生物安全委员会的安全评价。

从事农业转基因生物试验的单位在生产性试验结束后，可以向国务院农业行政主管部门申请领取农业转基因生物安全证书，国务院农业行政主管部门收到申请后，应当组织农业转基因生物安全委员会进行安全评价；安全评价合格的，方可颁发农业转基因生物安全证书。

4. 生产加工及经营制度

根据现行法律规定，单位和个人从事农业转基因生物生产、加工的，应当由国务院农业行政主管部门或者省、自治区、直辖市人民政府农业行政主管部门批准。其中生产转基因植物种子、种畜禽、水产苗种，还应当取得国务院农业行政主管部门颁发的种子、种畜禽、水产苗种生产许可证。经营转基因植物种子、种畜禽、水产苗种的单位和个人，应当取得国务院农业行政主管部门颁发的种子、种畜禽、水产苗种经营许可证。另外，生产或经营转基因植物种子、种畜禽、水产苗种的单位和个人，应当建立生产或经营档案。

（三）进出境动植物检验检疫制度

随着经济全球化和国际贸易的发展，国外生物入境现象日益普遍，这一方面增加了我国农产品的品种和数量，但另一方面，不仅外来生物所携带的病、虫对我国国内生物的生长可能产生严重的损害，而且外来生物品种的入侵，还可能会侵占我国现有生物的生存环境，造成我国现有生物物种的灭绝和减少，从而破坏我国国内的既有生态环境和生物的多样性。

为防止动物传染病、寄生虫病和植物危险性病、虫、杂草以及其他有害生物传入，我国目前制定了《进出境动植物检疫法》。根据该法规定，国务院设立动植物检疫机关，统一管理全国进出境动植物检疫工作。国家动植物检疫机关在对外开放的口岸和进出境动植物检疫业务集中的地点设立口岸动植物检疫机关，对进出境的动植物、动植物产品和其他检疫物，装载动植物、动植物产品和其他检疫物的装载容器、包装物，以及来自动植物疫区的运输工具，依法实施检疫。

根据《进出境动植物检疫法》规定，我国明令禁止下列各物进境：①动植物病原体（包括菌种、毒种等）、害虫及其他有害生物；②动植物疫情流行的国家和地区的有关动植物、动植物产品和其他检疫物；③动物尸体；④土壤。口岸动植物检疫机关发现有禁止进境物的，作退回或者销毁处理。

第四节　农村环境保护法律制度

农村是人类进行农业生产的场所，同时也是农业人口聚居的地域空间。农村环境的优劣，不仅关系着农民的生命健康和生活质量，而且也通过大气、水流以及农产品等媒介对城市发挥着重大的影响。我国目前的农村环境总体情况并不理想，传统上一些不良的生产和生活习惯对农村环境破坏较大，而法制的相对落后，也使得科学技术的发展和工业化肥、农药等工业品在农业生产中的应用以及乡镇企业发展和农村城镇化所带来的负面因素无法得到有效的遏制，农村的环境存在着日益恶化的可能。因此，农村的环境污染问题已引起社会的广泛重视，保护和改良农村环境，也已成为我国环境法制发展和新农村建设的重要任务。

正是在这一背景下，我国近年来加强了对农村地区环境保护立法，《环境保护法》对农村环境保护做出了专门的规定。第一，是加强农村环境新技术的使用和污染源的监测和预警，明确“各级人民政府应当加强对农业环境的保护，促进农业环境保护新技术的使用，加强对农业污染源的监测预警，统筹有关部门采取措施，防治土壤污染和土地沙化、盐渍化、贫瘠化、石漠化、地面沉降以及防治植被破坏、水土流失、水体富营养化、水源枯竭、种源灭绝等生态失调现象，推广植物病虫害的综合防治”。第二，是加强农村环境公共服务和环境综合整治，规定“县级、乡级人民政府应当提高农村环境保护公共服务水平，推动农村环境综合整治”。第三，是加强对农业生产投入品及废弃物的管理，强调“各级人民政府及其农业等有关部门和机构应当指导农业生产经营者科学种植和养殖，科学合理施用农药、化肥等农业投入品，科学处置农用薄膜、农作物秸秆等农业废弃物，防止农业面源污染。”“禁止将不符合农用标准和环境保护标准的固体废物、废水施入农田。施用农药、化肥等农业投入品及进行灌溉，应当采取措施，防止重金属和其他有毒有害物质污染环境”。第四，是加强对畜禽养殖、屠宰和生活废弃物的管理，规定“畜禽养殖场、养殖小区、定点屠宰企业等的选址、建设和管理应当符合有关法律法规规定。从事畜禽养殖和屠宰的单位和个人应当采取措施，对畜禽粪便、尸体和污水等废弃物进行科学处置，防止污染环境。县级人民政府负责组织农村生活废弃物的处置工作”。我国《农业法》也对农村环境保护做出了严格的要求，规定：“县级以上人民政府应当采取措施，督促有关单位进行治理，防治废水、废气和固体废弃物对农业生态环境的污染。排放废水、废气和固体废弃物造成农业生态环境污染事故的，由环境保护行政主管部门或者农业行政主管部门依法调查处理；给农民和农业生产经营组织造成损失的，有关责任者应当依法赔偿。”

为了从根本上改善农村的自然环境，2007 年国务院办公厅转发环保总局等部门《关于加强农村环境保护工作意见》，2011 年农业部制定了《关于加快推进农业清洁生产的意见》，针对我国目前农村环境存在的突出问题及其成因，对农村环境保护进行了全面的部署。我国目前农村环境保护的主要原则是：第一，预防为主，防治结合的原则。由于农村环境对农业生产和生活所产生的重大影响，以及农村环境污染在一定条件下具有的不可逆性，因此农村环境保护不仅要着眼于当前环境污染的治理，还必须加强对环境破坏的事先预防，只有这样，才能从根本上解决环境问题。第二，是统筹规划，突出重点的原则。农村自然环境是一个复杂的生态系统，环境问题的产生也有其多方面的原因。因此只有集中力量解决影响农村环境的主要问题，才有可能以点带面，点面结合，全面保护改善农村的自然环境。第三，是因地制宜，分类指导的原则。由于我国幅员辽阔，各地农村的自然条件、经济发展水平、生产方式以及生活方式均有所不同，农村环境问题的产生在遵循一般规律的基础上也存在着不同的特点，因此农村环境的治理就必须结合各地的实际情况，有针对性制定相应的措施，在政策和法律上也应当对不同地方的农村环境治理给予必要的鼓励和指导。第四，是依靠科技，创新机制的原则。农村环境的治理不仅面临着各种自然障碍和技术难题，还需要大量的资金投入，因此必须依靠科技发展，运用先进技术提高环境保护的效率，并且通过建立相应的制度，吸引多方面的社会资金，用于农村环境保护和改良，从而为农村环境保护提供技术和资金的支撑。第五，是政府主导，公众参与的原则。农村环境保护作为一项庞大的社会系统工程，需要科学、高效的组织，因此必须发挥政府主导作用。同时，农村环境保护涉及农村乃至整个社会的共同利益，其目标的实现也需要全社会的努力和支持，因此，必须在法律上建立和完善公众参与机制，从而全面落实农村环境保护的任务和责任。

我国农村环境保护除适用国家环境保护的一般规定外，与农村生产和生活直接相关的法律制度主要如下。

一、农村区域污染防治制度

区域污染防治是针对农村主要生产生活区域所采取的重点污染防治措施。农村区域污染防治的重点地区主要包括对农村地区土壤、饮用水水源地以及农村聚居区。

（一）土壤污染的防治

土地是农业生产的基本生产资料，土壤既是农村环境的重要组成部分，同时也是农村生产的主要物质条件。《农业法》规定："农民和农业生产经营组织应当保养耕地，合理使用化肥、农药、农用薄膜，增加使用有机肥料，采用先进技术，保护和提高地力，防止农用地的污染、破坏和地力衰退。"2011 年，农业部《关于加快推进农业清洁生产的意见》（农科教发〔2011〕11 号）也规定："加强对化肥、农药、农膜、饵料、饲料添加剂等农业投入品的监管，健全化肥、农药销售登记备案制度，禁止将有毒、有害废物用于肥料或造田。""加大对违法违禁生产、销售和使用高毒、高残留、有害农业投入品的处罚力度，营造生产、销售和使用安全农业投入品的良好氛围与环境。"

（二）农村水源地的污染防治

农村水源地是农业生产和生活用水的重要来源，水源地的污染防治对农业生产的发展和农村地区的环境保护具有至关重要的作用。我国《水污染防治法》规定："使用农药，应当符合国家有关农药安全使用的规定和标准。运输、贮存农药和处置过期失效农药，应当加强管理，防止造成水污染。""县级以上地方人民政府农业主管部门和其他有关部门，应当采取措施，指导农业生产者科学、合理地施用化肥和农药，推广测土配方施肥技术和高效低毒低残留农药，控制化肥和农药的过量使用，防止造成水污染"。2015 年国务院发布了《水污染防治行动计划》，将农村水污染的防治作为工作重点，要求由农业部牵头，环境保护部参与，全面推进农业及农村地区的水污染防治。除此之外，《关于加强农村环境保护工作的意见》（国办发〔2007〕63 号）还要求加强农村饮用水水源地的环境保护，并将保障饮用水安全作为农村环境保护工作的首要任务，要求依法科学划定农村饮用水水源保护区，加强饮用水水源保护区的监测和监管，坚决依法取缔水源保护区内的排污口，禁止有毒有害物质进入饮用水水源保护区，并制定饮用水水源保护区应急预案，强化水污染事故的预防和应急处理，确保群众饮水安全。

（三）农村聚居区的污染防治

农村聚居区的污染防治，直接关系到农民生命健康和新农村建设的成效。根据《关于加快推进农业清洁生产的意见》，农村地区应通过加强农村垃圾收集与处理、综合处理农村生活污水、推广农村清洁能源和建立村庄环保规章制度四大措施加强农村聚居区的污染防治。其中在垃圾无害处理上，坚持因地制宜的原则。对于城市和县城周边的村庄，可采用“户分类、村收集、乡运输、县处理”的模式，统筹处理生活垃圾；对于边远山区、海岛等交通不便的村庄，可采用“统一收集，就地分类，综合处理”的模式。在农村生活污水的处理上，要求在人口集中、经济发达、排污量大、污染比较严重的村镇，建设污水集中处理设施；位于城市污水处理厂合理范围内的村镇，污水可纳入城市污水收集管网，统一处理。对居住比较分散、经济条件较差村庄的生活污水，可采用净化沼气池、小型人工湿地等低成本、易管理的方式进行分散处理。在推广农村清洁能源方面，要求因地制宜，建设不同类型的农村清洁能源工程，逐步改善农村能源结构。大力发展农村沼气，综合利用作物秸秆，推广“四位（沼气池、畜禽舍、厕所、日光温室）一体”等能源生态模式。在农户分散养殖畜禽的区域，以村为实施单元，集中连片推广“一池三改”户用沼气工程；在靠近规模化畜禽养殖场，料源充足、交通方便的地区，推广应用以畜禽粪便为主的沼气工程；在秸秆资源较丰富的农村聚居区，推行秸秆机械化还田、秸秆气化集中供热或发电工程，积极扶持秸秆收购企业和综合利用产业发展。在建立村庄环保规章制度方面，要求以村为单位建立环保村规民约，约束村民的日常行为。

二、农村污染源头的防治制度

农村污染源头的防治，指的是在科学分析农村和农业污染主要来源的基础上，有针对性地加以预防和治理，从而从源头上阻止污染的发生或减少污染损害，最后达到标本兼治的目的。农村环境受城市和城市工业“三废”污染的负面影响外，其污染主要来源于有害的农业生产投入品、农村地区工矿排放物以及农业畜禽和水产养殖所产生的污染。

（一）农村工矿污染的防治

农村地区工矿是农村污染的主要来源之一。根据《关于加快推进农业清洁生产的意见》，“各级农业行政主管部门要配合环境保护行政主管部门，加强对本辖区内农产品产地周边污染源的监管，严禁向农产品产地排放或倾倒废气、废水、废油、固体废物，严禁直接把城镇垃圾、污泥直接用作肥料，严禁在农产品产地堆放、贮存、处理固体废弃物。在农产品产地周边堆放、贮存、处理固体废弃物的，必须采取切实有效措施，防止造成农产品产地污染。引导乡镇企业聚集发展，完善排污综合治理设施。加大对污染企业的整治力度，依法‘取缔关停一批、淘汰退出一批、限期治理一批’，严格控制新上污染企业，加强对重金属污染源的监管”。另外《关于加强农村环境保护工作的意见》也要求“采取有效措施，提高环保准入门槛，禁止工业和城市污染向农村转移。严格执行国家产业政策和环保标准，淘汰污染严重的落后的生产能力、工艺、设备。强化限期治理制度，对不能稳定达标或超总量的排污单位实行限期治理，治理期间应予限产、限排，并不得建设增加污染物排放总量的项目；逾期未完成治理任务的，责令其停产整治。严格执行环境影响评价和‘三同时’制度，建设项目未履行环评审批程序即擅自开工建设的，责令其停止建设，补办环评手续，并予以处罚。对未经验收，擅自投产的，责令其停止生产，并予以处罚。加大对各类工业开发区的环境监管力度，对达不到环境质量要求的，要限期整改。加快推动农村工业企业向园区集中，鼓励企业开展清洁生产，大力发展循环经济”。

（二）加强农业生产投入品管理

农业投入品是指在农业生产过程中投入的各类物质、材料和设备。除包括种子、种苗、农机、其他农业生产设备外，还包括化肥、农药、农膜、饵料、饲料添加剂等物品，农业投入品是农业生产的必要投资，在生产出农业产品的同时，其中一些有害的物质和成分也会对农村环境造成严重的影响。根据《全国农村环境污染防治规划纲要（2007—2020年）》中的相关数据，“我国是世界上化肥、农药使用量最大的国家。据统计，我国化肥和农药年施用量分别达4 700万吨和130多万吨，而利用率仅为30%左右，流失的化肥和农药造成土壤污染、地表水和地下水污染。据不完全调查，目前全国受污染的耕地约有1.5亿亩”。因此《关于加快推进农业清洁生产的意见》要求，应“加强对化肥、农药、农膜、饵料、饲料添加剂等农业投入品的监管，健全化肥、农药销售登记备案制度，禁止将有毒、有害废物用于肥料或造田。实施水产苗种生产许可制度，加强水产苗种监督管理，科学投饵，合理用药。加大对违法违禁生产、销售和使用高毒、高残留、有害农业投入品的处罚力度，营造生产、销售和使用安全农业投入品的良好氛围与环境”。

（三）畜禽和水产养殖污染防治

农村地区畜禽和水产养殖也会对农村环境造成一定的破坏。我国《农业法》规定“从事畜禽等动物规模养殖的单位和个人应当对粪便、废水及其他废弃物进行无害化处理或者综合利用……防止造成环境污染和生态破坏”。我国《水污染防治法》也规定“国家支持畜禽养殖场、养殖小区建设畜禽粪便、废水的综合利用或者无害化处理设施”。“畜禽养殖场、养殖小区应当保证其畜禽粪便、废水的综合利用或者无害化处理设施正常运转，保证污水达标排放，防止污染水环境。”“从事水产养殖应当保护水域生态环境，科学确定养殖密度，合理投饵和使用药物，防止污染水环境”。《关于加快推进农业清洁生产的意见》也规定：“发展畜禽清洁养殖。加快畜牧业生产方式转变，合理布局畜禽养殖场（小区），推行农牧结合和生态养殖模式，实现畜牧业与种植业协调发展。科学配制饲料，规范饲料添加剂使用，提高饲料利用率，减少氮、磷等排放。制定畜禽养殖废弃物综合利用规划，推广雨污分流、干湿分离和设施化处理等先进适用的污染防治技术，以生猪、奶牛等标准化规模养殖场（小区）建设项目和大中型畜禽养殖场沼气工程为重点，加强粪污处理设施建设，推进畜禽废弃物的无害化治理和利用。”“推进水产健康养殖。制定和完善水产养殖环境技术标准，加强养殖水域滩涂规划和养殖证核发工作，加强水域环境监测力度，合理调整养殖布局，科学确定养殖密度。加快推进养殖池塘标准化、改造，改善养殖环境和生产条件。建立标准化水产健康养殖示范场（区），普及推广生态健康水产养殖方式。积极推广安全高效人工配合饲料、工厂化循环水产养殖、水质调控技术和环保装备，减少污染排放”。

三、农业生产过程污染防治制度

农村地区的污染防治，很重要的一点是必须加强对农业生产过程中所产生污染的全过程控制。根据《关于加快推进农业清洁生产的意见》的要求，通过推广节肥节药节水技术、发展畜禽清洁养殖、推进水产健康养殖等途径，推进农业生产过程清洁化。

四、农村面源污染防治制度

我国农村环境保护相关法律法规除针对农村主要区域、生产过程及污染源头制定了相应的环境保护和污染防治规定外，还根据农村污染的发生方式和影响范围，对农村面源污染制定了特别的防治规定。所谓农村面源污染，是相对于农村点源污染而言的。农村点源污染指的是各类农业污染物通过一定的管道集中排入水体所造成的污染。而农业面源污染是指在农业生产活动中，氮素和磷素等营养物质、农药以及其他有机或无机污染物质，通过农田的地表径流和农田渗漏形成的环境污染，主要包括化肥污染、农药污染、畜禽粪便污染等。同点源污染相比，面源污染不仅仅是污染物排放方式上的不同，由于农村面源污染排放范围广，影响区域大，且路径分散，隐蔽性强，难以进行有效的监督和治理，因此其危害非常之大，已成为农村污染的主要隐患。正是因为如此，对农村面源污染的治理是各国农村环境法律保护的一个重点，例如美国《清洁水法》就对农村面源污染防治有专门的规定。

我国《水污染防治法》规定，“农田灌溉用水应当符合相应的水质标准，防止污染土壤、地下水和农产品”。“禁止向农田灌溉渠道排放工业废水或者医疗污水。向农田灌溉渠道排放城镇污水以及未综合利用的畜禽养殖废水、农产品加工废水的，应当保证其下游最近的灌溉取水点的水质符合农田灌溉水质标准。”我国《关于加快推进农业清洁生产的意见》也设专章对农业面源污染治理进行规范，规定：“实施农田氮磷拦截。在现有农田排灌渠道基础上，通过生物措施和工程措施相结合，改造修建生态拦截沟，吸附降解农田退水中的营养元素，改善净化水质，促其循环再利用，减少农田氮磷流失。”“推进农村废弃物资源化利用。以村为单位，因地制宜建设秸秆、粪便、生活垃圾、污水等废弃物处理利用设施，大力发展农村沼气，推进人畜粪便、生活垃圾、污水、秸秆的资源化利用。制定相关政策措施，加快农膜技术装备的推广应用，鼓励引导农民使用厚度大于0.008毫米的地膜，回收利用废旧地膜，解决农田‘白色污染’。”

参考文献

崔键，马友化，赵艳萍，等，2006. 农业面源污染的特性及防治对策［J］. 中国农学通报，22（1）.

郭庆海，2012. 农业经济管理［M］. 第二版. 北京：中国农业出版社：51.
李博，2011. 生态学［M］. 北京：高等教育出版社：11.
李广贺，2002. 水资源利用与保护［M］. 北京：中国建筑工业出版社：2.
李秀芬，朱金兆，顾晓君，等，2010. 农业面源污染现状与防治进展［J］. 中国人口，20（4）.

第十章　农村社会保障法律制度

农村社会保障是我国社会保障体系的重要组成部分。农村社会保障制度的建设状况，关系到农民目前和将来的生活安全和生活质量的提高；关系到我国全面建设小康社会目标的实现；关系到社会主义和谐社会的构建。因此，从实际出发，解放思想，加快推进农村社会保障制度建设，是我国新农村建设中一个必须放在头等重要地位的基本任务。

第一节　农村社会保障概述

一、农村社会保障的概念及特点

农村社会保障制度，是指在国家社会保障制度发展的特定阶段，以法律为依据，以国家、集体和农民投入为依托，通过国民收入的分配和再分配，对农村社会成员的基本生产和生活给予物质保障的各项法令、规章、措施的总称。它是国家为了保证农村社会成员个人及其家庭的经济安全提供必要的福利，通过立法实施的一种公共计划，其实质是实现部分社会财力的转移，帮助农村社会成员转移和避免各种风险。农村社会保障制度除了有与通常意义上的城市社会保障制度相同的特征外，还有以下几方面特征。

（一）农村社会保障制度的实施是政府的责任

农村社会保障制度是整个社会保障体系的一个重要组成部分。在我国，绝大部分人口居住在广大的农村地区，受经济发展水平的限制，大多数农村居民在生产和生活中遇到的风险还得不到应有的经济安全保障，甚至还有上千万人生活在贫困之中。从经济社会发展和完善社会保障体系的趋势来看，把农村社会成员纳入社会保障体系之中是政府应尽的职责。农村社会保障的实施作为一种政府行为，首先，需要通过立法来规定各方的权利与义务，其次，通过政府的收入再分配机制，实现部分社会财力向农村社会被保障成员转移，以提高全社会的福利水平。

（二）农村社会保障的对象是农村社会成员

农村社会保障的对象是农村社会成员。农村社会成员包括农村居民及其家庭，即非城市户口的“农业户”或“农业户口”。例如在我国，农村居民都是农业劳动者，还包括农村干部、集体企业管理者、乡镇企业职工、私营业主等若干农村社会阶层，他们都是农村社会保障的对象。这是社会保障的本质特征。农村全体成员是享受农村社会保障所提供的经济保障和社会福利的主体，构成该制度的权利主体。

（三）建立新型的农村社会保障是经济发展到一定阶段的产物

新中国成立以来，我国一直处于社会主义初级阶段，经济发展水平较低，二元经济结构长期存在，导致城乡差别，也出现城镇和农村在社会保障上的巨大差距，农村居民很少享受到国家提供的社会保障。随着改革开放和社会主义市场经济的建立，原有农村社会保障所依赖的计划经济基础被打破，建立新型的农村社会保障制度成为经济发展所必需的条件。

（四）农村社会保障的主体是多元化的

一般地，农村社会保障的主体包括权利主体、责任主体和经办主体等。农村社会保障制度是以农村全体社会成员为对象建立的，农村社会成员是享受经济安全和社会福利的主体，即权利主体；社会和国家（政府）是提供农村社会保障的责任主体，这不仅是因为保障全体社会成员的经济安全和社会福利是社会或国家的责任，而且这也是国家为了促进农村经济发展和农村社会安定而实施的一种公共福利计划。此外，农村社会保障是一个复杂的、庞大的系统，需要建立专门的负责实施和经办的机构，即经办主体。因此，农村社会保障制度必须明确其权利责任主体和经办主体。

二、农村社会保障制度的内容

（一）农村社会保障制度的具体内容

农村社会保障制度的内容包括以下几方面。

1. 农村社会保险

农村社会保险是农村社会保障的核心内容。它主要是通过国家立法采取强制手段对国民收入进行再分配，形成专门的消费基金，对农村劳动者在遇到生、老、病、伤、残、死、失业等风险时，由于暂时或永久丧失劳动能力或暂时失去工作而给予物质帮助的形式。所以，农村社会保险的直接目的是对农村劳动者的收入损失进行依法补偿，保障他们在特定情况下仍享有基本生活保障。

农村社会保险覆盖的对象是农村社会成员中的最主要部分即劳动群众，农村劳动群众的一切丧失收入的风险，都有权获得一定程度的收入损失补偿，以保障他们的基本需要。按保险对象和具体要求的不同，农村社会保险主要包括养老保险、医疗保险、失业保险、工伤保险等。从目前我国农村的实际情况看，主要是医疗保险和养老保险。

2. 农村社会救助

农村社会救助，是指国家和社会对农村无劳动能力和生活来源的人，或因自然灾害等原因造成无法维持最低生活水平的农民给予的适当物质帮助和无偿救助的一种社会保障制度。受益者通常是农村的弱势群体，包括由于种种原因他们从未参加过社会劳动或在享受了社会保险之后仍然生活在贫困线以下的个人和家庭。农村社会救助作为农村最低层次的社会保障，是最广泛、最基本的保障，也是农村社会保障的最后防线。

目前，我国农村社会开展的救助主要有贫民救助、灾民救助、长期病患农民救助和孤儿、孤单老人救助等。归纳起来，大致有三类救助：一是农村无依无靠、没有劳动能力、又无生活来源的人，主要包括孤儿、残疾人以及没有参加社会保险且无子女的老人；二是有收入来源，但由于自然灾害或者社会灾害而一时无法维持生活的农民；三是全年家庭人均收入低于当地政府规定的最低收入的。农村社会救济工作实行动态管理。随着经济社会的发展变化，农村绝对贫困人群将减少，相对贫困人群将增加，大部分农村社会成员的物质文化生活水平将不断提高，与此相适应，农村社会救济的标准也将随之改变，以适应农村社会经济发展的需要。

3. 农村社会福利

农村社会福利是以国家或社会组织为主体，向农村全体公民或弱势群体提供旨在保证其一定的生活水平和尽可能提高其生活质量的资金和服务的社会制度，是为农村特殊对象和社区居民提供除社会救济和社会保险外的保障措施与公益性事业。它的主要任务是保障孤、寡、老、弱、病、残者的基本生活，同时对这些特困群体提供生活方面的上门服务并开展娱乐、康复等活动，逐步提高其生活水平。农村社会福利是现代社会保障制度体系中日趋重要的子系统，是农村社会保障体系的最高阶段。

4. 农村社会优抚

农村社会优抚是由国家和社会团体对法定的农村优抚对象，按照规定提供保证其一定生活水平的资金和服务，是一种带有褒奖和优待抚恤性质的特殊的农村社会保障制度。在我国，农村优抚主要是对农村军人及军人家属这个特殊群体的综合保障，也就是军人保障。这是一种强制的法定保障，具体项目包括对农村烈士军属、军属及退伍军人提供优待金，为农村伤残军人提供抚恤金以及为农村优抚对象提供各种服务设施，如军人干休所、光荣院、退役军人培训中心和职业介绍所等。

（二）我国现阶段农村社会保障建设的主要内容

我国是一个发展中国家，尤其是农村经济社会发展水平不高，发展农村社会保障事业必须从长计议。我国长远的目标是逐步推进城乡社会保障一体化，现阶段农村社会保障建设主要包括如下内容。

1. 农村最低生活保障制度

农村最低生活保障制度从根本上解决农村人口的基本生存问题，可以极大地减少和避免因温饱问题而引起的社会矛盾，有利于缩小城乡之间和农民之间的收入差距。目前，建立农村最低生活保障制度的时机已经成熟，具备条件的地区应加快建立这一制度，对中西部财政困难地区中央财政应给予一定补贴。

2. 新型农村合作医疗制度

目前实行的新型农村合作医疗制度只是保大病，还存在一些问题，比如补偿不足和医疗机构的设备不能满足农民的医疗需要，农民仍需自费负担较高的医疗费用，化解大病风险的能力低。所以，应逐步增加财政支持力度，提高筹资标准，提高农民受益程度，逐步实现从大病统筹到日常医疗保健的保险。

3. 农村基本养老保险制度

随着传统农村养老保障面临的挑战，各地可根据经济社会发展水平，试行低水平、广覆盖的农村养老保险制度，解除农民的后顾之忧。

4. 计划生育保险和奖励

2004年，政府开始对农村实行计划生育家庭实行奖励扶助制度的试点，对农村部分只有一个女孩或两个女孩的计划生育夫妇，每人从年满60周岁起享受人均不低于600元的奖励扶助金，直到亡故为止。奖励扶助由中央和地方政府共同负担。

三、建立农村社会保障制度的原则

（一）因地制宜原则

我国东中西部农村地区的经济社会差异很大，决定着实施社会保障制度不能全面铺开，必须选准突破口，由易到难，保障范围由小到大，项目由少到多。在经济发达的富裕地区，推行社会保险项目相对要多，要先从医疗保险、养老保险、计划生育保险、最低生活保障制度四个方面入手，再逐步扩大范围并完善其内容。在欠发达地区，要先从最低生活保障制度和医疗保险两方面入手。在贫困地区，要以最低生活保障为重点，对贫困农民实施积极的社会救助政策，提高他们战胜困难、脱贫致富的能力。

（二）立足保障农民基本生活为原则

农村社会保障的目的必须是以保障农民基本生活为原则。我国农村经济发展从整体来看还比较落后，确定保障标准要合适，尽可能“保守”一些。因为社会保障具有刚性，能上不能下，能进不能退，起步时标准宜低不宜高，应该随着经济发展水平逐步提高。

（三）保障资金社会化筹集原则

农村社会保障责任必须由国家、社会和个人来协调承担。个人所承担的社会保障责任在于个人参与，包括经济上、服务上和管理上的参与。目前我们应尽快树立农民的自我保障意识，杜绝依赖国家财政保障的“大锅饭”思想。集体资助则体现了社区对个人的责任，但切忌集体大包大揽。当国家财政实力增强了，还是应加强国家对农村社会保障的责任，但要适当。

（四）社会保障同家庭保障相结合的原则

家庭保障在农村目前及今后一段时期仍是占主导地位的保障方式。但是从长远看，因为社会结构（包括人口结构、家庭结构、产业结构、劳动结构等）的变化，人口流动的增加，家庭的保障功能必然会被逐渐削弱。同时，在现代社会里，社会经济风险剧增，人们保障需求与传统社会相比已不可同日而语。因此，社会保障的出发点或初衷是为了补偿现代社会中被削弱的家庭保障功能，但绝不是取而代之。因为家庭保障方面的某些特殊的功能是任何社会化的手段都无法取代的，因此，社会保障和家庭保障两者之间关系是相辅相成而不是相互排斥。

第二节 国外农村社会保障制度

大部分西方发达国家早在几十年前就已经建立起了覆盖全体农村劳动者或农村人口的农村社会保障制度，并积累了丰富的经验。尽管我国农村社会保障制度的发展和完善主要取决于我国农村经济的发展和政府经济政策，但是吸收和借鉴发达国家的经验和教训也是不无裨益的。

一、国外农村社会保障的主要模式

从养老保险资金的筹集、管理和发放方式以及各种保障的性质划分，国外农村养老保险制度基本上可以归纳为以下三种模式。

（一）社会保险型

社会保险型养老制度属于当前世界上农村社会化养老的主流模式，在欧洲国家和一些发达国家盛行，以德国、日本、法国、美国、韩国等为典型代表。其实现形式主要有两种：一种是针对农村人口开设独立的养老制度；另一种是直接将其城市制度向农村延伸，即属于国民年金型。

该模式主要是通过社会保险机制为劳动者建立退休收入保障计划，它强调缴费与其个人收入、退休待遇的相互关联，因此也被称为收入关联年金模式。该模式的基本特点如下。

1. 养老保险基金

由农业雇佣劳动者个人和雇主按工资额的一定比例共同承担，非领薪农业人员则按其实际净收入（包括现金和农产品两个部分）的一定比例完全由自己承担。国家通过税收、利息、财政政策给养老保险以资金支持。

2. 养老金待遇取决于退休前的收入水平

对于农业雇佣劳动者而言，以其退休前 1 年的工资或在就业期间几十年的平均工资作为计算基础；对于种养业经营主而言，以退休前 3 年或 5 年的农业平均净收入为计算基础。每年领取的养老金水平大致为退休前收入的 30%～50%。

3. 具有收入再分配功能

尽管养老金与缴费和收入有关，但与寿险公司的保费同年金直接对应的商业保险运行规则不同，社会保险型模式在缴费与给付方式上通过特定的技术机制，使国民收入在代际、不同收入水平群体之间进行再次分配，特别是使高收入阶层向低收入阶层进行某种程度的收入转移，以此实现在老年保障制度中富人与穷人的收入分配，从而缩小不同阶层之间的社会保障差距。

（二）福利保险型

福利保险型模式按实施范围的大小一般分全民型和特殊群体型两种。

实行全民福利保险型模式的国家有英国、瑞典、加拿大等。该模式强调的是对不能依靠自身劳动满足自己生活需要的老年居民普遍提供养老金保障。其主要特点如下。

1. 实施范围广泛

该模式覆盖了城市和农村的所有居民，甚至还包括了在本国侨居一定年限的外国居民。如加拿大“老龄安全年金”规定，只要 18 岁以后在加拿大居住至少 10 年且至今仍居住在加拿大的 65 岁以上老人，或目前已不在加拿大居住但以前在 18 岁后曾在加拿大居住了至少 20 年的 65 岁以上的老人，均可获得一笔基本的老龄年金收入。

2. 与个人收入状况无关

无论老年人是否为工薪劳动者，也无论退休前收入水平高低，或者是否有稳定的职业和收入，国家均为其提供等额的养老金，不需要对申领者个人生活状况进行调查。

3. 基金来源主要靠国家财政补贴

实行该模式的大多数工业化国家，都不要求公民缴纳任何费用（如加拿大、瑞典、丹麦、澳大利亚、新西兰），其开支完全来自国民税收。但也有些国家要求缴纳社会保险费或税。

特殊群体福利保险型模式主要盛行于发展中和不发达国家，如斯里兰卡和南非等。由于其经济条件有限，难以实施全民型的社会养老制度，因此通过实行特殊群体养老金救助制度，确保生活特别困难的农村老年人享有基本养老保障。由于要受救助主体即政府财力的限制，所以仅能提供最低程度的保障。

（三）储蓄保险型

储蓄保险型也叫强制储蓄型模式。目前，世界上只有少数亚洲、非洲的发展中国家实行这一模式的社会养老保险制度，实行结果比较成功的国家是新加坡与智利。这种养老保险模式强调以家庭为中心维持社会稳定和经济发展，其保险基金来源于雇主和雇员按照工资收入的一定比例所缴的保险费、独立劳动者或自雇者按照个人收入的一定比例所缴的保险费，国家不进行投保资助，不负担保险费，仅给予一定的政策性优惠。政府虽然不负担保险费，但政府承担了最低养老金和养老金投资最低回报率补贴。如智利政府规定，如果职工从个人账户中领取的养老金不能够达到政府规定的最低养老金，政府补充差额部分。

从实施的结果看，福利保险型模式重视公平，体现了“福利国家”给全体国民的福利待遇，能最大限度地扩大社会保障覆盖面，防止了老年贫困，其缺陷是轻视财政资金的使用效率，易于诱发人们个人责任感缺失等，保险开支在国民生产总值中所占比重随着人口老龄化的加剧逐年上升，从而导致用于生产的财力减少，政府负担加重，影响国民经济的发展，是一种较为缺乏效率的养老保障方式。储蓄保险型养老制度模式实行个人完全积累的筹资模式，受人口老龄化的影响比较小，对国家财政的压力小，支持并帮助了国家的经济发展。其缺陷就在于受保人之间，不存在收入再分配，这种家庭内部互济在其互济范围和数量上都十分有限，与社会保险型的共济互助差距很大，不能共担风险，而且储蓄基金额易受通货膨胀的影响，难以保值与增值。社会保险型养老制度模式的优点在于其保险资金来源广泛，实现了农村养老保障的社会化目标。同时实行现收现付，增强了社会保险基金的互济性，其保障水平和保障程度普遍较高。通过政府补贴，真正使农民分享到了工业化和城市化的成果。该模式的正常运转是以个人和雇主有较强的缴费能力、政府则以坚实的财政后盾为担保，因而要求有一定的社会经济发展水平和经济实力作后盾。

二、国外农村社会保障制度

（一）德国农村社会保障制度

1. 德国农村养老保险制度

1957 年 7 月德国颁布《农民老年救济法》，标志着德国农村养老保险制度的诞生，该法于同年10月1日生效。目前，德国农民养老保障的范围包括：年龄达到65岁时的老年养老金、丧失劳动能力养老金、在劳动能力受到严重威胁时的康复待遇和在此期间提供企业援助和家庭援助、在受保险人死亡时的遗属养老金（寡妇、鳏夫养老金，孤儿抚恤金）等。

（1）覆盖范围。根据法律规定，农民养老保险的法定投保人为农场主、配偶及共同劳作的家属。农场主是指所有农业和林业企业主，包括葡萄酒、水果、蔬菜和园林以及渔业企业主；农民的配偶，即对企业有同等经营权的丈夫或妻子；共同劳作的家属主要指在农业企业从事劳动的、农民共同劳动的家庭成员或者他们的配偶。法律对共同劳动的家庭成员的规定是指，三代以内的血亲，两代以内的姻亲以及与农业企业主或者其配偶长期保持类似家庭关系并且被农业企业主或其配偶视为家庭成员的保姆。

（2）基金来源。德国农民养老保障基金主要资金来源有两个途径：投保人缴纳的保险费和国家的补助金。其中绝大部分是投保人缴纳的保险费，大约只有1/3来自国家的补贴，且是保费不足的部分才由政府予以补助。这说明德国农民养老首先是个人的义务，然后才是国家和社会的义务，国家只起辅助的、补充的作用。德国农业养老保障实行“统一保险费”原则，所有保险对象应交纳的保险费标准是一样的，而不考虑农民经营规模的大小；共同劳动的家庭成员的保险费是统一保险费的1/2，由农业企业主承担。

（3）支付条件。农民享受养老金一般需具备三个基本条件：第一，年龄条件，规定男女分别年满65岁和60岁；第二，缴款条件，按规定必须交满180个月（也就是15年）保险费者方有资格享受标准养老金待遇；第三，附加条件，要求农民必须在50岁以后就开始通过继承、出售或长期租让等方式转移他的农业企业，脱离农业劳动成为农业退休者。

（4）机构设置。政府劳动与社会保障部的主要职能是对农民养老保险实行统一立法和管理监督，微观运作由各州专门的农民养老保险机构具体负责，实行自治管理。目前，德国有13家农村养老保险机构，并组建了一个全国性的农村养老保险机构总联合会。它们均是具有自治特征的法人，但受到国家的管理监督。农村养老保险机构的自治机关为名誉性的会员代表大会和理事会，在选举委员会成员时，独立的从业者和雇主都有相应的代表参加。

2. 德国农村的“农民健康保险”制度

（1）德国“农民健康保险”的主要内容。德国的农民健康保险是一种强制性的社会健康保险，其业务由分布在各州的20个农民医疗和照料公司经营。这些保险机构的投保人主要是农民及家属。1998年，参加农民医疗和照料保险的人达到65万，占德国总人口的0.8%。保费缴纳的多少与收入挂钩，但所有参保农民均可获得同等的保险给付。农民收入水平的计算基础是20世纪50年代德国联邦农业部根据每一块耕地的肥力和农作物单位面积平均产量确定的计分体系。每个州的农场都依据其拥有的农地分值在州内的排序，由低到高划分为20个等级，农场主依据对应的等级缴纳保费。农场其他人员应缴纳数额，参照农场主的缴费级别按一定比例折算。几十年来，保费征收水平随农民医疗支出的增加逐渐提高，由此产生的资金缺口依据德国社会保险法由联邦财政补贴。

（2）德国“农民健康保险”的特点。①缴费的强制性：在德国，农民医疗和照料保险的加入都是强制性的，符合条件的农民必须加入并按法定标准缴费。②实行与收入关联的缴费制度：德国农民在缴费时，首先根据一定标准测算出其真实收入水平，再按高收入者多缴低收入者少缴的原则进行收费，但在给付水平上却无差别。这种制度设计体现了德国所推崇的“互助共济、风险分担”的社会团结理念。③保险基金运营市场化：德国的农民健康保险业务由专门的农民医疗和照料保险公司经营。参保农民可根据各公司的运营能力及业绩任选一家加入。这种制度设计一方面扩展了个人在福利领域的决策权，另一方面也强化了农民医疗保险市场的适度竞争。④联邦财政的巨额财政补贴“兜底”：德国联邦政府为保护农业和农民的利益，确立了对该项资金缺口进行政府补贴的政策。

（二）日本农村社会保障制度

1. 日本农村养老保险制度

日本养老保险制度始于1941年实施的劳动者养老保险制度。第二次世界大战以后，随着日本工业化的快速发展，大量的农村劳动力进入城市，为了满足他们对社会保障制度的迫切需要，1961年，日本政府出台了相关法律，将社会保障的范围逐步扩大到农、林、渔、牧业的劳动者。日本政府为农民建立了多层次的养老保险制度，具体情况如下。

（1）基础养老金基金制度。1959年日本政府首次颁布了《国民养老金法》，将原来未纳入公共养老保险制度的广大农民、个体经营者等强制纳入国民养老金体系中。1985年，修改了《国民养老金法》，对国民养老金制度进行了重大改革，规定从1986年4月起，工薪阶层及其配偶也必须参加国民养老保险，将国民养老保险作为全体国民共同加入的基础养老保险，原则上要求在日本国内居住的20岁以上60岁以下的居民必须参加。对在国家及企事业单位供职的人则另外再实施厚生养老金制度，形成了以全体国民为对象的基础养老金制度。

（2）国民养老金基金制度。该制度于1991年开始实行，目的是向不满足于“基础养老金”的人提供更高层次的养老保险。其主要特点是：凡年满20周岁以上60周岁以下的农民、个体经营者等具有养老金的第一类受保者，均可任意加入。凡自愿加入者，每月需交纳“附加保险费”。年满65周岁后，除可获得基础养老金外，还可获得“附加养老金”；凡被豁免缴纳国民养老金保险费及申请加入“农民养老金基金”者，则不得再申请加入“国民养老基金”，已加入的中途不得退出。此类养老金的支付分为无期与有期两种，标准金额可自主选择，同时享受税制的优惠。

（3）农民养老金基金制度。日本政府于1970年制定了《农民养老金基金法》，该制度作为农民参加国民养老保险制度的重要补充，具有以下主要特点：一是自愿性，农民除了必须强制加入国民养老保险外，是否加入“农民养老基金”，完全尊重农民的个人意愿，由个人自愿提出申请；二是申请加入者必须具备一定的资格条件，即主要包括：年龄未满60岁，属于国民养老金的第一类受保者，每年从事农业生产经营时间达60天以上者；三是根据加入者是否有资格享受国家财政补助其缴纳的保险费，分为

“普通保险费”和“特别保险费”。符合条件者，享受保险费的国家补助，补助的比例依据参保者的年龄和参保年限而规定不同的比例，65岁后除获得“农民老龄养老金”外，还获得“特别附加养老金”。不符合条件者，个人交纳一定的普通保险费，65岁后除了“基础养老金”外，再得到一定数额的“农民老龄养老金”。

（4）特殊群体的“基础养老金”制度。主要包括为老年人、残疾人、保险者遗属设立“老龄基础养老金”“残疾人基础养老金”“遗属基础养老金”等。

2. 日本农村的“国民健康保险”制度

（1）日本农村“国民健康保险”的主要内容。日本实行的是强制性全民医疗保险制度，政府规定居民必须全部参加医疗保险，并按不同的职业分别纳入不同医疗保险组织。日本的医疗保险制度分为“雇员医疗保险”（被雇用者的保险）和“国民健康保险”两大类。国民健康保险主要针对未加入被雇用者保险的人开办的，包括农业劳动者、个体经营者、木工、医师等。

日本“国民健康保险”的资金主要来自政府的补助，包括中央政府和地方政府的补助，个人交纳少部分保险费。日本政府对各医疗保险组织的经费补助数额和方法因组织而异。一般来说保险机构的管理运行费用，包括管理者的工资等，都由政府全额负担，对不同医疗保险组织的医疗费用补助额度悬殊较大，对有的组织甚至不予补助。补助方式有管理费用的年度一次性补助和医疗费用开支的按比例补助。以农业人口为主要对象的医疗保险组织得到政府的补助数额最大，占支出的50%，其他组织约16%左右。补贴资金的来源是，中央政府占1/2，县政府及县以下的镇、村政府各占1/4。日本“国民健康保险”的给付水平较高，且主要是医疗费用，其给付范围包括：诊疗费及特定诊疗费的70%，高额诊疗费、助产费等。参加该保险的户主及家属、患者本人负担门诊费用的30%，住院治疗费的20%，伙食费依该国平均家庭伙食费标准患者每人自己负担500日元至700日元，不足部分由国民健康保险机构支付。

（2）日本农村“国民健康保险”的特点。①法制健全。日本的国民健康保险在整个管理经营监督过程的每个环节都有法律的制约，法律制约的效应远大于权力制约效应，保证了机构运行畅通无阻。②管理层次清晰。日本国民健康保险的管理机构职责划分明确，层次清晰，由指挥中心、行政执行机构、业务执行机构、协调机关等部门负责督导和执行，各机构配合默契，使复杂的医疗保险体系运行有序。③监督机构健全。审查机构是一种自下而上、具有反馈性质的审查机构，使运行过程的监督能及时纠正偏差，避免失误进入下一次循环。为了避免失控，审查官及审查委员会被赋予绝对独立的职权，受法律保护审查委员会是由同属的被保险人代表及企业主代表、有经验有资历的委员组成（三方制），各自代表一方利益，避免出现监督过程的利益偏向。④国民健康保险与雇员健康保险之间相互独立，且具有排他性。日本国民健康保险与雇员健康保险之间的保险收入构成是不同的，保险费在他们的财源中所占的比重也有较大的不同。政府对国民健康保险的投入比较大，约占医疗保险费用总支出的32%~52%。

（三）法国农村养老保险制度

1910年，法国政府建立了养老保险制度。1952年，又单独为农民建立了社会养老保险制度。建立农村养老保险的目的在于：一是保障农业劳动者的基本权益，使他们在遇到风险时能够获得经济支持和社会援助；二是促使年老的农民将土地经营权转让给年轻一代，以提高农业的现代化经营水平和国际竞争能力。

1. 覆盖范围

根据不同的保险对象，法国农村养老保险制度分为两大类：一类是针对农民（农场主或农业经营者）及其家属的社会保险，被称为“农业非工薪人员保险制度”，是法国全民社会保险体系中的一项专门制度。另一类是针对农业工薪人员和其家属的社会保险，与其他养老保险制度相类似。

2. 资金来源

根据法国的法律规定，农民及其家庭成员必须参加养老、医疗、妇保、工伤和残疾等各项保险，经费由《农民社会保险预算附则》规定，每年都由法国议会表决后通过执行。目前“农业非工薪人员保险制度”的经费来源为：国家补贴占8%，全国辅助基金占12%，农产品附加税占22%，农民缴纳的保险费占28%，其他公共社会保险部门的转移支付占30%。农业工薪人员的基础养老保险费由雇主和雇员按照工资的一定比例分担，总的缴费率为14.75%。其中，雇主缴纳8.2%，雇员缴纳6.55%。保险费由雇主从工资中代扣并转交给当地的农村养老保险经办机构。

3. 支付条件

被保险人60岁退休且缴费时间达到150个季度的，可以享受全额养老金；不够上述条件的减少一定比例；65岁退休但缴费时间未达到标准的也可享受全额养老金。2003年，规定60岁退休且获得全额养老金的缴费时间要达到160个季度。

（四）泰国农村的医疗保障制度

泰国的医疗保障制度共分成三大类：第一类是强制性医疗保险，适用于企业工人；第二类是自愿性医疗保险，包括商业性医疗保险及农村健康卡；还有一类是免费医疗，实质是一种国家医疗保险制度，由国家财政预算分配经费，适用对象是国家公务员、僧侣、老人、儿童和低收入家庭。农民的医疗保障主要分为两个阶段：2002年前主要是通过购买健康卡形式参加社区合作医疗保障；2002年后主要按“30铢计划”参与医疗保障。

1. 泰国的“健康卡”制度

泰国的“健康卡”制度于1983年6月开始在农村推行，以家庭（户）为单位参加，1户1卡，超过5人者再购1卡，50岁以上和12岁以下儿童享受免费医疗。每张卡由家庭自费500泰铢（1泰铢约合0.0264美元），政府补助500泰铢。为了推动健康卡的发行，政府规定只有当全村35%以上家庭参加时，政府才给予补贴。健康卡所筹资金，由省管理委员会统筹管理（全国分为76个省），90%用于支付医疗保健费用，10%用于支付管理费用。健康卡可用于医疗、母婴保健和计划免疫。

泰国最基本的卫生健康保障除公共卫生医疗服务外，是用消费金额限制所得到的医疗保障，在操作上方便易行，运作成本低，有利于医疗卫生费用的控制。泰国农村实行的“健康卡”制度，为农民提供最基本的保障，使一个区域的资金筹集、因病造成经济损失的分担及医疗保健集于一身，能够在基层单位提供较好的医疗和预防保健，对于保障基层百姓的身体健康有很好的作用。其局限性是资金有限，覆盖人群少，抗御风险能力差。

2. 泰国的“30 铢计划”

泰国的“30 铢计划”是针对农民及流动人口而推行的一项全民医疗服务计划。它由中央财政按照一定标准（2002 年为人均 1 202铢，约 250 元人民币），将资金预拨到省，省卫生管理部门按人力工资、预防保健和医疗等几个部分分配给相应的医疗卫生机构。参与本计划的国民到定点医疗机构就诊，无论是门诊还是住院，每诊次只需支付 30 铢的挂号费（约 6 元人民币，对收入低于 2 800铢的农民可予免缴），即可得到下列医疗服务：一是预防保健，包括体检、计划免疫、妇幼保健及艾滋病预防等；二是门诊和住院服务，包括医学检查、治疗及《国家基本用药目录》规定的药品和医疗用品；三是不多于 2 次的分娩；四是正常住院食宿；五是口腔疾病治疗等。开展“30 铢计划”所需资金主要通过调整国家卫生支出结构来实现。国家将每年用于卫生的财政拨款，在事先做必要扣除后，全部用于该项计划。“30 铢计划”规定对定点医疗机构的偿付主要采用“按人头付费”和“按病种付费”制，但在具体操作时，各省可相机选择使用何种偿付方式。

第三节　我国农村养老保险制度

老有所养是老年人的天赋人权，生存权是老年人最根本的人权，保障老年人生活的首要条件是保障老有所养。老年人作为社会的资深公民和家庭的长辈，他们是在完成了国家和家庭赋予他们的生产和生育的贡献后进入老年的。按照代际交换的经济观，“老有所终，壮有所用，幼有所长”的大同思想和“老者安之，朋友信之，少者怀之”的伦理道德观，国家、社会和家庭理应当为老年人提供维持生存的物质和劳务帮助，保障他们“老有所养，安度晚年”。

一、我国农村养老保险制度的产生与发展

（一）第一阶段：试点阶段，1986—1992 年

1986 年 10 月民政部根据“七五”计划提出的“建立职工农村社会保障制度雏形”的要求，在江苏洲县（现张家港市）召开了“全国农村基层社会保障工作座谈会”，标志着农村养老保险在我国开始萌芽。会议的主要意见是，从我国实际出发，因地制宜建立和完善多层次的农村社会制度，即在贫困地区主要搞社会救济和扶贫；在多数人的温饱问题已解决的经济发展中等地区，重点是兴办福利工厂，完善“五保”制度，建立敬老院，解决残疾人和社会孤老的问题；在经济发达和比较发达的地区，发展以社区（乡、镇、村）为单位的农村养老保险。会后，民政部在一些经济发达地区进行农村社会养老保险试点工作。

（二）第二阶段：推广阶段，1992—1998 年

1991 年 6 月，民政部农村养老办公室制定了《县级农村社会养老保险基本方案（试行）》（以下简称《基本方案》），确定了以县为基本单位开展农村社会养老保险

的原则。农民养老保险采取政府引导、组织，农民自愿参加的方式，资金筹集坚持“个人缴费为主、集体补助为辅、国家予以政策扶持”的原则。《基本方案》于1992年1月1日起在全国公布实施。此后，农村社会养老保险工作在各地逐步推广，参保人数不断上升。继《县级农村社会养老保险基本方案（试行）》之后，民政部又先后下发了一系列政策法规。到1995年年底，全国已有30个省、直辖市、自治区的1 500多个县（市、区）开展工作，有近5 000万农村人口（含乡镇企业职工）参加农村社会养老保险（占农村总人口的5.8%），积累保险基金50多亿元。

（三）第三阶段：整顿阶段，1998—2003年

1998年，国务院机构改革，将农村社会保险工作划归新成立的劳动和社会保障部管理。由于受多种因素的影响，全国大部分地区农村社会养老保险工作出现了参保人数下降、基金运行难度加大等困难，一些地区农村社会养老保险工作甚至陷入停顿状态。1999年，《国务院批转整顿保险业工作小组保险业整顿与改革方案的通知》要求对农村社会养老保险进行清理整顿，停止接受新业务，有条件的可以逐步过渡为商业保险。2001年，劳动和社会保障部根据温家宝同志关于“整顿规范农村社会养老保险，要从实际出发，充分考虑各地农村经济、社会发展的差异”的指示，对农村社会养老保险整顿规范进行了分类指导。

2002年10月14日，劳动和社会保障部向国务院呈送了《关于整顿规范农村养老保险进展情况的报告》，阐明了农村养老保险整顿规范既要考虑目前我国尚不具备普遍实行农村养老保险的条件这一总体判断，同时也要考虑这项工作已经开展了十几年，参保人数和基金积累达到一定规模，上百万农民开始领取养老金，如果简单停办或退保可能引发农村社会不稳定，提出农村社会保障工作要坚持在有条件的地区逐步实施，同时要研究探索适合农民工、失地农民、小城镇农转非人员特点的养老保险办法。

（四）第四阶段：恢复阶段，从2003年以后

党的十六大以后，中央逐步加大了解决“三农”问题的力度，党的十六届三中全会提出了以“五个统筹”为核心的科学发展观，2004—2005年，更是在事隔18年后连续两年以党中央、国务院的名义下发了关于农村问题的第六、第七个中央一号文件。在这种大背景下，东部地区一些地方渐渐恢复了探索建立农村社会养老保险的努力。各地开始进入新型农村养老保险探索试点阶段，并在加大政府引导和支持力度、扩大覆盖范围、创新制度模式、建立调整增长机制、防范基金风险等方面取得了一定的突破和进展。到2003年年底，全国31个省、市、自治区的1 870个县（市、区）开展了农村养老保险工作。养老保险基金积累总额为259.4亿元，约198万参保农民领取了养老金，当年支付保险金15亿元。

二、我国农村养老保险制度存在的缺陷

1991年6月，民政部农村养老办公室制定的《基本方案》确定了以县为基本单位开展农村社会养老保险的原则，并确定以个人缴费为主。在几经反复的改革过程中，由于种种条件的限制至今仍不规范和成熟，现行制度基本上还是一种完全个人储蓄积累式

的自我保险，与本来意义上的社会养老保险还有一定的距离。

（一）农村社会养老保险制度的基本内容

1. 制度模式

农村养老保险实行基金积累式个人账户模式。个人缴费以及集体补助全部计入个人账户，个人账户属于个人所有。个人账户实行积累，根据一定的记账利率进行计息。

2. 缴费方式

社会养老保险主要由农民个人缴费，有条件的地区，集体可给予一定的补助。个人缴费一般占一半以上。个人缴费标准划分为每月 2 元、4 元、6 元、8 元、10 元、12 元、14 元、16 元、18 元、20 元 10 个档次，不同个人可根据实际情况进行选择。个人和集体缴费形成社会养老保险基金。管理机构按基金总额的 3%提取管理服务费；提取管理服务费后的基金可进行投资，目前的投资渠道只能是存入银行或购买国债。

3. 养老金计发办法

在农民达到一定年龄（一般为 60 周岁）时，可以领取养老金，养老金数额根据其个人账户积累额和平均预期寿命来确定。养老金的保证期为 10 年。如果领取年限不到 10 年就死亡的，领取者的法定继承人或指定受益人可继续领取至 10 年期满为止，或者一次性继承。如果领取养老金超过 10 年，可继续领取，直至死亡。

（二）现行制度运行中存在的问题

1. 政府不投入资金，承担责任很轻

《基本方案》提出了“坚持资金个人交纳为主，集体补助为辅，国家予以政策扶持”的原则。从这点看出，政府并不承担经济责任。在集体经济经济实力不强的地区，农村养老保险资金的来源主要是农民个人。这就使这种农村社会保险失去了意义，已经退化为一种商业保险。按照社会保险的基本要求，国家或雇主应为参加者缴纳一定比例的保险费，即使在采取完全积累制的新加坡，雇工社会保险费也都是由雇佣双方共同缴纳。

2. 保障水平低，难以保障农村老年人的基本生活

按照《基本方案》规定，农民交纳保险费时，可以根据自己情况按 2 元到 20 元等 10 个档次分月缴费。由于农民收入有限，大多数地区农民投保时都选择了保费最低的 2 元/月的投保档次。在不考虑通货膨胀等因素的情况下，如果农民在缴费 10 年后开始领取养老金，每月只可以领取 4.7 元，难以起到养老保障的作用。即使一个投保者按最高标准缴纳，缴费达到足够年限 40 年，从 60 岁算起，该投保者按月可领取养老金 700 元。不能从根本上解决养老问题。可见，农村社会养老保险能起多大的作用也就较明晰了。

3. 基金保值增值困难

农村社会养老保险同其他社会保障项目一样，资金筹集和运行是核心问题。正是在这个问题上，农村社会养老保险制度出现了未曾预料到的弊端。根据《基本方案》规定，农村社会养老保险基金以县为单位统一管理，主要以购买国家债券和存入银行实现保值增值，实际运行过程中，有关部门一般把基金存入银行。随着 1996 年以来银行利

率不断下调，再加上通货膨胀等因素的影响，农村养老保险基金要保值已相当困难，更不用说增值。为使资金能够平衡运行，国家原先承诺的养老保险账户的利率只好下调，造成投保人实际收益明显低于按过去高利率精算的养老金，这使农民对农村社会养老保险的信心大打折扣。

4. 没有强制性，导致农民参保率下降

据有关资料显示：1999 年参加农村养老保险人口为 8 000万人，而在 2004 年则下降为 5 389万人，下降率 32. 6%，农村养老保险在 200 多个县出现整体消亡。目前，全国领先的北京市的农村养老保险参保率仅为 25. 5%。《基本方案》实质是单独依靠农民个人的力量建立农村养老保险。在这种资金筹集方式下的农村社会养老保险实际上是一种强制性储蓄或鼓励性储蓄。正因为这一点导致了不可能强制要求农民参加农村社会养老保险，但是，这也与现代社会保险的强制性原则不符。因此农村社会养老保险在制度设计时就使其执行陷入了两难困境，导致很多地方出现农民参保率不断下降。

三、我国新型农村养老保险制度的实践与探索

（一）“苏南模式”

2003 年 4 月，苏州市颁布了《苏州市农村基本养老保险管理暂行办法》，对全市各市、区的农村基本养老保险制度的框架进行了相对的统一，这标志着基本养老保险“苏南模式”的正式建立。“苏南模式”是一种多形式并存的局面，它以家庭保障为基础，社区保障为核心，商业保险为补充作为其基本特征。社区保障是社区范围内统筹的制度，社区成员一般都享有同等的保障福利，且不受其所在企业经营状况的直接影响。保障资金主要依赖于社区公共资金的投入，而社区公共资金又主要来源于乡镇企业的盈利。可以说，发达的乡镇企业是苏南地区解决农村养老问题的经济支柱。就连民政部门推行的社会养老保险，在这里经过变通后，也有较高的覆盖面。苏南地区为了适应当地的生活水平，切实保障老年农民的基本生活，提高了《基本方案》中的筹集标准，并且集体补助所占的比例较高，因而实施后，参保率也较高。2005 年 3 月末，苏州全市农村劳动力累计参加基本养老保险人数达到 155 万人，已有 70 万农村老人每月享受着 80~150 元的养老补贴，农村劳动力的参保率和老年农民养老补贴的覆盖率均达到 80%左右，居全国领先地位。

上海市农村采取了和苏南地区类似的做法。其在农村社会养老保险中不但改变了缴费档次，而且也提高了缴费标准。如上海市嘉定区农村改变了原来的缴费档次；改为实行 240 元、180 元和 120 元三个缴费档次，并且进一步规定不同性质的企业采取不同的缴费标准。农村“三资”企业，按上月农民职工工资总额的 25. 5%缴费；农村私营企业按上年度计税工资标准的 25. 5%缴费；农村个体工商户主按上年度计税工资标准的 10%为本人和农民职工缴费。变通之后的上海农村社会养老保险，深受农民欢迎，有着很好的发展前景。

（二）“广东模式”

广东农村的社会养老保障模式也很有特色。它主要是通过股份合作制乡镇企业中的

年龄股和集体股来实现对农村老年人口的经济保障。所谓年龄股就是个人所拥有的股份数额随年龄的增长而增加，因此老人总能拥有较多的股份。集体股是属于集体经济组织或企业所有者所有，是公益金的重要组成部分，也是老年福利的重要经济来源。广东省东莞市 2000 年由市财政出资 10 亿元作为基础资金的新型的农民基本养老保险制度正式建立。从 2001 年起，东莞所有 20~60 岁的男性农民，20~55 岁的女性农民全部进入社会养老保险的安全网。

（三）“浙江模式”

浙江省主要着重创新失地农民的社会保障制度。对失地农民直接实行养老保障，并建立个人专户与社会统筹相结合制度，个人专户由集体和个人缴费组成，社会统筹账户由政府出资以作调剂之用，保障资金按“政府出一点、集体补一点、个人缴一点”的办法予以筹集。

第四节　我国农村医疗保险制度

一、我国传统农村合作医疗模式的产生与发展

（一）农村合作医疗制度的出现（1955 年）

在我国农村正式出现具有互助性质的合作医疗制度，是在 1955 年农村合作化高潮阶段。其标志是山西高平、河南正阳、山东招远、湖北麻城等地农村建立了一批由农业生产合作社举办的保健站。最早实行“医社结合”建立合作医疗保健制度的是山西省高平县米山乡联合保健站。这是当时全国第一个农村医疗保健站。保健站的医生是从农村中选拔，并经卫生部门培训的“赤脚医生”，采取了以社员群众出保健费与合作社公益金补助相结合的办法，实现了农民“无病早防，有病早治，省工省钱，方便可靠”的愿望。

（二）合作医疗正常推广时期（1956—1965 年）

山西省高平县米山乡的做法得到了卫生部的认可，并在全国部分地区推广其做法。1956 年 6 月 30 日，全国人大一届三次会议通过《高级农业生产合作社示范章程》，规定合作社对于因公负伤或因公致病的社员要负责医疗，并且要酌量给一定的劳动日作为补助，从而第一次赋予集体介入农村社会成员疾病医疗的职责，并促使由农民在农业生产合作化运动中创造和开展的合作、互助医疗，成为农民看病的重要形式。1960 年 2 月这一办医形式得到了中央的肯定，中央转发了卫生部《关于农村卫生工作现场会议的报告》，将这种制度称为集体医疗保健制度。这些对于推动全国农村合作医疗制度的发展起到了一定的作用，全国农业生产大队举办合作医疗制度的已达 40%。

（三）合作医疗异常发展时期（1966—1977 年）

“文化大革命”时期，农村合作医疗制度被大力推广。1965 年 9 月，中共中央批转卫生部党委《关于把卫生工作重点放到农村的报告》，强调要加强农村基层卫生保健工作，使农村合作医疗保障事业更加普及。1968 年 12 月，毛泽东同志批示湖北省长阳县

乐园公社办好合作医疗的经验后，广大农村掀起了大办合作医疗的热潮。由于当时“文化大革命”已经兴起，在政治气氛下，搞不搞合作医疗，不仅是重视不重视农民医疗保健问题，而且是执行不执行毛主席革命路线问题，因此很快就一哄而起，实现了合作医疗“一片红”，全国绝大多数的社、队都办起了合作医疗，公社和生产大队都建立了医疗卫生机构。因此，合作医疗制度与合作社的“保健站”及“赤脚医生”队伍一起，成为解决我国农村缺医少药的三件法宝。到1976年，全国农村约有90%的生产大队实行了合作医疗保健制度。因此，合作医疗制度与合作社的“保健站”及“赤脚医生”队伍一起，成为解决我国农村缺医少药的三件法宝。

（四）合作医疗衰退的时期（1978—1989年）

20世纪70年代末期，由于农村推行了以家庭联产承包责任制为主要内容的经济体制改革，农村集体经济组织逐步解体，合作医疗制度依存于原有集体经济组织的、可以直接分配与扣除的筹资制度，也丧失了基础。农村合作医疗也随之大幅衰减，1989年的统计表明，继续坚持合作医疗的行政村仅占全国的5%。

二、我国传统合作医疗制度的主要特征

（一）合作医疗以农村居民为保障对象

合作医疗是农村居民在缺乏医疗保健时自发、逐渐形成的医疗保障制度，成为了解决当时我国农民的疾病医疗、保健问题的主要方式，从合作医疗的保障对象看，合作医疗制度是针对农民群众的一项医疗制度，因此是农村社会保障体系的重要组成部分。

（二）合作医疗以集体经济为基础

从合作医疗的产生看，是在农村合作化运动的基础上，依靠集体经济发展起来的。集体经济的资助是合作医疗保健基金的主要来源，这种制度的实质是一项低补偿的农村集体福利事业。因此，集体经济强弱与合作医疗的发展有直接关系。

（三）合作医疗模式不尽相同

从合作医疗制度的内容看，合作医疗以全方位服务为内容。它不仅为农民提供一般的门诊和住院服务，而且担负着妇女孕产期保健、计划生育、儿童计划免疫、地方病疫情监测等职责，还负责宣传和执行国家制定的各项卫生工作方针、政策，宣传卫生科学知识，进行疾病预防、饮食饮水卫生和爱国卫生等工作，可见，合作医疗对农民的初级保健起着不可替代的重要作用。从各地实践中的减免项目看，我国自20世纪50年代建立起的合作医疗保健制度，各地模式不尽相同，主要有合医合药、合医不合药及合药不合医几种。合医合药是指农民看病免收部分药费与各种劳务费；合医不合药是指农民看病时药费自理，但免收劳务费，为限制大处方、控制贵重药，一般要求按照进价收取药费；合药不合医是指农民看病时免收部分药费，但须交诊断、住院、透视、化验、妇科检查或注射等劳务费。

（四）合作医疗以自愿和互助互济为原则

从合作医疗的产生看，一些地方在土地改革后的农业互助合作运动的启发下，由农

民群众自发集资创办了具有公益性质的保健站和医疗站，具有明显的自愿和互助互济性。所谓互助互济，是指合作医疗的参与者通过互助合作、共同承担医疗风险，即通过个人交纳一定费用的方式来分担疾病风险，解决全体农民在基本医疗卫生方面的后顾之忧。此后，农民群众在认识到合作医疗的公益性、福利性后，切实感受到它的好处，进一步推动农村社会成员的积极参与，使合作医疗发展成为针对农民的医疗保健制度。

三、传统合作医疗制度面临的困境

纵观新中国成立后的农村传统合作医疗制度的产生与发展变化，我们不能否认它在我国社会经济发展中的积极作用。据世界银行（1996年）报道，当时的合作医疗费用大约只占全国卫生总费用的20%，却初步解决了占当时80%的农村人口的医疗保健问题。随着农村经济体制改革的不断深化，传统的农村合作医疗却面临着困境。

（一）集体经济解体，资金筹集困难

20世纪80年代以来，随着农村联产承包责任制的实施，促进了农村经济的发展，但同时集体经济也随之解体。合作医疗失去了经济来源。加上农村经济的多元化发展，农民的医疗保健费用原来主要由集体支付转变为主要由个人支付，不仅削弱了合作医疗的筹资能力，也降低了合作医疗原有的凝聚力，合作医疗随之走向下坡路。

（二）抗风险能力差对农民的吸引力下降

原有的农村合作医疗的保障范围比较小，一般以村为单位集资管理，社会化程度低，保障水平有限，抗风险的能力较差。自农村实行家庭联产承包责任制之后，合作医疗失去了集体经济这一稳定来源。导致合作医疗的经费只能主要来源于农民个人，使合作医疗的筹资能力下降，只能对农民的一般性常见病给予保障。农民的实际受益程度不明显，因此对农民的吸引力下降。

（三）农民收入变化引发医疗需求多元化

自20世纪80年代以来，农村的经济体制改革取得了很大的成绩，部分农民趁着改革之风迅速脱贫走向富裕，因此在农村内部也出现了经济发展不平衡的状况，农民之间的收入差距也逐步拉大。收入水平决定了农民的医疗服务的需求。比较富裕的农民已经不满足合作医疗制度的较低的保障水平，他们希望得到更好的保障，合作医疗的作用大大削弱。

四、新型农村合作医疗的探索与发展

（一）20世纪90年代对新型合作医疗制度改革的探讨

从20世纪90年代开始，随着社会主义市场经济的建立，推动了农村经济的快速发展，农村逐步向市场化的生产方式转化，农村工业化和城市化发展迅猛，农民收入结构和消费结构出现新的特点。与此同时，农村的社会结构、人口素质和思想意识也发生了深刻的变化，传统的合作医疗制度已不能满足农民的医疗需求，于是开始了对新的合作医疗制度的探索。在广大农村地区开始了福利型合作医疗模式、风险型合作医疗模式、福利—风险型合作医疗模式等进行了探索农村卫生改革，以及医疗保障建设也取得了初

步的成绩。到1998年年底，我国已有712个县建立了合作医疗保险制度，全国共有县级卫生机构6 300余个，乡镇卫生人员104万人，行政村卫生室73万多个，平均每个村有乡村医生和卫生员1.85万人。

（二）新型合作医疗制度“新”的特点

1. 筹资机制相对完善，明确了个人、集体、政府的筹资责任，加大了政府的支持力度

新型农村合作医疗制度筹资机制实行个人缴费、集体扶持和政府资助相结合的筹资机制。农民个人每年的缴费标准不低于10元，乡村集体根据实际情况给予适当扶持，地方财政对参合农民年人均补助不低于10元，中央财政对中西部地区除市区以外的参合农民年人均资助10元（2006年财政资助标准提高）。新制度在明确政府的经济责任上，较之以往农民个人投保、集体给予适当补贴的做法有了较大进步。资金管理采取“以收定支，收支平衡，专款专用，专户储存”的原则。

2. 突出了以大病统筹为主，共济抗风险能力提高

传统合作医疗采取的是预防保健与门诊医疗相结合，仅在有条件的地方实行住院合作医疗保险的补偿模式。由于筹资区域小、筹资水平低，这种补偿模式帮助农民抵御大病经济风险的能力很低。而新型农村合作医疗制度以保“大病”为主，提高了农民抵御大病经济风险的能力，对有效解决农民因病致贫、因病返贫问题具有重要作用。

3. 提高了统筹层次，扩大了统筹范围，增强了合作医疗的抗风险能力

传统合作医疗制度以乡村为单位统筹合作医疗基金。因为乡村人数少，不能形成具有经济规模的参合人群，筹资水平低，农民看病所支付的医药费用不能通过合作医疗制度得到较多减免，所以，农民抵御疾病风险的能力较低。新型农村合作医疗制度以县为统筹单位，扩大了统筹范围，增加了参合人数，提高了合作医疗基金规模，增强了合作医疗的抗风险能力。

4. 提高了管理层次，加大了政府的管理责任

传统合作医疗实行由乡村管理的办法，而新型农村合作医疗的管理机构设在县及县以上行政部门，管理层次有所提高。并且，经办机构及监督管理机构由政府组建，管理经费由地方政府承担，不得挤占、挪用合作医疗基金。新型农村合作医疗被规定为政府公共事务管理的职责之一。

5. 强调农民自愿参加的原则以及农民知情、参与监管的权力

新型农村合作医疗制度与社会保障制度不同，是建立在农民自愿参加的基础上的医疗互助共济制度，因此，强调农民自愿参加的原则。新型农村合作医疗制度还通过吸收农民代表参加管理委员会及监管委员会、经办机构定期公开报销制度及其运行情况等方法，赋予农民知情、参与监管的权力。

6. 同步建立农村医疗救助制度，强调合作医疗制度与医疗救助制度之间的有机联系，帮助贫困农民参加合作医疗，并从中受益。

（三）21世纪关于新型合作医疗制度的探讨

2002年10月，中共中央和国务院发布了《关于进一步加强农村卫生工作的决定》，

要求“到2010年，使农民人人都能享受初级卫生保健；今后8年的时间内，在全国农村基本建立起适应社会主义市场经济体制要求和农村经济社会发展水平的农村卫生服务体系和农村合作医疗制度”。《农业法》规定：“国家鼓励支持农民巩固和发展农村合作医疗和其他医疗保障形式，提高农民健康水平。”2003年1月23日，国务院办公厅转发了卫生部、财政部和农业部所发的《关于建立新型农村合作医疗制度的意见》（以下简称《意见》），要求从2003年起，各省、自治区、直辖市至少要选择两到三个县（市）先行试点，取得经验后逐步推开。

到2010年，实现在全国建立基本覆盖农村居民的新型合作医疗制度的目标，减轻农民因疾病带来的经济负担。在《意见》中，对新型合作医疗制度做了明确解释，“新型合作医疗制度，是指是由政府组织、引导、制止，农民自愿参加，个人、集体和政府多方筹资，以大病统筹为主的农民医疗互助共济制度”。《意见》决定，新型农村合作医疗制度实行个人缴费、集体扶持和政府资助相结合的筹资机制，从2003年起，农民个人每年的缴费标准不应低于10元，地方财政对参加新型合作医疗的农民补助每年不低于人均10元，其基金主要补助参加新型农村合作医疗农民的大额医疗费用或住院医疗费用。2009年4月6日，《中共中央国务院关于深化医药卫生体制改革的意见》正式出台。新医改方案提出2010年，各级财政对新农合的补助标准将提高到每人每年120元，增幅为50%，并逐步提高政策范围内的住院报销比例和门诊费用报销范围和比例。新农合最高支付限额逐步提高到当地农民人均纯收入的6倍以上。

第十一章　农产品国际贸易法律制度

第一节　WTO体制下的农产品贸易规则

一、WTO体制的介绍

世界贸易组织（World Trade Organization，WTO），成立于1995年1月1日，总部位于瑞士日内瓦，其前身为关税与贸易总协定（GATT）。WTO的宗旨为：①促进成员国经济和贸易发展以提高生活水平、保证充分就业及实际收入和有效需求的增长；②扩大货物和服务的生产和贸易；③寻求既保护环境又与成员国在不同经济发展水平的需要和关注相一致的方式实现发展目标；④保证发展中国家、特别是最不发达国家在国际贸易增长中获得特殊待遇。

当前世界贸易组织的组织结构为：部长级大会、总理事会、总理事会下设的货物贸易理事会、服务贸易理事会和与贸易相关的知识产权理事会、部长级大会下设的贸易和发展委员会、国际收支委员会、预算、财务和行政委员会以及秘书处。这些机构的主要工作职能在于监督多边贸易协议的执行、主持多边贸易谈判、解决贸易争端、审议成员国贸易政策、帮助发展中成员提升贸易能力、与国际基金组织和世界银行合作参与全球经济政策的制定。

多哈回合多边贸易谈判是WTO成立以来第一轮多边贸易谈判，于2001年启动。谈判涉及农业、非农、服务、贸易与发展、贸易规则、贸易与环境、知识产权、争端解决等八大领域。多哈回合启动以来，在取得一定进展的同时多次陷入僵局，计划结束时间不断延后。由于各方分歧，谈判甚至多次暂停。2013年12月，世贸组织第九次部长级会议在印尼巴厘岛举行，会议达成多哈回合“早期收获”。

世界贸易组织的法律框架，由《建立世界贸易组织的马拉喀什协议》及四个附件组成。附件一是《货物贸易多边协定》《服务贸易总协定》和《与贸易有关的知识产权协定》，分别作为附件1A、附件1B、附件1C出现。附件二是《关于争端解决规则与程序的谅解》。附件三是《贸易政策审议机制》。附件四是诸边协议。附件1A中有关货物贸易的多边协议主要包括：①1994年关税与贸易总协定。②农产品协议。③实施动植物卫生检疫措施的协议。④纺织品与服装协议。⑤技术性贸易壁垒协议。⑥与贸易有关的投资措施协议。⑦关于履行1994年关税与贸易总协定第6条的协议。⑧关于履行1994年关税与贸易总协定第7条的协议。⑨装运前检疫协议。⑩原产地规则协议。⑪进口许可程序协议。⑫补贴与反补贴措施协议。⑬保障措施协议。

香港特别行政区及澳门特别行政区均于 1995 年 1 月 1 日正式加入 WTO。中国于 2001 年 12 月 11 日正式成为 WTO 成员。中国台湾以“台、澎、金、马单独关税区（简称‘中国台北’）”的名义加入，2002 年 1 月 1 日中国正式成为 WTO 成员。

二、WTO 中的农业协定

（一）《农业协议》简介

《农业协议》（Agreement on Agriculture）是世界贸易组织管辖的一项多边贸易协议，主要包括产品范围、减让及承诺的并入、市场准入、特殊保障条款、国内支持承诺、国内支持的一般纪律、出口竞争承诺、出口补贴承诺、防止规避出口补贴承诺、加工产品、出口禁止和限制的纪律、适当的克制、卫生与植物卫生措施、特殊和差别待遇、最不发达国家成员和粮食净进口发展中国家成员、农业委员会、对承诺执行情况的审议、磋商和争端解决、改革进程的继续以及术语定义、最后条款。

（二）市场准入

1. 关税化与关税削减

（1）关税化定义。指 WTO 成员国通过一定的计算公式将所有非关税措施转化为等效的关税，从而在不影响总体进口贸易保护水平的情况下，实现对非关税措施的消除。在 WTO 中，被要求关税化的措施除普通关税外，还包括进口数量限制、进口差价税、最低进口价格、通过国家专营贸易企业维持的非关税措施、自愿出口限制等。

（2）关税削减。当所有非关税措施都转化为普通关税后，农产品市场准入问题便转化为简单的关税减让问题。发达国家应在 6 年的实施期内，将农产品普通关税平均削减 36%，发展中国家的相应削减比例不得低于发达国家的 2/3，实施期可延长到 10 年；最不发达国家则免于任何关税削减承诺。

（3）适度市场准入机会与关税配额。WTO《农业协议》中的适度市场准入机会，目的在于避免由于关税化产生的过高关税引起的贸易禁止效应，确保成员国特定农产品的适度市场准入机会。对于已实施关税化的农产品，相关成员国应维持已有的市场准入机会，且该准入机会不得低于 1986—1988 年基期的平均进口水平。

WTO《农业协议》中的关税配额，是指根据现行和最低准入机会确定相关产品的关税配额总量，对配额内进口适用较低税率，对配额外进口则适用普通的最惠国税率。

2. 单一关税保护原则的特殊例外

（1）特别保障条款。WTO《农业协议》的特别保障条款，只适用于特定农产品，即已经完成关税化且在减让表中被相关成员特别标注的产品。WTO 成员国使用特别保障条款需要满足数量触发水平和价格触发水平。

所谓数量触发：即该产品在任何年度内进入相关成员方关税领土的“进口数量”超过依据现有市场准入机会确定的触发水平。

所谓价格触发：即在到岸价格基础上确定的，并以进口成员方货币表示该产品进入相关成员方关税领土的“进口价格”，低于相当于该产品 1986—1988 年平均参考价格的触发水平。

(2) 特别处理条款。《农业协议》附件五是针对部分成员方在特定产品关税化问题上的特殊困难而创设的一项关于延缓关税化的安排，被称为特别处理条款。

(三) 出口补贴与国内支持

1. 出口补贴

出口补贴是指视出口实绩而给予的补贴，包括本协议第 9 条所列的出口补贴。《农业协议》第 9.1 条规定，下列出口补贴受削减承诺的约束。

(1) 政府或其代理机构视出口实绩而向公司、行业、农产品生产者、此类生产者的合作社或其他协会或销售局提供的直接补贴，包括实物支付。

(2) 政府或其代理机构为出口而销售或处理非商业性农产品库存，价格低于向国内市场中同类产品购买者收取的可比价格。

(3) 依靠政府措施供资的对农产品出口的支付，无论是否涉及自公共账户的支出，包括由对有关农产品或对产生该出口产品的农产品征税的收入供资的支付。

(4) 为减少出口农产品的营销成本而提供的补贴，包括处理、升级和其他加工成本，以及国际运输成本和运费。

(5) 政府提供或授权的出口装运货物的国内运费，其条件优于国内装运货物。

(6) 视出口产品所含农产品的情况而对该农产品提供的补贴。

注意：《农业协议》中所列出口补贴与 WTO《补贴与反补贴措施协议》关于出口补贴的记录并不一致。

2. 国内支持

国内农业支持与出口补贴一样，都涉及经济资源向农业生产者的转移，只不过前者无须以农产品出口实绩为条件。在实践中，国内农业支持的实施往往表现为多种形式，即包括政府对农产品生产者的直接资助，也包括依靠政府措施进行的间接资助。《农业协议》对国内支持采取了分类管理的办法，即按一定的标准将所有国内支持措施分两大类，一类受削减承诺的约束，另一类则免于削减。

三、《实施卫生与植物卫生措施协定》

WTO《实施卫生与植物卫生措施协定》适用于直接或间接影响国际贸易的一切卫生和植物卫生措施。WTO 成员国实施这些措施应按照《实施卫生与植物卫生措施协定》的规定制定和实施。

(一) 成员方权利义务

《实施卫生与植物卫生措施协定》第 2 条规定，成员国有权为保护人类、动物或植物的生命或健康而采取必要的动植物检疫措施，但这类措施不应违反《实施卫生与植物卫生措施协定》的规定。

WTO 各成员应确保，除《实施卫生与植物卫生措施协定》第 5 条第 7 款规定的情况外，任何卫生或植物卫生措施仅适用于保护人类、动物或植物生命或健康所必需的范围，并基于科学原则，而不是在没有充分科学证据的情况下维持。

各成员应确保在相同或类似情形下，其卫生和植物检疫措施，不任意或无理地区别对待其他成员方，包括区别对待本成员的领土和其他成员的领土。此外，卫生和植物卫生措施的实施不得构成对国际贸易的变相限制。

（二）协调一致

为在尽可能广泛的基础上协调卫生和植物卫生措施，各成员的卫生或植物卫生措施，应根据存在的国际标准、准则或建议，但《实施卫生与植物卫生措施协定》第3款另有规定的除外。

符合国际标准、准则或建议的卫生或植物卫生措施应被视为是保护人类、动物或植物生命或健康所必需的，并推定与本协定和GATT的有关规定相一致。

各成员可在有科学理由的情况下，采取或维持卫生或植物卫生措施。保护水平可以高于根据有关国际标准、准则或建议采取的措施所能达到的水平。

（三）等效性原则

如果出口成员的进口成员客观地展示了其卫生和植物检疫措施的适当保护水平，那么WTO成员应当接受其他成员的卫生和植物检疫措施，即使这些措施不同于自己的或其他成员针对相同产品所使用的措施。为此，应根据要求，给予进口成员合理的通道，以进行检验、测试和其他相关程序。

（四）风险评估和适当的动植物卫生检疫保护水平的确定

各成员应确保其卫生或植物卫生措施是建立在对人类、动物或植物生命或健康风险的评估基础之上，并考虑到有关国际组织开发的风险评估技术。

在评估风险时，各成员应考虑现有的科学证据、相关工艺和生产方法、有关的检验、抽样和检验方法、特定疾病或害虫的流行、无病虫害地区、有关生态和环境条件，以及检疫或其他处理。

在评估对动物或植物的生命或健康构成的风险，以决定采取措施达到适当的动植卫生物检疫保护水平时，应考虑下列因素。

（1）由于虫害或病害的传入、定居或传播，对生产或销售造成损失的潜在损害。

（2）进口成员境内控制或根除病虫害的成本。

（3）采用其他方法来控制风险的相对成本效益。

各成员在确定适当的卫生或植物卫生保护水平时，应考虑尽量减少贸易负面影响的目标。各成员相互合作来制定指南，以推动相关目标的实际贯彻。委员会在制定指南时应考虑所有有关因素，包括人们自愿遭受的人身健康风险的例外情况。

第二节　中国自由贸易协定中的农产品问题

一、中国—东盟自贸区

东盟是东南亚国家联盟（Association of Southeast Asian Nations，简称ASEAN）的简称，目前拥有10个成员国：文莱、印度尼西亚、马来西亚、菲律宾、新加坡、泰国、柬埔寨、老挝、缅甸和越南。其中，前 6 个国家加入东盟的时间比较早，是东盟的老成员，经济相对发达。中国—东盟自贸区是当前我国建成的最大的自由贸易区，涵盖了近 19 亿人口和 1 400万平方公里的土地。中国—东盟自贸区的建成对地区乃至世界贸易的发展具有较大意义。

（一）自贸区产品的分类

按照中国—东盟自贸区协定规定，除已有降税安排的早期收获产品外，其余产品分为两类：正常产品和敏感产品。正常产品又被分为一轨产品和二轨产品两类。两者的共同点是最终两类产品都要实现零税率，区别是二轨产品在取消关税的时间上享有一定的灵活性。

对于敏感产品，协定按敏感程度的不同，将产品分为一般敏感产品和高度敏感产品两类。两者的共同点是最终税率可不为零，区别是一般敏感产品要在一段时间后把关税降到相对较低的水平，而高度敏感产品可最终保留相对较高的关税。

（二）正常产品的降税模式

中国—东盟自贸区的货物贸易谈判采取的是“负面列表”（negative list）方式，凡是没有列入敏感产品清单的产品均视为正常产品。因此，在中国—东盟自贸区框架下，绝大多数的产品都是正常产品。《货物贸易协议》规定了正常产品关税减让的模式，其中对东盟新成员的特殊和差别待遇是协议的一项重要原则。主要规定如下。

1. 降税步骤

对中国和东盟老成员，正常产品自 2005 年 7 月起开始降税，2007 年 1 月 1 日和 2009 年 1 月 1 日各进行一次关税削减，2010 年 1 月 1 日将关税最终削减为零；对东盟新成员，从 2005 年 7 月起开始降税，2006—2009 年每年 1 月 1 日均要进行一次关税削减，2010 年不削减关税，2011 年起每两年削减一次关税，至 2015 年将关税降为零。

2. 降税的起点税率

《货物贸易协议》将产品按其降税起点税率的高低进行分类，每一类都遵循一定的降税模式，最终将关税降为零。一般来说，目前实施税率较高的产品降税幅度较大，降速较快，关税较低的产品降税幅度较小，速度也较慢，这样可以保证全部产品的稳步降税。与中国和东盟老成员相比，东盟新成员的产品分类更细，降税更为平缓，从开始降税到取消关税的时间也较长。

3. 二轨正常产品

二轨正常产品的降税模式与一轨正常产品完全相同，区别仅在于二轨正常产品的关税在按降税模式降到 5%以下时，可保持不超过 5%的关税，在比一轨正常产品更晚的时间将为零。对中国和东盟老成员，应在 2012 年 1 月 1 日取消二轨正常产品的关税，对东盟新成员，应在 2018 年 1 月 1 日取消二轨正常产品的关税。但是，二轨产品的数目有一定限制，中国和东盟老成员的二轨产品不得超过 150 个六位税目，东盟新成员不得超过 250 个六位税目。

（三）敏感产品的降税模式

1. 敏感产品的种类

敏感产品是各方出于国内产业发展考虑，需要进行保护的产品，因此其最终税率不为零。《货物贸易协议》规定，敏感产品按其敏感程度，分为一般敏感产品和高度敏感产品；中国对东盟十国提出一份敏感产品清单，同时适用于十国；东盟十国则分别针对中国提出各自敏感产品清单，其中所列的敏感产品只适用于中国。

在中国—东盟自贸区中，各方按照其各自情况，分别提出了不同的敏感产品。我国提出的敏感产品主要包括大米、天然橡胶、棕榈油、部分化工品、数字电视、木材和纸制品等；东盟国家则提出了橡胶制品、塑料制品、陶瓷制品、部分纺织品和服装、钢材、部分家电、汽车、摩托车等敏感产品。

2. 敏感产品的上限

敏感产品要受到两个指标，即税目数量和进口金额的限制。也就是说，敏感产品的数量不能超过一定税目，同时一方敏感产品所影响的进口额也不能超过该方进口总额的一定比例，但协议同时也对东盟的新成员做出了特殊安排。各国的敏感产品上限如下。

（1）中国与东盟老成员：不超过400个六位税目，进口额不超过进口总额的10%（以2001年数据为基础）。

（2）柬埔寨、老挝和缅甸：不超过500个六位税目，不设进口额上限。

（3）越南：不超过500个六位税目，不设进口额上限，但越南应在规定时间内对敏感产品进行一定幅度的关税削减。

3. 敏感产品的降税模式

一般敏感产品和高度敏感产品的降税模式有所不同，一般敏感产品由于敏感程度较低，其最终税率要低于高度敏感产品，但高度敏感产品的数量也要受到一定约束。

一般敏感产品的降税模式：①中国与东盟老成员：2012年1月1日削减至20%，2018年1月1日进一步削减至5%以下。②东盟新成员：2015年1月1日削减至20%，2020年1月1日进一步削减至5%以下。

高度敏感产品的降税模式：中国与东盟老成员应在2015年1月1日将高度敏感产品的关税削减至50%以下，但高度敏感产品的数量不应超过100个6位税目。

东盟新成员应在2018年1月1日将高度敏感产品的关税削减至50%以下，但越南的高度敏感产品的数量不应超过150个6位税目，柬埔寨、老挝和缅甸不应超过150个6位税目。

（四）原产地规则

原产地规则是确定产品“身份”重要依据。中国—东盟自贸区的原产地规则是建立在“增值标准”的基础之上的。按照《货物贸易协议》的规定，如一产品的本地加工增值不低于该产品总价值的40%，则该产品可被认为是原产于中国—东盟自贸区的产品，在进出口贸易中享受自贸区的优惠税率。早期收获产品由于以农产品为主，基本上采用“完全获得”标准。少数特殊产品，如纺织品、羊毛制品等，采用了加工工序、税号改变等其他原产地判定方式。

在我国，中国—东盟自贸区原产地证书是由国家质检总局及各地的检验检疫部门颁发，凭中国—东盟自贸区原产地证书可以在通关时享受到中国—东盟自贸区的优惠关税。

（五）贸易救济措施

贸易救济措施主要包括反倾销、反补贴和保障措施。《货物贸易协议》规定，中国—东盟自贸区的反倾销与反补贴措施适用 WTO 的相关规定。但在保障措施方面，协议规定了自贸区的保障措施，各方在满足一定条件时可以采用。

中国—东盟自贸区保障措施的主要内容是，由于来自中国—东盟自贸区内部的进口激增，使某一产品的国内生产部门受到实质损害或实质损害威胁时，一缔约方可以启动保障措施，对来自中国—东盟自贸区内的产品提高关税。但为避免滥用保障措施，协议同时还规定了各缔约方使用保障措施的限制性条件。其一，就具体产品而言，保障措施可使用的期限为从该产品开始降税之日起到完成该产品降税的 5 年内；其二，一次实施期限不得超过 3 年，且延长期不得超过 1 年；其三，实施保障措施的税率不得高于该产品采取保障措施时的最惠国税率；其四，自贸区保障措施不得与 WTO 保障措施同时使用。

（六）数量限制和非关税壁垒

中国—东盟自贸区协定规定各缔约方不应保留任何数量限制措施。同时，各成员国应尽快确定并逐步取消其仍保留的非关税壁垒。

（七）承认中国市场经济地位

中国市场经济地位问题一直是 WTO 中争议比较大的问题。在中国—东盟《货物贸易协议》的第 14 条中规定，东盟十国承认中国是一个完全市场经济体，不适用《中华人民共和国加入世界贸易组织议定书》第 15 条（反倾销替代国定价条款）和第 16 条（特殊保障措施条款）以及《中国加入世界贸易组织工作组报告书》第 242 段（纺织品特保条款）。这一规定为我国企业在自贸区内争取了公平和公正的贸易竞争环境，也对推动世界上其他国家承认我国市场经济地位起到了很好的示范作用。

（八）其他问题

在技术贸易壁垒、卫生和植物卫生措施和知识产权等方面，协议规定各缔约方应遵循 WTO 的有关规定；协议中没有被特别提及或修正的 WTO 多边货物贸易条款，在被修正后应适用于中国—东盟自贸区。

二、中国—新西兰自由贸易协定

（一）简　介

《中华人民共和国政府与新西兰政府自由贸易协定》（简称中国—新西兰自由贸易协定）签署于 2008 年 4 月 7 日，2008 年 10 月 1 日开始生效。中国—新西兰自由贸易协定是我国与发达国家签署的第一个自由贸易协定，也是中国与其他国家签署的第一个涵盖货物贸易、服务贸易、投资等多个领域的自由贸易协定，因此具有重要意义。

中国—新西兰自由贸易协定共214条，分为18章，即：初始条款、总定义、货物贸易、原产地规则及操作程序、海关程序与合作、贸易救济、卫生与植物卫生措施、技术性贸易壁垒、服务贸易、自然人移动、投资、知识产权、透明度、合作、管理与机制条款、争端解决、例外、最后条款。

（二）主要内容

根据中国—新西兰自由贸易协定规定，新西兰将在2016年1月1日前取消全部自中国进口产品关税，其中63.6%的产品从协定生效时起即实现零关税；中国将在2019年1月1日前取消97.2%自新西兰进口产品关税，其中24.3%的产品从协定生效时起即实现零关税。具体降税步骤如下。

（1）自2008年10月1日中国—新西兰自由贸易协定生效时起，双方立即取消绝大部分税率不高于5%的产品关税。

（2）对于新西兰绝大部分税率在5%以上但不高于12%的产品及中国绝大部分税率在5%以上但不高于20%的产品，其关税将从2008年10月1日起逐步降低，至2012年1月1日实现零关税。

（3）对于新西兰绝大部分税率高于12%的产品，其关税将于2008年10月1日降至12%，而后逐步降低，至2013年1月1日实现零关税；对于中国绝大部分税率高于20%的产品，其关税将于2008年10月1日降至20%，而后逐步降低，至2013年1月1日实现零关税。

（4）新西兰将从2008年10月1日起逐年降低自中国进口皮衣、毛织物、针织服装、鞋类等产品的关税，并分别于2014年1月1日、2016年1月1日前取消上述产品的关税。

（5）中国将从2008年10月1日起逐年降低自新西兰进口乳制品、牛羊肉、猕猴桃等产品的关税，并将于2016年1月1日前取消牛羊肉、猕猴桃的关税，于2017年1月1日前取消鲜奶及奶油、黄油、奶酪的关税，于2019年1月1日前取消奶粉关税。

（6）自2009年起，中国将在现有全球羊毛和毛条关税配额总量以外，为自新西兰进口羊毛和毛条专设一定量的羊毛和毛条国别配额，国别配额内享受零关税待遇。具体国别配额量参见中国—新西兰自由贸易协定附件四的规定。

三、中国—秘鲁自由贸易协定

（一）简　介

中国—秘鲁自由贸易协定是中国与拉美国家签署的首个一揽子自贸协定。在货物贸易方面，对90%以上的产品分阶段实施零关税，中国的轻工、电子、家电、机械、汽车、化工、蔬菜、水果等众多产品和秘鲁的鱼粉、矿产品、水果、鱼类等产品都将从降税安排中获益。

（二）有关货物贸易的主要内容

按照中国—秘鲁自由贸易协定的规定，中秘双方将对90%以上的产品分阶段实施零关税。对全部货物分为五类实施关税减让。

第一类产品在协定实施后当年实施零关税。

第二类产品在协定生效5年内关税逐步降为零。

第三类产品在协定生效10年内关税逐步降为零。

第四类产品为例外产品，不做关税减让。

第五类产品将分别通过8、12、15、16、17年关税逐步降为零。

四、中国—智利自由贸易协定

2005年11月18日，中国和智利签署了《中华人民共和国政府和智利共和国政府自由贸易协定》（简称中国—智利自由贸易协定）。协定内容涉及市场准入、原产地规则、技术贸易壁垒、卫生和植物卫生措施、贸易救济、争端解决等问题。中国—智利自由贸易协定是中国对外签署的第二个自贸协定，也是中国与拉美国家签署的第一个自贸协定，不仅将为两国企业带来众多商机，而且也将成为南南合作的典范。

2019年3月1日，中华人民共和国政府与智利共和国政府关于修订《〈自由贸易协定〉及〈自由贸易协定关于服务贸易的补充协定〉的议定书》正式生效实施。这是我国与拉美国家签署的第一个自贸区升级协定。

中国—智利自由贸易协定第10条对地理标志问题进行了规定。第一，列入附件二（一）中的名称是中国的地理标志，属于TRIPS协议第22条第1款规定的范围之内。这些名称将在另一缔约方境内按照该国国内法律法规，以与TRIPS协议规定一致的方式作为地理标志受到保护。第二，列入附件二（二）中的名称是智利的地理标志，属于TRIPS协议第22条第1款规定的范围之内。这些名称将在另一缔约方境内按照该国国内法律法规，以与TRIPS协议规定一致的方式作为地理标志受到保护。

中国—智利自由贸易协定第12条对农业出口补贴问题进行了规定。第一，缔约双方以在多边范围内取消对农产品的出口补贴为共同目标，应共同努力在世界贸易组织中达成一项关于取消并防止以任何形式重新引入上述补贴的协议。第二，任一缔约方都不得对出口至另一缔约方境内的任何农产品引入或者保持任何出口补贴。

第三节　与农产品相关的贸易救济措施

一、反倾销

（一）反倾销的基础知识

（1）倾销，是指在正常贸易过程中进口产品以低于其正常价值的出口价格销售。进口产品的出口价格低于其正常价值的幅度，为倾销幅度。倾销幅度的确定，应当将加权平均正常价值与全部可比出口交易的加权平均价格进行比较，或者将正常价值与出口价格在逐笔交易的基础上进行比较。

（2）损害，是指倾销对已经建立的国内产业造成实质损害或者产生实质损害威胁，或者对建立国内产业造成实质阻碍。我国发起反倾销调查的损害确定，应由商务部负责；其中，涉及农产品的反倾销国内产业损害调查，由商务部会同农业农村部进行。

（二）农产品反倾销案例

1. 我国农产品遭遇反倾销的基本情况

长期以来，我国大蒜、蘑菇罐头、蜂蜜等诸多农产品，一直笼罩在外国反倾销措施的阴影之下，高额的反倾销税给我国农产品出口造成严重损失，以下是我国农产品遭遇反倾销的基本情况（表11-1）。

表11-1　我国主要出口农产品遭遇反倾销调查情况

产品名称	国家/地区	发起时间	当前普遍反倾销税率
大蒜	美国	1994	376.67%
	巴西	1996	0.52美元/千克
	南非	2000	6.07兰特/千克
小龙虾尾肉	美国	1996	201.63%
蘑菇罐头	美国	1998	198.63%
蜂蜜	美国	2000	183.80%
暖水虾	美国	2004	112.81%
菠萝罐头	澳大利亚	2001	40%~60%（根据不同重量）
蘑菇罐头	澳大利亚	2005	23.2%
桃罐头	新西兰	2005	22%~26%（根据不同重量）
柑橘类水果罐头	欧盟	2007	531.2欧元/吨

2. 蜂蜜反倾销案存在问题分析

美国曾是我国三大蜂蜜出口市场之一。自2001年被美国征收高达25.88%~183.8%反倾销税之后，我国蜂蜜对美国出口严重受阻。此后十几年中，我国蜂蜜企业也曾多次尝试通过反倾销行政复审程序，重新进入美国市场。然而，时至今日我国没有一家蜂蜜企业获得低于20%的反倾销税率。经仔细分析，发现原因主要有以下几点。

第一，使用不公正的替代价格计算原蜜正常价值。

由于美国将我国视为是非市场经济地位国家，在计算正常价值时需要使用替代国数据来计算正常价值。反倾销案中，美国多次坚持使用对我国不利的印度数据计算原蜜正常价值，从而得出对我国不利的裁决结果。应诉过程中，我国企业也曾就此问题据理力争，但由于美国商务部较大的自由裁量权，因此，往往事倍功半，结果大多以失败告终。

第二，没有通过善意销售审查。

美国商务部反倾销行政复审首先要进行善意销售审查。无法通过审查的企业将被撤销复审资格。最初我国企业较为容易通过该审查，但2007年以后美国商务部“善意销售”审查趋于严格，我国多家蜂蜜企业都因为销售数量过少、销售价格偏高、销售渠道存在瑕疵、刻意安排销售时间以获取低反倾销税等原因，没有通过美国商务部善意销售审查，失去参加行政复审的机会。

第三，应诉材料存在瑕疵。

翻开美国反倾销行政复审裁决书，可以发现我国蜂蜜企业提交的应诉材料互相矛盾、修改原始数据、材料提交不全等瑕疵的现象较为严重。这就给美国商务部使用对企业不利的信息作为裁决依据，或直接拒绝企业的应诉主张提供了合理的理由。比如：

2004 年 5 月 3 日美国复审裁决显示，四川某企业没有回复美国商务部有关第二次销售的调查问卷信息；上海某企业则没有在核查的时候提交全部对美出口的销售信息。

2006 年 6 月 16 日裁决显示，另一家上海企业无法提交可以证明蜂蜜副产品销售的有效证据；江苏某企业无法提供生产一公斤蜂蜜所需的蜜蜂的数量及蜜蜂消费的原蜜数量、养蜂工人数量等关键性成本数据，无法准确记录及维持生产原蜜过程中的全部成本。

2007 年 11 月 23 日裁决显示，我国一家企业因无法提供产品包装袋的成本、没有养蜂工人工资的银行记录。

2012 年 11 月 9 日盐城某企业没有按照时间要求提交补充的问卷调查信息，且不能提供合理的延期理由。

3. 玉米酒糟反倾销案①

2010 年 11 月 16 日，中华人民共和国商务部正式收到安徽丰原生物化学股份有限公司、吉林燃料乙醇有限责任公司、梅河口市阜康酒精有限责任公司、吉林省新天龙酒业有限公司代表国内干玉米酒糟产业提交的反倾销调查申请，申请人请求对原产于美国的进口干玉米酒糟进行反倾销调查。

依据《中华人民共和国反倾销条例》（下称《条例》）有关规定，商务部对申请人的资格、申请调查产品的有关情况、中国同类产品的有关情况、申请调查产品对国内产业的影响、申请调查国家的有关情况等进行了审查。同时，商务部就申请书提供的涉及倾销、损害及倾销与损害之间的因果关系等方面的证据进行了审查。申请人提供的初步证据表明，申请人安徽丰原生物化学股份有限公司、吉林燃料乙醇有限责任公司、梅河口市阜康酒精有限责任公司、吉林省新天龙酒业有限公司和支持该申请的中粮生化能源（肇东）有限公司、佳木斯阳光生化有限公司、黑龙江省盛龙酒精有限公司在 2009 年、2010 年 1 月至 6 月干玉米酒糟产量之和占同期中国大陆同类产品总产量的 50% 以上，符合《条例》第 11 条、第 13 条和第 17 条有关国内产业提出反倾销调查申请的规定。同时，申请书中包含了《条例》第 14 条、第 15 条规定的反倾销调查立案所要求的内容及有关证据。

根据上述审查结果及《条例》第 16 条规定，商务部决定自 2010 年 12 月 28 日起对原产于美国的进口干玉米酒糟进行反倾销立案调查。

调查范围：原产于美国的进口干玉米酒糟。

被调查产品名称：干玉米酒糟，又称干谷物酒糟、干酒精糟，英文名称 Distiller's Dried Grains with or without Solubles。

① http：//www. mofcom. gov. cn/

具体描述：干玉米酒糟是以玉米或其他谷物为原材料发酵制取酒精（乙醇）过程中对糟液进行加工处理后而获得的酒精糟及残液干燥物，无论是否含有可溶性蛋白物质。

主要用途：干玉米酒糟主要用于动物饲料原料，与其他营养成分进行配方，用于家禽、家畜、水产品及特种动物等的饲养。

被调查产品归在《中华人民共和国进出口税则》：23033000。

2012 年 5 月 10 日，本案申请人中粮生物化学（安徽）股份有限公司、吉林燃料乙醇有限责任公司、梅河口市阜康酒精有限责任公司和吉林省新天龙酒业有限公司代表国内干玉米酒糟产业提出撤销干玉米酒糟反倾销调查申请，并请求终止干玉米酒糟反倾销调查。根据《中华人民共和国反倾销条例》第 27 条的规定，商务部决定自本公告发布之日起终止对原产于美国的进口干玉米酒糟的反倾销调查。

二、反补贴

（一）反补贴的基础知识

按照《中华人民共和国反补贴条例》（简称《反补贴条例》）的规定，补贴是指出口国（地区）政府或者其任何公共机构提供的并为接受者带来利益的财政资助以及任何形式的收入或者价格支持。财政资助包括：出口国（地区）政府以拨款、贷款、资本注入等形式直接提供资金，或者以贷款担保等形式潜在地直接转让资金或者债务；出口国（地区）政府放弃或者不收缴应收收入；出口国（地区）政府提供除一般基础设施以外的货物、服务，或者由出口国（地区）政府购买货物；出口国（地区）政府通过向筹资机构付款，或者委托、指令私营机构履行上述职能。

进行调查、采取反补贴措施的补贴，必须具有专向性。具有下列情形之一的补贴，具有专向性：由出口国（地区）政府明确确定的某些企业、产业获得的补贴；由出口国（地区）法律、法规明确规定的某些企业、产业获得的补贴；指定特定区域内的企业、产业获得的补贴；以出口实绩为条件获得的补贴，包括本条例所附出口补贴清单列举的各项补贴；以使用本国（地区）产品替代进口产品为条件获得的补贴。

损害是指补贴对已经建立的国内产业造成实质损害或者产生实质损害威胁，或者对建立国内产业造成实质阻碍。在确定补贴对国内产业造成的损害时，应当审查下列事项：补贴可能对贸易造成的影响；补贴进口产品的数量，包括补贴进口产品的绝对数量或者相对于国内同类产品生产或者消费的数量是否大量增加，或者补贴进口产品大量增加的可能性；补贴进口产品的价格，包括补贴进口产品的价格削减或者对国内同类产品的价格产生大幅度抑制、压低等影响；补贴进口产品对国内产业的相关经济因素和指标的影响；补贴进口产品出口国（地区）、原产国（地区）的生产能力、出口能力，被调查产品的库存情况；造成国内产业损害的其他因素。

对实质损害威胁的确定，应当依据事实，不得仅依据指控、推测或者极小的可能性。在确定补贴对国内产业造成的损害时，应当依据肯定性证据，不得将造成损害的非补贴因素归因于补贴。

国内产业或者代表国内产业的自然人、法人或者有关组织（以下统称申请人），向商务部提出反补贴调查的书面申请。申请书应当包括下列内容：申请人的名称、地址及有关情况；对申请调查的进口产品的完整说明，包括产品名称、所涉及的出口国（地区）或者原产国（地区）、已知的出口经营者或者生产者等；对国内同类产品生产的数量和价值的说明；申请调查进口产品的数量和价格对国内产业的影响；申请人认为需要说明的其他内容。

申请书应当附具下列证据：申请调查的进口产品存在补贴；对国内产业的损害；补贴与损害之间存在因果关系。

在表示支持申请或者反对申请的国内产业中，支持者的产量占支持者和反对者的总产量的50%以上的，应当认定申请是由国内产业或者代表国内产业提出，可以启动反补贴调查；但是，表示支持申请的国内生产者的产量不足国内同类产品总产量的25%的，不得启动反补贴调查。

可以采用问卷、抽样、听证会、现场核查等方式向利害关系方了解情况，进行调查。调查过程应当为有关利害关系方、利害关系国（地区）政府提供陈述意见和论据的机会。进行调查时，利害关系方、利害关系国（地区）政府应当如实反映情况，提供有关资料。利害关系方、利害关系国（地区）政府不如实反映情况、提供有关资料的，或者没有在合理时间内提供必要信息的，或者以其他方式严重妨碍调查的，商务部可以根据可获得的事实做出裁定。

（二）反补贴案例

1. 美国白羽肉鸡反补贴案①

根据《反补贴条例》的规定，商务部于2009年9月27日发布对美国白羽肉鸡反补贴立案公告，决定对原产于美国的进口白羽肉鸡产品进行反补贴立案调查。调查范围：原产于美国的进口白羽肉鸡产品。被调查产品名称：白羽肉鸡产品。英文名称：Broiler Products or Chicken Products。该被调查产品归在《中华人民共和国进出口税则》税则号：02071100、02071200、02071311、02071319、02071321、02071329、02071411、02071419、02071421、02071422、02071429和05040021。

商务部对被调查产品是否存在补贴和补贴金额、被调查产品是否对中国国内白羽肉鸡产业造成损害和损害程度以及补贴与损害之间的因果关系进行了调查。根据调查结果和《反补贴条例》第25条的规定商务部做出初步裁定，认定在本案调查期内，原产于美国的进口白羽肉鸡产品存在补贴，中国国内白羽肉鸡产业受到了实质损害，而且补贴与实质损害之间存在因果关系。

被调查产品的具体描述：活体白羽肉鸡屠宰加工后的肉鸡产品，包括整鸡、整鸡的分割部位、肉鸡的副产品，不论是鲜的、冷的或冻的。活鸡、以罐头和其他类似方式包装或保藏的肉鸡产品、鸡肉香肠及类似产品、熟食肉鸡产品均不在本次申请调查进口产品范围之内。主要用途：白羽肉鸡产品在国内市场的基本用途是用于人的食用，一般通过农贸市场、超市等批发或零售方式以及餐饮等渠道直接或间接面向消费者。

① http：//www. mofcom. gov. cn/

2010年2月，根据《反补贴条例》第29条、第30条的规定，商务部向国务院关税税则委员会提出对原产于美国的进口白羽肉鸡产品采取临时反补贴措施的建议。国务院关税税则委员会根据商务部的建议做出决定，自公告列明之日起，采用临时反补贴税保证金的形式对原产于美国的进口白羽肉鸡产品实施临时反补贴措施。

进口经营者在进口原产于美国的白羽肉鸡产品时，应依据本初裁确定的各公司的从价补贴率向中华人民共和国海关提供相应的临时反补贴税保证金。临时反补贴税保证金以海关审定的完税价格从价计征，计征公式为：临时反补贴税保证金金额=海关完税价格×临时反补贴税保证金比率；进口环节增值税保证金以海关审定的完税价格乘以临时反补贴税保证金比率作为计税价格从价计征，计征公式为：进口环节增值税保证金=海关完税价格×临时反补贴税保证金比率×进口环节增值税税率。进口经营者进口上述产品时可按下列公式一并缴纳保证金：保证金金额=（海关完税价格×临时反补贴税保证金比率）×（1+进口环节增值税税率）。

2010年8月30日我国商务部做出终裁裁决，根据《反补贴条例》第39条的规定，商务部向国务院关税税则委员会提出对原产于美国的进口白羽肉鸡产品征收反补贴税的建议。国务院关税税则委员会根据商务部的建议做出决定，自公告列明之日起，对原产于美国的进口白羽肉鸡产品征收反补贴税。

自2010年8月起，进口经营者在进口原产于美国的白羽肉鸡产品时，应依据本终裁确定的各公司的反补贴税税率向中华人民共和国海关缴纳相应的反补贴税。反补贴税以海关审定的完税价格从价计征，计征公式为：反补贴税税额=海关完税价格×反补贴税税率；进口环节增值税以海关审定的完税价格加上关税和反补贴税作为计税价格从价计征。

对自2010年4月30日起至2010年8月30日止，有关进口经营者依初裁决定向中华人民共和国海关所提供的临时反补贴税保证金，按终裁所确定的征收反补贴税的商品范围和反补贴税税率计征并转化为反补贴税，并按相应的增值税税率计征进口环节增值税。对在此期间有关进口经营者所提供的保证金超出反补贴税和与之相应的进口环节增值税的部分，海关予以退还，少征部分则不再征收。

对实施临时反补贴措施决定公告之日前进口的原产于美国的白羽肉鸡产品不再追溯征收反补贴税。对原产于美国的进口白羽肉鸡产品征收反补贴税，实施期限5年。

2011年9月20日，美国就中国对美国白羽肉鸡产品采取反倾销和反补贴措施一事，将诉至世界贸易组织争端解决机构。2012年1月20日专家组成立。2013年9月25日，WTO争端解决机构通过专家组报告，认定中国对美国白羽肉鸡产品的反倾销和反补贴措施违反了WTO的相关义务。

为执行世界贸易组织争端解决机构关于美国诉中国白羽肉鸡产品双反措施专家组报告的裁决和建议，根据《中华人民共和国反倾销条例》《中华人民共和国反补贴条例》以及商务部《执行世界贸易组织贸易救济争端裁决暂行规则》的规定，2013年12月25日，商务部发布年度第88号公告，决定对原产于美国的进口白羽肉鸡产品所适用的反倾销和反补贴措施进行再调查。

经再调查，商务部裁定，原产于美国的进口白羽肉鸡产品存在倾销和补贴，中国国内白羽肉鸡产业受到了实质损害，而且倾销、补贴与实质损害之间存在因果关系。国务院关税税则委员会根据商务部的建议做出决定，自2014年7月9日起，进口经营者在进口原产于美国的白羽肉鸡产品时，应按照调整后的税率向中华人民共和国海关缴纳相应的反倾销税。反倾销税以海关审定的完税价格从价计征，计算公式为：反倾销税额=海关完税价格×反倾销税税率。进口环节增值税以海关审定的完税价格加上关税和反倾销税作为计税价格从价计征。

根据《反补贴条例》和《执行争端裁决暂行规则》的规定，商务部向国务院关税税则委员会提出调整反补贴税税率的建议，国务院关税税则委员会根据商务部的建议做出决定，自2014年7月9日起，进口经营者在进口原产于美国的白羽肉鸡产品时，应按照调整后的税率向中华人民共和国海关缴纳相应的反补贴税。反补贴税以海关审定的完税价格从价计征，计算公式为：反补贴税额=海关完税价格×反补贴税税率。进口环节增值税以海关审定的完税价格加上关税和反补贴税作为计税价格从价计征。

2. 马铃薯淀粉反补贴案①

根据《反补贴条例》的规定，商务部于2010年8月30日发布立案公告，决定对原产于欧盟的进口马铃薯淀粉进行反补贴调查。

商务部对被调查产品是否存在补贴和补贴金额、被调查产品是否对中国马铃薯淀粉产业造成损害及损害程度以及补贴与损害之间的因果关系进行了调查。根据调查结果和《反补贴条例》第25条的规定，商务部于2011年5月16日发布初裁公告，认定被调查产品存在补贴，中国国内马铃薯淀粉产业受到了实质损害，而且补贴与实质损害之间存在因果关系。

初步裁定后，商务部继续对补贴和补贴金额、损害和损害程度以及补贴与损害之间因果关系进行调查。现案件调查结束，根据调查结果，并依据《反补贴条例》第26条的规定，商务部做出最终裁定。

经过调查，商务部最终裁定，在案件调查期内，原产于欧盟的进口被调查产品存在补贴，中国国内马铃薯淀粉产业受到了实质损害，而且补贴与实质损害之间存在因果关系。

调查范围：原产于欧盟的进口马铃薯淀粉。

被调查产品名称：马铃薯淀粉，也称马铃薯原淀粉、马铃薯精制淀粉、马铃薯生粉、土豆淀粉或洋芋淀粉等。

英文名称：Potato Starch。

被调查产品的具体描述：马铃薯淀粉是以马铃薯为原料加工而成的由多葡萄糖分子组成的一种白色粉状物，其理化指标为：白度（457nm蓝光反射率）≥90%，水分≤20%，黏度（4%浓度，700cmg）≥1100BU，蛋白质（干物质中含量）≤0.15%。

主要用途：马铃薯淀粉在中国主要用于食品行业，是生产乳化剂、增稠剂、稳定剂、膨化剂、赋形剂等的重要原料，广泛应用于膨化食品，方便食品，香肠、火腿肠等肉类制品，冷冻食品，酱类、泥类、汤类食品，饮料，酱料，烹饪，制糖，水产品加工

① http：//www.mofcom.gov.cn/

等行业。

根据《反补贴条例》第39条的规定，商务部向国务院关税税则委员会提出对原产于欧盟的进口马铃薯淀粉征收反补贴税的建议。国务院关税税则委员会根据商务部的建议做出决定，自公告发布次日起，对原产于欧盟的进口马铃薯淀粉征收反补贴税。

对各公司征收的反补贴税税率如下：法国罗盖特公司 7.5%；荷兰艾维贝公司 12.4%；德国艾维贝马铃薯淀粉工厂 12.4%；其他欧盟公司 12.4%。

自 2011 年 9 月 17 日起，进口经营者在进口原产于欧盟的进口马铃薯淀粉时，应向中华人民共和国海关缴纳相应的反补贴税。反补贴税以海关审定的完税价格从价计征，计算公式为：反补贴税额=海关完税价格×反补贴税税率。进口环节增值税以海关审定的完税价格加上关税和反补贴税作为计税价格从价计征。